언어, 문화 그리고 비판적 다문화교육

다문화교육총서 1

언어, 문화 그리고 비판적 다문화교육

2016년 5월 10일 초판 인쇄
2016년 5월 15일 초판 발행

지은이 | 소냐 니에토
옮긴이 | 김영순 외
교정교열 | 정난진
펴낸이 | 이찬규
펴낸곳 | 북코리아
등록번호 | 제03-01240호
주소 | 13209 경기도 성남시 중원구 사기막골로 45번길 14
우림2차 A동 1007호
전화 | 02-704-7840
팩스 | 02-704-7848
이메일 | sunhaksa@korea.com
홈페이지 | www.북코리아.kr
ISBN | 978-89-6324-485-3 (94370)
978-89-6324-484-6 (세트)

값 20,000원

*이 도서의 국립중앙도서관 출판예정도서목록(CIP)은 서지정보유통지원시스템 홈페이지(http://seoji.nl.go.kr)와 국가자료공동목록시스템(http://www.nl.go.kr/kolisnet)에서 이용하실 수 있습니다. (CIP제어번호 : CIP2016011408)

다문화교육총서 **1**

언어, 문화 그리고 비판적 다문화교육

소냐 니에토(Sonia Nieto) 지음

김영순 외 옮김

북코리아

역자 서문

아이가 잠들기 전에 침대 머리맡에서 어머니가 아이에게 동화책을 읽어주는 행복하고 평화로운 모습. 이 모습은 드라마의 한 장면만은 아니다. 이는 우리 주변의 평범한 가정에서 흔히 찾아볼 수 있는 모습이다. 하지만 아이에게 동화책을 읽어주고 싶어도 자신의 모국어로 읽어주지 못하는 어머니들이 있다. 바로 글로벌 사회를 표방하는 대한민국 다문화가정의 어머니들이다.

이 책 『언어, 문화 그리고 비판적 다문화교육』은 미국 매사추세츠대학교 사범대학 명예교수인 소냐 니에토 교수의 『Language, Culture, and Teaching: Critical Perspectives』를 한국어로 번역한 것이다. 이 책의 첫머리에서 니토 교수는 자신의 어린 시절 회상으로부터 시작한다. "나의 배경과 어릴 적 경험을 회상해보면 …… 나의 부모는 잠자기 전 침대 곁에서 책을 읽어주지 않았다"고 진술한다. 그 이유는 소냐 니에토가 푸에르토리코계 가난한 미국 이주노동자의 가정에서 태어난 다문화가정 자녀였기 때문이다. 그녀의 어린 시절은 푸에르토리코와 미국 문화의 공존을 경험한 시기였다. 그녀는 자신의 경험을 통해 언어와 리터러시, 문화가 각기 다른 영역이 아니라 밀접하게 연결되어 있음을 깨달았다. 나아가 언어, 리터러시, 문화의 상관작용을 교육현장 체험을 통해 인식했고 이를 학문적으로 정립하려고 노력했다.

이 책은 실제 이주노동자 부모를 둔 미국 지식인이 경험한 미국의 다문화교육을 이야기한다. 하지만 이 책에 서술된 내용은 단지 미국사회의 이야기만은 아니다.

이 이야기들은 역사적 배경과 공간적 장소가 다른 대한민국의 이야기이기도 하다.

이제부터 우리는 이 책을 통해 우리 사회의 이야기들을 하고자 한다. 한국사회는 빠르게 다인종 · 다민족사회로 변모하고 있다. 이러한 현상은 저출산과 고령화로 인한 노동인구 감소, 이로 인한 외국인 노동자 수요의 증가, 국제결혼의 증가로 인해 나타나는 것으로 파악된다. 그런데 이런 원인들은 감소될 기미가 보이지 않고 오히려 심화될 가능성이 짙어서 우리 사회의 인구적 다양성은 점차 높아질 것으로 예상된다.

초기 다문화사회에 진입한 한국사회의 모습은 초등학교 학생의 인구적 다양성에서 찾아볼 수 있다. 최근 국제결혼을 통한 다문화가정이 증가하면서 초등학교 현장에서 만나는 다문화가정의 학생 수가 매년 눈에 띄게 늘고 있다. 한국교육개발원의 2015년 통계에 따르면 우리나라의 초등학교 학생 수는 2013년 278만 4,000명, 2014년 272만 8,509명, 2015년 271만 4,610명으로 점점 줄어들고 있다. 이에 반해 다문화가정 학생은 2015년 6만 162명으로, 전년도 대비 10.7%가 증가했다. 이는 다문화가정 학생 현황을 처음 조사한 2006년보다 약 6.5배 늘어난 수치다.

따라서 지금 우리에게 필요한 것은 바로 '다문화교육'이다. 이 책은 기존 한국의 학계에 출판된 다문화교육 관련 저서나 역서에 비해 실제적인 경험에 기반을 둔 질적 연구서다. 소냐 니에토 교수는 '사회문화 이론'과 함께 그간 다문화교육 현장에서 몸소 체험한 교수활동을 체계적으로 엮어냈다.

이 책은 서론을 제외하고 모두 4부로 구성되었다. 서론에서는 소냐 니에토 교수가 이 책을 쓰게 된 동기와 언어, 리터러시, 문화 간 교차가 가지는 함의를 제시했다.

1부 '토대 갖추기'에서는 이 연구에 필요한 개념들을 5개의 장에 걸쳐 기술했다. 1장은 '학교의 목적'에 대해 다루며, 2장은 '사회정치적 맥락에서의 다문화교육'을, 3장은 '다문화교육과 학교개혁'을, 4장은 '20세기 이후의 공교육'을 논의한다. 그리고 5장은 '우리는 다양한 언어로 말한다'는 주제를 통해 다문화사회의 다중언어 문제를 다루고 있다. 원서의 2장이었던 '꼬리표의 한계'에 대한 내용은 구성상의 이유로 8장 '범주를 넘어'에서 다루었음을 밝힌다.

2부 '정체성과 소속감'은 모두 3장으로 구성되며, 특히 교수-학습의 현장인 학교교육의 정체성과 소속감을 이야기한다. 6장에서는 '문화와 학습'에 대해, 7장에서는 '꿈을 위한 기회를 만들어가는 학생에게서 얻는 교훈'에 대해, 8장에서는 '범주를 넘어'를 다루면서 다양한 배경의 청소년들이 지닌 복잡한 정체성에 대해 논의한다.

3부 '비판적인 교사 되기'는 다문화사회에서 학교교육의 일선에 있는 교사들을 다루며 총 2개의 장으로 구성된다. 9장에서는 '다문화교육을 위한 중요한 질문'을 다루며, 10장에서는 '연대, 용기 그리고 마음'이라는 주제를 통해 실제로 이렇게 교육현장에서 실천하는 교사상을 기술한다.

4부 '교실에서의 프락시스'는 사회문화적 · 사회정치적 렌즈를 다문화교육에 구체적으로 적용한 세 개의 장으로 이루어졌다. 11장에서는 '인장, 연대 그리고 비평'을 통해 다섯 학교의 언어와 문화교육 관련 다문화교육을 다루며, 12장 '친절한 것만으로는 부족하다'에서는 유색인종을 가르치는 실제 교실현장을 위한 제언을 제공한다. 13장 '학교에서 다양성을 지지한다는 것의 의미'에서는 학교현장에서 페다고지와 학습지도와 관련된 비판적인 시각들을 제시한다.

이 책의 번역은 2013년 가을학기 대학원 수업의 강독교재인 『Language, Culture, and Teaching: Critical Perspectives』를 전체 번역하는 공동 프로젝트에서 기인했다. 특히 이 책은 저자 소냐 니에토 교수의 생애사적 배경을 가지고 있어서 이해하기 어려운 표현들이 간혹 있었다. 이 경우에는 맥락적 이해에 근거한 번역을 했다. 맥락적 이해란 정확히 일대일 번역이 되지 않은 것을 앞뒤 문장을 따져 번역한 것을 의미한다. 또한 한국어 번역 용어는 원문의 의미를 살리되 한국다문화교육연구학회에서 편찬한 다문화교육용어사전을 참조했다.

이 번역에 참여한 사람들은 인하대학교 아시아다문화융합연구소의 소장과 부소장, 전임연구원, 다문화교육전공 박사과정 연구생들이다. 초벌 번역과 2회의 교차번역을 통해 번역의 수준을 높이려고 노력했고, 3회의 번역진 워크숍을 통해 표현을 가다듬고 용어를 통일하는 작업을 거쳤다. 그래도 번역의 오류나 번역 투의 문장이 있는 것은 번역진들의 세련된 문장표현력의 미흡함과 더불어 번역서의 매력으로 이해해주길 바란다.

모든 동물의 어미들은 자식을 낳을 수 있으며 자신의 말로 소통하는 천부적 재능을 가지고 태어났다. 우리의 아이들도 엄마 언어, 즉 모어를 배울 권리가 있다. 따라서 우리 사회의 모든 결혼이주여성은 자신의 말로 아이들에게 동화책을 읽어줄 권리가 있다. 언어는 하나의 세계이며 영혼이다. 우리의 자녀들이 다른 민족의 언어, 그것도 엄마의 언어를 배우게 하는 것은 마땅한 일이다. 이들이 하나의 언어를 더 알아간다면 그들의 세계는 더욱 커지고 윤택해질 것이며, 엄마의 나라와 자신의 나라 사이의 가교적 역할을 담당할 수 있을 것이다.

우리 번역 팀은 우리 민족을 배우자로 선택한 결혼이주여성들이 아이들의 침대 맡에서 자기 나라 말로 동화책을 읽어주는 것을 꿈꾼다. 그들의 아이들이 우리말과 글을 잘 쓰고 우리 문화를 향유하는 것처럼 엄마 나라의 말과 글을 할 줄 알며 그분들의 문화를 존중하고 이해할 줄 아는 아이가 되어주길 바란다. 이를 위해 우리의 학교는 비판적 다문화교육학을 선택해야 할 것이다. 바로 이 번역서처럼 말이다.

2016년 봄을 기다리며

역자 대표 김영순

한국어 번역서를 위한 서문

언어와 문화는 학생들이 모국어로 학습하는지 혹은 그 외의 언어로 학습하는지와 상관없이, 그리고 다양한 문화의 미국 학교 교실에서나, 하나의 문화처럼 보이는 한국 학교의 교실에서나, 아파르트헤이트 이후의 남아프리카공화국 학교의 교실에서나 글로벌한 세계의 그 어떤 곳에서든 중요한 이슈다. 이렇듯 서로 다른 사회적 맥락에서도 교수 영역에서 언어와 문화에 관련된 질문들은 대개 유사하다.

- 학생들이 처한 사회문화적 혹은 사회정치적 맥락이 학습에 어떠한 영향을 미치는가?
- 교사는 학생들을 효과적으로 가르치기 위해 그들의 언어와 문화에 관해 무엇을 알아야 하는가?
- 교사는 언어와 문화에 대한 자신의 가정과 가치관을 비판적으로 성찰하는 것을 어떻게 배울 수 있는가?
- 교사는 어떤 교육적 실천을 통해 학생들의 언어와 문화를 명예롭게 하는 사회적으로 공정한 교실 환경을 만들 수 있는가?

이러한 질문들이 바로 이 책의 주제다.

나는 답을 깨닫지 못했지만, 나의 학자적 삶과 개인적 삶 속에서 언어와 문화에 관한 이슈를 고민해왔다. 스페인어로 말하던 내가 학교를 다니기 시작하면서 영어를 배워야만 하는 환경 속에서 자라면서도 나는 어린 시절의 학교교육에 무엇인가 잘못된 것이 있다는 사실을 알지 못했다. 초등학교 시절 나에게 스페인어는 가치 없는 것일 뿐이었다. 학교에서, 더 나아가 사회에서 나는 권력의 언어인 영어를 배우기 전까지 침묵하는 것부터 배웠다. 스페인어는 가정에서의 삶을 위해서만 남겨졌다. 다행스럽게도 몇 년 후 나는 이러한 가정에 의문을 제기하는 것을 배우게 되었다.

언어와 문화는 나의 모든 행위에 매우 중요한 것이었지만, 나는 스무두 살의 나이로 뉴욕 브루클린 지역의 교사가 되기 전까지 이러한 것들을 심각하게 고민해보지 않았다. 그곳의 한 중학교에서 나는 아프리카계 미국 학생들과 푸에르토리코계 학생들에게 언어 과목, 특히 제2 외국어로서 영어와 스페인어, 프랑스어를 가르쳤다. 이 어린 학생들의 문화와 언어는 그들의 학교 경험 속에서는 무시되고 폄하되는 것이었다. 나는 이 학생들을 가르치면서 그들의 언어와 문화가 학교 교실에서 포섭되고 긍정될 때 만들어지는 변화들을 목격하게 되었다. 그곳의 대다수 학생들은 빈곤했고 단지 소수의 학생들만 그들보다 특권을 가진 또래들이 가질 수 있는 기회에 접근할 수 있었다. 이 학생들은 경제적으로 결핍되어 있었지만 당시 유행했던 표현처럼 '문화적으로 결핍되어(culturally deprived)' 있지는 않았다. 모든 사람들이 그렇듯 이들의 삶도 문화적으로 풍성했다. 다만 차이는 이들의 언어와 문화가 교실에서 보이지 않는다는 것과 학교 맥락에서 주목할 만한 가치가 있는 것으로 여겨지지 않는다는 데 있었다. 따라서 이들은 언어적 · 문화적 주류에 속할 수 없었다.

몇 년 후 이중언어 학교의 교사가 되었을 때 비로소 나는 언어와 문화가 가르치는 데 있어서 근본적인 요소라는 것을 이해하게 되었다. 이 학교에서 언어와 문화는 우리가 하는 모든 일의 한 부분이었다. 학생들은 잘 성장했고, 나는 언어와 문화는 교수와 뗄 수 없고 구별해서도 안 될뿐더러 가르치는 데 있어 매우 중요한 부분이라는 것을 가장 먼저 배웠다. 몇 년 후 교사 교육가가 되었을 때, 이러한 이슈들이 나의 연구와 열정을 이끌어가는 연료가 되었다.

2001년 처음 언어와 문화 그리고 교수에 대한 책을 구상했을 때 나는 교사, 대학원생, 학자에게 직접적으로 이야기할 수 있는 텍스트로 구성하려고 했다. 내가 젊은 교사 시절 경험을 통해 배운 것들과 이후 연구자로서 경험한 교훈들을 독자들도 배우길 원했다. 또한 이들이 언어와 문화에 관한 전통적인 지식과 학교와 이 사회에서 자신의 위치에 대해 다시 생각해보기를 원했다. 따라서 나는 이러한 이슈를 개념적으로든 실천적으로든 직접적으로 다룬 이전의 학술지 논문과 책 챕터를 선택했다. 그리고 페다고지, 교육과정, 교사 교육에 관한 이슈들을 포함시켰다.

이 책을 구성한 후 나는 특정한 사회문화적 맥락에 내포된 이러한 이슈가 사실은 세계적으로 보편적이라는 것을 알게 되었다. 전 세계의 학생들은 그들이 사용하는 언어 혹은 변이어에 의해 차별받거나 인정받는다. 이들이 관련 문헌에 접근할 수 있는지 없는지는 그들의 언어, 문화적 배경, 인종, 민족성, 그 외의 사회적 차이에 따른 삶의 경험에 달려 있다. 또한 그들이 존중받고 긍정되는지 아닌지도 이러한 사회적 차이에 달려 있다. 이러한 일들은 미국에서 실제로 벌어지고 있으며 한국에서도 부정할 수 없는 진실이다.

나는 이 책을 한국어로 번역한 한국의 교육자들에게 무한한 감사를 표한다. 또한 모든 수준의 학교교육에서 학생들을 가르치는 한국의 교육가들에게 나의 연구가 도움이 될 것이라는 믿음으로 이 책을 번역한 번역자들에게 감사한다.

서문

『언어, 문화 그리고 비판적 다문화교육(원제: language, culture and teaching)』의 초판을 출판한 지 10년이 흘렀다. 이 10년은 국가적으로나 세계적으로 중대한 시기였다. 이 시기에 미국사회는 9.11 테러와 이라크 전쟁 같은 큰 사건을 겪었고, 전 세계적으로 이주 열풍이 불어 이로 인한 인구구성에 극적인 변화가 일어났다. 이 책에서 제공하는 이슈는 오늘날 학교에 여전히 중요한 문제로 남아 있다. 도심에 위치한 큰 규모의 공립학교 교사이든지, 시골의 작은 학교 교사이든지, 아니면 교외의 부유한 사립학교 교사이든지 간에 모든 교사는 인종, 언어, 민족성, 문화 등에서 과거보다 더욱 다양해진 학생들을 마주하게 될 것이다. 오늘날의 미국은 단 1세대 만에 많은 것이 달라졌다. 예전에는 등록 학생의 79%가 백인, 나머지 14%가 아프리카계 미국인, 6%가 히스패닉계, 1%가 아시아계와 태평양 제도의 학생들이었다. 하지만 이러한 상황은 크게 변화했다. 요즘에는 미국 공립학교의 60% 정도가 백인 학생, 나머지 18%가 히스패닉계, 16%가 아프리카계 미국인, 4%가 아시아계와 그 외의 학생들이다. 미국 인구조사국의 인구조사는 학생 인구가 앞으로도 지속적으로 다양해질 것이라고 예측했다. 또한 해외에서 태어난 학생이나 부모가 해외 출생인 학생들의 수도 급격하게 증가하고 있다. 미국의 초 · 중등학교에 등록한 학생의 31%인 약 490만 명 이상의 학생들이 해외에서 태어났거나 부모 중 적어도 한 명 이상이 해외에서 태어난 사람의 자녀들이다(Shin, 2005). 이러한 상황은 오늘날 교사가 다양성이라는 도전을 받아들일 충분한 준비가 되어 있는지에 관한 중요한 함의를 가지고 있다.

전쟁이나 가뭄, 그 외의 천재지변이나 인재로 인해 인구가 재배치되는 등 인구 통계상에서의 변화와 세계적 상황 때문에 언어와 문화는 점점 더 미국의 현대 학교 교실에서 중요한 관심사가 되었다. 그러나 이중언어, ESL, 도시 교육의 전문가 외에는 소수의 교육자만이 사회적 · 문화적 변화를 상징하는 학생들을 가르치기 위해 코스워크나 그 외의 실습 등을 경험했고, 이를 통해 자신이 적절하게 준비되었다고 느끼고 있다. 그 결과 대다수의 교육자들은 자신과 인종, 민족, 사회계층, 언어적 배경이 다른 학생을 만났을 때 어떻게 행동해야 하는지 잘 알지 못하고 갈팡질팡하고 있다. 이러한 교육자들은 모두 학생들 사이에 존재하는 불공평하고 불평등한 학습 환경에서 기인한 성취 격차를 이해하거나 효과적으로 해결할 수 있는 준비가 되어 있지 않다고 볼 수 있다. 많은 교사들에게 첫 교생실습이나 첫 교사 경험은 그들이 이전의 삶에서 경험하지 못한 심화된 다양성을 만난다는 것을 의미한다. 이러한 사실은 백인 교사에게만 해당하는 것이 아니라 모든 교사에게 적용된다. 왜냐하면 미국사회는 여전히 인종, 민족, 사회 계층에 의해 분리된 커뮤니티로 특징지어지기 때문이다.

이러한 현실에도 불구하고 대다수의 교과서는 '차이'라는 이슈에 관심을 갖지 않거나 심지어 교수(teaching)에 비판적인 관점을 갖지 않는 현재 혹은 미래의 교사를 위해 디자인되어 있다. 이들을 위한 다양한 교과서를 살펴보며 나는 많은 내용이 소위 '베스트 프랙티스(best practice)'라 불리는 지루한 처방이거나 교사의 창의성과 분석력을 필요로 하지 않는, 생각할 필요가 없는 기술에 불과하다는 것을 발견했다. 나는 교사들이 능동적인 학습자로서 학교 현장에 참여하고 그들의 창의성을 높여주는 기존의 책과는 다른 모델을 제시하기 위해 이 책을 쓰고자 했다. 이는 미국 학교의 현재 혹은 미래의 교사들에게 매우 중요한 것으로, 나는 이 책을 통해 교사들이 다양한 배경의 학생들을 가르치기 위한 정보와 통찰, 동기를 발견하길 바란다.

책 전체에 걸쳐 나는 학급에서 만나게 될 다양성의 딜레마와 언어, 문화, 교수법이 서로 어떻게 연관되어 있는지에 대한 아이디어와 성찰, 협동적 탐구를 통해 이러한 아이디어에 참여하는 방법 등의 사례를 제시했다. 쉽게 답을 구할 수 있는 문제는 없었으며, 교사들이 맞닥뜨리는 일상생활의 불확실성을 제거할 수 있는 완벽한 프로그램 또한 존재하지 않았다. 하지만 기존의 교과서에서 제시되어 있는 것보다 이러한 문제에 좀 더 사려 깊게 접근할 수 있는 방법이 있었다. 즉, 교사의 전문성과 학생의 능력, 사회적 · 문화적 현실 모두를 존중할 수 있는 방법은 존재한다. 이에 따라 이 책의 목표를 다음과 같이 설정했다.

- 교육 상황에서 언어와 문화가 어떻게 교수학습과 연관되어 있는지 탐구한다.
- 언어와 문화의 사회문화적 · 사회정치적 맥락이 학생의 학습과 성취에 어떠한 영향을 미치는지 이해하기 위해 이러한 맥락을 탐색한다.
- 교실에서의 실천, 학교 개혁, 교육 평등을 위한 언어적 문화적 다양성이 지닌 함의를 분석한다. 예비교사들이 이러한 이해를 기반으로 한 언어적 · 문화적 다양성과 연계된 제도적 정책과 교실에서의 실천을 비판적으로 성찰하고 실천하도록 장려한다.
- 교사가 학생, 동료, 가족과 더불어 좀 더 사회적으로 공평한 교실, 학교, 사회를 위해 자신의 직업에 대한 윤리적.정책적 책임을 이해하도록 동기를 부여한다.

이 책의 2판에 대하여

이 책은 기본적으로 이전에 출판된 논문과 책의 편집본이지만, 이 책의 대부분은 지난 10년 동안 작성한 것이다. 2판의 목표와 기본적인 프레임은 초판과 동일하지만 장들의 절반 이상은 새롭게 구성되었다. 나는 2판에서 지난 10년 동안 벌어진 학교와 사회의 거대한 변화에 주목하는 것이 중요하다고 생각했다. 예를 들어, 정체성에 대한 새로운 관점에서의 이해를 위해 이러한 주제를 좀 더 현대적 방법으로 설명하기 위한 장들을 도입했다. 또한 현재 대다수의 교육자의 주요 아젠다인 '낙오학생방지법(No Child Left Behind)' 같은 엄격한 책무성 프로세스에 대해 논의하는 두 장을 추가했다.

개관

이 책은 4부로 구성되었다. 각 부가 시작되는 첫 페이지에 각 부분이 담고 있는 주제를 간략하게 서술했다. 서론은 이 책의 첫 부분을 구성하고 있으며, 언어와 문화가 21세기의 학교와 사회에서 어떻게 표출되는지와 관련된 전체적인 배경을 보여준다. 또한 이와 관련된 교수학습에 대한 함의를 제시한다.

1부는 '기초 세우기'로 언어와 문화, 교수법 간의 연계를 위해 개념 체계를 세우는 다섯 개의 장으로 구성했다. 1장은 모든 교사가 가르치는 직업을 선택했을 때 스스로에게 질문해야 하는 학교의 목적이라는 오래된 질문과 그에 따르는 질문을 담고 있다. 2장은 패티 보드(Patty Bode)와 공동으로 저술한 장으로, 다문화교육의 사회정치적 개념을 제안하고 낙오학생방지법에 대한 분석 등 이 분야에서 중요하게 여겨지는 개념과 문헌들을 소개했다. 3장 역시 패티 보드와 함께 기념일과 영웅에만 초점을 맞춘 기존의 피상석인 접근에서 더 나아가 다문화교육에 대한 포괄적인 정의를 제안했다. 4장은 20세기 공교육에 불었던 사회 정의를 위한 중요한 세 가지 움직임인 통합과 다문화교육, 이중언어교육에 대한 개관을 제시했다. 또한, 이러한 움직임이 가져올 미래의 모습과 교육 평등을 위한 또 다른 움직임에 대해 논의했다. '우리는 많은 언어로 이야기 한다'라는 제목의 5장에서는 언어와 문화의 차이를 다양성과 관련된 논의의 중심으로 가져와 기존의 관습적인 다문화교육의 개념을 확장시켰다.

어떠한 배경을 가지고 있든지 간에 모든 청소년은 항상 소속감과 정체감의 이슈에서 고군분투한다. 이러한 상황에서 문화적으로 소외된 청소년은 더 큰 스트레스를 받고 있다. 정체성에 대한 문제제기는 학습과 관련되어 있다. 왜냐하면 학생들이 성공적으로 학업을 수행하는 것은 역량을 갖춘 학습자라는 정체성을 형성함으로써 가능하기 때문이다. 이러한 이유로 정체성의 문제는 언어적 · 문화적 다양성에 대한 이해의 중심에 놓여 있다. 2부 '정체성과 소속감'은 사회적 · 문화적 · 인종적 · 언어적 정체성을 포함한 정체성에 초점을 맞추고 이러한 정체성이 어떻게 학생과 교수학습에 영향을 미치는지 분석했다. 6장에서는 주로 피상적으로 이해되던 문화에 대한 단순한 접근을 거부하고 문화에 대한 광범위한 정의를 소개했다. 7장은 15년 전에 처음으로 출판된 내용이지만 현재도 여전히 유효한 문제인 이주배경 청소년의 학교교육, 정체성, 학업적 성공에 대한 관점을 담았다. 끝으로 8장에서는 정체성이란 복잡하고 이질적이며 혼종적이라는 이해를 기반으로 청소년의 복잡한 정체성에 대해 존 레이블(John Raible)과 함께 서술했다.

3부 '비판적인 교사 되기'에서는 다양한 학생을 효과적으로 가르치기 위해 교사가 알아야 할 다양성에 대한 정보를 담고 있다. 3부의 두 장은 학생들에게 비판적인 교사가 되기 위한 조건에 대해 이야기했다. 9장은 다양성에 대한 피상적인 처방을 넘어서도록 교사들을 장려하며 사회 정의, 접근성, 평등에 대한 깊이 있는 다문화적인 질문을 하도록 하는 짧은 글을 제시했다. 10장에서는 다양한 배경의 학생들을 '연대, 용기, 마음으로' 교육하고 있는 교사들의 구체적인 사례를 제공하며, 모든 교사는 그들의 학생으로부터 배울 수 있다는 교훈을 제시했다.

마지막으로 4부 '교실에서의 프락시스'는 다문화교육적 실천을 비판적으로 분석했다. 11장 '인정, 연대 그리고 비평'에서는 다문화교육을 다양한 층위에서 지원하는 구체적인 시나리오를 제시했고, 교실 수업에서 실제로 사용할 수 있는 구체적인 실천을 제안했다. 대다수의 교사는 개인적인 이유로 혹은 직업적인 경험이 부족하기 때문에 때때로 어떻게 인종과 정체성, 성취에 대해 비판적인 문제제기를 할 수 있는지 알지 못한다. 12장은 유색 학생들을 가르칠 때 교사가 친절함 이상으로 대할 수 있는 구체적인 제안을 담았다. 마지막 13장은 미국 학교에서 다양성을 긍정한다는 것이 어떤 의미를 지닌 것인지를 다양성을 긍정하기 위한 가이드라인을 제시하고, 이 책 전체를 아우르는 요점을 정리했다.

결론

계층이나 환경에 상관없이 모든 학생에게 평등한 교육을 제공할 것을 맹세한 사회에서 교육 불평등은 혐오스러운 현상이다. 그러나 교육 불평등은 미국 전역에서 흔히 나타나고 있다. 교육 정책이나 관습이 사회 계층이나 인종, 언어 등에서 특권을 가진 학생들에게 유리하게 작용하면서 교육 불평등은 이러한 특권을 갖지 않은 많은 학생들이 부당한 대우를 받는 것으로 이어져오고 있다. 또한, 학교가 정부나 사회에서 지원받는 자원 역시 매우 불평등한 상황이다. 그리고 학생의 우편번호가 그들이 제공받는 교육의 질적 측면에서 우리가 인정하는 것보다 훨씬 더 많은 것을 말해준다는 것 역시 부정할 수 없다. 학생들의 언어적 · 문화적 차이는 피부색에 따라 차별하지 않도록 교육받은 교사들에 의해 묵살되거나 무시되며, 때로는 차이로 보는 것 자체가 거부되기도 한다. 이 책은 교사가 이러한 차이를 발견하는 것에서 나아가 이러한 차이를 긍정하며 수업에서 활용할 것에 대해 말하고 있다.

이러한 현실은 교육적 변화가 이데올로기와 사회, 국가의 수준을 포함한 수많은 영역에서 일어날 필요가 있다는 것을 명백히 보여준다. 이러한 차이를 도덕적으로 어긋난 결핍이나 빈곤으로 간주하는 사회에서 주류와 다른 언어적 · 문화적 배경을 가진 학생들은 특히 취약할 수밖에 없다. 변화는 어디에서든 시작될 수 있다. 이 책은 교사가 자신이 가르치는 학생의 삶에 변화를 줄 수 있고 변화를 줘야만 하는 사람이라는 가정에서 출발한다. 물론, 교사 혼자 이러한 변화를 만들어낼 수 있는 것은 아닐지도 모른다. 왜냐하면 부모나 보호자가 고등교육에 접근하기 어려울 수도 있고, 주거의 어려움이나 의료 혜택의 부족, 고용 기회의 부족, 자녀 양육의 어려움 등 거시적인 수준의 장애물을 포함하는 학생의 학습을 가로막는 기관의 장벽이 분명히 존재하기 때문이다. 그럼에도 불구하고 교사가 동료와 시민과 힘을 합쳐 일한다면 그들은 자신의 실천에서의 변화뿐만 아니라 모든 학생이 조금 더 공평하게 대우받도록 학교와 학교구의 정책을 변화시킬 수 있다. 개인 수준의 실천과 학교 수준의 정책 변화는 학생의 학습을 촉진할 수 있으며 우리의 사회, 교사, 학교가 학생들이 가진 차이를 희망적이고 비판적인 방식으로 바라본다면 학생들은 그들이 받은 만큼 높이 성장할 것이다.

우리는 신세기를 살고 있다. 이 세기는 그 어느 때와 달리 학교에서의 문화적·언어적 다양성이 명백하다. 그러나 신임 교사들이 이러한 차이를 받아들일 수 있도록 준비시키는 방법과 그들에게 도움이 될 책들은 이에 맞추어 충분히 변화하지 못했다. 새로운 시대에는 교사의 전문성을 존중하고 학생들과 그들의 가족의 정체성을 인정하며 다양한 배경의 모든 학생을 교육해야 한다는 국가의 주장을 유효하게 할 새로운 책이 필요하다. 이것이 바로 이 책의 전제다.

감사의 글

마침내 친구들과 동료들에게 감사의 말을 전할 순간이 왔다. 이 책에 들어가 있는 저널과 책의 장들을 처음 쓸 때 친구들과 동료들 덕분에 내가 생각한 아이디어를 보다 분명하고 세심하게 들여다볼 수 있었다. 그들을 일일이 열거하기에는 지면이 부족해서 그들에 대한 감사는 이 책의 초판에 실려 있는 내용으로 대신하겠다. 이 책에서 나는 특히 3장을 함께 저술한 패티 보드와 9장을 함께 저술할 수 있게 허락해준 존 레이블에게 감사의 마음을 전한다. 그들의 통찰은 내 사고에 많은 도움을 주었다. 나는 다시 한 번 이 책을 풍부하게 해준 많은 동료와 학생들, 내가 가르쳤던 청소년들에게 감사한다. 마지막으로 라우틀리지(Routledge)의 편집장 나오미 실버먼(Naomi Silverman)에게 감사와 존경을 표한다. 그녀와 처음 만난 이후로 나는 교사를 위한 이 책을 다른 시각에서 창의적으로 저술할 수 있었다. 그녀와 함께한 시간들은 축복이었다.

CONTENTS

서론

언어, 리터러시 그리고 문화: 교차와 함의

학자들이 언어와 리터러시, 문화를 실질적인 방법으로 연결하기 시작한 것은 비교적 최근의 일이다. 그 이전에는 언어, 리터러시, 문화가 각각 구분되는 것으로 간주되었다. 결과적으로 교육자들은 문화를 언어나 읽기와 쓰기와는 구별되는 것으로 생각했다. 따라서 제2 외국어로서 영어학습(ESL)은 학습에 영향을 미치는 학생들의 고유문화와 결별했고, 발음중심어학교수법(Phopics)과 모든 언어는 학생들의 정체성과 분리될 수 없다는 쟁점이 논의되었다. 이러한 이분법은 지난 20년간 관련학계에서 꾸준히 사라져왔다. 현재는 언어, 리터러시, 문화가 다양하게 연결되어 있다는 것이 확실하게 드러나고 있다. 고등학교에서 수학을 가르치건 초등학교에서 미술을 가르치건 간에 모든 교사는 자신이 학교교육에 어떠한 영향을 미치는지를 알아야 한다.

이 책에서는 최근까지도 읽기, 쓰기, 언어 습득과 언어 사용, 그리고 인종, 문화, 민족에 관한 심층적인 이해에 있어서 전반적으로 비판적 관점이 결여되어 있다는 것을 강조하고자 한다. 현재도 몇몇 선택된 아프리카계 미국인, 영웅, 민족적 축제를 통한 전형적이고 피상적인 방법으로 이러한 차이들이 기념되고 있다. 최근에도 사회적 계층화와 불평등에 관한 논의는 대부분의 교사 교육과정에서 결여되어 있다. 이런 가시적인 성과가 없음에도 평등과 사회 정의에 관한 질문들은 교육의 핵심이다. 이와 같이 교육은 언제나 정치적 사안이다.

교육이 중립적이지 않다는 사실은 많은 사람들을 두렵게 한다. 왜냐하면 이러한 사실은 교육이 평등과 공정에 기반을 두고 있다는 중요한 개념에 도전하고 있기 때문이다. 어떻게 권력과 특권이 언어, 문화 그리고 학습에 함의를 지니느냐 하는 문제는 전형적인 학교 담론에서 도외시되었다. 이러한 상황은 언어와 리터러시, 문화 간의 관계가 더욱 견고해짐에 따라, 그리고 많은 학생들이 평등한 교육을 받을 수 없고 불평등이 더욱 분명해짐에 따라 변화하고 있다.

이 장에서 나는 언어와 리터러시, 문화 간의 연결고리를 내가 경험한 이야기 사회문화 이론의 주요 방향을 포함하여 제시할 것이다. 사회문화 이론은 행위자, 경험, 정체성/혼종성, 맥락, 지역사회 등의 개념으로 구성된다. 이 책을 읽으면서 당신이 가진 언어, 리터러시, 문화에 대한 이해가 이전에 비해 어떻게 전환되고, 가르치는 것에 관한 당신의 생각이 어떻게 변화하는지를 생각해보기 바란다.

1.
언어, 리터러시 그리고 문화: 교차와 함의

나의 배경과 어릴 적 경험을 회상해보면, 오늘날 나는 여기에서 리터러시와 학습에 대해 말하기 어려운 사람이다. 전통적인 교육학적 관점에서 내 가정과 가족들의 상황은 나의 학문적 성공에 적합하지 않았다. 나의 어머니는 고등학교도 졸업하지 못했고, 아버지는 초등학교 4학년을 중퇴했다. 그들은 푸에르토리코에서 미국으로 이민 와서 미국사회에서 낮은 지위와 적은 임금을 받았다. 나는 잠자리에 들 때 침대에서 아무런 이야기도 듣지 못했고, 책도 넉넉하게 읽지 못했다. 집에는 공부방도 없었으며, 충분한 불빛을 지닌 책상과 적절한 환기구조차 갖추지 못했다. 또한 인형과 장난감도 많이 없었고, 다섯 살 때부터 간절히 원했던 피아노 레슨도 전혀 받지 못했다. 나는 가족들과 함께 박물관이나 문화자본(Bourdieu, 1986)을 제공해줄 어떠한 장소도 방문하지 못했다. 그렇기 때문에 우리는 학교에서 성공할 필요가 있다고 여겨졌다. 학교 교사들이 우리 부모에게 집에서는 스페인어로 말하지 못하도록 했지만 우리는 집에서 스페인어로 말했다. 영어를 배울 때 언니와 나는 표준어를 사용하지 못했고, 도시 흑인식 영어 혹은 푸에르토리코식 영어를 사용했다. 우리는 'isn't' 대신에 'ain't'로 말했고, 'mine' 대신에 'mines'로 말했다. 교사가 이것을 교정해주지 않아서 우리는 흑인식 또는 푸에르토리코식 영어를 계속해서 사용했다. 우리의 사회적 계층, 민족성, 모국어, 말하는 방법으로 인해 우리는 요즘 말하는 '위기에 선 아이들'로 취급받았다. 또한 주변 친구들로 인해 우리는 문화적으로 결핍된, 불이익을 당하는 학생, 심지어는 문제학생으로 간주되었다.

가족들이 학교 숙제를 도와주지 못했지만 나는 가정이 있어서 행복한 아이였다. 가족들은 나에게 "교육을 받아야 해. 소냐, 교육!" 이렇게 주문처럼 세뇌시켰다. 언니와 내가 영어를 배우는데도 우리 가족은 스페인어로 말하는 것을 고집했다. 나의 부모는 우리를 위해 책을 사지 않았고, 잠자기 전 침대 곁에서 책을 읽어주지도 않았다. 하지만 우리 부모님은 다른 아이들의 부모들처럼 손재주와 재능을 가지고 있었다. 부모님은 이중언어 화자가 되어 우리에게 많은 이야기와 수수께끼, 발음하기 어려운 단어, 농담을 말해주었다. 나의 아버지는 미국에 온 지 20년 후에 카리브식 식품을 취급하는 식품잡화점을 인수하여 작은 식료품가게를 열었다. 나는 아버지가 계산기나 연필 없이도 한 줄에 적힌 숫자를 몇 초 만에 합산하는 것을 보고 놀라곤 했다. 어머니는 손수건, 블라우스, 테이블보에 아름답고 복잡한 수를 놓았다. 수많은 푸에르토리코의 가난한 여성들이 만든 제품들은 뉴욕 5번가의 로드 앤드 테일러 백화점의 삭스 매장의 선반을 채웠다. 그러나 이런 재능들은 교사들에게 중요하지 않았다. 나의 부모님은 문화적으로 궁핍했고, 사회적으로 혜택을 받지 못했을 뿐만 아니라 드러나지 않은 역량을 지닌 도시 빈민의 단면을 보여주었다.

우리 가족은 나의 청소년 시절 초기에 하위 중산층 이웃이 사는 동네에 작은 집을 구입했다. 그래서 나는 그나마 좋은 중학교와 고등학교를 다닐 수 있었다. 그러나 나는 그 고등학교가 좋지 않았다. 그 학교는 매우 경쟁적이었고, 비인간적이었다. 나는 그곳에서 보이지 않는 존재로 느껴졌다. 회상해보면, 언니와 나는 부모님, 사촌, 나의 이웃이 꿈꿀 수 없을 정도로 좋은 대학을 가기 위해 필요한 교육을 받았다. 나는 내가 경험한 새로운 환경의 교육에서 중요한 차이점을 알게 되었다. 여기에서 나는 결국 'ain't'와 'mines'의 사용을 줄였고, 스페인어를 할 줄 안다는 사실을 드러내지 않았다.

나는 나의 이야기로 이 글을 시작하고자 한다. 그 이유는 자서전이 지극히 신성하다고 믿거나 자서전이 모든 교육 문제에 대한 해답을 가지고 있다고 믿기 때문은 아니다. 나의 이야기는 특별하지 않고, 의도적이든 아니든 간에 리처드 로드리게스(Richard Rodriguez, 1982)가 그의 자서전 『Hunger of Memory』에서 고통스럽게 기술했듯이, 나의 이야기만이 특별하다고 생각하지 않는다. 모든 청소년들이 배울 수 있고, 그들이 로드리게스가 했던 것과 같이 사회에서 높은 지위를 위해, 교육에서의 이익/혜택을 위해 가족들과 가정의 언어를 버릴 것을 강요할 필요가 없기 때문에 나는 나의 이야기를 활용할 것이다. 나는 많은 측면에서 배움에 대한 열망으로 학교에 왔지만, 학생들의 재능을 이해하지 못한 교육시스템에서 낙오된 수많은 학생들과 다를 바 없었다. 이것이 내가 오늘날 언어, 리터러시, 문화에 관해 말하는 이유이고, 이 학생들을 위해 새로운 방법으로 생각하는 것을 의미한다.

언어와 리터러시, 문화는 개념적 혹은 프로그램적으로 항상 연결되어 있지는 않다. 그렇지만 미국의 많은 학교와 교육대학들이 언어, 리터러시, 문화의 교차를 자각하고 교수-학습을 재고하고 있다. 이런 사실이 반영되면서 언어, 리터러시, 문화가 항상 연결되어 있지 않다는 사실 또한 변화하고 있다. 내가 재개념화했고, 매사추세츠 대학에서 사용하고 있는 「언어와 리터러시, 문화」라는 재인식 프로그램은 위의 연계 사실을 반영한다. 나는 이런 이슈들을 연결하는 경향이 우리에게, 특히 우리 사회에서 전통적으로 낮은 지위의 정체성을 지닌 학생들을 위해 학습의 풍부한 밑그림을 제공한다고 믿는다. 낮은 지위의 정체성을 가진 학생들은 언어, 인종, 민족, 이민자라는 지위와 관련되어 있다. 이와 같은 재인식의 한 가지 결과는 좀 더 많은 교육 프로그램이 언어와 리터러시 영역에서 사회문화적 관점을 고무시키고 반영한다는 점이다. 이러한 관점은 문화에 대한 인류학적 이해에서 기인한 것이다. 문화의 인류학적 이해란 "문화란 사회적으로 구성되며 상호 협력적인 것으로서, 학습 관점에 대한 차이와 문화적 · 언어적 차이에 기인한 사회의 다양한 요소로부터 학생들이 어떻게 학교교육을 경험하고 사회 정의를 준수할 수 있는가"이다. 나는 이들에 대한 이론적 관점들 간에 다양하면서 서로 충돌하는 의견들이 존재한다는 것을 안다. 그러나 나는 사회문화 이론이 몇 가지 논의를 위한 단초를 제공하고 있다는 것을 확신한다. 나는 나의 연구로부터 사례를 제시하고, 미국 학교 학생들의 경험과 이야기를 활용하면서 다양한 사회문화 이론을 탐구할 것이다.

사회문화 이론에서는 주로 담론, 헤게모니, 권력, 사회적 실천, 정체성/혼종성, 리터러시 같은 용어를 사용한다. 오늘날 이러한 용어들은 보편적으로 사용되지만 지금으로부터 20년 전의 문헌에서는 이 용어들을 찾기란 쉽지 않다. 그 이유는 무엇일까? 이러한 용어의 국제적인 사용과 그것에 대한 우리의 인식, 그리고 이 용어가 함의하고 있는 모든 것이 어떻게 변화해왔고, 이 용어는 우리가 관찰하고자 하는 교수-학습에 어떠한 영향을 주었는가? 우리는 리터러시 자체를 살펴보아야 한다. 특정 가족과 가정환경이 리터러시를 증진시킨다는 것은 일반적인 사실이다. 이를테면 책을 비롯하여 다른 풍부한 읽을거리가 제공되고, 읽었던 책에 대해 부모와 자녀들이 끊임없이 대화하고, 그 밖의 조건들이 바로 그에 대한 예다(Snow, Barnes, Chandler, Goodman & Hemphill, 1991). 나는 수많은 사례에서 이것이 사실이라는 것을 확신한다. 나는 남편과 함께 우리의 아이들에게 이와 같이 해주었다. 결과적으로 나는 아이들에게 좀 더 윤택한 삶을 살도록 해주었다. 아이들에게 이러한 조건들이 주어지지 않았다면, 그 아이들이 어떻게 읽고 쓸 줄 아는 사람으로 성장할 수 있겠는가?(Tayler & Dorsey-Gains, 1988) 부모가 부유한 이웃들 근처에 살지 못한다는 이유로, 부모가 교육받을 충분한 특권이 없었다는 이유로, 박물관에 데리고 갈 수 없거나 놀아주지 않았다고 해서 아이들이 교육적으로 실패할 수밖에 없다는 것인가? 집에 책이 없다는 이유로 아이들은 교육받을 자격조차 박탈당해야 하는가?

2.
사회문화 이론의 기본 요건

나의 이야기를 시작하는 데 있어 나 자신을 개인적인 측면으로만 한정하지 않고, 사회문화 이론의 주요 전제인 사회적이고 정치적인 측면에 초점을 맞출 것이다. 전통적인 이론들의 틀에서 나의 교육적 성공을 이해하기 위한 유일한 방법은 다음과 같은 전통적인 비유를 사용하는 것이다. 나는 "개천에서 용 났다"는 것을 보여주는 사례로 나중에 '주류'에 속하게 되었다. 하지만 이런 전통적인 은유들은 불완전하다고 생각한다. 그 이유는 이 은유들이 개인의 능력에 초점을 맞추고 개인을 그들이 살고 있는 사회적 · 문화적 · 역사적 · 정치적인 맥락에서 고립시키기 때문이다. 전통적 이론은 우리의 개인적 심리 과정에 기인하지 않고 이해할 수 있는 기존의 관습적 패턴에 맞지 않는 사람들의 경험과 내 경험을 설명한다. 다른 한편, 사회문화 이론은 우리에게 학습을 바라보는 다른 시각과 이를 묘사하는 다른 비유를 제공하고 있다. 이는 어떤 사람이 가지고 있는 학습에 관한 관점이 교육과정, 교육적 접근방법, 학습에 대한 기대, 교우관계, 교사와 가족, 더 나아가 교육적 결과를 극단적으로 다르게 나오게 할 수 있기 때문에 매우 중요하다.

사회문화적이고 사회정치적인 관점은 가장 기본적으로 사회적인 관계와 정치적 실재가 교수와 학습의 중심이라고 보는 가정에 기반을 둔다. 이는 학습이 사회적 · 문화적 · 정치적인 공간에서 발생하고, 학습자와 교사 간의 상호작용과 관계를 통해 발생한다는 것을 의미한다. 따라서 나는 사회문화적이고 사회정치적인 관점을 뒷받침하는 다섯 가지 개념을 소개할 것이다. 이 개념들은 나의 연구에 기반을 두고 있고, 내 경험과 학습에 대한 전통적인 입장에 도전하는 수많은 학생들의 경험을 이해하는 데 도움을 주었다. 이 개념은 비판적인 다문화주의적 관점과 매우 일치한다. 이러한 관점은 부가적 접근법 혹은 '기념일과 영웅'을 중심으로 하는 접근법보다 넓은 시각을 제시해준다.

나는 다음의 다섯 가지 개념에 중점을 두었다. 주체적 행위(agency)/협력 학습, 경험, 정체성/혼종성, 맥락/상황/위치성, 공동체가 바로 그것들이다. 이 단어들이 수많은 의미를 내포하고 있다는 점은 두말할 필요도 없다. 그렇지만 나는 여기에서 이 단어들을 사회문화적 이론과 사회정치적 이론의 기본 원칙에 따라 사용할 것이다. 또한 이 용어들은 서로 밀접하게 관련되어 있고, 서로 중첩된다. 여기에서는 편의상 구분지어 사용하지만, 근본적으로 이 개념들은 서로 독립적인 의미를 갖고 있지 않다.

주체적 행위/협력 학습

학습은 많은 학교와 교실에서 주체적 행위나 교사와 학생 간의 서로에 대한 발견이라기보다는 지식전달이라고 생각되었다. 단순하게 말하자면 학습은 사회적으로 제한된 지식들을 재생산하는 것이다. 마이클 애플(Michael Apple, 1991)은 이를 '공공의 지식'이라고 불렀다. 이는 사회가 기본적으로 작동하기 위해 통용되는 중요한 규율과 양식이다. 이러한 학습 이론이 가장 강조하는 상황을 파울루 프레이리(Paulo Freire, 1970)는 '은행식 교육'(banking education)이라고 불렀다. 이 교육은 빈 그릇으로 간주되는 학생들에게 단순히 지식을 주입하는 것이다. 은행식 교육과는 반대로 프레이리는 공부라는 행위를 "주체적 행위자에 의해 이루어지는 것"이라고 정의했다. 프레이리(1985: 4)는 "공부한다는 것은 사고(idea)를 소비하는 것이 아니라, 창조하고 재창조하는 것이다"라고 말한다.

교사나 이론가들이 사회적으로 제한된 지식들을 재생산하는 학습을 거부하더라도 많은 학교와 교실에서는 여전히 존재하고 있다. 이것이 바로 '교사가 승인한 교육과정', 특정 주제에 대해 '수업자료를 다루는 것'의 필요성, '모든 학생이 반드시 알아야 하는' 수많은 능력과 역량 목록이라는 아이디어의 토대가 되었다(Hirsch, 1987). 이러한 모순은 20세기 초 존 듀이(John Dewey, 1916: 38)가 다음과 같은 물음을 제기하면서 명백해졌다.

> 주입식 교육방법과 수동적인 습득으로 학습하는 것이 전 세계적으로 비난을 받고 있음에도 여전히 이것들을 왜 사용하는 것일까? 이러한 교육은 '말하기'와 말해지는 것이 아니라, 능동적이고 구성적인 과정이다. 이것은 이론적으로 인정될 만큼 실천에서는 실행되기 어려운 일이다.

왜 이러한 현상이 계속 반복적으로 일어나는 것일까? 그 이유 중 하나는 아마도 교사와 학생들이 의미 있고 중요한 지식을 구성하는 능력을 가지고 있다는 사실에 대해 사람들이 의문을 갖고 있기 때문이다. 뿐만 아니라 다양한 문화적 · 언어적 배경을 가진 학생들이 다니는 저소득층 학교에는 그들을 도와주는 주체적 행위들이 거의 존재하지 않는다. 이러한 학교에서 교사는 저소득층의 학생들이 특권층의 학생들보다 탁월한 능력을 가지고 있지 않을뿐더러 경험 또한 부족하기 때문에 "기초를 가르쳐라"라는 기본적인 책임감을 배우게 된다. 영어를 제2 외국어로 사용하는 학생들은 생각하고 사고하기 전에 먼저 영어를 숙지해야 한다는 가정이 우세하다.

다양한 배경 출신의 수많은 대학생들이 말하는 주체적 행위들의 몇 가지 사례와 그것의 결핍에 대한 사례를 공유해보자. 이들은 물론 내 첫 번째 책에서 인터뷰를 했던 학생들이다(Nieto, 1992; 2000). 우리는 학생들의 의견이 많은 교육전문가들로부터 지적된 대부분의 교실에서 수행된 교수법 문제와 동일하다는 것을 확인했다.

수업 중 교사들이 사용한 교수방법은 전통적인 '판서 강의(chalk and talk)' 방식이었다. 이러한 수업은 중등학교, 특히 주로 가난한 계층의 학생들이 다니는 학교들에서 행해져왔다. 이 교육방법에서 가장 많이 사용되는 자료는 교과서였다. 또한 수업에서 창의성이나 비판적 사고보다는 규칙적인 암기식 교육이 선호되었다. 아울러 여전히 교사 중심의 지식 전달방식이 널리 사용되고 있었다(Cummins, 1994; Goodlad, 1984). 학생들은 자신들에게 수동적인 학습환경을 제공하는 교사들에 대해 비판적으로 생각하고 있었고 이 연구에서 교육에 관한 것 이외에 말하고 싶은 것이 많았다. 도시의 한 고등학교 졸업생 대표였던 린다 하워드(Linda Howard)가 바로 이 사례에 속한다. 그녀는 학급에서 우등생이었지만, 7학년과 8학년에서 두 차례 낙제했다. 그 이유는 다양했지만, 주로 학업과 건강상의 문제였다. 그녀는 자신의 교육에 대한 경험을 다음과 같이 말했다.

> 나는 대부분의 수업에 흥미가 없었다. 모든 교사들은 "책의 몇 페이지를 펴라"라는 말만 할 뿐이었다. 그들은 무엇이 문제인지 생각하려고 하지 않는다. 책에 있는 내용만 말할 뿐이었다. 나는 아무런 질문도 하지 않았다. 왜냐하면 내가 질문을 하면, 교사들은 "답은 책에 있어"라고 말할 것이기 때문이다. 그리고 만약 질문에 대한 답이 책에 없다면, 우리는 이러한 질문을 해서는 안 된다!(pp. 55-56)

졸업 후 약대에 진학하려고 계획 중인 리치 밀러(Rich Miller)는 '일반적인 교사'란 "서서 강의를 하거나 일하고, 평가하고, 작별인사를 하는" 사람이라고 묘사한다(p. 66).

학생들은 특히 교과서와 칠판에 의존하는 교사들을 비판적으로 바라본다. 유대인학교를 다니다가 현재는 공립 고등학교에 재학 중인 애비 에이브럼슨(Avi Abramson)은 교육환경에 적응하는 데 어려움을 느꼈다. 그는 학생들의 관점에서 가르치는 몇몇 교사는 잘한다고 믿었다. "교사들은 단순하게 '맞아. 이걸 해. 중얼중얼.'이라고 말하지 않았다. 그들은 하나의 톤으로 말하지 않았다."(p. 116) 멕시코 학생인 욜랜다 피에드라(Yolanda Piedra)는 자신의 영어교사를 "그냥 자기 일을 하며 앉아 있는 사람"이라고 말한다(p. 221). 또 다른 학생은 교사를 "어떤 것을 가르치는 사람. '여기를 봐' 하고는 칠판에 조금 적고 '봐, 이렇게 되는 거야. 25쪽 해봐'라고 말하는 사람"이라고 말한다(p. 166).

이러한 학생들은 단순히 비판만 하는 것이 아니라, 적극적인 학습을 위해 노력하는 교사의 예도 들었다. 고등학교 2학년인 호앙 빈(Hoang Vinh)은 학급 친구들과 베트남어로 말하는 것을 허락한 교사에 대한 느낌을 말했다. 아시아 학생들이 개인 활동을 선호한다는 통념과는 반대로, 그는 그룹을 지어서 활동하는 것을 좋아한다. 빈은 특히 단어를 쓰고 외워서 '단어의 의미'를 학습하는 것보다 중요한 이슈들에 대해 토론하는 것을 좋아한다. 또한 교사들에게 학생을 수업에 적극적으로 참여하도록 만들기 위한 좋은 제안들을 제공하기도 한다. 또 다른 학생은 더 많은 학생들이 수업에 적극적으로 참여할 수 있는 방법을 제안했다. "학급의 전체 학생이 수업에 참여한다면 똑똑한 두 명의 학생이 학급 전체를 위해 하는 일이 줄어들 거예요."(p. 125) 학습을 모든 학생들에게 생각하고 사고할 줄 아는 능력을 갖게 한다는 데 의미를 둔다면, 가르치는 것은 점점 더 복잡해진다. 사회문화적 · 사회정치적 이론은 학습이 단순히 지식의 전달이 아니라, 학생들과 함께 활동하여 지식을 반영 · 이론화 · 창조하는 것에 역점을 두어야 한다고 강조한다. 이와 같은 주체적 행위 이론에서 '은행식 교육'(Freire, 1970)은 공허한 소리에 불과하다. 오히려 성찰적 질문들에 중점을 둠으로써 학생들에게 다른 선택을 할 수 있도록 하고, 당연시되는 믿음에 의문을 갖게 하고, 그럼으로써 비판적 사고를 할 수 있게 해준다.

경험

자명하게도 학습은 경험을 쌓는 것을 필요로 한다. 이는 모든 사람에게 접근할 수 있는 인간의 내재적 노력이 존재한다는 생각에서 기인한다. 하지만 이 원칙은 학업적 성공을 이루는 데 경험이 필요하지 않다고 여기는 학생들에 의해 허물어지기도 한다. 특히 '권력의 문화' 안에서 성장하지 않은 학생들이나(Delpit, 1988) 학업적 성공을 이루기 위한 원칙을 납득하지 못한 학생들이 그렇게 생각한다. 예를 들어 보통 문화적 · 언어적으로 다양한 배경에서 자라거나 가난한 환경에서 자란 학생들의 경우, 경제적으로나 사회적으로 혜택을 받은 가정에서 자란 학생들의 경험과는 상당히 다르다. 그리고 이러한 차이점은 그들이 학교에 갔을 때 확연하게 드러난다.

피에르 부르디외(Pierre Bourdieu, 1986)는 자본의 형태 그 자체가 경제와 연관되어 있지 않다고 하더라도 다양한 문화자본의 형태가 경제적 특권을 유지하는 데 어떻게 도움을 주는지 설명한다. 문화자본은 가치 · 취향 · 행동처럼 눈에 보이지 않고, 언어 · 방언 · 민족성처럼 문화정체성을 가지고 있다. 문화자본은 고유한 가치를 가지고 있지만, 사회적인 가치를 가지기도 한다. 이 말이 사실이라면 하나의 공동체에 속해 있는 젊은이들은 단순히 경험과 정체성 때문에 또래보다 불리한 위치에 놓이게 된다. 이러한 현실을 이해하는 것은 학교생활에서 드러내놓고 말하지는 않지만 근본적으로 권력관계가 존재한다는 것을 의미한다.

우리는 학생들의 문화자본에 대해 학교에서 교사가 어떤 태도를 보이는지, 그 태도가 학생에게 어떤 영향을 주는지, 그리고 이러한 문화자본에 대해 교사들이 어떠한 행동을 하는지도 생각해야 한다. 특히 사회문화 이론은 이와 같은 생각을 다룬다. 예를 들어, 애니 스타인(Annie Stein, 1971)이 뉴욕의 유치원 교사들에게 원아들이 초등학교에 들어가기 위해 준비해야 할 중요한 것들이 무엇인가에 관해 질문했던 연구가 있다. 푸에르토리코인과 흑인 학생들이 많은 학교의 교육목표는 사회화가 우세했고, 백인이 많이 다니는 학교는 교육목적이 우선이었다. 스타인에 따르면, "실제로 교육목표를 살펴보면 소수집단의 유치원에 근무하는 교사들은 교육목표를 말하는 것을 잊어버리곤 한다"고 말한다(p. 167). 이는 학생들을 수준별로 줄세우는 교활한 방법이다. 수준별 수업은 사회적 목표를 위해 몇몇 학생의 희생을 강요하는 교육적 종말을 가져온다. 수준별 수업의 영향은 이미 유치원에서 쉽게 찾아볼 수 있다.

모든 어린이들은 생각하고 배우기 위해 학교에 오고, 적성은 더 나아간 학습을 위한 중요한 구성요소로 인식된다. 하지만 많은 교육자들은 학생들이 학교에 가지고 오는 유효한 지식과 경험을 거부하기도 한다. 예를 들면, 교사들은 영어 이외에 말하는 언어, 특히 인지도가 낮은 언어는 학습에 도움이 되기보다는 잠재적으로 손상이 된다고 생각한다. 마찬가지로 학생들이 친척을 만나러 노스캘리포니아, 아이티, 도미니카공화국에 가는 것보다는 유럽으로 스키를 타러 가는 것이 문화적으로 풍요로운 것이라고 생각한다. 교사들이 이러한 종류의 경험을 다르게 평가하는 이유는 전반적으로 사회에서 교육적인 잠재적 가치나 내재된 가치보다는 문화자본과 더욱 관련이 있기 때문이다.

메리 긴리(Mary Ginley)는 학생들의 경험을 수용하고 이를 축적하는 데 인색한 교사의 무능을 신랄하게 묘사했다. 유능한 교사인 그녀는 매사추세츠의 작은 마을에 있는 푸에르토리코계 학생들이 많이 다니는 학교에서 일한다. 메리는 내가 참관한 자신의 수업에서 "친절만으로는 충분하지 않다"라는 생각을 자신의 학급일지에 다음과 같이 적었다.

> 모든 아이들은 자신들이 환영받고, 편안하다고 느낄 수 있어야 한다. 학교는 대부분의 아이들에게 타지와 같지만(무엇 때문에 정답에 동그라미를 치고 빈칸을 채우는 데 시간을 허비하겠는가?), 아이들은 자신의 문화와 언어가 학교에서 사용하는 것과 다를수록 더욱 이질감을 느낀다. 따뜻하고, 친근하고, 도움을 줄 수 있는 교사들은 학생들에게 집에서 스페인어 사용을 잊어버리고 엄마나 아빠와 영어로 대화하라고 말한다. 과제가 어려울 때는 학생들이 기분상하지 않도록 쉬운 과제만을 내주기도 한다. 학생들은 가정에서 어떻게 살고, 무엇을 먹고, 어떤 음악을 좋아하고, 어떤 이야기를 하고, 어떤 역사를 가지고 있는지에 대해 절대 배우려고 하지 않는다. 우리는 우리의 단어로 읽을 수 있도록 가르치고 학생들이 무엇을 어려워하는지만 생각하면 된다. 우리는 조용히

앉아서 학생들에게 무엇이 중요하고 '다음 학년을 위해 준비해야 할 것'을 알려주면 된다. 그리고 우리는 그들이 누구이고 어디를 가고 싶은지 절대로 질문하지 않는다 (Nieto, 1999, pp. 85-86).

이 경우는 앞에서 언급한 베트남 학생 호앙 빈의 사례와 유사하다. 빈은 베트남어를 사용했고, 그의 어린 동생들은 베트남어밖에 쓸 줄 모르며, 매주 부모님께 베트남어로 편지를 쓴다. 그는 좋은 학생이었지만 영어를 배우는 데 문제가 있었다. 종종 교사는 그를 이해할 수 없었다. 어떻게 교사들이 자신의 모국어를 "웃기다"고 묘사하고, 심지어 비웃는지에 대해 그는 다음과 같이 말했다. "[베트남어 읽고 쓰기를 유지하는 것]은 매우 중요했다. 그래서 나는 영어를 배우지만 내 언어 또한 배우고 싶었다(Nieto, 2000, p. 178)."

빈에게는 교사들이 학생들의 경험과 문화를 이해하려고 노력하는 것이 더욱 중요했다. 그는 "[나의 선생님들이] 다른 것은 이해하지만, [교사들은] 베트남 문화를 이해하지 못한다. 외부세계를 이해하는 것처럼만 이해한다. 하지만 그들이 어떤 마음을 가지고 있는지 이해할 수 없었다(p. 178)"고 말했다. 빈의 말은 학생들의 능력과 지식이 학교의 환경과 맞지 않을 때 무시됨으로써 학습을 통해 학생들의 삶을 개척하는 데 좋은 기회를 놓칠 수 있다는 것을 깨닫게 해준다.

정체성/혼종성

학생들이 학교교육으로부터 혜택을 받는지 못 받는지는 학생들의 개인적 성격과 그들이 자라온 문화적 맥락의 가치에 영향을 받는다. 하지만 전통적 이론은 모든 상황에서 개인의 다양성의 차이를 중요하게 생각한다. 그 결과 전통적 이론에서는 학생의 능력을 평가하는 수단이나 시험을 통해 지능을 결정하게 된다. 사회문화 이론은 학생들의 문화정체성 같은 쟁점을 포함하기 위해 이러한 제한된 시각을 뛰어넘는다. 하지만 문화를 '문제가 없다(un problematic)'는 맥락에서 이해하면 안 된다. 메리 칼란티스, 빌 코프, 다이애나 슬레이드(Mary Kalantzis, Bill Cope, Diana Slade, 1989: 18)는 다음과 같이 우리의 주의를 환기시킨다.

> 우리는 단순히 문화, 언어, 역사를 재생산하는 운반자가 아니다. 우리는 언어적-문화적 상황의 산물이고, 우리가 사회화한 것을 다시 합성하여 새로이 일어나는 문제를 해결하는 능력을 가진 주체자다. 우리는 구조적으로 쓸모없는 이전 세대의 특징들을 보존할 의무를 지니고 있지 않다. 우리는 사회적으로 결정을 내릴 수 있고 인류를 창조하는 사람이다.

문화는 복잡하게 얽혀 있다. 공휴일, 음식, 춤은 문화의 요소들이지만 이것으로 문화를 한정지을 수는 없다. 모든 사람은 사회적이고 정치적인 관계를 통해 세상에 참여하기 때문에 문화를 가지고 있다. 이러한 관계는 역사, 인종, 민족, 언어, 사회계층, 성적 지향, 젠더, 정체성, 경험과 관련한 여러 상황들의 영향을 받는다.

만약 문화를 정신적인 것으로 본다면 문화는 존재하지 않았던 과거를 동경하고, 현실에 존재하는 것을 이상화시키고 신성화시킬 것이다. 그 결과 실제 삶 속에서 찾아볼 수 있는 엉망진창의 모순된 문화를 지탱하는 "받들어 모셔지는 문화"로 정의될 것이다. 문화를 특정한 집단의 모든 사람들이 반드시 공유해야 하는 필수불가결한 요소로 간주하는 사람들은 문화를 낭만화시키고 비판적으로 판단하지 않는다는 데 문제가 있다.

예를 들어 생각해보자. 작년에 나는 "당신은 언제 푸에르토리코인이라고 느낍니까?"라는 제목의 이메일을 받은 적이 있다. 그 메시지는 재미있어 보였고, 미국에서 푸에르토리코인이라고 느낄 수 있는 경험과 특성들을 잘 묘사해놓은 긴 목록이 포함되어 있었다. 예를 들면 슬리퍼를 들고 쫓아오는 엄마, 언제나 밥 · 콩 · 고기로 차려진 저녁식사, Vick's Vapor Rub(약 이름)을 만병통치약이라고 생각하는 할머니 등이 바로 그것이다. 뉴욕에서 자랄 때 이와 같은 경험을 한 적이 많아서 목록을 보면서 웃었지만 그것이 푸에르토리코인을 식별하는 리트머스 종이 같다는 생각이 들었다. 이와 같은 경험을 했다면, 당신도 푸에르토리코인이라고 할 수 있다. 그 메시지를 보낸 사람은 이러한 경험을 목록으로 만들어서 푸에르토리코인의 본질을 확실하게 구별한 것이다.

목록을 읽으면서 미국에서 태어나고 자란 내 딸을 생각해보았다. 내 딸은 푸에르토리코인을 구분하는 리트머스 테스트에 맞지 않았다. 저녁식사는 밥과 콩 대신에 배달시킨 중국음식이나 피자가 대부분이고, Vick's Vapor Rub을 거의 알지 못하며, 나는 슬리퍼를 들고 딸을 쫓아다녀 본 기억이 없다. 하지만 스페인어를 잘 구사하고 밥과 콩을 즐겨 먹는다는 점은 푸에르토리코인으로서의 정체성에 해당한다. 뿐만 아니라 우리는 연어, 개구리 뒷다리, 피자, 태국음식을 모두 먹는다. 그럼에도 불구하고 내가 받은 이메일에서는 푸에르토리코인에 대한 특징이 적혀 있는 목록이 유일하다고 생각한다. 이와 같은 사고방식은 다음 두 가지를 보여준다. 정체성을 오로지 유일한 것으로 정의하거나 분명하게 동화될 수 있다고 생각하는 것이다. 앤서니 애피아(Anthony Appiah, 1994)에 따르면, 우리는 "횡포의 한 종류를 또 다른 것으로 대체하고 있다."

내 딸들의 정체성은 복잡하다. 인종, 민족, 사회적 지위 등 여러 방면에서 매우 다양한 사회에서 살고 있고, 부모가 가지고 있는 사회적 지위의 산물을 누리고 있다. 중요한 것은 문화가 진공 속에 존재하기보다는 특정한 역사적 · 사회적 · 정치적 · 경제적인 조건에서 일어난다는 점이다. 즉, 문화는 역동적이며 다양한 맥락에 놓여 있다. 또한 사회적 · 경제적 · 정치적 요소에 영향을 받아 창조되고, 사회적으로 구조화되고 학습되며, 변증법적이다(Nieto, 1999). 스티븐 아비주(Steven Arvizu, 1994)는 문화의 본질을 아름답게 표현하기 위해서는 문화를 명사보다는 동사로 기술해야 한다고 주장한다. 즉 문화는 역동적이고, 변화하며, 항상 움직이는 속성을 지닌다는 것이다. 고유의 맥락 속에서도 문화는 정치 · 사회 · 환경의 변화에 따라 항상 변화한다. 문화는 다른 배경을 가진 사람들이 서로 교류할 경우 더욱 변화하게 된다.

'다양성의 인정(affirming diversity)'에 관해 인터뷰를 했던 린다 하워드의 예를 다시 보자. 린다는 졸업생 대표로 졸업했을 정도로 좋은 성적을 유지했다. 하지만 그녀에게 정체성의 문제는 복잡하다. 그녀는 자기 자신을 "아프리카계 미국인이고 백인계 미국인"이라고 설명한다.

> 혼혈집단에 속하지만 나는 언제나 어디에도 속하지 않았다. 어느 한 인종으로 구성된 집단에 있으면, 그들은 나를 다른 집단에 속한다고 생각했기 때문이다. 내가 혼혈집단에 속한다면, 내 인종은 아무런 문제도 되지 않을 것이다. 그러면 내가 겉돌고 있다는 느낌을 받지 않을 것이다. 하지만 쉬운 일이 아니다. 역사를 살펴보면, 내 조상 중의 몇몇이 다른 조상들에게 한 짓을 보면 기분이 좋지 않다. 비록 혼혈이더라도 피가 섞인 것처럼 보이지는 않는다(pp. 51-52).

린다의 정체성은 단순히 개인의 문제가 아니다. 그녀의 학교생활, 특히 중학교에서 두드러진다. 교사들은 그녀의 정체성에 대해 본인한테 묻지도 않고 라틴계 또는 중국인이라고 마음대로 생각한다.

린다는 명문대학교에서 장학금을 받았다. 그녀는 "저는 열심히 노력했어요. 뉴잉글랜드 소재 최고의 명문대에서 4년 장학금을 받았어요. 제가 할 것은 그곳에 가서 성적을 받는 것뿐이죠"라고 자랑스럽게 말했다. 린다의 미래는 희망적으로 보였지만, 그녀는 "좋은 성적을 받지" 못했다. 린다를 처음 인터뷰한 폴라 엘리엇(Paula Elliott)은 10년 후에 다시 그녀와 이야기를 나눴다. 린다는 몇 달 만에 대학을 자퇴하고 다시 복학하지 않았다. 저녁을 먹으면서 그녀는 자신의 대학생활을 다음과 같이 묘사했다. "제 자신이 수북한 밥 속에 들어 있는 콩처럼 느껴졌어요." 사회문화적 렌즈를 통해 보면 우리는 정체성을 개인의 문제로 간주하지 않는다는 것을 알 수 있다. 하지만 정체성은 제도적인 부분에 밀접하게 관련되어 있다. 혼종성을 정당화시킬 수 있었다면 그녀는 아마 대학을 졸업했을 것이다. 그녀는 교육을 받았고 머리가 좋았지만, 자신의 정체성을 유지할 방법이 없었다.

우리는 촘스키(Chomsky, 1965)의 언어학적 개념에 기대어 문화가 표층구조와 심층구조를 가지고 있다고 생각할 수 있다. 다양한 배경을 가진 학생들의 이전 인터뷰를 살펴보면, 우리는 그들의 어린 시절이 비슷하다는 점에 놀라지 않을 수 없다(Nieto, 2000). 인종적 · 민족적 · 언어적 배경이나 시대에 상관없이 청소년은 음악, 음식, 옷, 텔레비전 시청 습관 등 매우 비슷한 성향을 보이곤 한다. 그들은 대부분 도시 문화나 사회적 계급과 밀접하게 연결되어 있다. 하지만 심층적으로 조사해보면 인종에 따라 취향이 다르다는 점을 발견할 수 있었다. 예를 들면, 푸에르토리코인인 고등학생 마리솔(Marisol)은 힙합과 랩 음악, 피자, 라자냐를 좋아한다. 그녀에게 푸에르토리코 음악이나 음식은 '구식'이고, 부모나 좋아하는 지루한 것이다. 하지만 부모와 형제자매들과의 일상생활에서, 그리고 인터뷰 질문들에 대한 그녀의 응답에서 푸에르토리코 문화에 대한 깊은 영향을 찾아볼 수 있다. 예를 들면, 어른 공경, 가족 간의 친밀과 헌신, 공휴일에 친구와 노는 것보다 가족들과 지내려는 전통의 유지 등이 이에 속한다. '순수한 인종'이 없는 것처럼 '순수한 문화' 또한 없다. 즉, 문화는 또 다른 문화에 영향을 미친다. 뿐만 아니라 지위가 낮은 소수의 문화가 주류문화에 영향을 끼치기도 한다.

권력은 문화 및 언어와 깊은 관련이 있다(Fairclough, 1989). 즉, 문화적 · 언어적 차이는 모두 권력 차이의 꼭짓점에 놓여 있다. 다르게 표현하면, 문화적 충돌은 정치적 충돌보다 더 강하다. 성인이었던 나를 깜짝 놀라게 한 경험을 바탕으로 문화와 맥락 사이의 연결고리를 예로 들어보자. 주지하다시피 쌀은 푸에르토리코인에게 중요한 작물이다. 이를 잘 보여주는 스페인 속담은 다음과 같다. "푸에르토리코인은 하얀 쌀과 같다. 그들은 어디에나 있다(Puertorriquenos somos como el arroz blanco: estamos por todas partes)." 이 말은 쌀이 많은 만큼 인구의 절반 이상이 푸에르토리코 섬 밖에 살고 있고, 푸에르토리코인이 얼마나 널리 퍼져서 살고 있는지를 나타낸다. 푸에르토리코인은 짧게 도정된 쌀을 먹지만, 나는 긴 쌀을 선호한다. 몇몇 푸에르토리코인은 나 자신을 문화적 반역자라고 느끼게 한다. 내 학문적 동료인 저명한 푸에르토리코 역사가가 푸에르토리코인이 쌀알이 짧은 것을 선호하는 진짜 이유를 듣고 깜짝 놀랐던 것을 기억한다. 푸에르토리코인이 짧은 쌀을 선호하는 것은 그저 생김새나 품질 때문이 아니었다. 푸에르토리코가 식민지였던 역사적인 맥락의 영향으로 인해 이러한 선호도가 생긴 것이다.

20세기 초반 스페인-미국 전쟁으로 인해 푸에르토리코는 미국의 식민지가 되었다. 그 당시 미국에서는 짧은 쌀이 과잉생산되고 있었다. 식민지들은 도시로부터 원하지 않는 남아도는 상품들을 떠안게 되었고, 푸에르토리코의 경우 짧은 쌀을 버리는 곳이 되었다. 미국에서는 짧은 쌀보다 긴 쌀이 더 가치가 있었기 때문이다. 그 이후 짧은 쌀을 선호하는 것은 푸에르토리코에서 문화의 일부가 되었다. 그러므로 특정한 문화적 취향은 역사, 경제, 권력에 영향을 받은 것으로 볼 수 있다. 우리는 이러한 사례를 통해 문화가 계승되는 것이 아니라, 종종 임의적으로 협상되어 이루어진다는 것을 알 수 있다.

혼종성은 문화정체성의 개념을 복잡하게 하는 경향이 있다. 이는 문화가 항상 혼종적이며 복합적으로 이루어진다는 것을 의미한다. 또한 동화나 문화적 보존만이 유일한 대안이 아니라는 점도 의미한다. 아리엘 도르프만(Ariel Dorfman, 1998: 42)은 자서전 『Heading South, Looking North; A Bilingual Journey』에서 자신의 정체성이 형성된 뉴욕과 칠레에서 보낸 어린 시절의 불안감을 잘 묘사하고 있다. "나는 언젠가 다양하고 복잡하며 경계인이 될 거라는 것을 본능적으로 거부했어요. 두 언어를 공유해야 했고, 차이를 견뎌야 했음에도 개인적으로 더 나아가 집단적으로 한 종으로서만 구원될 수 있음을 현실에서 찾을 수 있었어요." 그는 미국의 한 대학원생으로서 성인이 되어서야 비로소 '문화적으로 순수한' 것을 생각해본 경험이 있다.

> 캘리포니아 버클리대학에서 타자기 앞에 앉아 있던 바로 그날 나는 스페인어와 영어를 신중하게 비교해보고, 처음으로 나 자신이 얼마나 역설적으로 이중문화를 가지고 있었는지를 생각했다. 나는 정서적으로나 이성적으로나 성숙하지 않았다. 아마 내가 사용하는 어휘도 그럴 것이다. 양키, 칠레인, 약간은 유대인, 아메리칸 인디언 혼혈 스페인(mestizo)인 내가 가진 혼종성에 대답하기 위해 나는 내가 누구인지 직접적으

로 대면할 수 없었다. 나는 이중언어를 사용하고 이중국적을 가진 혼돈 속에 있으며, 그때는 모든 것이 명확하고 결점이 없는 것을 요구하는 시기였다(p. 22).

권력 및 특권과 관련이 있는 혼종성과 문화의 개념은 문화적으로 민감한 교육학을 더욱 복잡하게 만든다. 이는 교육과정 내에서 각 학생이 속한 가정의 문화적 실천 혹은 전형적인 '학습방식'을 단순히 모방하기보다 글로리아 래드슨 빌링스(Gloria Ladson-Billings, 1994)가 주장한 바와 같이 "사회의 구조적 불평등, 인종차별, 부당함에 대해 질문하기(학생들이 질문을 준비하기)"에 더욱 가깝다. 이 연구에 따르면, 넓은 의미에서 문화적으로 민감한 교육학은 문화감수성 교육이라고 볼 수 있는 정치적 프로젝트다(p. 128). 문화감수성 교육은 단순히 한 개인의 정체성에 자신감을 고취하고 자긍심을 높여줄 뿐만 아니라, 뒤에서 언급할 맥락 및 위치성과 밀접하게 관련되었다.

맥락/상황/위치성

프레더릭 에릭슨(Frederick Erickson, 1990)이 "우리가 삶을 시간 밖에서, 확고한 역사 밖에서 동사시키는 것"이라고 한 것처럼 문화가 맥락과 동떨어져 있다는 것은 우리의 삶을 분열시키는 것이다. 맥락은 문화가 단순히 한 집단의 의식, 음식, 축제에 관한 것뿐만 아니라 한 개인을 타인으로부터 구별할 수 있는 사회적 잣대라는 점을 강조하면서 상황과 위치성을 설명한다. 이러한 문화를 바라보는 시각은 인종, 언어, 사회 계층, 젠더의 차이가 학습에 방해가 된다는 것을 함축한다. 현실적으로 이러한 차이들이 사회 내에서 어떻게 드러나며, 그 사회 내에서 차이들이 어떻게 생산되는지, 그 차이들이 학습과 관련이 있는지 없는지, 학생들이 그 차이들을 어떻게 배우는지 등이 중요하다.

주디스 솔스켄(Judith Solsken, 1993)은 리터러시에 대해 다음과 같이 정의했다. 그는 리터러시를 "글로 쓰인 언어로 개인의 성향을 협상하면서 소통하고, 그렇게 함으로써 권력과 지위의 다양한 관계 속에서 개인의 위치를 설정하는 것"이라고 했다. 이 같은 정의는 읽기와 쓰기에 대한 논란을 불러일으켰다. 더불어 다음과 같은 질문에서 예전부터 간과되어왔던 수많은 질문을 상기시킨다. 학생들은 스스로 맥락 속에서 인식하고 맥락의 규칙을 통해 언어를 사용하는 방법을 어떻게 배우는가? 청소년은 가정과 학교에서 사용하는 언어와 문화가 다를 때 이 간극을 좁히기 위해 무엇을 배우는가? 린다 하워드의 사례는 이를 설명할 수 있다. 학업성적으로 어려움을 겪었던 린다가 몇 년 후 졸업생 대표로 선발될 수 있었던 이유는 무엇이었을까? 아마 이 질문에는 여러 답변이 있겠지만, 그녀가 가장 좋아했던 고등학교 교사인 벤슨(Benson)이 가장 큰 영향을 끼쳤을 것이다. 린다는 벤슨으로부터 배운 상황과 위치성에 대해 다음과 같이 말했다.

> 저는 제퍼슨(Jefferson)에서 모든 영어 선생님을 좋아했어요. 하지만 영어 우등반을 담당했던 벤슨 선생님은 저에게 큰 충격이었어요! 벤슨 선생님은 제가 하버드대학에 가서 다른 학생들과 의견을 나눌 수도 있고, 거리에 앉아 랩을 하고 있을 수도 있다고 말했어요. [……] 저는 이러한 것들을 좋아했어요. 저는 스스로 그렇게 하려고 노력했어요. 저는 저만의 슬랭이 있어요. 저는 거리로 나가서 'ain't(are not의 구어)'나 'your momma(mom의 구어)', "wha's up?(what's up의 축약형)"을 사용해서 말해요. 하지만 이런 말에 친숙하지 않거나 받아들이지 않으려는 사람들을 만나요. 그러면 저는 그들이 하는 말을 듣고 자동적으로 그 방식대로 말하곤 해요(Nieto, 2000, p. 56).

이러한 린다의 언급은 그들의 이야기(Gee,1990)가 학교에서 받아들여지지 않고, 자신이 가진 차이를 협상해야 하는 청소년들에게 필요한 지적 능력의 한 사례를 보여준다. 린다의 언급은 제임스 밸드윈(James Baldwin, 1997)이 언급한 "정치적 도구와 수단 그리고 권력의 증거"로서의 언어의 특성에 해당된다(p. 16). 아프리카계 미국인의 담화에서 밸드윈은 린다가 자신의 경험 속에서 스스로 학습한 것처럼 "의심스러운 흑인 어린이들의 언어도 아니고, 무시 받던 그의 언어도 아니다. 이는 그의 경험이다"(p. 16)라고 말한다. 데이비드 코슨(David Corson, 1993)은 우리에게 "교육은 규범과 다르게 언어를 사용하는 사람을 억압하고, 지배하고, 힘을 박탈할 수 있다"고 상기시킨다(p. 7).

이는 교사들에게 무엇을 의미하는가? 린다 하워드의 상황에 대해 샤론 넬슨 바버와 엘리스 트럼불 에스트린(Sharon Nelson-Barber & Elise Trumbull Estrin, 1995)은 "우리는 '무엇을 아는 것 혹은 중요한 지식이라고 생각하는가?'와 같은 가장 기본적인 인식론적인 질문에 직면하고 있다"(p. 178)고 말한다. 이러한 질문은 사회문화 이론의 핵심 문제로, 이는 보통 중립적이지도 않고 순수하지도 않다. 이와 같은 질문은 학교에서 자유롭게 말할 수 있어야 함에도 아무도 이러한 질문을 함부로 제기하지 못한다. 이라 쇼어(Ira Shor, 1992)는 "학교와 사회에 대해 문제를 제기하는 것을 회피하는 교육과정은 정치적으로 중립적이지 않다. 이는 자신이 살고 있는 세계에 대한 비판적인 사상가로서 학생들의 발달을 차단시키는 것이다"(p. 12)라고 주장한다.

교수학습이 특정한 맥락의 특이성으로부터 오염되지 않은 중립적인 과정이라는 인식을 깨뜨리기 때문에 사회문화적 · 사회정치적 시각은 특히 연관이 있다. 교사가 사회적 · 정치적 맥락이 학습에 미치는 영향력을 어떻게 이해하는지에 따라 학생에 대한 생각이 변할 수 있고, 그 결과 무엇을 가르칠지, 어떻게 가르칠지 역시 바뀔 수 있다. 이러한 좋은 예가 바로 이중언어교육이다. 이중언어는 문제로만 여겨졌고, 특정 언어를 말하는 사람이 낮게 평가되는 상황에서 결함으로 여겨졌으며, 국가의 통합을 위협하는 존재였다. 미국에서의 이중언어교육 사례 중 스페인어를 사용하는 학생들의 경우를 보자. 이중언어 구사자가 되는 데는 특별히 본질적으로 부정적이지는 않지만(부자인 부모들은 특권을 위해 큰 희생을 치렀다), 학생의 정체성과 언어의 지위가 이중언어교육을 문제점이 있는 것으로 간주했다. 이는 이중언어 교사인 리젯 로먼(Lizette Roman)이 쓴 저널의 서문에서 명확하게 확인할 수 있다.

> 불행히도 대부분의 이중언어 프로그램은 학교체계의 필요에 의한 것이 아니라, 법으로 규정되어 있기 때문에 존재한다. 이중언어 교사가 날마다 직면하는 중요한 문제는 주류에 속한 교사들, 원칙들, 심지어는 학교체계 전체가 이중언어교육에 대해 오해하는 것이다. 따라서 대부분의 교육청들은 이중언어교육을 매우 불리하다고 생각한다. 학교가 문제를 가지고 있는 것처럼 보이는 것이 첫 번째 이유이고, 다른 사람들의 시선을 사로잡기 힘들다는 점이 두 번째 이유다. 주류에 속한 많은 교사들과 교육행정가들은 이중언어교육을 문제 개선 프로그램으로 간주하고, 이중언어교사들이 똑같은 교육과정으로 가르치더라도 그들이 교실에서 무엇을 하는지를 인정하지 않는다. 대부분의 사람들은 영어를 잘 구사하지 못하는 학생은 어딘가 반드시 문제가 있을 것이라고 생각한다. 그들은 학생들이 이중언어 프로그램을 마쳐야 비로소 학습을 시작하는 순간이라고 믿는다. 이러한 인식은 이중언어교육의 중요성과 목적을 왜곡한다. 이러한 왜곡은 이중언어를 사용하는 학생과 학부모에게까지 확장된다. 이중언어를 사용하는 학생과 학부모는 자신이 사용하는 언어 때문에 이중언어 프로그램에 참여하므로 학생들이 다른 학생들보다 열등하다고 받아들인다. 이중언어 프로그램에서 학생들을 소외시키는 것은 프로그램 자체가 아니라, 주류와 다른 언어를 말하는 사람들에 대한 다수의 편견이다(Nieto, 1999, pp. 87-88).

리젯은 교사가 지능과 학습 사이에 아무런 관련이 없다고 믿는다면, 학교환경을 포함한 학생들의 정치적 · 경제적 현실과 학습이 아무런 연관이 없다고 결론을 내릴 수 있다고 말한다. 요약하면, 교사는 교사와 학교를 이런 주류문화적 태도와 가치가 학습에 아무런 역할을 하지 않는 "이데올로기가 자유로운 곳"으로 착각한다. 또한 학생이 학습한 부정적인 맥락 때문에 달성하기 어려운 목표 앞에서 자신의 정체성을 포기하도록 요청받았을 때, 아마도 학생들은 이 요청을 거절하는 것이 맞는다고 생각할지도 모른다.

공동체

사회문화 이론에서 어떻게 공동체를 정의하고 설명하는지는 매우 중요하다. 20세기 초반 레프 비고츠키(Lev Vygotsky, 1978)의 연구는 학습이 모든 사회적 행위보다 선행한다는 관점을 전파하는 촉매가 되었다. 비고츠키는 발달과 학습이 사회와 문화에 확실히 기초하고 영향을 받는다고 보았다. 이 이론을 받아들인다는 것은 학습이 일어나는 맥락과 학습을 더 이상 분리시킬 수 없을 뿐만 아니라, 문화와 사회가 학습의 영향을 받는다는 것을 의미한다.

비고츠키와 몇몇 학자는 인지가 사회문화에 기초한다는 이론들을 발전시켰다. 이들은 학교가 학습 공동체 발달에 도움을 주거나 방해가 되는지를 이해할 수 있는 틀을 구상했다(Cole & Griffin, 1983; Scribner & Cole, 1981). 학교가 스스로 구체적인 방안을 구성하기 때문에 특정한 배경을 가진 학생을 받아들이기에 더 수월하기도 하지만 더 어렵기도 하다. 대부분의 학교는 똑똑하고, 학업적으로 준비된 학생을 선호한다는 전통적인 이미지를 가지고 있다. 그 결과 이러한 학생들은 학교에 오는 것을 수월하다고 느낀다. 하지만 제도적인 환경은 절대로 중립적이지 않다. 일반적으로 인성발달과 일반상식은 교육의 의미에 기초한다. 학교에 입학하면 학생들은 이미 정해진 내용과 과정을 경험하게 되고, 그중 몇몇은 자신의 잘못이 아니더라도 학교를 떠나게 된다. 나아가 사회문화 이론에서 중요시하는 공동체 구성 능력이 학교에서 사라지게 된다.

나의 박사과정 학생이었던 마리아 보텔호(Maria Botelho)는 매사추세츠의 케임브리지에서 이민자 학생으로서 학교에 다니는 것이 어떤 느낌인지를 또렷하게 기억하고 있다. 내가 가르치던 학급에서 이중언어교육에 관한 짧은 영상을 본 후 그녀는 다시 과거로 회귀하는 것 같은 느낌을 받았다. 그 영상은 케임브리지의 이중언어 학급에 다니는 포르투갈 학생인 카를라(Carla)를 중심으로 촬영한 것이다. 마리아는 그 학생에게 자신을 투영시키면서 영상을 보았다.

저는 「질 높은 이중언어교육」이라는 영상을 두 번이나 봤어요. 두 번 다 눈물을 흘렸어요. 포르투갈어를 사용하는 카를라라는 소녀는 그녀의 부모님이 살고계신 케임브리지에서 한 블록도 떨어지지 않은 유치원에 다녔어요. 유치원은 집과 매우 가까웠어요. 카를라처럼 저는 포르투갈어밖에 하지 못하는 상태로 케임브리지 공립학교에 입학했어요. 카를라와는 달리 저는 주류 학생들이 다니는 1학년에 배정되었어요. 지금도 선생님이 연습문제가 적힌 종이뭉치와 크레파스를 가져오는 모습이 생각나요. 저는 잠시 잠이 들었어요. 그때 나는 조용히 선생님의 세계를 배웠죠. 그리고 나의 세계는 수업에 들어가기 전 나의 코트와 함께 교실 밖에 남겨졌어요(Nieto, 1999, p. 110).

사회문화 이론은 학습이 맥락에 영향을 거의 받지 않는다는 전통적인 시각과는 근본적으로 다르다. 전통적인 시각은 영어를 잘 구사하지 못하는 마리아 같은 학생이 낮은 지능을 가지고 있다고 생각한다. 결과적으로 이러한 학생들은 학습 공동체에 속하는 데 어려움을 겪는다. 비고츠키적인 시각에서는 학습이 사회조정에 영향을 받으면, 학교에서 학생들이 학습을 하는 데 도움을 줄 수 있는 조건이 만들어진다고 보기 때문에 학습자에 대한 좀 더 희망적인 틀을 제공한다. 이러한 조건을 카르멘 메르카도(Carmen Mercado, 1998)는 공유하고 반성하기 위한 학습환경을 구성하는 결과로 나타나는 "우리의 집단적인 목소리에 대한 새로운 텍스트의 유행화(fasioning of new texts-texts of our collective voices)"(p. 92)라고 묘사한다. 여기에서 근접발달영역(ZPD, Zone of Proximal Development, Vygotsky, 1978)이라는 개념이 특히 중요하다. 하지만 ZPD는 단순히 개인적인 영역이 아니라 사회적인 영역이다. 따라서 헨리 트루에바(Henry Trueba, 1989)에 따르면, 비고츠키의 ZPD 이론을 받아들인다면 학습의 실패는 개인의 실패가 아니라 체계의 실패이고, 성공적인 사회 교류의 기회를 학습자에게 제공하지 못한 사회체계의 실패이다.

학업 실패를 성공으로 바꾸기 위해서는 적절한 사회적 · 제도적 개입이 있어야 한다. 교사는 학생들의 차이점을 먼저 인식하고, 그 차이점과 주류사회의 문화 사이를 연결할 수 있는 다리 역할을 해야 한다. 다리라는 비유는 다양한 배경을 가진 학생을 효과적으로 지도하고자 하는 교사에게 아주 적절하다. 이것은 원래 기술자였지만 공장에서 ESL을 가르친 이후 교사가 되기로 결심해서 지금은 학교에 교사로서 몸 담고 있는 다이앤 스윗(Diane Sweet)으로부터 배운 교훈이다. 다이앤은 다리가 가져다주는 유익함을 잘 알고 있었고, 이 은유를 자신의 교수활동에 적절히 적용시켰다. 이 다리는 집에 돌아갈 가능성을 남겨둔 채 서로 다른 물가를 이어주었고, 탄탄한 땅에 지어졌지만 하늘을 향하고 있고, 서로 다시 만나지 못할 것 같은 장소를 연결시켰다. 다리의 최대 장점은 한 번 사용하고 나서 태우지 않아도 된다는 것이다. 오히려 서로 다른 방향에서 온 방문자들이 맥락에 적응할 수 있도록 도움을 주었기 때문에 다리는 더욱 가치가 있다. 그렇지만 이러한 사실은 학교에서 언어와 문화가 얼마나 다양하게 투영되는지와는 거리가 멀다. 토착언어와 문화가 생활 전반에 걸쳐 사용되더라도 개인이 주류의 언어와 문화를 배운 다음에 자신이 가진 토착의 것을 버리고 태워버리는 것이 인습적인 지혜였다. 이것은 다시 돌아갈 수 없는 일방통행로다.

다리에 대한 비유는 서로 다른 입장을 보여준다. 우리는 두 개의 집을 가질 수 있지만, 다리는 그중에서 좀 더 건너기 힘든 곳으로 건너도록 도와줄 수 있다. 에스테반 디아즈(Esteban Diaz)와 그의 동료는 다양한 배경을 가진 학생들의 다리 역할을 막중한 책임이라고 여기는 교사를 '사회문화적 중재자'라고 부른다. 즉, 그들은 주류문화에 속한 학생뿐만 아니라 모든 학생들이 사용하는 문화적 상징을 수용하고 의미 있게 여긴다. 사회문화 이론에서 학습과 성취는 단순히 인지적 과정이 아니라 공동체 발달로 이해해야 하는 복잡한 개념이다.

나의 동료 셋은 학생의 경험과 정체성을 바탕으로 공동체를 형성하는 희망적인 예시를 보여주었다. 교사 연구자인 조앤 윌슨 키난(Jo-Anne Wilson Keenan)은 매사추세츠 대학교의 주디스 솔스켄(Judith Solsken), 제리 윌렛(Jerri Willett)과 함께 매사추세츠 지역 스프링필드의 한 학교에서 공동으로 연구를 진행했다. 다양한 배경을 가진 학생들의 부모와 다른 가족구성원들이 그 학생의 학습을 향상시키기 위해 학교에서 제공하는 것이 많다는 가정하에 연구를 진행했다. 학부모들은 부담 없이 초대되어 자신들의 문화에 대해 말하고 음식을 나누어 먹었다. 대신 그 연구는 부모들이 자녀의 학습을 증진시키기 위해 일상생활에서 재능이나 기술을 통해 어떻게 행동하는지 설명하는 데 초점을 두었다. 하지만 이러한 연구에 참여하는 것은 쉽지 않다. 연구자들은 가정과 협력하여 연구를 진행하는 것이 "차이를 두려워하는 것에 맞서야 하고 다른 사람, 집단, 주체적 행위와 추구하는 가치가 달라서 생기는 긴장상태를 유발할 수 있는 주제에 대해 학급에서 자유롭게 말할 수 있어야 한다"(p. 64)고 한다. 가족방문의 심층분석을 바탕으로 한 사례를 통해 윌슨 키난, 솔스켄, 윌렛(1999)은 학부모와의 상호 교류를 어떻게 할 수 있는지 설명했다. 그들이 내린 결론은 다음과 같다.

> 학부모 참여의 정도와 질은 소득이 낮고 소수집단에 속하는 학부모가 학교와 협력하는 것을 꺼린다는 인식을 잘못 나타내고 있다. 더 중요한 것은 우리의 연구가 학부모들이 이미 자녀와 공유하고 있고, 교육을 더 풍부하게 할 수 있는 폭넓은 지식과 기술, 교수역량을 뒷받침한다는 것이다(p. 64).

루이스 몰(Luis Moll), 노르마 곤잘레스(Norma Gonzalez) 그리고 동료들(1997)의 이 연구는 가족 지식을 기반으로 한 유명한 연구사례다.

3.
결론

어떠한 이론도 교육의 지속적인 모든 문제에 대해 확답을 줄 수는 없다. 문제가 단순히 교수나 학습에 있는 것이 아니라 해당 사회의 이데올로기와 관계있기 때문이다. 하지만 사회문화 이론은 문제에 대한 또 다른 통찰력을 제시한다. 우리가 아는 것을 확실히 결론짓지 못한다는 것을 받아들이더라도 우리는 문제를 해결하기 위한 새롭고 좀 더 가능성 있는 방법을 찾으려고 한다. 맥신 그린(Maxine Greene, 1994)은 포스트모더니즘, 후기구조주의, 페미니즘, 문학비평주의, 그리고 여러 사회문화 이론에서 이론들이 가지고 있는 가능성과 제한점 모두를 언급한다. 그녀는 "인식론에 대한 신선한 시각을 여는 것이 관건이다(p. 426)"라고 말하면서도 "보편화되고 총괄적인 시각은 없다"(p. 426)고 덧붙인다.

이처럼 우리는 결론이 확실하게 내려지지 않더라도 교사가 학생의 정체성을 존중해야 하고, 학생에 대해 학습할 필요가 있다는 것을 잘 알고 있다. 이는 우리가 가르치는 학생을 이해하는 것과 그들과의 관계를 형성하는 것을 의미한다. 보스턴의 대안학교에 다니는 론 모리스(Ron Morris)는 대안학교에 오기 전에 다녔던 학교 교사들과의 실망스러운 관계에 대해 다음과 같이 말한다.

> 어떤 교사가 '교사'가 되기 위해서는 사람보다는 교사로서 행동해야 한다. 그녀는 기술자라는 타이틀을 걸고 공장을 운영하는 사람과 같다. 교사는 학생을 기계처럼 다

뤄서는 안 된다. 당신은 사람이다. 나도 사람이다. 우리는 학교에 가고, 우리 모두 사람처럼 행동해야 한다(Nieto, 2000, p. 265).

론의 이야기는 우리가 모든 정답을 가지고 있지 않고, 심지어 몇몇 정답조차 완벽히 틀렸을 수도 있다는 사실을 상기시켜준다. 레이 맥더멋(Ray McDermott, 1977)은 초기의 민족지학에서 이 사실을 아름답게 묘사했다. "우리는 자신만의 과정에 놓여 있다. 이는 하나의 상황에서 우리가 아주 똑똑하게 만들어지기도 하고 멍청하게 만들어지기도 한다."(p. 202) 최근에 허버트 콜(Herbert Kohl, 1995)은 학생들의 학습 실패가 항상 지능, 동기, 자아효능감이 부족해서 생기는 것이 아니라고 주장한다. 반대로 그는 "자아의 중요한 상실을 야기하는 당신의 통합성을 존경하지 않는 이방인으로부터 배우는 것에 동의하는 것"을 주장한다. 캐럴 로커스트(Carol Locust, 1988)는 이를 "상처받은 영혼(wounding the spirit)"(p. 315)이라고 부른다.

지난 몇 년 동안 교사들은 스스로에 대한 차이나 학생들의 차이에 대한 논쟁거리를 다루기를 꺼렸다(Fine, 1992; Jervis, 1996; McIntyre, 1997; Sleeter, 1994; Solomon, 1995; Tatum, 1997). 이는 특히 인종차별 문제일 경우 더욱 조심스러울 수밖에 없다. 인종차별은 학교에서 성격 문제인 것처럼 가장 많이 다루어지는 문제다. 하지만 편견과 차별은 단순히 성격적 특성이나 정신적 현상이 아니다. 이는 경제적 · 정치적 · 사회적 힘의 표시다. 인종차별의 제도적인 의미는 평등과 정의의 이론에 반대되는 것이기 때문에 교사가 받아들이기 쉽지만은 않다. 제도적 체계로서의 선입견은 몇몇 사람이나 집단이 혜택을 받고, 반대편은 혜택을 받지 못한다는 것을 의미한다. 자신이 원하건 원하지 않건 간에 백인은 인종주의 사회에서 유리하고, 남성은 성적 사회에서 혜택을 받는다. 차별은 언제나 힘을 가진 누군가를 돕는다. 이는 왜 인종주의, 남녀차별, 다른 유형의 차별이 계속 존재할 수 있는지를 설명한다. 다른 언어를 사용하여 특권과 힘의 차이점을 말하는 것은 변화를 만들기 위해 가장 먼저 해야 할 일이다.

마지막으로, 사회문화적 · 사회정치적 개념은 헨리 지루(Henry Giroux, 1992: 4)가 미국을 '민주주의로부터의 재처방(retreat from democracy)'이라고 부른 것을 이해하기 위해 방향을 제시한다. 파울루 프레이리(Paulo Freire, 1998)는 다음과 같은 문제에 초점을 맞추어 교사들에게 편지를 썼다.

> 경험이 충분하지 않은 중산층 교사가 주변의 지역에서 교직을 맡게 될 때 계층성향, 가치, 언어, 담화, 통사론, 의미론, 그리고 학생들과 관련된 모든 것은 놀라거나 충격을 받을 만한 것이 아닐 수도 있다. 하지만 교사는 학생들의 통사론을 이해해야 한다. 예절, 취향, 교사와 동료를 대하는 방법, 싸움이나 놀이에서 자신들을 규제하는 규칙은 모두 문화정체성의 일부분이다. 모든 정체성은 수용되어야 한다. 학습자로서 그들 스스로 민주주의적이라고 인식하고 "I be"라고 말하는 것이 항상 존중받아야 비로소 "I am"이라고 문법에 맞게 말하는 것을 배울 수 있다(p. 49).

모든 학생은 개인이면서, 사회에서 정체성을 존중받든 그렇지 않든 특정 집단의 구성원이다. 우리가 이 사실을 이해하면, 나의 이야기와 다른 사람들의 수많은 이야기는 단순히 자수성가한 이야기나 주류문화에 적응한 이야기로 이해되지는 않을 것이다. 오히려 주체적 행위/협동 학습, 경험, 정체성/혼종성, 맥락/상황/위치성, 공동체를 설명할 수 있는 오늘날 한 개인의 이야기로 이해될 수 있다. 언어, 리터러시, 문화가 이러한 방향으로 연구된다면, 우리는 모든 학생들을 위한 교수-학습의 방향을 희망적으로 바라볼 수 있을 것이다.

1부
토대 갖추기

서론에서 살펴보았듯이 많은 기본적인 요소는 언어와 리터러시, 문화 안에서의 연결을 이해하는 데 중요하다. 이러한 요소는 학습자의 사회적 지위와 경험, 정체성의 복잡성, 학습에서 필수적 요소로서의 공동체, 그리고 교육이 발생하는 상황을 포함한다. 결과적으로, 교육의 사회문화적 이해는 전통적인 방식보다 더 넓은 방식으로 리터러시와 여러 가지 학교교육의 문제들을 바라보도록 배우는 것을 의미한다.

이 책의 각 장은 학습의 상호 연관성이라는 주제에 따라 구성되었다.

각각의 장은 이전 장에서 일반적으로 내포한 기본 요소들에 대해 좀 더 자세하게 설명한다.

1장에서는 엄격한 책무성(accountability)의 시대에서 학교의 목적을 성찰한다. 그리고 다음과 같은 질문들을 생각해본다. 공교육에서 핵심이 되어야 하는 가치와 태도는 무엇인가? 이러한 가치와 태도를 정의하는 데 어떠한 함의를 가질 수 있는가? 무엇이 공교육과 민주주의를 연결하는가?

2장과 3장은 많은 국가의 교사 연수과정에서 널리 사용되는 나의 저서 『Affirming Diversity』를 기본으로 한다. 『Affirming Diversity』 5판을 위해 나는 동료이자 친구인 패티 보드(Patty Bode)에게 공동저자로 참여해줄 것을 부탁했다. 2장에서 그녀와 나는 다문화교육의 사회문화적 맥락을 정의했고, 3장에서는 학교 개혁과 사회 정의와 연관된 다문화교육의 포괄적인 정의를 제안했다.

『하버드 교육 리뷰(Harvard Educational Review)』 75주년을 기념하기 위해 편집자들은 나에게 그동안의 공교육에 대한 성찰에 대해 기술해줄 것을 요청했다. 4장에서는 21세기의 주된 교육적 어젠다가 폭넓은 범주의 학생들을 위한 권리와 기회의 확산이었다고 제시한다. 특히, 나는 이러한 이상을 정의하는 데 도움을 준 세 가지 변화에 대해 탐색한다. 인종차별 폐지, 다문화교육, 이중언어교육이 그것이다. 마지막으로 5장은 다문화교육의 더욱 넓은 틀, 학교와 교실 정책, 실행을 위한 함의를 갖고 분명하게 언어 다양성을 자리매김함으로써 이러한 생각을 더욱 확대시킨다.

1장
학교의 목적은 무엇인가?
기능주의 시대의 교육에 관한 반성

미국의 교육 시스템은 1980년대 초반부터 책무성(accountability)의 문제에 주목했다. 이 글에서는 우리가 그동안 교육을 어떻게 정의할 것인가에 대해 혼란을 겪고 있었다는 것을 지적했다. 또한 시험 점수와 채점기준표를 강조하는 대신 무엇을 가르쳤는지, 어떤 조건하에서 어떻게 가르쳤으며, 궁극적으로는 왜 가르쳐야 하는지에 대해 고찰할 것이다. 이를 통해 독자들에게 민주주의 사회에서 학교의 목적에 대해 생각할 기회를 제공할 것이다. 학교의 목적은 지위와 계층에 관계없이 모든 학생에게 공평하고 양질의 교육을 제공해야 한다는 믿음을 가지고 사회 정의를 기반으로 설정되어야 한다. 이 장은 사회 정의의 관점에서 교육을 위한 다섯 가지 함의를 제시할 것이다.

책무성, 표준화, 민영화가 보편적 담론인 오늘날 학교의 목적에 관한 논의는 불필요한 것처럼 보이지만, 이러한 논의는 민주주의와 평등이 공교육의 주요 의제였던 예전의 낭만적인 시대로 거슬러 올라간다. 그것은 우리가 공공선으로서 교육을 말하고, 학교가 '위대한 공평자(the great equalizer)'[Mann, 1868]로 정의되던 시절로 되돌아가게 한다. 비록 학교가 그러한 이상을 실현하지는 못했지만, 적어도 그것은 신뢰할 만한 가치가 있는 이상이었다.

더 이상 누가 학교의 목적에 대해 논하겠는가? 오늘날 언급되는 학교의 목적은 예전의 논의에 비해 더욱 기능적이고 저급하다. 오늘날 이루어지고 있는 논의는 연간 학업성취향상도(adequate yearly progress)와 학생이 감당해야 하는 고부담 평가, 바우처(voucher)와 차터 스쿨(charter school), 교육에 종사하고자 하는 이들에 대한 높은 장벽, 교육 직종에 대한 규제 철폐, 학교와 교육대학의 구조조정 등에 관한 것이다. 요컨대 공교육은 기업과 시장이 주도하는 어젠다(agenda)에 지배당했고, 이러한 어젠다에 동의하지 않는 많은 사람들은 교육의 숭고한 목적에 무슨 일이 생겼는지 의아해했다.

이러한 현실에서 학교의 목적은 무엇이어야 하는가? 이에 대해 나는 민주주의 사회에서 기본적인 교육의 목적에 대해 주장한 교육자의 말을 인용하면서 교육의 기본 방향을 제시하고자 한다.

> 내가 제안하는 교육은 모든 사람을 위한 교육이다[……]. 이 세상에 태어난 모든 사람은 모든 교육을 공유해야 한다. [……]
>
> 우리의 첫 번째 소망은 [……] 모든 인류가 충분히 교육받는 것이다. 이는 한 개인 혹은 소수, 심지어는 다수가 아니라, [……] 젊은이와 노인, 부자와 가난한 자, 상류층과 하류층, 남자와 여자 등 모두가 온전한 인간다움을 갖추기 위한 교육을 받아 모든 인류가 나이와 조건, 성별, 국적에 상관없이 적어도 교육받은 인간이 되는 것이다(Comenius, 1968).

위의 인용문은 호러스 맨(Horace Mann)이나 존 듀이(John Dewey)가 쓴 것이 아니라, 1657년에 처음 출판된 『대교수학(The Great Didactic)』(1657)에서 요한 아모스 코메니우스(Johan Amos Comenius)가 기술했다는 점에서 주목할 만하다. 나는 다음의 두 가지 이유에서 위의 글에 주목한다. 첫째, 위의 글은 모든 학생을 위한 공정하고도 양질의 교육이 현대의 발명도 아니고 철저히 미국의 것도 아니라는 것을 분명하게 밝힌다.

그것은 우리 자신을 포함하여 많은 사회와 세대를 위한 소중한 이상이자, 달성하기 힘든 현실이다. 둘째, 나는 인종차별주의, 불공평한 현상들, 폭력, 관료주의 그리고 무관심으로 점철된 오늘날의 학교 현실을 이해하지 못하고 헛된 기대를 품은 순진한 낙천주의자가 되고 싶지는 않다. 이러한 현실들은 다른 사람들과 마찬가지로 나에게도 분명히 인식된다. 하지만 나는 인종차별주의를 비롯한 여러 현실에도 불구하고 흥미롭고, 학습자의 역량을 강화시키며, 안전한 교육을 구상하는 사람들과 당당하게 동참하고 싶다.

학교의 목적을 고려할 때, 우리는 새로운 시대의 사회와 청소년의 비전으로부터 시작해야 한다. 우리는 무엇을, 왜 가르쳐야 하는가? 학생들은 어떠한 지식, 기술, 태도, 소질을 발전시켜야 하는가? 우리는 학생들이 무엇을 알아야 하고, 어떤 사람이 되어야 할지에 대해 우리가 원하는 것을 말하기 전에 먼저 그들이 습득한 능력과 습득할 수 있는 능력에 대해 우리가 가진 생각들을 검토해야 한다. 우리가 교육과정에 관한 아주 오래된 질문인 "어떤 지식이 가장 가치가 있는가?"에 답하려고 할 때, 우리는 교육과정의 선택이 누구에게 이익을 제공하는가에 대한 파울루 프레이리(1970)의 핵심적인 질문에 대해서도 생각해보아야 한다. 또한 학교가 무엇을 위한 것인지, 청소년이 사회를 단순히 모방하는 것이 아니라 발전시키는 데 있어 어떠한 역할을 해야 한다고 생각하는지에 대해서도 성찰할 필요가 있다.

내가 제안하는 비전은 청소년을 문해력 있고 지적인 존재로 기적적으로 변화시키는 단편적 지식이 아니라, 학습의 보다 넓은 개념을 기반으로 한다. 우리는 '문화적 리터러시(cultural literacy)'의 요소들(Hirsch, 1987)이 제시되어 있음에도 불구하고 청소년을 진정으로 교육시킬 수 있는 기적적인 교육과정이 없다는 것을 너무나 잘 알고 있다(Provenzo, 2005). 우리가 발전시킬 수 있는 것은 데버러 마이어(Deborah Meier, 1995)가 말한 '사고의 습관(habits of mind)'일 뿐이다. 이러한 사고의 습관은 참다운 의미에서 청소년이 비판적인 사고를 하고, 지식이 절대 중립적이지 않고 특정한 관점을 반영한다는 것을 이해하며, 정보를 언제 어떻게 획득하고, 그것을 어떻게 활용하는지를 배우는 데 도움이 된다. 또한 이는 청소년이 반성과 비판을 실천하며, 타인의 발전과 이익을 위한 지식을 창조하고 응용하는 데 도움을 준다.

하지만 우리는 미국의 역사 속에서 능력 있고 재능 있는 많은 사람들이 비도덕적인 사건에 연루되었고, 이러한 일이 최근까지도 벌어지고 있다는 것을 목도해왔다. 20세기 초에는 미국의 흑인 재소자들이 실험용 쥐처럼 매독 인체 실험에 이용되었고, 1940년대부터 1970년대까지는 많은 사람들이 플루토늄에 희생되었으며, 힘들게 일해서 저축한 돈을 사기로 갈취당하기도 했다. 이러한 일에 희생당한 사람은 너무도 많다. 이것은 공포스럽게도 과학과 기술이 뛰어난 사람이 비윤리적일 수도 있다는 것을 상기시켜준다. 이 때문에 모든 학생이 예컨대, 과학이나 수학에서 높은 점수를 받고 고등학교를 졸업하는 것만으로는 충분하지 않다.

만약 내가 학생들이 배워야 하는 내용들을 제안하는 목록을 준비한다면, 광범위한 리터러시(literacy), 고급과정의 과학, 다방면의 예술, 폭넓은 수학, 과학기술, 모든 학생을 위한 보편적인 직업 관련 기술, 집중적인 보건교육과 체육교육, 우리의 환경을 보호하고 보다 진보한 과학기술 사회에서 살기 위한 실천적 기술들, 그리고 최소한 모든 학생을 위해 제2 언어교육을 포함할 것이다. 또한 나는 일반적으로 단일문화적인 교육과정보다는 우리의 현실을 반영하는 다문화적 관점에서 학생들을 가르쳐야 한다고 주장할 것이다. 나는 교육적으로 소외된 청소년의 의욕을 꺾고 이들을 처벌하며 창조적인 교사들을 시험지를 채점하는 사람으로 축소시키는 편향된 평가과정이 아니라, 현실적이면서 중요한 지식과 긴밀하게 연결된 평가과정을 주장한다.

하지만 내용에만 집중한다면 핵심을 놓칠 수 있다. 왜냐하면 지식은 언제나 변화하는 유동적인 것이기 때문이다. 변화하지 않아야 하는 것은 공교육 목적의 핵심인 배움에 관한 태도와 가치다. 우리가 교육의 맥락을 공평하고 철저하게 탐구하지 않고 교육과정의 내용을 고려하는 것은 불완전하며 궁극적으로는 교사에게 좌절감을 안겨주는 활동이 될 것이다. 여기에서 교육의 맥락은 교육적 성취를 고취하거나 제한하기도 하는 제도적 구조와 실천, 정책을 의미한다. 예를 들어, 학교 재정의 불평등과 계층화, 교육조직, 학생들과 공동체에 대한 교육자들의 인식과 상호작용 등

교육에서 핵심적이지만 다소 어렵고 민감한 사안들을 다루지 않는 것은 우리가 무엇을 가르치고 배워야 하는지뿐만 아니라, 어떤 조건에서 어떻게 그리고 왜 우리가 그렇게 행동하는지에 대해 다시 생각해볼 수 있는 중요한 기회를 놓치는 것이다.

우리는 현재 학교가 '적자생존'이라는 다윈의 법칙을 바탕으로 조직되고 있다는 문제를 고려해야 한다. 학교는 어떤 학생들이 혜택을 받는 동안 또 다른 학생들은 피해를 입는 엄격한 능력별 반 편성을 하고 있는가? 학교는 학습을 어떻게 조직하고, 이러한 조직적 결정은 모든 학습이 50분 동안 이루어질 수 있다는 가정에 기인하는가? 학교가 받은 재정은 학생들의 요구에 적합한가? 학생들의 인종과 사회계층이 그들이 받는 교육의 질을 예견하는가? 훈육을 위한 제도는 다른 아이들에 비해 어떤 학생들에게 불공평하게 호의적인가? 시험은 학습의 정도를 판단하는 척도인가, 아니면 단순히 고등교육과 양질의 삶을 가로막는 편리한 장벽인가? 어떤 학생들은 특별한 유전자를 보유한 집단으로 여겨지는 반면 어떤 학생들은 문화적으로 결핍되었다고 여겨지는가? 가난과 영어 이외의 언어가 모국어인 것은 높은 수준의 교육을 받는 데 있어 극복할 수 없는 장애물인가?

나는 수년간 학생들과 교사들을 가르쳐왔고, 그 과정에서 학교가 어떠해야 하는지에 대해 심사숙고했다. 그 결과 나는 다음 두 가지 기본적인 목표를 고려하지 않고는 그 어떤 프로그램, 일련의 수업, 교육용 전략, 교육과정 또는 교육철학조차 아무런 의미가 없다는 결론에 도달했다.

- 학교는 모든 학생에게 그들의 배경과 상관없이 양질의 교육을 통해 공평하게 배울 수 있는 기회를 제공해야 한다.
- 학교는 학생들이 민주주의 사회에서 비판적이고 창의적인 구성원이 될 수 있도록 도와야 한다.

이 장의 후반부에서는 위의 목표들에서 파생한 다섯 가지 구체적인 함의를 강조하고자 한다.

첫째, 모든 학생이 양질의 교육을 공평하게 제공받기 위해 우리는 모든 학생이 높은 단계를 성취할 수 있는 학습 능력을 갖고 있고 그들에게는 그럴 만한 가치가 있다는 신념을 가져야 한다.

많은 청소년은 일상에서 우수한 교육과 양질의 삶을 가로막는 복잡하고 제도화된 장애물을 마주한다. 이 장애물은 가난, 폭력, 인종차별주의, 학대, 가정불화 그리고 의료와 주택 부족을 포함한다. 더욱이 편모가정에서 영어를 능숙하게 구사하지 못하고 기초 학업 능력을 갖추지 못한 채 학교에 입학하는 학생들도 증가하고 있다. 학교는 이들 모두를 가르쳐야 할 의무가 있다. 왜냐하면 우리 사회에서 학교는 역사적으로 영어를 사용하는 중산층 학생들, 그리고 부모와 함께 거주하는 학생들만이 아니라, 모든 학생에게 평등한 교육 기회를 제공하는 역할을 담당해왔기 때문이다. 공교육을 둘러싼 최근의 저급한 담론에서는 가난한 학생들의 환경이 종종 그들이 높은 기대를 가지지 않는 근거가 된다. 많은 경우에 이러한 담론들은 학생들에게 엄밀하고 재미있는 교육과정을 제공하기보다 다섯 개의 단락으로 구성된 에세이의 기본 구조와 학생들이 관행적으로 시험을 보는 방법을 얼마나 잘 배웠는지를 테스트한다. 이는 학습에 필요한 기술이기도 하지만 이것만으로는 충분하지 않다.

사회적 시선은 종종 어려운 환경에서 생활하는 학생들의 학습을 방해한다. 학생들이 영어로 말하지 못하면 마치 전혀 말을 하지 못하는 것처럼 여겨지고, 가난하면 마음까지 궁핍하다고 생각하며, 피부색이 짙을수록 지적 수준이 낮다고 여겨진다. 그러나 많은 연구들은 교사가 학생의 학습 능력을 파악하여 높은 성취를 기대하고 학생들을 신뢰할 때, 이와는 다른 결과를 가져온다는 것을 확인했다(Haberman, 1995; National Commission on Teaching and America's Future, 1996; Darling-Hammond & Falk, 1997). 이를 통해 우리는 학교의 교육과정이나 교육 전략을 확립하기에 앞서, 특히 언어와 문화의 측면에서 소외된 빈곤한 학생들에 대한 우리 사회의 기대 수준을 바로잡아야 한다는 결론에 도달한다.

둘째, 학생들의 지평을 넓히기 위해 학생들의 교육은 반드시 학생들이 있는 곳, 그들이 가진 지식과 경험, 문화, 학생들의 수준에 맞는 언어를 사용해야 한다.

두 번째 함의는 첫 번째 함의와 직접적으로 관련되어 있다. 왜냐하면 두 번째 함의는 특히 경제적으로 어려운 가정의 아이들이 단순하게 결핍되어 있지 않다는 전제에서 시작하기 때문이다. 모든 아동은 재능을 가지고 교육체제에 포함된다. 그리고 이러한 재능은 더 많은 학습을 위한 기초가 된다. 영어를 제2 언어로 사용하는 학생들을 다른 언어를 유창하게 말한다고 여기지 않고 '영어 미사용자(non-English speakers)'로 바라보는 이유는 무엇일까? 우리는 학교에서 자원이라기보다는 결핍이라고 여겨지는 문화와 경험의 차이들에 대해서도 이처럼 말할 수 있다. 그러나 대안적 접근은 학생들이 차이를 떳떳하고 소중하게 받아들이게 하고, 그들을 바로 일깨워주는 것이다. 실제로 많은 연구에서 미국 주류문화에 적응하기보다 자신들의 민족문화와 밀접한 관계를 유지한 학생들이 학업적으로 더욱 성공할 뿐 아니라 경제적으로도 안정되어 있다는 것을 보여주었다(관련된 내용은 Portes & Rumbaut, 2006 참조).

교육은 학생들의 경험에서 시작되어야 하지만 경험에 한정되어서는 안 된다. 모든 학생의 지평을 넓히는 것은 공교육이 가져야 할 책무이다. 왜냐하면 모든 학생은 그들이 가진 한정된 경험만이 아니라 다양한 관점을 이해할 필요가 있기 때문이다. 이것은 다음과 같은 함의로 확장된다.

셋째, 학생들은 갈수록 다양하고 복잡하며 상호 의존적인 세계에서 살아가거나 일하며, 상호작용하는 데 필요한 기술과 태도를 준비해야 한다.

학생들은 다양성과 글로벌한 상호 연결성이 지속적으로 증가하는 세계에서 살아가고 일하는 방법을 배워야 한다. 이를 위해 독해, 작문, 수학 그리고 과학기술 리터러시는 다문화 리터러시(multicultural literacy)를 수반해야 한다. 학생들은 학교를 졸업하고 나서 이러한 다양성이 존재하는 사회에 진입할 것이다. 만약 우리가 이러한 상황에서 학생들을 현실에는 존재하지 않고 현실과 타협하기도 어려운 단일문화적이고 단일 언어적인 세계에 대한 준비만 계속 시킨다면, 학생들에게 엄청난 피해를 줄 것이다.

다문화 리터러시는 비평가들이 말하는 '민족에 대한 무조건적인 지지(ethnic cheerleading)'가 아니다. 사실, 민족에 대한 무조건적인 지지는 우리의 단일문화적 교육과정이 언제나 그래왔듯이 동종의 사람들이 미국과 세계에서 만들어내는 모든 차이에 대한 신화를 영속시키는 하나의 사례를 만들 수 있다. 또한 나는 단지 중국의 춘절이나 유대교의 하누카에만 초점을 맞춘 '기념일과 영웅(Lee et al., 1998)'의 피상적인 다문화주의를 언급하는 것도 아니다. 내가 주장하고자 하는 것은 과학부터 영어 그리고 유치원에서 대학교까지의 모든 교육과정이 우리가 살고 있는 다양성을 더 성찰하고 존중해야 한다는 것이다. 또한 진정한 평등에 방해가 되는 교육적 장애물과 인종차별주의에 직접적으로 맞서야 한다. 청소년이 현실을 불완전하게 배우게 되면, 그중 일부는 자신의 선조들이 중요한 사회의 변화를 가져온 사람들이었기 때문에 자신들이 우월하다고 여기게 된다. 반면에 또 다른 이들은 자신의 선조들이 사회적으로 중요한 일을 전혀 하지 않았다고 배웠기 때문에 자신들은 열등하다고 믿게 된다. 이러한 두 가지 인식은 바람직하지 않다. 만약 편향된 교육과정을 계속해서 제시한다면 이러한 인식들은 점차 심화될 것이다.

학생들에게 필요한 또 다른 기술은 협동하는 방법이다. 따라서 학교의 분위기를 협동학습이 장려되고 당연히 이루어지는 분위기로 발전시켜야 한다. 이 기술은 21세기의 직장과 매일매일 가까워지는 세계에서 살아가는 데에도 반드시 필요하다. 하지만 많은 공립학교는 아직도 이러한 변화들을 깨닫지 못한 채 여전히 개인주의와 경쟁에 기반을 두고 있으며, 청소년들이 맞이할 미래에 대해 현실성 없는 교육을 하고 있다.

넷째, 학교는 학생들에게 비판적이고 생산적인 시민이 되기 위한 민주주의의 견습 기간을 제공해야 한다.

우리는 민주주의 사회에서 살아가는 것을 자랑스러워한다. 하지만 청소년은 학교에서 민주주의를 준비하는 경험을 거의 하지 못한다. 엄격한 능력별 반 편성과 불평등한 평가방식, 내용 없는 교육과정, 창의력이 부족한 교육 전략 같은 정책 및 관행들은 이러한 목적에 모순된다. 많은 학교에서 민주주의적 실천들은 오로지 교과서에서만 발견되는데, 대부분은 미국 혁명에 대한 이상적인 토론에 사로잡혀 있다. 대부분의 학생들은 혼란과 갈등을 수반한 일상의 민주주의를 실천할 기회를 거의 갖지 못한다. 학생자치회에 참여하는 것조차 학교생활의 질을 향상시키는 데 어떠한 힘도 발휘하지 못하고 그저 인기투표에 지나지 않는다. 교육과정 자체도 민주적이고 포괄적이며, 많은 숭고한 공동 유산에는 큰 관심을 갖는 반면, 미국 역사의 비민주적이고 배타적이며 심지어 추한 면에 대해서는 그다지 관심을 갖지 않는다. 그 결과 청소년에게 민주주의의 온전한 과정과 민주주의에 모순되는 차원이 드러나는, 민주주의에 관한 비판적 내용을 보여줄 기회도 놓쳤다. 학교가 학생들에게 민주주의에 참여하기 위한 견습 기간을 제공하기 위해서는 학생들에게 민주주의의 과정과 내용을 가감 없이 보여주어야 한다.

다섯째, 교사와 학생 간의 관계는 성공적인 학교에서 가장 중요한 요소다.

많은 연구들은 관계와 돌봄이 교수와 학습에서 가장 중요한 요소라는 결론에 도달한다(Noddings, 1992; Cummins, 2000; Nieto, 2003; Valenzuela, 1999). 그러한 연구들은 학교의 교사와 학교 구성원들의 돌봄이 학생들의 중퇴를 예방한다는 사실을 발견했다(Thiessen & Cook-Sather, 2008; Nieto & Bode, 2008). 교사를 포함하여 학생들을 돌보는 사람들은 다음 질문에 기반을 두고 모든 사항을 교육적으로 결정해야 한다. "그것은 아이들에게 유익한가?"

이러한 시대에 사회 정의를 우리의 교육적 어젠다의 중심에 놓기란 어려운 일이다. 하지만 나는 국기를 흔들거나 다른 방식으로 애국적 열망을 표명하며 민주주의를 단순히 기념하기보다는 우리 자신을 민주주의의 목표에 다시 '구속시키는' 보다 보수적인 어젠다를 제안한다. 우리는 학생들을 잘 가르침으로써 이에 최선을 다할 수 있다.

학생들을 잘 가르친다는 것은 그들에게 기본을 가르친다는 것을 의미한다. 즉 어떻게 읽고 쓰고 계산하는지, 어떻게 컴퓨터를 사용하고 악기를 다루며 예술 작품을 만드는지, 어떻게 시를 감상하고 역사를 바라볼지를 가르쳐야 한다. 물론 시험을 어떻게 잘 보는지도 가르쳐야 한다. 그러나 시험을 잘 보는 것이 가장 중요한 사항은 아니다. 학생들을 잘 가르친다는 것은 미국의 영광스러운 역사만을 가르치는 것이 아니라, 복잡하고 불공정하며 충격적인 역사도 가르치는 것을 의미한다. 만약 학교에서 이러한 역사를 가르치지 않는다면, 학생들은 어떻게 그것들을 배울 수 있겠는가? 우리가 이러한 역사를 가르치지 않는다면 청소년들은 대학 입학만을 목표로 공부하며 결국 자신들의 역사에 대해 충분히 알지 못하게 된다. 하지만 이러한 역사를 통해 학생들은 제2차 세계대전 동안 행해졌던 일본계 미국 시민권자들의 억류나 노예 제도의 충격적인 실상을 알게 될 것이고, 이전에 들어본 적 없는 사적인 교수형이 아프리카계 미국인 후손뿐 아니라 이탈리아계와 유대인 후손에게도 자행되었다는 사실에 격분할 것이다. 또한 미국 제국주의에 대해 처음 들을 때에는 망연자실하고, 권리와 특권의 관점에서 푸에르토리코가 미국의 식민지에 지나지 않는다는 것을 배울 때 놀라워하며, 미국 역사 속 인종차별주의의 폐해와 이것이 여전히 존재한다는 현실을 배울 것이다. 이 모든 것은 많은 학생들이 이전에 경험하지 못한 사실이다. 우리는 이와 같이 누락된 내용들을 다루기 위해 학교 교육과정을 더욱 포괄적으로 만들어야 한다.

청소년을 잘 가르친다는 것은 그들의 본래 모습 자체를 존중하고 지지하며, 그들이 위대한 일을 해낼 수 있다고 믿는 것을 의미한다. 또한 학생들이 도덕적 인간으로 성장하고, 타인을 배려하고, 환경과 지구를 돌보며, 자신의 이익만을 추구하지 않고 시민적 삶을 살도록 가르치는 것이다. 이는 학생들이 지역사회에 헌신하고 자신이 가진 시간, 에너지, 자원을 타인에게 할애하는 데 관대하도록 가르치는 것을 뜻한다. 그리고 민주주의 사회에서 산다는 것은 어려운 일임과 동시에 무의식적으로 누려온 특권이라는 점을 가르치는 것이다. 마지막으로 그것은 교육의 기능적 관점을 더욱 이상적이고 유토피아적인 관점으로 대체하는 것을 의미한다. 나는 이것이 학교의 진정한 목적이라고 믿는다.

2장
사회정치적 맥락에서의 다문화교육(공저 Patty Bode)

맥락에 제약을 받지 않는 진공 상태에서는 어떤 일도 발생하지 않는다. 이 말은 특히 사회 · 정치 · 역사 · 경제적 맥락에 전적으로 영향을 받는 교육에도 적용된다. 공동 저자인 패티 보드(Patty Bode)와 나는 다문화교육의 근간을 이루는 주요 가정을 고려하여 '다문화교육의 사회정치적 맥락'을 정의하고자 한다. 다문화교육은 아프리카계 미국인 학생들을 위한 교육 평등의 실현에 일차적으로 초점이 맞춰져 있던 시민권리 운동의 결과로 출발했지만, 젠더, 언어, 사회계층, 능력과 성적 취향 등을 포함하여 다양하고 폭넓게 확대되었다.

이 장에서 우리는 학교 차원의 정책이나 관행 같은 문제들도 다루며, 학생들이 받는 교육의 질에 이러한 정책이나 관행이 어떠한 영향을 주는지 살펴볼 것이다. 우리는 '교육 기회의 평등', '사회 정의', '성취 격차' 같은 교육에서의 핵심 용어들을 정의할 것이다. 이 용어들은 교육 분야에서 자주 사용되고 있지만, 구체적으로 정의되지는 않았다. 마지막으로 우리는 미국 학생들의 인구통계학적 특징을 제시함으로써 모든 학생들의 현실과 정체성을 긍정하는 교육의 필요성을 강조했다.

교육에 관한 결정들은 정치적으로 중립적 입장을 취하는 것처럼 보인다. 그러나 우리가 이 책에서 명확히 하고자 하는 것처럼 그러한 결정들은 결코 정치적으로 중립적이지 않다. 오히려 그 결정들은 우리의 사회를 조직하고 정의하는 사회 · 정치 · 경제적 구조와 깊은 관련이 있다. 사회의 사회정치적 맥락은 법, 규정, 정책, 관행, 전통, 이데올로기를 포함한다.

다시 말해, 이러한 문제를 다루는 다문화교육 혹은 그 어떤 교육도 맥락에 제약받지 않는 진공상태로 이해될 수는 없다. 하지만 많은 학교에서 다문화교육은 학교의 정책과 관행, 사회구조와 이데올로기로부터 분리되는 것처럼 다루어지고 있다. 이러한 사고는 단순하게 음식이나 의복 같은 문화적 산물 또는 민족적 기념일에 집중하는 결과를 가져왔다. 이와 같은 교육은 교사, 학생, 공동체의 삶과 분리된 '환상의' 다문화교육이 될 수 있다. 이것이 바로 사회정치적 맥락과 분리된 다문화교육이다. 그렇지만 우리는 미국과 같은, 사실상 글로벌 사회의 사회정치적 맥락이 어떻게 학교를 형성하며, 그 학교를 다닌 아동과 성인의 경험이 어떻게 형성되는가에 관심이 있다.

이 장의 기본 가정

이 장에서 설명하는 개념들의 기저를 이루고 있는 가정들을 명확하게 정의하는 것은 중요하다.

정체성, 차이, 권력, 특권은 모두 관계가 있다

우리가 이 책에서 주장하고자 하는 사회정치적 맥락의 주요 양상은 인종, 민족성, 사회계층, 언어 사용, 젠더, 성적 취향, 종교, 능력 등 사회적 · 인간적 차이이다. 즉 정체성이 사람들이 세계를 어떻게 경험하는지를 결정한다고 말하기는 어렵지만, 최소한 경험의 틀을 규정한다. 정체성은 언제나 차이를 수반한다. 정체성은 사회와 그 사회에 속한 사람들에 의해 특정한 방식으로 인식된다. 예를 들어 사회계층, 인종, 출신국과 다양한 억양은 긍정적 혹은 부정적 이미지를 불러일으킬 수 있다. 예컨대 미국사회의 맥락에서는 일반적으로 프랑스어를 사용하는 세네갈인보다는 파리지앵 억양이 있는 프랑스인이 더 긍정적으로 간주된다.

또한 다문화교육은 단순히 언어와 문화를 긍정하는 것 이상이다. 다문화교육은 차이라는 이슈뿐만 아니라 사회의 권력과 특권이라는 이슈와도 관계가 있다. 이것은 불평등구조, 정책, 학교의 관행, 그리고 궁극적으로 사회 그 자체뿐만 아니라 도전적인 인종차별주의와 그 밖의 편견들을 의미한다. 언어와 문화를 지지하는 것은 학생들이 학교에서 성공적이고 잘 적응하는 학습자가 될 수 있도록 도와준다. 그러나 언어와 문화적인 문제가 평등과 사회 정의의 렌즈를 통해 비판적으로 고찰되지 않는다면, 그것들은 실제적인 변화를 촉진하는 데 있어서 지속적인 영향력을 갖지 못할 것이다.

교육의 실패는 단일 프로그램이나 방법으로 '교정'하기에는 복잡하고 난해한 이슈다. 다문화교육 자체를 학교 실패에 대한 '해답'으로 간주하는 것은 매우 단순한 생각이다. 왜냐하면 학생들의 삶에 영향을 미치는 다른 중요한 사회적이고 교육적인 문제가 간과되기 때문이다. 다문화교육은 진공상태에서 존재하는 것이 아니라, 더 넓은 개인적 · 사회적 · 역사적 · 정치적 맥락에서 이해되어야 한다. 만약 다문화교육이 넓은 개념으로 확대되고 실현된다면, 많은 학생들의 교육에 실질적으로 긍정적인 영향을 미칠 수 있을 것이다. 그러기 위해 다문화교육은 일시적 유행의 다양성을 넘어서야 한다. 또한 이민의 역사뿐 아니라 우리의 과거와 현재, 특히 교육의 역사를 특징짓는 사회적 · 정치적 · 경제적 불평등과 배제에 대해 고려해야 한다. 이러한 문제들은 다문화교육에 대한 피상적인 접근방식에서 종종 간과된다.

❙ 다문화교육은 많은 차이들을 포함한다

다문화교육에서 또 다른 중요한 이슈는 포함되는 집단에 관한 것이다. 다문화교육에 대한 우리의 접근방법과 체계는 광범위하다. 이는 다문화교육이 인종, 언어, 사회계층, 종교, 젠더, 성적 취향, 능력 또는 다른 차이와 상관없이 모든 사람들을 위한 것이라는 믿음을 기반으로 한다. 그러나 이러한 주제들은 모두 중요하기 때문에 한 권의 책에서 다룰 수는 없다. 우리는 다문화교육을 보고 이해하는 주요 렌즈로서 인종, 민족성, 언어를 사용할 것이다. 우리는 다른 차이들을 또 따른 방식으로 설명하는 대신 인종, 민족성 언어에 특히 강조점을 둘 것이다. 다문화교육 및 이중언어교육은 시민권리 운동으로부터 성장했으며, 교육에서의 인종차별주의, 자민족중심주의, 언어차별에 맞서 투쟁하면서 발전했다. 이러한 불평등은 특히 미국 원주민, 라틴계 미국인, 아프리카계 미국인 청소년에게 계속 존재하고 있으며, 그들은 이 책의 관점과 접근방식의 중심에 서 있다.

그럼에도 불구하고 우리는 다문화교육이 모든 사람을 포함한다는 믿음을 가지고 있으며, 이 책에서도 많은 차이들을 포함하도록 시도했다. 다문화교육을 폭넓게 정의하는 것은 또 다른 딜레마를 유발한다. 다문화교육이 일부 교사들에게 도전적인 주제인 이유는 인종차별에 직면하여 논의하는 것이 어렵기 때문이다. 예컨대 주로 백인 교사집단과 인종차별에 대해 논할 때, 백인 교사들이 인종차별주의에 많은 시간을 소비하지 않고 성차별이나 계급적 편견으로 화제를 옮기는 것을 빈번하게 볼 수 있었다. 성차별과 계급적 편견은 분명히 주목하고 연구할 가치가 있으며, 사실 그것들은 분명히 다문화교육의 어젠다 중 하나다. 그러나 이를 통해 알 수 있는 것은 많은 백인 교사들이 인종차별에 대해 말하는 것을 매우 불편해한다는 사실이다. 많은 사람들에게 인종차별주의는 대단히 어려운 문제다. 미국의 역사를 감안하면 배제와 차별은 놀라운 일이 아니다. 하지만 인종차별에 대한 철저한 탐구를 통해서만 언어, 사회계층, 성적 취향, 젠더, 인종, 종교 및 그 외의 차이를 포함하는 다문화교육에 대한 보다 포괄적인 체제의 기원뿐만 아니라, 이론적 근거를 이해할 수 있다.

▎교사는 악당이 아니다

우리의 관점과 적용에 관한 또 다른 믿음은 교사에게 학생의 실패에 대한 모든 책임을 전가할 수 없다는 것이다. 일부 인종차별주의자나 엘리트주의 교사들은 학생과 학부모와의 상호작용에서 낮은 기대를 갖는 것에 책임이 있다. 그로 인해 학생의 학습을 저해하는 교육환경이 제공되지만, 대부분의 교사들이 의식적으로 그렇게 행동하는 것은 아니다. 대부분의 교사들은 학생들을 진심으로 걱정하고 가능한 한 최상의 교육을 많이 제공하길 원한다. 그럼에도 불구하고 교사의 제한된 경험과 교육으로 인해 그들은 자신이 가르치는 학생들을 거의 이해하지 못할 수도 있다. 그 결과, 백인 교사뿐만 아니라 모든 교사들의 다양한 배경의 학생들에 대한 믿음은 그럴듯한 가정과 고정관념에 기초할 수 있다. 사실 비(非)백인계 교사라고 할지라도 다양한 배경의 학생들, 심지어 자신과 같은 배경의 학생들에게조차 효과적인 지도를 보장하지는 않는다. 더욱이 교사들은 종종 교실과 무관한 사람들에 의해 만들어진 결정에 관대하다. 그들은 일반적으로 학교 정책을 개발하고 실행하는 데 거의 개입하지 않으며, 심지어 대부분은 이에 의문을 제기하지도 않는다.

교사 또한 인종차별, 배제 및 짧은 교육학의 역사를 지닌 교육 시스템의 산물이다. 결과적으로 그들의 행위는 자신의 경험을 반영하는 것일지도 모른다. 또한 그들은 무의식적으로 많은 학생들에게 유해한 정책과 접근방법을 지속시키고 있는지도 모른다. 일반적으로 우리는 그들이 속한 공동체나 사회의 맥락에서 학교를 분리할 수 없다. 학교에서 기회를 제한하는 억압적인 힘은 거시적으로 사회의 이러한 힘을 반영한다. 우리의 목적은 이것을 비판하려는 것이 아니라, 반성과 토론을 위한 포럼을 하는 것이다. 이로 인해 교사들은 자신의 행위에 책임감을 가지고 학생들의 교육에 영향을 미치는 학교와 사회의 활동에 도전하며, 긍정적인 변화를 이끄는 데 도움을 줄 수 있다.

❙ 양질의 교육은 투쟁할 가치가 있다

또 다른 중요한 가정은 공교육을 보호하고 공교육을 위해 투쟁할 가치가 있다는 것이다. 공교육에 많은 단점이 있고 교육이 지닌 잠재력에 부응한 적이 없다는 사실에도 공교육은 여전히 고귀한 이상으로 남아 있다. 왜냐하면 공교육이 언제나 공공선을 성취한다고 말할 수는 없지만, 적어도 공교육은 공공선을 분명하게 추구하는 제도 중의 하나이기 때문이다. 공교육은 많은 청소년에게 더 나은 삶을 위한 최후의 보루이자 최고의 희망이다. 그러나 엄격한 표준화 및 구조조정을 특징으로 하는 이 시대에 공립학교는 종종 언론과 정치인에게 조롱과 경멸의 대상이 되고 있다. 그럼에도 대중은 여전히 공교육의 약속을 신뢰하고 있다. 공교육 네트워크와 교육주간지(Public Education Network Education Week, 2001)에서 발표한 연구에 따르면, 미국인은 그들의 지역사회에서 가장 중요한 기관으로 교회, 병원, 도서관보다 공립학교를 적어도 5배 이상 더 많이 언급했다. 또한 설문 대상자의 90% 이상은 양질의 공교육이 모든 아동의 타고난 권리라고 주장하며, 대다수는 교육이 가장 우선순위라고 했다. 많은 사람들이 압도적으로 공교육을 지지한다는 것을 감안하면, 공립학교가 모든 학생에게 좋은 교육을 제공할 수 있다는 것은 명백하다. 이것은 공립학교가 좋은 교육을 제공하도록 보장하는 교사와 관리자 및 일반 대중의 능력 안에서 가능하다.

다문화교육의 사회정치적 맥락에 대한 정의

지금까지 우리는 이 장의 여러 가정을 설명했다. 지금부터는 교육의 사회정치적 맥락의 의미를 정의할 것이다. 앞으로 살펴보겠지만 이 용어를 이해하는 것은 다문화교육의 비판적 관점에서 매우 중요하다. 사회정치적 맥락의 주요 관점은 사회에서 검증되지 않고 공공연히 받아들여지는 생각과 가치를 형성하는 이데올로기나 신화다. 이 장에서는 허구의 이데올로기나 신화가 사회정치적 맥락에 어떻게 기여하는지에 대해 여러 사례를 제시할 것이다.

▌이민 신화 및 차이에 대한 신화

이민은 오늘날 가장 논쟁적인 문제 중의 하나이기 때문에 사회정치적 맥락에 관한 실질적인 사례를 제공한다. 이민은 더 이상 과거의 낭만적인 현상이 아니다. 다시 말해, 현재 많은 언론에서는 '불법체류자', 미국과 멕시코 국경의 전기 철조망, 그리고 비록 불법적이기는 하지만 국경 수비를 담당하는 민간 수비대를 이슈화하고 있다. 미국은 종종 낭만적으로 묘사되었던 과거 이민자의 국가일 뿐만 아니라, 매일 해안에 상륙하고, 국경을 넘거나 비행기를 타고 대도시 지역에 유입되는 새로운 이민자의 나라다. 새로운 이민자 중 특히 라틴아메리카, 아시아, 아프리카 출신의 이민자들은 미국에서 열렬한 환영을 받지도, 자원에 쉽게 접근하지도 못한다. 미국이 스스로를 '이민자의 국가'라고 정의하는 동안 새로운 이민자들을 위한 지원은 점점 더 어려워지고 있다.

이민자가 이주지인 북미에 와서 모국으로 돌아가지 않는다는 사실이 전적으로 옳다고 말할 수 없을지라도 미국 이민의 신화는 결코 사라지지 않을 것이다. 어빙 하우(Irving Howe, 1983)에 따르면, 1908년과 1924년 사이에 미국으로 온 유럽 이민자의 3분의 1이 귀향함으로써 대중적인 신화는 무너졌다. 더욱이 일반적인 통념에도 불구하고 대부분의 유럽 이민자들은 학업에서 성공하지 못했다. 리처드 로스스타인(Richard Rothstein)은 자신의 연구에서 1880년부터 1915년까지의 기간 동안 이민자들 중 극히 소수만이 학교에서 성공했고, 거의 모든 이민자가 가난했다고 주장했다. 이민 1세대가 최소한 학업적으로 성공을 이룩했다는 신화는 대중적으로 지지되었지만, 학교에서 성공적으로 적응한 사람들은 유럽 이민자의 2세대 또는 3세대였다. 전통적으로 학교는 자신의 역할을 동화시키는 기관으로 인식했기 때문에 이민에 대해 논의할 때 항상 수반되는 격리, 거부, 실패는 학교 내에서 겉으로는 드러나지 않았다.

미국의 역사는 노예와 정복으로 가득 차 있다. 아프리카인, 미국 원주민, 멕시코인, 푸에르토리코인의 수백만 후손과 미국 국경의 안팎에서 식민화된 이들은 학교에서 정치적 · 경제적 억압과 그들의 문화와 언어에 대한 경멸을 경험했다. 그러나 학교에서는 많은 사람들과 그들의 자녀가 경험한 착취와 인종차별의 역사를 거의 가르치지 않았다. 관습적인 교육과정과 교육학은 이민자의 고통 없고 자연스러운 동화에 대한 신화를 기반으로 하고 있었다.

이민과 식민지 경험은 다문화교육을 향한 우리의 여행에 있어서 중요한 출발점이 된다. 이 여행은 자신에 대해 모르거나 그들의 민족에 대해 불편해하는 교사와 함께 시작해야 한다. 교사는 자신의 배경과 고통스러운 경험, 가족의 유산을 다시 연결시킴으로써 학생들이 자신의 역사와 목소리를 되찾을 수 있는 초석을 마련할 수 있다. 이 책은 여러분이 이러한 여행을 시작하도록 초대한다.

교육구조

교육구조에 내재하는 이데올로기는 사회정치적 맥락이 학교 수준에서 어떻게 작용하는지를 보여주는 전형적인 사례이다. 학교와 사회가 사람들에 관해 전제하는 가정이 신념체계를 형성하고, 이 신념체계는 이러한 가정이 재생산되는 구조를 만들고 영속화한다. 예를 들어, 만약 지능이 선천적으로 유전적이라고 믿는다면, 우리는 이 신념을 지지하는 학교를 설계할 것이다. 반면, 지능이 사회경제적 조건에 의해 형성된다고 믿는다면, 우리의 학교는 매우 다른 모습을 띨 것이다. 이와 같이 만약 우리가 어떤 문화가 다른 문화에 비해 본질적으로 우수하다고 믿는다면, 학교는 우수한 것으로 간주되는 문화적 가치를 재생산하는 반면 다른 문화적 가치를 무시할 것이다.

우리는 개인의 수준에서 사회의 이데올로기나 신념을 믿든 믿지 않든 간에 이데올로기와 신념을 받아들이며 이에 따라 행동한다. 그 예로, 베벌리 대니얼 태툼(Beverly Daniel Tatum)은 인종차별주의 이데올로기를 '공기 중의 스모그'라고 묘사한 바 있다.

> 때때로 그것은 눈에 잘 띄고 어떤 때는 눈에 덜 띄지만, 우리는 날마다 그 안에서 숨을 쉬고 있다. 우리 중 그 누구도 자신을 '스모그 흡입자(smog breather)'로 소개하지는 않는다. 그리고 우리 대부분은 편견의 대상이 되고 싶지 않다. 만약 우리가 스모그 속에서 살고 있다면, 우리는 어떻게 스모그를 마시지 않고 호흡할 수 있을까?(Tatum, 1997: 6)

'스모그'는 우리가 살고 있고 학교가 존재하는 사회정치적 맥락의 한 부분이다. 이 맥락에는 사회계층, 언어, 성적 지향, 젠더, 그 밖의 요인을 비롯한 인간적 · 사회적 차이에 따른 인종차별뿐만 아니라 다른 편견이 포함되어 있다. 스모그가 존재하지 않거나 그것이 우리에게 영향을 주지 않는 것처럼 행동하는 것은 현실을 부정하는 것이다. 이에 관한 적절한 사례는 학교 기금에서 찾을 수 있다. 공립학교의 기금 조달에 대한 연간 보고서에 따르면, 조사기관인 에듀케이션 트러스트(Education Trust)는 인종과 사회계층이 여전히 미국에서 중요한 사회적 문제라는 것을 또다시 증명하면서 저소득층 학생들과 유색인종 학생들이 대부분의 주에서 공정한 대우를 받지 못해왔다는 것을 보여주었다. 2005년 에듀케이션 트러스트의 보고서는 미국 내 가난한 학생들이 가장 많은 지역의 공립학교에서 전반적으로 한 학생당 한 해 900달러를 적게 지출했다고 밝혔다. 또 다른 연구에서 크리스천 사이언스 모니터(Christian Science Monitor, 2005)는 가장 부유한 지역의 학교와 가장 빈곤한 지역의 학교 간의 연간 지출액이 학생당 1만 9,361달러라는 엄청난 차이가 있음을 보여주었다. 그 누구도 이 차이가 중요하지 않다고 할 수 없을 것이다.

❙ 학교 수준의 정책과 관행

학교 운영 자금은 일반적으로 국가 및 지역 차원의 문제다. 사회정치적 맥락이 어떻게 학교 수준에서 정책과 관행에 영향을 주는지 구체적인 사례를 통해 살펴보자. '영어 유일' 정책을 시행하는 학교는 의도하든 의도하지 않든 학생들에게 영어가 아닌 다른 언어의 지위와 중요성에 대한 특정한 메시지를 전달한다. 이 학교의 일부 학생들은 교실뿐만 아니라 심지어 복도, 구내식당 그리고 운동장에서조차 자신의 모국어를 사용할 수 없다. 영어 이외의 언어를 말하는 학생들에게 이러한 정책이 주는 메시지는 분명하다. 이 메시지는 자신의 언어가 이곳에서 환영받지 못하며 자신의 언어가 영어보다 덜 중요하다는 것이다. 이 정책은 학생들의 영어 학습을 돕기 위해 만들어졌을지 몰라도 결과적으로 의도적이든 아니든 간에 학생의 정체성을 박탈한다. 어떠한 경우 이런 종류의 정책은 전혀 순수하지 않으며, 오히려 영어 이외의 다른 언어를 듣는 것에 대한 사람들의 외국인 혐오 반응을 반영한다. 두 경우 모두 그 결과는 부정적으로 나타나며, 이는 어떻게 이데올로기가 어떤 학생들보다 특정 학생들에게 이익이 되는 구조를 형성하는지를 단적으로 보여주는 사례다.

또 다른 사례는 교육과정에서 찾아볼 수 있다. 만일 학교 지식의 내용에 모든 집단의 역사, 예술, 문화, 사고방식이 포함되지 않는다면, 배제된 집단들은 스스로 역사, 예술, 문화 등을 창조하는 데 있어 아무런 역할을 하지 못한다고 생각할 것이다. 사회정치적 맥락은 폐다고지, 능력별 편성, 평가, 학부모 봉사활동, 징계 정책, 교사 및 기타 학교 직원의 고용을 포함하여 학교의 여러 정책과 관행을 뒷받침한다.

다양한 배경의 학생들이 받는 괄시를 교육적으로 해결하기 위해서는 개별 교실에서 교육과정과 교수법을 변화시켜야 한다. 그러나 더 넓은 수준에서 교실이라는 공간을 뛰어넘어 변화가 이루어져야 한다. 즉, 학교의 정책과 관행 그리고 사회의 이데올로기는 변혁되어야 한다. 다시 말해, 우리는 교실뿐만 아니라 사회를 인종차별주의, 성차별주의, 사회계급차별, 이성애주의 등 다른 편견들이 더 이상 받아들여지지 않는 공간으로 보다 긍정적으로 변화시켜야 한다. 이것은 매우 어려운 일이지만, 만약 다문화교육이 진정한 변화를 일으키려면 사회를 보다 공평하고 공정하게 변화시키는 일은 교육과정과 교실 관행에서의 변화와 함께 어우러져야 한다.

다문화교육의 목표

다문화교육을 개념화하는 방식에 따라 강조되는 목표가 달라진다. 이 책에서 우리는 처음부터 다문화교육의 목표를 명확하게 제시한다. 이 책의 주요 전제는 다음과 같다. 다시 말해, 다음 세 가지 기본 전제에 초점을 두지 않는 교육철학이나 프로그램은 가치가 없다.

- 불평등을 저지하고 평등한 교육의 기회를 촉진한다.
- 모든 학생의 성취도를 높이고 공평한 양질의 교육을 제공한다.
- 비판적이고 창의적인 민주주의 사회의 구성원이 될 수 있도록 학생들에게 견습의 기회를 제공한다.

우리는 다문화교육이 학교와 사회의 불평등과 계층화에 맞서야 한다고 생각한다. 다문화교육을 포함하여 좋은 교육은 학생들이 자신에 대해 좋은 감정을 느끼도록 가르치고, 서로에게 '감수성'을 가지도록 하여 학생들이 조화롭게 살 수 있도록 하는 것이다. 하지만 다문화교육이 계층화와 불평등 같은 훨씬 더 어려운 문제를 해결하지 않거나 학생들의 삶을 현실에서 격리시킬 경우, 이러한 목표는 단지 교육 실패의 표면에 흠집만 내는 피상적인 전략이 될 수 있다. 단순히 학생들이 서로 화합하거나 서로를 존중하게 하는 것만으로는 다른 결과를 내지 못한다. 학생들의 삶은 학교와 사회의 경제적 · 사회적 · 정치적 조건들에 의해 많은 영향을 받는다. 즉, 학생들의 삶은 그들이 살아가고 배우는 사회정치적 맥락에 의한 것이다. 그리고 이것은 우리가 다문화교육을 개념화하고 이행할 때 이러한 조건들을 고려해야 한다는 것을 의미한다.

학습은 일관된 다문화교육의 중심 목표다. 학습이 다문화적 관점의 핵심에 있지 않는 한 모둠 활동이나 개념만으로 운영되는 '화기애애한' 교실 활동은 학생들에게 평등한 학교 분위기를 제공할 수 없을 것이다. 다양한 배경을 가진 학생들 간에 확연히 드러나는 불평등한 학습결과를 고려할 때(2장 '성취 격차' 참조), 다문화교육의 중심에 학습이 있다는 것은 절대적으로 중요하다. 그렇지 않으면, 많은 청소년들이 엄밀한 양질의 교육을 받을 수 없기 때문에 계속해서 비참한 삶의 선택에 직면할 것이다.

시험을 위해 공부하거나 좋은 대학에 입학하는 것이 훌륭한 교육의 의미이자 목표가 될 수는 없다. 다문화교육의 세 번째 중요한 목표는 학생들이 자신의 이익뿐만 아니라, 사회의 일반적인 복지에 기여할 수 있도록 준비시킴으로써 민주주의를 촉진하는 것이다. 다문화교육자 윌 킴리카(Will Kymlicka)는 이러한 정서를 다음과 같이 표현했다. "우리는 다문화주의가 개인의 지평을 넓히거나 개인의 상호문화 기술(intercultural skills)을 증가시키는 것이 아니라, 정의와 평등을 위한 더 큰 프로젝트의 일부라는 것을 항상 기억해야 한다(Kymlicka, 2004: xiii-xviii)."

다문화교육의 주요 용어 정의

이제 우리의 접근을 설명하는 데 도움을 주는 주요 용어의 정의를 살펴보자.

❙ 교육 평등과 공평한 교육: 어떤 차이가 있을까?

다문화교육과 관련된 용어인 평등과 공평은 종종 상호 교환적으로 잘못 사용되고 있다. 교육 평등과 공평한 교육은 모두 다문화교육에서 근본적인 것이지만, 그것들은 다른 개념이다. 교육자 엔니드 리(Enid Lee, 2004)가 설명했듯이, “공평은 과정이며 평등은 결과다.” 즉, 평등한 교육은 단순히 모든 학생에게 동일한 자원과 기회를 제공하는 것을 의미한다. 평등한 교육은 현재보다 넓은 범위의 학생들을 위해 더 나은 교육을 제공할 수도 있지만, 그것만으로는 충분하지 않다. 교육 평등을 달성하는 것은 공평한 교육을 제공하는 것을 포함한다. 공평은 평등을 넘어선다. 다시 말해, 그것은 모든 학생에게 결과의 평등이라는 현실적인 가능성이 주어져야 한다는 것을 의미한다. 높은 수준의 교육은 공평에 초점을 맞추지 않고는 불가능하다. 로버트 모제스(Robert Moses, 2002)는 도시의 흑인과 라틴계 중학교 및 고등학교 학생들을 위한 높은 수준의 수학 과정을 촉진하는 매우 성공적인 대수학 프로젝트(Algebra Project)를 시작했는데, 모든 학생을 위한 수준 높은 교육은 시민 권리의 문제라고 제안하기도 했다.

❙ 사회 정의

자주 언급되었지만, 거의 정의된 적이 없는 사회 정의는 공평한 교육과 관련된 개념이다. 이 책에서 우리는 그것을 하나의 철학이자 접근으로, 그리고 모든 사람을 공정, 존경, 존엄, 관용을 가지고 대하는 것을 구현하는 행동으로 규정한다. 사회적 차원에서 사회 정의는 각 개인에게 단지 선언되거나 성문화된 것이 아니라, 사람들이 동일시하는 각각의 집단 혹은 각 개인들과 집단들의 문화와 재능을 지지하는 것이다. 또한 사회 정의는 사회의 재화, 서비스, 사회·문화적 자본을 제공함으로써 사람들이 잠재력을 성취할 수 있는 진정한 기회를 제공한다. 특히, 사회 정의는 학생들을 단지 잘 대해주거나 격려해주는 것에 그치지 않는다.

교육에서 사회 정의는 다음과 같은 네 가지 요소를 포함한다.

첫째, 그것은 인종, 사회계층, 젠더 그리고 그 외의 사회적 · 인간적 차이에 기초한 구조적 불평등이나 차별을 가져오는 오해, 허위, 고정관념에 맞서고 반대하는 것이다. 이것은 사회 정의의 관점을 가진 교사들이 의식적으로 불평등에 초점을 맞춘 주제를 교육과정에 포함하고, 학생이 교실 안팎에서 평등과 공평을 위해 노력하도록 격려하는 것을 의미한다.

둘째, 사회 정의의 관점은 모든 학생에게 잠재력을 발달시키는 데 필요한 자원들을 제공하는 것을 의미한다. 이것은 책, 교육과정, 재정 지원 등과 같은 물적 자원을 포함한다. 마찬가지로 모든 학생의 능력과 가치에 대한 신뢰 같은 정서적 자원도 여기에 포함된다. 개인이자 학습자로서 학생들을 돌보는 것, 학생에게 높은 기대를 가지고 엄격한 요구를 하는 것, 사회를 살아가는 데 필요한 사회적 · 문화적 자본이 바로 정서적 자원이라고 할 수 있다. 이러한 정서적 자원을 제공하는 것은 개별 교사나 학교의 책임이 아니다. 교실 수준을 넘어서 모든 학생이 학습에 대한 동등한 기회를 제공받을 수 있도록 사회 정의를 이루기 위해서는 학교 정책과 관행의 개혁이 필요하다. 이것은 고부담 시험이나 능력별 반 편성, 학생의 유급, 인종분리, 부모와 가족의 과도한 지원 같은 정책들을 비판적으로 평가하는 것을 수반한다.

그러나 교육에 있어서 사회 정의는 단지 학생들에게 자원을 배분하는 것만을 의미하지는 않는다. 사회 정의의 관점에서 세 번째 구성요소는 학생들이 이미 지니고 있는 재능과 강점을 인정하는 것이다. 이것은 소외계층의 학생들을 교육에서 특징지어왔던 결핍의 관점을 거부하도록 요구한다. 특권 배경을 가진 학생들뿐만 아니라, 모든 학생이 자신의 학습을 위한 기본 자원을 가지고 있다고 간주하는 변화가 요구된다.

사회 정의의 네 번째 필수 요소는 비판적 사고를 장려하고, 사회 변혁을 위한 제도를 지지하는 학습환경을 만드는 것이다. 이러한 환경을 조성하는 것은 미래를 위해 그들을 준비시키는 데 필수적인 부분인 민주주의를 위한 견습을 제공한다. 이러한 학습환경을 어떻게 조성해야 할지에 대해서는 이 책 전반에 걸쳐 논의할 것이다.

❙ '성취 격차'

이 장에서 정의할 또 다른 용어는 '성취 격차'이다. 이 개념은 일부 학생들, 즉 주로 인종적 · 문화적 · 언어적으로 소외된 가난한 가정 출신의 학생들이 다른 학생들보다 성취도가 낮은 환경을 설명하기 위해 지난 수십 년 동안 발전해왔다. 이와 관련된 연구는 주로 흑인과 백인 학생들에게 초점을 맞추고 있지만, 성취 격차는 다른 민족적 · 인종적 배경의 학생들 사이에서도 분명하게 나타나는 현상이다 (Gordon, 2000).

성취 격차가 실제로 존재한다는 것은 부정할 수 없다. 퀄리티 카운츠(Quality Counts)는 성취기준 중심 교육의 결과에 대한 열 번째 연례 보고서에서 1992년부터 2005년까지 조사한 국가 학업성취도평가(NAEP) 점수를 검토했다(Quality Counts, 2006). 그 보고서에 따르면, 학생들의 성취도는 전반적으로 향상되었지만, 백인 학생들에 비해 아프리카계 미국인과 히스패닉 학생 사이의 격차는 여전히 크게 나타났다. 특히, 1992년에 비해 그 격차는 거의 두 학년 수준 이상으로 벌어졌다. 예를 들어, 백인의 41%는 자신이 속한 학년 수준의 읽기가 가능한 반면, 히스패닉의 15%와 아프리카계 미국인의 13%만이 자신의 학년 수준에 있었다. 이 격차는 몇 년 동안 악화되었다. 12학년 흑인과 히스패닉 학생은 8학년 백인 학생과 읽기 및 수학 수준이 동일했다. 이러한 격차는 미국 공교육 시스템의 폐단을 여지없이 드러내고 있다.

성취 격차가 하나의 현실이라는 사실에도 불구하고 이 용어는 종종 학생들에게만 과도한 책임을 전가한다는 점에서 부적절하다. 이러한 이유에서 우리는 성취 격차로 알려진 것을 '자원 격차'나 '기대 격차'로 불러도 무방하다고 생각한다. 왜냐하면 학생의 성취는 느닷없이 이루어지는 것이 아니라, 다른 많은 요소들의 영향을 받기 때문이다. 즉, 학생의 성취는 학생들이 학습하는 조건과 배경에 직접적으로 관련되어 있다. 예를 들어, 자료 및 자원을 학생들에게 원활하게 제공하는 일부 학교의 학생들은 학업에 도움을 많이 받는 반면, 빈민가에 위치한 학교는 학생들에게 상대적으로 자원과 기회를 적게 제공하는 경향이 있다.

물론 물적 지원만이 성취와 관련한 문제에 대한 해답은 아니다. 교사와 학교가 학생에게 갖는 기대가 중요하지만, 이는 불행하게도 때로는 학생들의 인종 및 사회계층과 관련되어 있다. 교육자 마노 싱햄(Mano Singham, 2003)은 교사의 기대가 백인 학생보다 흑인 혹은 라틴계 학생에게 3배 더 많은 영향을 미친다고 했다. 이것은 성취 격차의 사회정치적 맥락의 일부분이다.

성취 격차 용어의 문제는 마치 학교와 사회의 조건 및 배경이 존재하지 않는 것처럼 학습에 대한 책임을 학생들에게만 전가하는 것이다. 그 결과로 성취 격차는 불평등한 학교교육의 문제라기보다는 '소수'의 문제로 치부된다. 이러한 연유로 우리는 성취 격차라는 용어를 신중하게 그리고 항상 인용부호 안에 사용해야 한다.

또한 성취 격차에 대한 연구는 다양한 배경의 학생들의 성취도 차이를 설명해 주기 때문에 무시되어서는 안 된다. 조지프 다미코(Joseph D'Amico, 2001)에 의하면, 성취 격차를 발생시키는 주요 원인은 사회문화적 요인과 학교 관련 요인이다. 사회문화적 요인은 빈곤, 인종, 부모의 낮은 교육수준, 장애가족 부양체계, 차별과 고정관념에 대한 학생들의 반응을 포함한다. 학교 관련 요인 중 하나는 학생들에게 갖는 낮은 기대인데, 특히 경제적으로 취약하고 인종 및 민족적으로 소수인 학생들이 다니는 학교에서 자주 발생한다. 그동안 교육자와 대중의 반응은 학교 관련 요인보다는 사회문화적 '문제'와 '결핍'에 초점이 맞추어져 있었다. 이와 같은 사고를 전환하는 것은 더 나은 정책이 될 수 있다. 왜냐하면 교육자가 학생의 생활환경을 바꿀 수는 없지만, 학교의 상황을 변화시키는 것은 가능하기 때문이다.

그러나 일부 학교는 유색인종 학생, 빈곤 학생, 어려운 환경에서 살고 있는 학생들이 높은 수준의 성취를 이룰 수 있도록 도움을 주었다. 무엇이 이러한 차이를 만들었을까? 성취 격차를 좁혀온 학교들은 담당 과목을 잘 가르치는 유능한 교사들이 근무하고, 문화적으로 민감하고 도전적이며 높은 학업 기준을 부여하는 교육과정과 모든 학생 간의 높은 학업성취에 집중한 학교 문화를 가지고 있다는 특징이 있다(D'Amico, 2001).

그러나 학교 관련 문제만을 다루는 것은 성취 격차를 완전히 극복하지는 못한다. 왜냐하면 빈곤이 학생들의 학습 격차에 큰 영향을 주기 때문이다. 최근에 이런 주장은 진 애넌(Jean Anyon)을 포함해서 여러 저명한 학자들에 의해 강력하게 지지되었다. 진 애넌은 다음과 같은 결론을 내렸다.

> 내 견해로는 낮은 성취를 보이는 도시의 학교들은 교육 정책의 실패나 가족 기능의 변화가 가져온 결과가 아니다. 오히려 도시 내 공립학교의 실패는 미국 거시경제와 연방정부 및 지역 정책과 그것을 지지하는 관행이 가져온 필연적인 결과다(Anyon, 2005: 2).

이와 마찬가지로 데이비드 베를리너(David Berliner, 2006)는 빈곤이 학습과 성취에 미치는 영향을 기술한 논문에서 빈곤을 해결하지 않고서는 교육 개혁을 통한 성취에 분명히 한계가 있다고 주장했다. 이러한 한계는 교육 개혁 정책 중 하나인 낙오학생방지법(NCLB)과 관련되어 있다. 그가 내린 결론은 공립학교의 성취를 향상시키기 위한 가장 강력한 정책은 가족과 아동 빈곤을 줄이는 것이다.

빈곤과 그 밖의 사회적 병폐가 학습에 부정적인 영향을 끼친다는 주장이 흔들리고 있다. 이는 우리를 불편하게 하며, 학교 혼자만으로는 사회에 존재하는 계층화와 불평등에 투쟁할 수 없다는 것을 상기시켜준다. 이 문제를 광범위하게 연구한 경제학자 리처드 로스스타인(Richard Rothstein, 2004)은 학교를 개혁하려는 노력만으로는 어떠한 것도 변화시킬 수 없다고 주장했다. 그는 성취 격차를 좁히는 진보를 이루기 위한 세 가지 접근방식을 제안했다. 이는 교육의 질을 높이고 학교를 개선하기 위해 노력하는 것, 유아 프로그램과 방과 후 프로그램 및 여름방학 프로그램 등 방과 후 시간에 더 많은 관심을 갖는 것, 적절한 의료 서비스와 주거 안정을 제공하고 우리 사회에서 증가하는 소득 불평등을 감소시킬 정책을 구현하는 것이다. 그는 이와 같은 접근방식들을 이행하는 것만으로도 가난한 아이들에 대한 학교교육은 이전보다 더 나아질 것이라고 주장했다.

성취 격차와 빈곤이 밀접한 관련을 맺고 있다는 것은 사실이지만, 인종과 민족성 또한 격차를 이해하는 데 있어 고려해야 할 중요한 문제다. 조지프 다미코(Joseph D'Amico, 2001)는 높은 사회경제적 지위에 있는 유색인종 학생들 간에도 격차가 더 벌어질 수 있다는 사실을 발견했다. 또한 그는 흑인과 백인 학생 간의 성취 격차는 1988년에 거의 절반까지 감소했지만, 1988년 이후에 이러한 현상에 현저한 반전이 있었다는 사실을 발견했다.

성취 격차를 가장 잘 보여주는 사례는 고등학교 중퇴율에서 찾을 수 있다. 개리 오필드(Gary Orfield, 2004)가 조사한 바에 따르면, 중퇴율이 높게 나타난 미국 내 수백 개의 고등학교 중에서 '소수집단'이 많이 거주하고, 저소득이면서 도시에 위치한 학교 수가 압도적으로 많았다. 그는 이 고등학교들을 '중퇴공장'이라고 불렀다. 오필드에 따르면, 아프리카계 미국인 학생과 라틴계 미국인 학생들의 중퇴율은 시민 권리의 위기를 나타낸다. 중퇴율은 지역사회를 불균형하게 만든다. 이러한 '중퇴공장' 학교에서는 다른 지역의 학교들보다 학생들에게 돈을 덜 투자하는데, 때로는 학생당 2,000달러 이상 차이가 나기도 한다. 무엇보다 아프리카계 미국인과 라틴계 미국인 학생들이 다니는 학교들이 가난한 지역에 위치해 있고, 이 학교들은 부유한 지역의 학교에 비해 경험이 적은 교사들을 채용하며, 학생들을 위해 돈을 적게 사용한다는 사실이 결코 우연이라고 간과되어서는 안 된다. 이것 또한 교육의 사회정치적 맥락의 일부분이다.

❙ 결핍 이론과 결핍 이론의 지속성

학교의 임무는 모든 학생에게 평등한 양질의 교육을 제공하는 것이다. 그렇지만 학교가 이 임무를 충실히 이행하지 못하는 이유는 몇 세기 동안 교육 분야의 연구 주제였다. 성취 격차가 커짐에 따라 문화적 박탈과 유전적 열등함에 대한 이론이 다시 한 번 지능과 성취의 차이를 설명하는 데 사용되었다. 이러한 결핍 이론에 함축된 내용은 교육 정책과 교육 활동에 지속적으로 영향을 끼친다. 결핍 이론의 관점에서 보면 어떤 아동은 유전적, 문화적 또는 경험적 차이로 인해 다른 아동보다 열등하게 여겨진다. 즉, 결핍 이론은 아동이 학습하기 위해 극복해야 하는 결핍을 가지고 있다고 가정한다. 이러한 가설에 내재된 한 가지 문제는 아동의 실패에 대해 학교나 사회의 책임을 면제하면서 전적으로 가정이나 가족에게 책임을 전가한다는 것이다. 중요한 사실은 책임이 개인에게 있든 지역사회에게 있든 결과는 대체적으로 달라지지 않는다는 것이다. 이를테면 학생들이 배우거나 배우지 못하는 데 있어 학교의 역할과 더 크게는 사회의 역할에 대해 보다 체계적으로 살펴보기보다는 형편없는 학교교육의 희생자들을 탓한다는 것이다. 이러한 모든 요소는 함께 연구할 필요가 있다.

결핍 이론이 가진 또 다른 문제는 대부분이 교사, 학교, 학생의 통제 밖에 있는 조건들에 초점을 맞춘다는 것이다. 결핍 이론은 학생들의 문제가 이미 결정되어 있다고 본다. 또한 원래 그 문제를 만들어낸 환경을 변화시킬 수 없다고 전제한다. 교사와 학교만으로는 학생들의 빈곤과 그 밖의 억압적인 조건들을 개선할 수 없다. 학생들의 문제를 해결하기 위한 보다 현실적이고 가능성 있는 해결 방안은 교사와 학교가 모든 학생의 학습을 격려하는 교육환경을 제공하는 것이다. 이것이 이 책에서 학생들의 결핍 대신 학교 정책과 활동, 교사의 태도와 행동을 변혁의 근간이라고 보는 이유다.

미국사회와 학교: 인구 모자이크

다문화교육의 사회정치적 맥락을 이해하기 위해서는 최근 미국에서 일어난 변화와 이러한 것들이 미국 학교를 어떻게 변화시켜왔는지 알아야 한다. 이 절에서 우리는 이러한 맥락을 이해하기 위한 틀로서 공립학교뿐만 아니라, 미국사회 구성원의 다양성에 대한 모자이크를 제시한다. 우리는 21세기 첫 10년 동안의 미국사회와 학교를 특징짓는 인구통계, 이민, 언어적 다양성 그리고 그 밖의 차이에 초점을 맞춘다.

인종과 민족의 관점에서 미국 인구의 개관을 살펴보겠다. 2004년 미국 인구는 2억 9,300만 명 이상이었다. 이 수치는 이 책이 발행된 시점에서 얻을 수 있었던 가장 완전한 공식 데이터였다. 그때 이후로 미국의 전체 인구는 꾸준히 증가해왔다. 예를 들어, 2006년 10월 12일 미국인구조사국(Census Bureau, 2006)은 미국의 인구가 10월 17일 3억 명에 도달할 것이라고 보고했다.

전체 인구 중에서 가장 큰 소수집단은 히스패닉계와 라틴계로 4,100만 명이 넘는다. 그다음으로 큰 소수집단은 3,750만 명에 이르는 아프리카계 미국인이다. 인종집단 간의 인구 증가율은 동일하지 않다. 미국인구조사국에 따르면, 2000년부터 2004년까지 백인의 숫자는 3.5% 증가했고 아프리카계 미국인의 인구는 5% 증가했다. 지금까지 가장 큰 폭으로 증가한 집단은 17%의 증가율을 보인 라틴계 인구이며, 아시아계 인구는 16.4% 증가했다.

현재의 인구 통계보다 더 극적인 것은 미래에 대한 전망이다. 미국인구조사국은 2000년부터 2050년까지 전체 인구는 2억 8,210만 명에서 4억 1,990만 명으로 증가할 것이라고 예측했다. 그러나 인종집단별 성장률은 균일하지 않을 것이다. 미국의 백인 인구는 7% 증가한 2억 1,030만 명이 될 것으로 예상하지만, 2040년부터 2050년까지의 10년 동안은 감소할 것이다. 즉, 2000년 미국의 백인 인구는 전체의 69.4%였지만, 2050년에는 전체 미국 인구의 50.1%를 차지할 것으로 예상된다. 아프리카계 미국인 인구는 6,140만 명으로 예상되고, 전체 인구의 12.7%

에서 14.6%로 증가할 것이다. 반면 라틴계 인구는 1억 260만 명, 즉 현재 12.6%의 2배인 24.4%가 될 것으로 기대된다. 또한 아시아계는 1,070만 명에서 3,340만 명이 될 것으로 예상되는데, 이는 전체 미국 인구의 3.8%에서 8%로 증가하는 것이다.

아래 〈표 2.1〉에서 볼 수 있듯이, 지난 30년 동안 합법적인 이민이 크게 증가했다. 이 표에서 제시한 것처럼 이민자 수는 20세기 초에 정점을 찍었던 것만큼은 아니지만, 1991년 180만 명을 넘으면서 최고점에 도달했다. 이후 2004년에는 94만 6,000명으로 감소했지만, 이 역시 여전히 높은 수치다.

미국에서 증가하고 있는 다양한 인구 구성원에 대해 논의할 만한 또 다른 지표는 외국에서 태어났거나 이민 1세대의 현재 수치인데, 그것은 2000년에 미국 역사상 가장 높은 수준에 도달했다. 2000년 새로운 이민자들은 1970년의 3배인 5,600만 명에 달하며, 일차적으로 유럽에서 온 이전의 이민자들과는 달리 이들의 절반 이상은 라틴아메리카 출신이고, 25%는 아시아 출신이다(U. S. Census Bureau, 2002).

〈표 2.1〉 1901년부터 2004년까지의 미국이민

기간	이민자(명)	비율(%)
1901~1910	8,795	10.4
1911~1920	5,736	5.7
1921~1930	4,107	3.5
1931~1940	528	0.4
1941~1950	1,035	0.7
1951~1960	2,515	1.5
1961~1970	3,322	1.7
1971~1980	4,493	2.1
1981~1990	7,338	3.1
1991~2000	9,095	3.4
2001~2004	3,780	3.3

연도	이민자(명)	비율(%)
1990	1,536	6.1
1991	1,827	7.2
1992	974	3.8
1993	904	3.5
1994	804	3.1
1995	720	2.7
1996	916	3.4
1997	798	2.9
1998	654	2.4
1999	647	2.3
2000	850	3.0
2001	1,064	3.7
2002	1,064	3.7
2003	706	2.4
2004	946	3.2

출처: U. S. Department of Homeland Security, Office of Immigration Statistics, 2004

이민의 증가는 언어 다양성을 증가시킨다. 현재 미국 전체 인구의 18%가 가정에서 영어 이외의 언어를 사용한다. 미국 가정에서 사용되는 다른 언어의 절반은 스페인어다. 문화, 인종, 출신 국가, 언어의 다양성의 증가가 가져온 영향은 미국 공립학교의 다음과 같은 상황을 통해 확인할 수 있다. 첫째, 미국 공립학교 학생들의 수가 증가하고 있다. 2003년에는 4,950만 명의 학생이 공립초등학교와 중등학교에 등록되었는데, 이는 2001년 이후 200만 명 이상이 증가한 것이다(U. S. Census Bureau, 2005). 둘째, 학생 인구의 특징은 수십 년 전과 완전히 달라졌다. 공립학교 등록 학생 수가 가장 많았던 1970년의 베이비붐 세대에서는 백인 학생들이 전체 등록생의 79%를 차지했고, 아프리카계 미국인이 14%, 히스패닉계 6%, 아시아계, 태평양 제도인 그리고 그 밖의 인종이 1%였다. 그러나 이 통계는 크게 변화되었다. 2003년에 미국 공립학교 학생의 60%는 백인, 16%가 아프리카계 미국인, 18%가 히스패닉계, 4%는 아시아계와 그 밖의 인종이었다. 미국인구조사국은 학생 인구가 향후 몇 년 동안 다양성을 지속할 것으로 예측했다. 셋째, 미국 공립학교에서 다양한 학생의 증가는 외국에서 태어났거나 외국 태생의 부모를 둔 학생들의 숫자로 명확히 입증된다. 2003년에 4,900만 명 이상의 학생 또는 미국 초등학교와 중등학교에 등록된 학생들 중 31%가 외국 태생 또는 부모 중 적어도 한 명이 외국 출신인 학생이었다.

전국적으로 학교에서 다양성이 증가함과 동시에 인종적 · 민족적 분리주의가 증가하고 있다. 이는 미국 학교에 있는 학생들이 지금 과거 그 어느 때보다 다른 인종이나 배경의 학생들로부터 분리될 가능성이 있음을 의미한다. 개리 오필드(Gary Orfield, 2001)에 의하면, 실제로 지난 수십 년 동안 전미의 학교 통합의 성과가 1990년대 말경에는 많은 부분에서 퇴보했다. 1990년대에 브라운 대 교육위원회 판결 이후 흑인에 대한 인종분리가 크게 감소했지만, 흑인에 대한 인종분리 경향은 지금도 계속되고 있다. 라틴계 미국인의 상황 역시 마찬가지이다. 라틴계 미국인은 인종, 민족, 빈곤의 측면에서 가장 심각한 차별을 받는다. 이러한 경향이 있음에도 다양한 학생으로 구성된 학교가 모든 배경의 학생들에게 긍정적이라는 증거가 많아지고 있다(Kugler, 2001).

많은 학생들은 빈곤 속에서 살고 있다. 인종과 민족은 빈곤과 밀접하게 관련되어 있다. 미국 인구의 12.4%는 빈곤 수준 이하로 살고 있다. 그러나 백인의 약 8.3%만이 빈곤층에 속하는 반면, 아프리카계 미국인과 미국 원주민은 약 25%, 히스패닉계는 22%가 빈곤층에 속한다(U. S. Census Bureau, 2005). 미국 취학연령인구의 40%는 저소득가정에서 살고 18%는 빈곤가정에서 사는데, 바꿔 말하면 이는 미국에 있는 전체 아동의 절반이 빈곤하게 살고 있다는 것이다. 더욱 심각한 것은 빈곤아동의 수가 1990년부터 2000년까지 감소되었지만, 그 이후로는 꾸준히 증가하고 있다는 것이다(National Center for Children in Poverty, 2009).

영어 이외의 언어를 사용하는 유색인종 학생의 수와 빈곤한 학생의 수가 증가했지만, 미국의 교사들은 더욱 획일적이고 문화적으로나 언어적으로 단일화되었다. 예를 들어, 2003년 공립학교의 경우 약 90%가 백인 교사였으며, 아프리카계 미국인 교사는 6%에 불과했고, 단지 5% 미만의 교사만이 다른 인종과 민족의 배경을 가졌다(National Collaborative on Diversity in the Teaching Force, 2004).

앞서 언급한 다양성의 의미는 모든 교사가 자신의 정체성이나 경험과 상관없이 다양한 배경의 학생들을 효과적으로 가르칠 수 있도록 준비할 필요가 있다는 것이다. 이를 위한 한 가지 방법은 교사들이 실제 학교에서 학생들의 사회적 · 문화적 · 정치적 상황을 배우는 것이다.

다문화교육, 반발과 낙오학생방지법

1970년대에 다문화교육을 시작할 때부터 다문화교육은 여러 가지 이유로 비판을 받아왔다. 일부 비판은 이 분야를 더욱 견고하게 지탱하는 데 도움이 되었지만, 대부분의 다문화교육에 대한 논쟁은 사상적인 측면이 강하다. 다문화교육은 현 상태에 도전하는 것이고, 이전에는 침묵했던 소외된 집단이 목소리를 내도록 격려했다. 또한 다문화교육은 교육과정의 변혁과 대안적인 교육학을 주장했기 때문에 비난을 받아왔다.

약화되는 전통적 교육 규범

다문화교육을 반대하는 주장 중 하나는 다문화교육이 '우리 대 그들'이라는 분열적인 사고방식을 조장하여 유럽인과 유럽계 미국인과 다른 배경을 가진 사람들이 대결하는 단일문화주의에 빠지게 할 수 있다는 것이다. 이러한 주장은 '우리 대 그들'이라는 사고방식이 현재에는 전혀 존재하지 않으며, 이미 미국 내 모든 사람 간에 통합이 이루어졌다는 것을 상정한다. 그런데 이는 분명히 잘못된 가정이다. 미국 사회에 존재하는 분열은 덮어둔다고 사라지지 않을 것이다. 반면에 다문화교육 지지자들은 다문화적인 교육과정이 보다 완벽하고 진실하며, 장기적으로는 비판적이고 발전적이며 창의적으로 사고하는 시민을 양성하는 데 도움이 될 것이라고 가정한다.

학교교육의 영향 면에서 다문화교육 반대자들은 다문화적 관점이 교육과정을 어떻게 변화시킬지에 대해 특히 우려했다. 전통적 교육 규범이 약화되고 있다고 두려워하는 사람들은 다문화적 교육과정이 '공통된 문화'를 사라지게 할 것이라고 주장하며, 다문화교육을 소리 높여 비난해왔다. 이러한 입장은 고등학교와 대학에서 특정 과목을 없애고자 하는 움직임과 그 어느 때보다 경직된 미국 역사를 가르치고자 하는 9.11의 여파로 이어졌다.

우리는 이러한 주장에 맞서 미국 내 다른 집단의 역사가 외국의 것이 아니라 미국의 역사라는 점을 기억할 필요가 있다. 미국의 역사는 단지 유럽인의 이민과 동화에 대한 서사시(saga)가 아니다. 물론 이는 미국 역사에서 중요한 일부분이다. 그러나 미국인의 집단의식은 강제적으로 아프리카에서 노예로 끌려온 사람들뿐만 아니라 미국 원주민과 함께 시작되었으며, 그리고 계속해서 이들의 영향을 받고 있다. 아프리카계 미국인, 미국 원주민, 멕시코계 미국인, 아시아계 미국인의 역사와 문화(여성들과 유럽계 미국인 이민자들 그리고 노동계급 사람들을 포함한 다른 집단들 간의)에 영향을 받지 않는 미국인은 없다. 미국 역사, 대중문화, 시민 참여, 예술 등에서 이들 집단의 영향력을 찾을 수 있다.

미국 역사의 궤적은 크게 평등을 추구하는 것으로 나타나는데, 이것은 미국사회에서 가장 소외되어온 사람들의 경우에서 명백하게 드러난다. 노예제 폐지나 보통 선거권과 시민 권리를 위한 그 오랜 기간의 투쟁이 없었더라면, 자유나 평등이라는 말이 갖는 힘은 지금보다 강력하지 못했을 것이다. 이러한 투쟁은 오늘날에도 계속되고 있다. 비록 이러한 단어들이 초기 미국 역사에서는 오직 땅을 소유한 백인 남성에게만 해당되었지만, 이러한 이상을 모든 사람이 누리도록 한 캠페인의 결과, 이러한 단어들은 모든 사람에게 의미 있는 단어가 되었다. 미국 역사책에서 그것을 인정하건 인정하지 않건 간에 미국의 문화와 역사는 다양한 배경을 가진 많은 사람들의 융합에 의해 형성되어왔다.

‘기본으로 돌아가자’는 논쟁

다문화교육을 반대하는 사람들은 다양성에 집중하는 것이 ‘기본’으로부터의 일탈이라고 주장했다. 이 주장은 1983년에 『A Nation at Risk』가 출판된 후 시작된 교육 개혁 운동에서 중요한 담론이었다. 기본으로 돌아가자는 주장의 한 사례로 허쉬(E. D. Hirsch, 1987)의 『Cultural Literacy: What Every American Needs to Know』가 있다. 이 책은 교육받은 모든 사람이 알고 있어야 하거나 적어도 알거나 친숙해야 한다고 생각하는 수천 개 개념들의 목록을 담고 있다. 이 책은 소위 주류집단에 포함되지 못하는 집단의 예술, 역사, 문화를 무시한 편협한 유럽중심주의에 빠져 있다는 많은 비판을 받았다. 이 책이 출판된 이후 전국적으로 수백 개의 학교가 허쉬에 의해 홍보된 '문화적 리터러시' 모델에 따라 구축되고 조직되었다. 그런데 이는 미국의 풍부한 다문화적 역사는 말할 것도 없이 빠르게 변화하는 인구 통계에 위배되는 '문화적 리터러시'의 개념을 널리 알리는 것이었다. 또한 다른 수준에서 문화적 리터러시에 초점을 맞춘 수많은 파생적인 출판물이 있었다. 이것은 허쉬의 문화적 리터러시 모델과 아이디어를 손쉽게 재생산하며 그의 모델에 영향력을 부여했다.

많은 사람들은 교육받은 사람에 대한 일반적으로 합의된 정의에 동의하겠지만, 이러한 정의는 미리 정해진 목록이나 심지어는 미리 정해진 교육과정에 의해 판단될 수 없는 복잡한 문제다. 유진 프로벤조(Eugene Provenzo, 2005)는 최근 출판된 자신의 책에서 허쉬의 관점에 반대했다. 그는 『Critical Literacy: What Every American Ought to Know』에서 허쉬가 주장하는 문화적 리터러시 모델 이면에 숨어 있는 지나치게 단순화된 생각을 비판하고 있다.

낙오학생방지법(NCLB)과 표준화 작업에 대한 도전

2001년 낙오학생방지법(No Child Left Behind)이 통과된 후 '기본으로 돌아가자(back to basics)'는 논쟁은 반복적으로 나타나고 있다. 왜냐하면 낙오학생방지법이 더 높은 성취기준과 함께 미국 각 주에서 매년 학생들의 읽기와 수학을 평가하는 프로그램을 실시하도록 요구하기 때문이다.

낙오학생방지법은 미국의 교육 시스템을 저해하는 여러 가지 문제를 해결하기 위해 제정되었다. 첫째, 낙오학생방지법은 미국의 교육 불평등의 어두운 역사에 대한 대응으로 이해되어야 한다. 교육 불평등은 미국 학교의 많은 아이들, 특히 유색인종 학생들과 가난한 학생들이 처한 현실이었다. 학부모, 교육자, 그 외의 공교육 지지자들은 이러한 불평등에 대해 문제를 제기해왔다. 교육 평등을 옹호하는 사람들이 처음에 낙오학생방지법을 지지했고, 이들 중 많은 사람이 여전히 이를 지지한다는 것은 그리 놀라운 일이 아니다.

동시에 낙오학생방지법을 강력하게 지지하는 대부분의 사람들은 바우처(vouchers), 차터 스쿨(charter schools) 등 학교 민영화를 지지한다. 따라서 낙오학생방지법을 지지하는 다양한 집단이 추구하는 목적은 동일하지 않으며, 어떤 경우에는 상호 모순적일 수도 있다. 낙오학생방지법이 통과된 이후 몇 년 동안 낙오학생방지법은 학업성취도를 바라보는 일차원적인 기준으로 평가에 대한 편협한 관점뿐만 아니라, 이러한 관점이 만들어낸 참담한 결과를 포함한 여러 가지 이유로 인해 많은 사람들의 지지를 잃었다.

▍시험을 위한 교육과 높은 성취기준

낙오학생방지법의 결과, 많은 교사와 행정가들은 '시험을 위해 가르치고', 읽기와 수학에 학교 수업의 대부분을 할애해야 하는 엄청난 압력을 받게 되었다. 효과는 복합적이었다. 최근 이루어진 광범위한 조사에 의하면, 일부 지역에서 시험 점수가 향상되는 동안 법안의 압력으로 교사의 직업스트레스와 직원의 사기에 대한 부정적인 영향이 증가하는 것을 확인할 수 있었다. 같은 설문조사에서는 조사대상 학군의 71%가 읽기와 수학수업 시수를 확보하기 위해 하나 이상의 다른 수업 시간을 감소시킨 것으로 보고되었다(Center on Education Policy, 2006). 미술, 사회, 심지어 과학수업이 축소되거나 일부 학교에서는 폐지되었다. 많은 학교에서 쉬는 시간과 체육수업 시간이 축소되었다. 다문화교육은 교과 영역이 아니지만, 이러한 압박의 희생물 중 하나가 되었다. 이는 낙오학생방지법의 결과, 시험 열풍으로 인해 교육과정을 개발하고 보충하는 학교와 교사의 자율성이 훼손되었기 때문이다. 그 결과 다문화 교육과정을 실행하는 추동력을 상실했다.

대부분의 국가 성취기준은 교육과정이 다양한 관점을 포함할 가능성을 배제하지 않는다. 사실 높은 성취기준 및 다문화교육 사이에는 모순이 없다. 다문화교육 지지자들은 다양한 배경의 유색인종과 가난한 학생들이 자신의 인종이나 민족, 사회계층, 모국어 등의 차이를 기반으로 하는 열등한 교육을 받고 교육의 피해자가 된다고 주장했다. 다문화교육은 풍부한 교육과정과 엄격한 요구를 통해 이러한 상황을 타개할 수 있는 해결책으로 여겨졌다. 그럼에도 불구하고 교사와 학교관리자는 표준화된 시험으로 정의되는 '연간적절향상도(Adequate yearly progress: AYP)'를 충족해야 한다는 압박을 받고 있으며, 이 압박은 미술과 심지어 사회 · 과학 과목의 축소와 교육과정과 교육지침에서 혁신과 창조성의 상실이라는 결과를 가져왔다.

낙오학생방지법의 영향

특히 법적 지원이 필요한 빈민가의 학생들에게 낙오학생방지법이 부정적인 영향을 주었다는 많은 비판이 있었다. 2005년 「보스턴 글로브(The Boston Globe)」는 매사추세츠 고등학교 중퇴율이 지난 14년간 가장 크게 증가하고 있고, 2007년도 졸업 학년의 중퇴율을 31%로 예상한다고 보고했다. 특히 히스패닉계와 그 외의 이민자가 가장 심각한 영향을 받았다. 높은 중퇴율은 매사추세츠 종합 평가 시스템(Massachusetts Comprehensive Assessment System: MCAS)이라는 국가적인 고부담(high-stakes) 평가에 실패한 수천 명의 학생을 포함하고 있다(Sacchetti and Jan, 2005). 매사추세츠 종합 평가 시스템은 오히려 이러한 학생들을 돕기보다는 낙오시키는 역효과를 가져왔다.

공정하고 개방된 평가를 옹호하는 시민단체인 페어테스트(FairTest)는 낙오학생방지법을 비판했다. 그들은 낙오학생방지법이 다음 두 가지 잘못된 가정에 근거한다고 주장했다. 첫째는 학교의 최종목표를 표준점수의 향상에 두어야 한다는 것이고, 둘째는 학교가 교사와 관리자를 위협함으로써 표준점수를 최상으로 향상시킬 수 있다는 것이다. 페어테스트는 법안 분석을 통해 낙오학생방지법이 학교 성취도에 영향을 미치는 가정의 빈곤과 학교 기금의 부족과 같은 중요한 문제를 다루는 데 실패했다고 결론지었다(Neill, Guisbond and Schaeffer, 2004). 일부 주에서 시험 점수가 향상되고 있는 것은 성취도가 높아진 것이 아니라, 시험이 쉬워졌기 때문이라는 비판이 증가하고 있다(Winerip, 2005). 또한 페어테스트는 두 번의 연구조사를 통해 졸업 시험이 실제로 고등학교 이수율 감소, 검정고시 응시를 증가시켜 교육수준의 불평등을 악화시켰다는 증거를 발견했음을 보고했다(FairTest, 2006).

또한 이전에 하버드대학에서 실시한 시민 권리 프로젝트(The Civil Right Project)는 낙오학생방지법에 비판적이었다. 2006년 보고서에서 저자인 이재경(Jaekyung Lee, 2006)은 국가학업성취도평가(NAEP) 결과와 주 단위 평가 결과를 비교했다. 그 결과 주 단위 평가에서는 학생들의 수학과 읽기 성취도가 향상을 보였지만, 전국에서 무작위로 샘플을 표집한 유일한 독립적인 국가 평가인 국가학업성취도평가에서는 동일하게 나타나지 않았음을 발견했다. 이재경은 주 단위 평가가 학생들의 성취도 수준을 부풀리고 인종적 · 사회적 성취도 격차를 축소하는 경향이 있다는 결론을 내렸다. 다시 말해, 주 단위 평가의 부담이 높을수록 국가학업성취도평가와 주 단위 평가 사이의 불일치가 더 크다는 것이다. 이러한 불일치는 빈곤한 학생들과 흑인 및 라틴계 학생들에게 특히 의미가 있다.

낙오학생방지법과 관련된 윤리적인 문제도 있다. 2006년 전미교회협의회의 공교육과 리터러시에 관한 위원회(National Council of Churches Committee on Public Education and Literacy)는 낙오학생방지법을 강하게 반대했다. 이 성명은 "낙오학생방지법 시행의 10가지 도덕적 우려"라는 제목으로 발표되었다.

> 낙오학생방지법이 시행된 지 몇 년이 지났다. 이 법이 학생들을 성취시키기보다는 더 많은 학생들을 낙오시키고 있다는 것이 분명해졌다. 낙오되는 학생들은 미국 내에서 가장 취약한 학생들, 즉 유색인종 학생들이나 빈곤한 학생들로서, 낙오학생방지법이 구제할 것이라고 주장했던 바로 그 학생들이다(National Council of Churches, 2006).

그 성명은 낙오학생방지법이 수많은 아이들을 낙오시키는 결과를 초래한 잘못된 평가정책이라고 결론을 내렸다.

우리는 학생들을 평가되고 관리되는 상품으로 여기지 않고, 양육되고 교육되는 고유한 인간으로 바라보아야 한다는 신념을 가지고 있다. 우리는 정치 지도자에게 모든 학교의 개발에 투자할 것을 요구한다. 우리의 국가는 돌보는 방법에 의해 아이들을 판단해야 한다(National Council of Churches, 2006).

또한 낙오학생방지법은 교사의 전문성에 치명적인 영향을 미쳤다. 교사들은 동료 교사들과의 협업이나 학생들과의 흥미로운 프로젝트 수업에 참여하기를 주저했다. 이는 연간적절향상도(AYP)를 달성하지 못했다는 기사에 자신의 학교가 포함되어서는 안 된다는 압박을 받고 있는 학교 행정가들로부터 비판받기 쉽기 때문이다. 그 결과 미국의 많은 학교에서 교사들은 특히 읽기와 수학에서 엄격히 규정된 교육과정을 따를 것이고, 혁신과 협업은 거의 사라질 것이다. 그렇다면 교사는 무엇을 할 수 있는가?

❙ 낙오학생방지법에서 교사의 책임

교사의 책임 측면에서 우리는 다시 한 번 교육의 사회정치적 맥락을 고려해야 한다. 학교 정책이나 관행과 마찬가지로 교육과정 및 교육학은 교육적 이슈인 만큼 정치적 이슈다. 성취기준도 마찬가지다. 또한 교육과정과 관련된 모든 결정은 가치, 기대, 희망 그리고 교사가 자신의 학생을 위해 갖는 꿈을 담는다. 이러한 점에서 단순히 엄격하게 규정된 교육과정을 로봇처럼 따르는 것이 아니라, 교육과정을 정의하고 구성하는 것은 교사의 책임이다.

이 주제에 대해 크리스틴 슬리터(Christine Sleeter)는 성취기준을 따르는(standards-driven) 교육과정과 성취기준을 고려하는(standards-conscious) 교육과정 사이에 차이가 있음을 시사한다. 슬리터에 따르면, 성취기준을 따르는 교육과정은 성취기준에서 시작하고 미래를 위한 설계와 성취를 위한 '큰 구상(big ideas)'을 전면에 내세운다. 반면에 성취기준을 고려하는 교육과정에서는 시작점이나 큰 구상을 위한 기본 사상이라기보다는 도구로서 성취기준을 사용한다. 『Un-Standardizing Curriculum: Multicultural Teaching in the Standards-Based Classroom』에서 슬리터(2005)는 '시험 보는 방법'을 가르쳐야 하는 압박에도 불구하고 무비판적으로 성취기준을 따르기보다 성취기준 중심의 창의적이고 비판적인 교육과정을 개발한 교사들에게 짧지만 강력한 메시지를 제공했다. 메리 카우위(Mary Cowhey, 2006)의 『Black Ants and Buddhists: Thinking Critically and Teaching Differently in the Primary Grades』는 독창적인 방법으로 성취기준을 사용하는 또 다른 사례다. 1, 2학년 교사인 카우위는 다문화적인 교육과정을 개발하는 데 성취기준을 사용했다.

이 책에서처럼 많은 사람들은 성취기준이 반드시 표준화로 이어질 것이라는 생각에 도전해왔다. 그들은 학습과 상상력을 위한 공간이 거의 없는 평가와 책무성의 환경에서조차 강력한 학습과 상상력을 촉진할 수 있는 방법을 생생한 사례를 통해 제공했다.

학교교육의 복잡한 특성과 교사의 역할

우리는 다문화교육이 21세기의 공립학교에 큰 믿음을 주고, 훌륭한 제의를 한다고 생각한다. 그러나 다문화교육을 만병통치약으로 볼 수 없고, 보아서도 안 된다. 이 장에서 살펴본 것처럼 학교는 우리가 살고 있는 사회정치적 맥락을 반영한다. 이러한 맥락은 많은 청소년들과 그들의 가정, 그리고 그들의 상황에 불공평하게 작용한다. 그러나 교사와 다른 교육자들은 이런 현실과 단순히 타협해서는 안 된다. 교육자로서 우리의 중요한 역할 중 하나는 불평등과 억압의 순환을 중단하는 것이다. 다문화적 접근방식을 개발하는 것은 도움이 될 수 있지만, 학교에서의 불평등을 완전히 제거할 수는 없다. 어떤 프로그램이나 철학 또는 접근방법도 이 작업을 수행할 수 없다. 그것은 모든 것을 변화시키는 교육자들의 용기와 창의성, 고된 작업, 지속적인 협업을 필요로 한다. 우리는 학교에서 질문을 제기하고, 사회 정의를 추구하고, 학생들을 진심으로 잘 가르침으로써 불평등과 억압의 순환을 중단하는 이 과정을 시작할 수 있다.

3장
다문화교육과 학교 개혁(공저 Patty Bode)

다문화교육에 대한 연구는 20년 동안 교육계에서 중심이 되어왔고, 학계에서는 더 오래전부터 주목받아왔다. 그러나 다문화교육을 깊이 있게 이해하거나 체계적으로 실천해왔다고 보기는 어렵다. 많은 학교에서는 다문화교육을 실시하는 것이 특정한 사람이나 주제에 관한 특별 프로그램을 운영하기 위해 연간 수업 시수를 확보하거나 인종 다양성을 중심으로 하는 특별활동을 지지하는 것을 의미한다.

이 장은 『Affirming Diversity: The Sociopolitical Context of Multicultural Education』(2007)의 다섯 번째 개정판에서 발췌한 내용이다. 이 책에서 공동저자인 패티 보드와 나는 다문화교육을 단순히 교육과정에 추가되는 '기분 좋은' 것이거나 '소수' 학생들의 자존감을 높이는 프로그램이라는 관습적인 지식과 상반되는 정의를 내렸다. 우리는 다문화교육을 사회 정의와 비판적 교육학의 맥락에서 구조화했는데, 이것은 반인종차별주의자와 모든 배경의 학생들에 대한 기본 교육을 망라한다. 이 장에서 이러한 정의가 미국의 학교에 어떻게 다양한 함의를 갖고, '기념일과 영웅'의 접근법을 넘어 다양성에 접근하는 것에 대한 사례를 보여줄 것이다.

"우리에게는 다문화교육이 필요하지 않아요. 왜냐하면 대부분의 학생들이 백인이니까요."

"나는 유색인종을 차별하지 않아요. 모든 학생은 나에게 똑같아요."

"우리는 학교에서 인종차별주의에 대해 말하면 안 돼요. 왜냐하면 그것은 학습과 아무 관련이 없기 때문이죠. 더욱이 그것은 아이들의 기분을 상하게까지 해요."

"부정적인 것에 집중하지 말아요. 그냥 좋은 게 좋은 거 아닌가요?"

우리는 수년 동안 교사나 다른 교육자들과 다문화교육에 대해 논의하면서 위와 같은 대답들이나 다른 비슷한 의견들을 들어왔다. 이러한 대답은 다문화교육에 대한 심각한 오해를 불러일으킨다.

사람들은 다문화교육이라고 하면 인간관계와 감수성에 대한 훈련이나 민족의 명절, 도시지역 내 학교교육 혹은 음식 축제 같은 수업을 먼저 떠올린다. 만약 다문화교육이 이러한 주제들에 한정되어 있다면, 학교가 실질적으로 변화할 수 있는 가능성은 더욱 낮아진다. 또한 2001년 9월 11일 이후 다문화교육을 반대하는 사람들의 입장은 약화되었다. 우리는 9.11사건이 다문화교육을 폐지하기보다는 그 어느 때보다 강조해야 한다는 것을 역설적으로 강조했다고 생각한다. 사실, 우리는 단일문화교육이 사회를 분열시키는 것이라고 믿는다. 왜냐하면 단일문화교육은 많은 사람과 그들의 관점을 학교의 교육과정과 교육으로부터 배제시키기 때문이다.

다문화교육은 폭넓게 개념화되었을 때, 더욱 심오하게 이해될 수 있고 사람들의 공감을 이끌어낼 수 있다. 또한 다문화교육을 통해 잠재적 갈등과 불공평에 관한 다음의 네 가지 영역에 대해 설명할 수 있다. 이는 인종차별주의와 차별, 학습을 제한할 수 있는 학교의 구조적 요인, 문화가 학습에 끼치는 영향, 언어적 다양성이다. 그러나 우리는 다문화교육이 모든 교육 문제에 대한 해답은 아니라는 사실을 강조한다. 왜냐하면 학교는 우리 사회의 일부분이고, 이는 사회의 모습과 사회적 불평등을 반영하기 때문이다. 어떤 학교의 프로그램도 사회의 불평등을 설명하지 않고서는 다문화사회가 가진 잠재적 갈등과 불평등을 완전히 극복할 수 없다. 다문화교육은 낮은 학업성적을 향상시킬 수도 없고, 지겹고 부적절한 교육과정을 없앨 수도 없으며, 반달리즘(vandalism: 고의 또는 무지에 의한 예술문화, 공공시설의 파괴)을 멈출 수도 없다. 학교 프로그램이 자동적으로 학생들이 학교에 참여하도록 동기부여를 하거나, 업무에 시달리고 만족하지 못하는 교사들에게 활력을 불어넣거나, 낙오학생 수를 줄인다고 보장할 수 없다.

이러한 한계에도 불구하고 다문화교육이 학교 개혁의 기저로서 개념화된다면, 그것은 진정한 변화를 가져올 수 있는 희망이 된다. 다문화교육은 사회정치적 맥락에서 단순히 수업에 민족 축제를 포함시키는 것보다 더욱 풍부하고 복잡하다. 학업성적 미달에 영향을 미치는 주요 요인들에 중점을 맞춰 포괄적으로 개념화된 다문화교육을 통해 교육자들은 낙오학생들의 성취를 향상시키는 대안적 시스템을 연구할 수 있다. 우리는 그러한 연구를 통해 풍성하고 건설적인 학교 분위기를 만들고, 학생의 문화와 언어가 학습에서 하는 역할을 깊게 이해할 수 있다. 이러한 포괄적 관점에서 봤을 때, 모든 학생에 대한 교육적 성공은 불가능한 이상이라기보다는 실질적인 목표다.

이 장에서는 포괄적 맥락에 기반을 둔 다문화교육의 정의를 제시하고, 그 정의에 포함된 일곱 가지 기본적 특징을 분석할 것이다. 이러한 특징들은 학교를 개혁하고 모든 학생에게 공평하고 질 높은 교육을 제공하기 위해 다문화교육이 할 수 있는 역할에 대해 강조한다. 다문화교육에 대한 이러한 포괄적 정의는 미국 내 학교에서 지속적으로 발생하는 현실적인 문제, 특히 다양한 배경을 가진 학생들의 학업성취도가 떨어지는 문제로부터 기인한다. 또한 다문화교육에 대한 포괄적 정의는 다문화교육을 부가적이거나 학생들의 일상생활과 단절된 특별한 것으로 여기지 않으며, 교육의 맥락과 과정을 강조한다.

주요 이론들 간의 차이가 있음에도 불구하고 과거 30년 동안 주장된 다문화교육의 목표, 목적 그리고 이유에 대해서는 주목할 만한 상관성이 있다. 그러나 다문화교육에 대한 어떠한 정의도 그 모든 복잡성을 설명하지는 못한다. 여기서 우리가 제시하려는 정의는 이슈에 대해 개념화하는 하나의 방법을 반영하는 것이다. 그것은 우리가 학생으로서, 교사로서, 연구자로서, 교사를 교육하는 자로서 쌓은 수 년간의 경험을 기반으로 한다. 우리는 독자들이 이것을 통해 더욱 발전적인 대화와 감상을 이끌어내기를 기대한다. 비록 우리는 다문화교육에서 가장 중요하다고 믿는 일곱 가지 특징을 제시하지만, 당신은 3개 혹은 15개를 떠올릴 수도 있다. 다문화교육을 이해하는 데 있어서 중요한 것은 한정적인 방법만을 고집하는 것이 아니라, 사회와 학교구조의 상호작용과 맥락이 어떻게 학생의 학습에 영향을 끼치는지 생각하는 것이다.

우리는 사회정치적 맥락에서 교육이 중요하다는 것을 강조한다. 또한 우리는 다문화교육을 교육과정상 피상적인 내용을 추가하는 것이라고 여기는 생각과 다문화교육이 모든 교육 문제에 대한 처방이 될 수 있다는 생각에는 반대한다. 다문화교육에 대한 정의를 논의하는 과정을 통해 독자들 역시 자신만의 우선순위 및 관점을 발전시키기를 바란다.

다문화교육의 정의

우리는 사회정치적 맥락에서 다문화교육을 다음과 같이 정의한다. 다문화교육은 전면적인 학교 개혁의 과정이며 모든 학생을 위한 기본 교육이다. 그것은 학교와 사회의 인종차별주의 그리고 다른 여러 형태의 차별에 대한 거부이자 도전이다. 또한 학생, 그들이 속한 지역사회, 교사가 반영하는 민족 · 인종 · 언어 · 종교 · 경제 · 성 등의 다원성을 수용하고 긍정한다. 다문화교육은 교사 · 학생 · 가족 간의 상호작용과 교수 · 학습에 대한 학교의 개념화 방식뿐만 아니라 학교의 교육과정과 지도 전략 속에도 스며들어 있다. 다문화교육은 비판적 교육학을 철학으로 사용하며 사회 변화를 위한 기초로서 지식, 성찰, 실천을 강조하기 때문에 사회 정의의 민주적 원칙을 증진시킨다.

이 정의와 관련한 다문화교육의 일곱 가지 기본 특징은 다음과 같다.

1. 다문화교육은 반인종차별주의 교육이다.
2. 다문화교육은 기초 교육이다.
3. 다문화교육은 모든 학생에게 중요하다.
4. 다문화교육은 모든 것에 스며들어 있다.
5. 다문화교육은 사회 정의를 위한 교육이다.
6. 다문화교육은 과정이다.
7. 다문화교육은 비판적 교육학이다.

다문화교육은 반인종차별주의 교육이다

반차별주의, 반인종차별주의는 일반적으로 다문화적 관점의 핵심이다. 다문화교육이 갖는 반인종차별적 특성을 유지하는 것은 매우 중요하다. 왜냐하면 많은 학교에서, 심지어 다문화철학을 지지하는 몇몇 학교에서도 다문화교육이 표면적으로만 이루어지고 있기 때문이다. 어떤 학교에서는 민족 축제를 다문화교육의 연장선상에서 개최하기도 한다. 또 어떤 학교는 다문화적 관점을 담았다고 여겨지는 내용으로 게시판을 채우려고 했지만, 이 노력은 오히려 학생들에게 고정관념을 심어주었다. 심지어 진정한 다원론적 환경을 만들고자 노력을 하는 곳에서도 부조화를 찾아내기는 어렵지 않다. 예컨대 어떤 학교에서는 최상급의 학습과정에는 압도적으로 백인이 많고, 최하급 과정에는 유색인종이 대부분이며, 수학이나 물리수업에 여학생은 거의 없다. 이러한 예는 반인종차별주의와 반차별주의적 관점이 부재하다는 것을 명시적으로 보여준다.

많은 사람들은 학교의 다문화적 프로그램이 자동적으로 인종차별주의에 대해 다룬다고 오해하기 때문에 우리는 다문화교육이 반드시 의도적으로 반인종차별주의적이 되어야 한다고 강조한다. 25년 전 마이어 와인버그(Meyer Weinberg)는 새로운 분야인 다문화교육에 대해 기술하면서 교육에 대해 다음과 같이 주장했다.

> 대부분의 다문화 자료들은 다양한 집단들의 문화적 차이점만을 다루거나 그보다 조금 더 다룰 뿐이었다. 이러한 자료들에서는 동일 집단에서 조직적인 차별이 벌어지는 끔찍한 현실에 대해 어떠한 지속적인 관심도 발견할 수 없었다. 이러한 무관심은 화려한 옷을 만들 때에도, 멋진 장난감에도, 재미있는 전래동화에도 그리고 맛있는 음식에서도 나타난다. 이 연구에서 보여준 인종차별과 명예훼손에 대한 대응 역시 집단문화의 한 부분이다(Meyer Weinberg, 1982: 7).

반인종차별주의자와 반차별주의자가 되는 것은 몇몇 학생이 학교 정책과 실천에 있어 어떻게 다른 것들을 더 선호하게 되는지를 생각한다는 것을 의미한다. 이러한 학교 정책과 실천은 교육과정, 학습 자료의 선택, 정책의 선택, 학생과 그들 가정과 교사 간 상호작용 및 관계를 의미한다. 따라서 포괄적이고 균형적인 다문화 교육과정은 반드시 그 정의에 따라 반인종차별적이 되어야 한다. 교육이 단순히 포괄적으로 이루어진다고 해서 가치를 가지거나 진실한 것은 아니다. 하지만 포괄적인 교육은 학생들이 더욱 넓고 다양한 관점을 가질 수 있도록 보장하는 중요한 첫 걸음이다. 우리는 아름답고 영웅적인 미국의 역사를 반드시 가르쳐야 하는 것과 마찬가지로 끔찍하고 배타적인 역사 또한 가르쳐야 한다. 반인종차별주의 다문화교육은 교사와 학생들에게 세상을 아름답게만 보기보다는 그 자체로 볼 수 있는 장기적이고 견고한 관점을 갖게 한다.

많은 학교들은 역사와 예술, 과학의 부정적인 모습을 직면하기를 두려워한다. 미셸 파인(Michelle Fine, 1991)은 이를 '평판(naming)의 두려움'이라고 불렀고, 이것은 공립학교에서 침묵되는 한 부분이다. 평판에 따라 상황은 훨씬 더 복잡해질 수 있으며, 사실 그렇게 될 개연성이 크다. 교사는 자신의 학생이 인종차별주의에 대해 토론하는 것을 원하지 않는데, 이는 혼란을 초래할 수 있기 때문이다. 이처럼 위험한 주제는 종종 다뤄지지 않는다.

평판의 두려움에 관련한 것 중 하나는 학교가 계속 교육과정을 '무균상태'로 만들거나 조나손 코졸(Jonathon Kozol, 1975: 16-20)이 말했던 것처럼 중요한 인물을 학교의 필요에 의해 '재단'하는 것이다. 코졸은 학교가 어떻게 흥미진진하고 기억에 남는 영웅을 선별하며, 어떻게 그 삶과 정신을 영웅들로부터 분리하는지를 묘사했다. 왜냐하면 "너무나 대담하고 개혁적이며 체제 전복적이고 진보적인 인물로 점철된" 역사를 가르치는 것은 위험할 수 있기 때문이다. 그는 학교가 어떻게 이러한 영웅의 열정을 제거하여 그들을 틀 안에 가두고 박제시켜버리는지, 그리고 그들에 대한 "매우 지루한 이야기들"을 들려주는지에 대해 말했다. 코졸은 몇십 년 전에 이러한 글을 썼지만, 그의 논의는 현재 미국의 학교교육에 여전히 적용 가능하다.

무균화 과정은 마틴 루터 킹(Martin Luther King)의 묘사에서 선명히 드러난다. 학교는 킹을 미국의 주류 입맛에 맞도록 겁쟁이로 만들었다. 그에 대해 아이들이 아는 것이라곤 그가 "계속 꿈을 꿔왔다"는 것뿐이다. 학교의 게시판은 킹이 군중에 둘러싸여 있는 우아한 사진들로 도배되었다. 만약에 아이들이 그의 연설에 대해 읽거나 듣게 된다면 그것은 십중팔구 "나는 꿈이 있습니다"라는 연설이다. 이 연설은 많은 사람에게 영감을 주었지만, 그것은 그의 위대한 업적 중 하나에 불과하다. 일찍이 베트남전쟁에 대한 지속적인 반전운동, 팽창하는 자본주의에 대한 강력한 비판, 생애 말에 인종차별주의와 자본주의 및 전쟁에 대해 만든 연결고리는 거의 알려지지 않았다. 이러한 무균화 과정은 넘치는 열정으로 가득했던 삶을 산 마틴 루터 킹을 굉장히 단순하고 생명력 없는 사람으로 만들어 그를 '안전한 영웅'으로 만들었다.

우리가 아이들에게 보여주는 대부분의 영웅은 주류의 사람이거나 코졸이 말한 바와 같이 '재단'과정을 통해 안전하게 바뀐 사람들이다. 사회 정의를 위해 싸웠던 사람들은 종종 폄하되거나 욕을 먹거나 무시된다. 예컨대 존 브라운(John Brown)이 노예의 인권을 위해 펼친 운동은 많은 사람들에 의해 고결하다고 생각되지만, 미국의 역사책에서 그는 미친 이상주의자로 묘사된다. 냇 터너(Nat Turner)는 또 다른 사례다. 그가 주도했던 노예 반란은 미국 역사에서 중요한 부분을 차지한다. 하지만 우리가 이 사건에 대해 알 수 있는 것은 단지 노예들이 억압에 투쟁했던 수동적인 피해자가 아니었다는 사실뿐이다. 그러나 미국 역사에서 터너의 이름과 업적은 종종 간과되었고, 마치 에이브러햄 링컨(Abraham Lincoln) 혼자서 노예제 폐지를 주창한 것처럼 그를 최고의 노예해방론자로 묘사하고 있다. 하지만 이러한 묘사에서 링컨이 인종과 평등성에 대해 비일관적인 행동을 했다는 사실은 드러나지 않고 있다. 냇 터너는 안전한 영웅으로 생각되지 않는 반면, 에이브러햄 링컨은 안전한 영웅으로 생각된다.

반인종차별주의자가 되는 것은 인종차별주의를 적극적으로 반대하는 것을 의미한다. 이는 반인종차별주의와 반차별주의를 교육과정의 일부분으로 만들고 어린 이들이 인종차별주의에 직면할 수 있도록 가르치는 것이다. 다문화철학에 진실로 동의하는 학교들은 자신들의 정책과 태도, 그리고 학교 운영진들이 어떻게 학생들을 차별하게 되는지를 면밀히 조사해야 한다. 학교의 정책과 관행에 집중하는 것은 다문화교육이 개별 교사나 교육자의 인식과 믿음을 넘어서야 한다는 것을 명확하게 하는 것이다. 다문화교육은 반인종차별주의적인데, 이는 다문화교육이 학교의 인종차별주의적이고 차별주의적인 관행을 폭로하기 때문이다.

인종차별주의는 학교에서 불순하고 부정적인 단어라는 이유로 거의 언급되거나 다뤄지지 않는다. 많은 교사들은 불행하게도 단순히 화목하게 잘 지내야 한다는 강의나 '인간관계 주간 행사'를 치르는 것이 학생들을 반인종차별주의자나 반차별주의자로 만들어줄 것이라고 생각한다. 하지만 이는 사회의 인종차별주의, 성차별주의, 언어차별주의, 이성애주의, 연령차별주의, 반유대주의, 계층주의, 민족중심주의를 논의하지 않고서는 불가능하다. 학교는 계층화를 조장하는 공간이 아니라, 다양성에 대한 감수성을 받아들일 수 있도록 교육하는 장소가 되어야 한다. 그러므로 학교의 임무 중 하나는 불평등에 대한 공식적인 대화가 가능한 환경을 만들고, 이것이 대화의 주제가 되게 하는 것이다. 미국 역사에서 사라졌거나 파편이 된 부분을 가르치는 것은 이 임무를 수행하는 데 중요하다.

비록 백인 학생들은 인종에 대해 토론하는 것을 불편하게 여길 수 있겠지만, 헨리 지루(Henry Giroux, 1997)는 인종과 인종차별주의를 포괄적인 시각으로 바라보는 것이 학생들이 인종차별주의에 대해 자신의 의견을 확실히 하고 그것에 대해 고려해야 하는 책임임을 깨닫게 하는 아주 유용하고 긍정적인 교육적 도구라고 주장했다. 더불어, 베벌리 대니얼 태툼(Beverly Daniel Tatum, 1997)의 연구는 한정된 공간에서 논의되던 인종과 인종차별주의를 인종적 · 문화적 정체성 이론의 틀 속에서 논하게 했다. 그녀는 그렇게 함으로써 교사와 학생이 인종차별주의가 사람들에게 얼마나 부정적인 영향을 끼치는지를 알 수 있게 하며, 이를 통해 긍정적인 변화를 가져올 수 있는 희망을 줄 수 있다고 주장했다.

교사들은 어떠한가? 많은 교사는 다양성에 대한 경험을 적게 했기 때문에 인종차별주의에 대해 논의하는 것은 그들이 가지고 있는 페어플레이와 형평성에 대한 이상을 위협한다. 많은 교사가 이 주제에 대해 어려워하기 때문에 학급에서 차별에 대해 진지하게 토론하지 않는다. 만약에 이러한 현상이 지속된다면 불공평한 개인의 태도도, 학교의 구조적인 정책과 실행도 변화되지 않을 것이다. 영향력이 없는 집단의 학생들은 이러한 불평등을 계속 감당해야 할 것이다. 교사가 어떻게 인종과 인종차별주의에 대한 침묵을 깨고 학생과 의미 있고 건설적인 대화를 할 수 있는가 하는 것은 딜레마다. 메릴린 코크랜 스미스(Marilyn Cochran-Smith, 2000: 57-190)는 교사교육에서 인종과 인종차별주의에 직면하는 것에 대해 다음과 같이 말한다. "교사교육에서 인종과 인종차별주의에 대해 가르치는 것은 이미 학습된 인종차별주의를 극복하게 하는 것이다. 또한 이는 교육과정에 깊이 박혀 있는 가정에 의문을 갖고, 현존하는 권리와 억압의 구조에 반대하며, 우리의 실패와 맞서 극복하려 노력하는 것이다."

예를 들어, 각 지방의 교사들을 대상으로 한 연구에서 캐런 맥린 도널드슨(Karen McLean Donaldson, 2001)은 많은 교사들이 학교에서 인종차별주의와 그 영향을 부정하는 것을 발견했다. 한편, 반인종차별주의 프로젝트에 활발하게 참여한 사람들은 그들의 이해에 대한 지평을 넓혔으며, 그들의 새로운 기술을 모든 학생을 위한 학습 환경을 만들어내는 데 활용할 수 있었다.

학교가 인종차별주의와 차별주의에 대해 말하는 것을 망설이는 이유 중 하나는 전통적으로 자신의 인종, 젠더, 사회계층 등에 의해 혜택을 받고 있는 사람들은 이러한 주제를 부담스럽게 여기기 때문이다. 인종차별주의와 차별주의에 대한 주제와 토론은 구조적으로 사람들을 피해자나 가해자로 규정하게 되는데, 이로 인해 실제로 유럽계 미국인 교사와 학생들은 인종에 대한 토론 초반에 죄책감을 느낀다. 그러나 반인종차별주의자가 되는 것은 죄책감이나 양심의 가책이라는 늪에 빠지는 것이 아니다. 비록 이러한 반응을 이해할 수는 있지만, 이 수준에 머무르는 것만으로는 행동의 변화가 생기지 않는다. 교사와 학생은 죄책감 뒤에 숨어 있지 말고 긍정적인 변화를 위해 개인적 · 공동체적으로 행동할 수 있는 실천적 인식을 길러야 한다.

인종차별주의와 차별주의의 초기 피해자는 결과로 인해 직접적으로 고통 받는 사람이지만, 인종차별주의와 차별주의는 모두에게 파괴적이고 폭력적이다. 이런 생각을 고려한다면, 모든 교사와 학생은 이 주제를 쉽게 대면할 것이다. 비록 모든 사람이 인종차별주의와 차별주의에 직접적인 죄책감을 느끼지는 않지만, 우리는 모두 여기에 책임이 있다. 이 말은 어떤 의미를 지니는가? 이것은 먼저 사회 정의를 위해 적극적으로 행동하는 것이 우리 모두의 의무라는 것이다. 비록 인종차별주의나 다른 종류의 차별주의의 피해자가 스스로 행동할지라도 말이다. 특정 집단의 학생이 희생된다면 모든 사람은 손해를 보게 되어 있기에 그러한 희생양에 대적하는 것은 반드시 모두의 책임으로 간주되어야 할 것이다. 그러나 모든 사람이 같은 책임감을 느끼려면 상당히 많은 시간이 걸릴 것이다.

다문화교육은 기초 교육이다

'기초'를 가르치는 것에 대한 고민이 지속되는 동안 다문화교육은 반드시 기초 교육으로 이해되어야 한다. 다문화적 교양은 현대사회를 살아가며 읽고 쓰고 계산하고 컴퓨터를 사용하는 교양만큼 필수적이다. 다문화교육이 교육과정의 핵심에서 벗어난다면, 그것은 다문화교육이 기초 교육으로서 불필요하다고 받아들여진다는 것이다. 학교에서 다문화교육을 넓은 의미로 개념화하기 위한 노력을 방해하는 가장 큰 문제 중 하나는 학교교육의 경직화된 '표준'이다.

현대 미국 교육으로 이해되는 '표준'은 가장 가치 있는 지식이 이미 현존하고 있다고 생각한다. 이러한 생각은 허쉬(1994)의 저서인 『What Every Grader Needs to Know(1, 2, 3판)』의 인기로 설명된다. 부모를 위한 이 책의 시리즈는 자녀가 학교에서 성공하는 데 필요하고, 종종 사실이라고 언급되는 핵심 지식을 갖지 못할까 봐 두려워하는 부모들의 공포심을 자극한다. 이 편협한 관점에 따르면, 사실상 기초는 이미 정의되었으며, 가르치는 지식은 필연적으로 유럽, 남성 그리고 상위계층으로부터 유래된다. 허쉬의 문화적 교양에 대해 유진 프로벤조(Eugene Provenzo, 2005)는 허쉬의 문화적 교양에 대한 이해가 제한적이고 융통성이 없다고 대응했다. 또한 그러한 이해는 궁극적으로 문화의 질적 하락과 엘리트주의, 반민주주의를 야기하며, 심지어 그것이 미국의 특성을 모두 배제하여 결국 반미주의를 가져올 수 있다고 말했다.

반드시 알아야 할 신성한 불변의 지식이 있다는 생각은 특히 예술과 사회과학에서 두드러진다. 예를 들어, 미술사 수업은 유럽을 제외한 다른 나라에도 위대한 예술가가 있음에도 불구하고 프랑스나 이탈리아 그리고 일부 영국 작가를 제외한 다른 나라는 거의 다루어지지 않는다. '고전음악'은 또 다른 예다. '고전음악'이라고 불리는 것은 사실상 유럽의 고전음악이다. 아프리카, 아시아, 남미는 그들의 고전음악을 다른 형태로 정의한다. 이러한 자민족중심주의는 미국의 역사책에서도 찾을 수 있다. 미국의 역사책은 유럽 사람이나 유럽계 미국인을 '배우'로 묘사하고 다른 나라 사람은 역사의 수취인, 구경꾼 혹은 단역으로 묘사한다. 현재 고착화된 그러한 표준은 비현실적이고 불완전하다. 왜냐하면 대부분의 학교 교육과정에서 제시하는 편향된 관점만으로는 역사를 제대로 바라볼 수 없기 때문이다. 우리는 다양한 관점과 경험으로 교육과정의 지평을 넓히고, 기초 교육의 정의를 확장해야 한다.

표준이 담고 있는 것들이 진실이 아니라고 말하려는 것은 아니다. 현대의 지식은 너무 파편화되어 있고 구분되어 있어 청소년은 우리 역사와 문화의 공통성을 배우기가 쉽지 않다. 그들이 접근할 수 있는 핵심 지식은 너무나 적으며, 이것은 문제가 될 수 있다. 그러나 유럽이나 유럽계 미국인의 관점을 제외시킨 고정적인 교육과정을 제시하는 것도 우리의 실제적인 공통된 문화를 확장시키지 않는다.

동시에 학교의 교육과정과 구조가 모든 집단의 사람들에게 완벽하게 '평등한 대우'를 한다는 것은 여러 가지 이유로 비현실적이다. '억지 맞춤', 즉 아프리카계 미국인, 여자, 유대계 미국인, 게이 등을 교육과정에 동등하게 끼워 맞춰 넣으려는 것은 다문화교육이 추구하는 바가 아니다. 많은 집단들은 역사 참여에 거부당해왔다. 그러므로 최소한 우리가 위대한 탐험가나 퀘이커교도, 군주와 폭군, 전쟁을 만드는 자와 평화를 이루는 자의 전통적인 입장에서 역사를 본다면, 그들의 역할은 공평했던 적이 없다. 그러나 이러한 편협한 역사적 관점에서조차 다양한 배경과 사회적 계층의 사람들의 참여는 주목할 만하다. 지금까지 무시되었던 참여자들의 공은 인정되어야 한다. 우리 역사와 예술, 문학 그리고 과학의 진보에서 중요한 역할을 한 사람들은 지금까지는 간과되었을지 몰라도 반드시 주목받아야 한다. 현재의 문학은 종전까지 볼 수 없었던 다양한 관점과 의견을 반영한 좋은 사례다. 문학 작가들은 하룻밤 사이에 '위대한 작가'가 된 것인가 아니면 이전까지 묻혀 있었던 것인가?

우리는 역사, 문학, 예술에 대한 접근을 단순히 '기여'하라는 것이 아니다(Banks, 2003). 그러한 접근법은 기존의 교육에 조금 수정을 가하는 것으로 단지 소수자를 도와주는 것으로 변질될 수 있다. 대부분의 교육과정은 일반적으로 배제되었던 집단들이 어떻게 역사를 만들어왔고 예술과 문학, 지리, 과학 그리고 철학에 어떻게 그들만의 방식으로 영향을 끼쳤는가를 간과해왔다.

다문화교육에 반대되는 단일문화교육은 주류집단에 근거를 둔 하나의 현실만을 반영한다. 단일문화교육은 현재 대부분의 학교에서 일상적으로 이루어지고 있다. 학생들이 배우는 것은 접근 가능한 지식의 일부일 뿐이고, 가장 중요한 것이 무엇인지를 결정하는 사람들은 그들의 제한적인 배경, 교육, 경험의 영향을 받아 선택하게 된다. 왜냐하면 단일문화교육은 다수 의견을 배제하는 불완전한 교육이기 때문이다. 그것은 우리 세상의 한 부분인 많은 학생들의 다양성을 사라지게 한다.

학생들의 다문화적 교양을 발전시키지 않는 한 어떠한 학교도 적절하고 완벽하게 업무를 수행한다고 간주할 수 없다. 이것은 학교가 최소한 모든 학생들이 자신의 언어를 유창하게 구사하며, 다른 많은 나라의 예술과 문학에 대해 알고, 미국뿐 아니라 아프리카, 아시아, 라틴아메리카 그리고 유럽 다른 나라들의 역사와 지리에 대해 친숙하기를 기대해야 한다는 의미다. 우리는 이러한 교육을 통해 학생들이 그들로 하여금 다양한 사람들을 이해하고 공감할 수 있도록 사회적이고 지적인 기술을 발전시키기를 희망한다. 이것보다 더 기초적인 것은 없다.

다문화교육은 모든 학생에게 중요하다

여기 널리 알려진 생각 혹은 잘못된 생각이 있는데, 그것은 바로 다문화교육은 유색인종 학생들이나 도시 학생들 혹은 '사회적으로 혜택받지 못하는' 학생이나 '위험에 빠진' 학생들에게만 필요하다는 생각이다. 이러한 신념은 아마도 다문화교육의 뿌리에서 시작된 것으로 본다. 예컨대 1960년대의 시민 권리와 평등 교육 운동을 말할 수 있다. 이 시기에 다문화교육의 기본 목표는 역사적으로 학교에서 무시되었거나 교육받지 못했던 학생들, 특히 유색인종 학생들의 요구를 반영하는 것이었다. 처음 다문화교육을 주창했던 사람들은 이러한 학생들의 역사와 문화, 경험을 반영한 교육과정이나 수업 자료를 개발하는 데 관심이 필요하다고 믿었다. 이러한 생각은 역사적으로 대부분의 학교에 잔존하고 있는 교육과정상의 불균형으로 인해 오늘날까지 필요한 것으로 이해되고 있다.

최근 다문화교육에 대한 포괄적인 개념은 수용되고 있다. 이제까지 부분적이고 편파적인 교육만 받았기에 모든 학생은 일정 부분 교육받지 못했다는 관점이 바로 그것이다. 비록 편파적 교육의 일차 피해자는 교육과정에서 제외된 사람들이지만, 결국에는 모두를 실패하게 한다. 예를 들어, 중요한 여성 문제는 드물게 열리는 몇 차례의 특별한 여성사 강의를 제외하고는 여전히 교육과정에서 제외되어 있다. 노동사 역시 사실상 미국의 모든 교육과정에서 제외되어 있다. 교육의 기회가 부족한 노동계층의 아이들뿐만 아니라 모든 사회계층의 아이들은 역사적 측면에서 우리의 과거에 대해 정직하고 완전한 관점을 교육받지 못하고 있다. 마찬가지로, 대부분의 학교에서 게이와 레즈비언에 대해 이해하기가 어렵고 일상적으로 침묵을 지키는데, 이는 단순히 교육과정뿐만이 아니라 방과 후 활동에서도 나타난다. 그 결과 게이와 레즈비언 학생들의 사회적 안정과 학업적 성취는 위험한 지경에까지 이르렀다(Roughgarden, 2005; Ayres & Brown, 2005).

백인이 다니는 학교에 근무하는 대부분의 교사는 다문화교육이 자신이 가르치는 학생에게 필요 없다고 생각할 수 있다. 이것은 완전히 잘못된 생각이다. 백인 학생들은 그들의 문화적 무지를 합리화하는 굉장히 편파적인 교육만을 받아왔다. 자신들만을 고려할 때, 그들은 자신들이 최고이기에 자신들이 가장 중요하고 다른 사람들은 두 번째이거나 덜 중요하다고 믿을 수 있다. 최근에 발간된 책 『What If All the Kids Are White?』는 이러한 관점에 반대하며, 대부분 백인이 구성원인 공동체에서 가르치는 교사들에게 최고의 전략과 학습 자료를 제시한다(Derman-Sparks, Ramsey, Edwards and Day, 2006).

여학생은 말할 것도 없이 남학생도 불완전한 교육을 받는데, 이는 그들이 학교교육에서 '여성'에 대해 거의 배우지 못했기 때문이다. 부잣집 아이들은 문명화 과정에서 자신의 족적을 남긴 부자와 권력자들이 만든 역사를 배운다. 이성애자 학생들은 게이나 레즈비언 학생들이 비도덕적이고 일탈적이기에 추방되어야 한다는 메시지를 받는다. 헬렌 켈러(Helen Keller)와 같이 삶의 역경을 이겨내거나 동정심을 유발하는 사람을 제외하면 오직 신체가 건강한 사람들만 대부분의 교육과정에 반영된다. 그 결과 학생들은 학교에서 제한된 인간애에 대해 배우게 된다.

정의에 따르면 다문화교육은 포괄적이다. 왜냐하면 그것은 민족, 능력, 사회계층, 언어, 성적 지향, 종교, 젠더, 인종 혹은 다른 여러 차이에 상관없이 모든 사람에 관한 것이고 모든 사람을 위한 것이기 때문이다. 주류문화 출신의 학생들은 일반적으로 다양성에 대해 잘못 교육을 받았거나 교육받지 못했기 때문에 다른 학생들보다 더욱 다문화교육이 필요하다고 설득력 있게 입증할 수 있다. 예를 들어, 유럽계 미국인 학생은 종종 자신들이 문화를 갖지 않는다고 생각한다. 동시에 그들은 자신의 삶의 방식, 행동방식, 신념, 생활이 '정상'이라고 느낀다. 다른 모든 것은 '민족적'이며 이국적이다.

주요 집단의 청소년들은 그들의 행동에서 느끼듯이 자신들이 있는 곳과 세상에 대해 비현실적인 관점을 가지려는 경향이 있다. 예를 들어, 학생들은 세계 인구의 75%가 피부색이 똑같은 살색이 아님에도 '살색'이라는 명칭에 대해 질문하지 않도록 학습되었다. 심지어 그들은 종교와 상관없이 모든 사람이 크리스마스와 부활절을 지내며, 다른 종교의 명절은 달력이나 학교 일정에서 비중이 작았다는 사실을 생각해볼 필요도 없다고 여긴다. 그들은 습관적으로 모든 사람이 이성애자 부모 밑에서 양육된다고 생각한다. 따라서 많은 아이들이 한부모가정이나 입양된 부모, 조부모, 게이나 레즈비언 부모에게 양육된다는 것을 알게 되면 아마 놀랄 것이다. 결과적으로 비주류집단의 아이들은 열등감을 갖게 될 것이고, 반면 주류집단의 아이들은 우월감을 갖게 될 것이다. 이 두 가지 반응 모두 세계의 복잡성과 다양성에 대한 불완전하고 부정확한 정보에서 비롯되며, 둘 다 바람직하지 않다.

이에 반해, 다문화교육은 많은 교육자들에 의해 '문화적 다양성'과 '사회적으로 혜택받지 못한' 사람들을 위한 교육이라고 가르쳐왔다. 예를 들어, 대부분 유럽계 백인이 다니는 학교 교사들은 자신들의 학생들에게 민권운동을 가르치는 데 다문화교육이 중요하다고 생각하지 않았다. 이와 마찬가지로 멕시코계 미국인 공동체에서 이중언어 프로그램을 수강하는 학생들만이 멕시코 문학과 멕시코인 작가에 노출되어 있고, 민족학 강의는 종종 유색인종 학생 비율이 높은 고등학교에서만 열린다. 이것은 다문화교육의 자민족 중심적인 해석이다.

이러한 행동의 이면에는 잘못된 정보 수용과 가부장적인 생각이 내재되어 있다. 유럽계 미국인 중심의 '정규' 교육과정에서 벗어나는 모든 것은 몇몇 교육자에 의해 관습적으로 나약하다고 생각되며, 다문화 교육과정을 만드는 전통적인 방식은 교육과정을 약화시키는 것이라고 간주되었다. 논리가 빈약한 교육적 결정은 특권계층 아이들이 '정규' 혹은 더욱 학문적으로 도전적인 교육과정을 소화할 수 있도록 하는 데 반해, 소위 사회적으로 소외된 계층의 학생들은 '실제' 교육과정의 약화된 버전을 필요로 한다는 전제를 기반으로 한다. 그러나 교육과정의 수준을 낮추는 대신 다문화적으로 형성함으로써 필연적으로 교육과정을 풍성하게 할 수 있다. 모든 학생은 랭스턴 휴스(Langston Hughes)의 시나 개리 소토(Gary Soto)의 이야기를 읽고, 제2 언어를 자유롭게 구사하고, 이슬람의 역사를 이해함으로써 풍요로워질 수 있다.

다문화교육은 모든 것에 스며들어 있다

다문화교육은 하루의 특정 시간에 행해지는 활동이 아니며, 학습되어야 할 과목도 아니다. 음악이나 미술교사처럼 학급마다 가르치며 돌아다니는 '다문화 교사'가 있는 것도 다문화교육이 지향하는 것은 아니다. 만약 이것이 학교의 다문화교육 개념이라면 교사들은 스스로 감당할 수 있는 것을 결정했는지에 대해 의문을 가질 것이다.

다문화적 접근의 진실은 편재성이다. 이것은 학교 분위기, 물리적 환경, 교육과정, 교사들과 학생, 공동체와의 관계, 즉 모든 것에 스며들어 있다(Ramsey, 2004). 이것은 모든 수업과 교육과정 가이드, 단원, 게시판, 가정통신문에도 드러난다. 또한 도서관의 책과 시청각자료가 구비되는 과정에서도, 휴식시간에 이루어지는 게임에서도, 점심시간에도 볼 수 있다. 다문화교육은 철학이자 세상을 보는 관점이며, 단순히 프로그램이나 수업 혹은 교사와 관련된 것이 아니다. 이러한 포괄적인 관점에서 다문화교육은 우리에게 학교 개혁을 제고하게 한다.

학교가 조직화되는 과정에서 다문화철학이 뜻하는 바는 무엇일까? 그것은 어떤 학생이 다른 학생보다 쉽게 능력을 발현할 수밖에 없는 경직화된 구조를 변경하는 것을 의미한다. 이는 또한 문자적으로든 상징적으로든 학교가 변화하는 것을 의미한다. 즉, 학교가 지금처럼 인종과 사회계층에 따라 분리되기보다는 통합적으로 변화하는 것을 의미한다. 아울러 모든 학교의 교직원들이 미국의 다양성에 대해 더 잘 대변할 수 있도록 노력하는 것이다. 다문화교육의 편재성은 교육 전략의 풍부한 다양성과 창의성에서 두드러진다. 그래서 모든 문화집단에서 온 학생들, 남성과 여성은 모두 그 이전에 비해 다문화교육 방법을 통해 혜택을 받을 것이다. 교육과정은 완벽하게 검토될 것이며 역사와 관점, 그리고 다양한 사람들과 남성과 여성의 통찰력을 포함할 것이다. 일반적으로 '위험하다'고 간주되었던 주제들이 학급에서 토론될 것이며, 학생들은 비판적 사고를 갖도록 격려될 것이다. 교과서와 다른 교육용 자료들 또한 다원론적 관점을 반영할 것이다. 독특하고 유용한 관점을 제공해 줄 수 있는 가족들과 다른 공동체 사람들은 학교에서 중요한 역할을 할 것이다. 교사, 가족 그리고 학생은 함께 다문화적인 교육과정 접근법을 디자인할 기회와 동기를 가질 것이다.

아직은 세계화되지 못했지만, 중요한 것은 다문화적인 학교가 어쩌면 다른 모습을 보일 수도 있다는 것이다. 예를 들어, 구내식당은 다양한 국제적 음식을 제공할 수 있다. 이는 그들이 이국적인 것을 좋아해서가 아니라, 그것이 공동체 사람들이 일상적으로 먹는 음식이기 때문이다. 다양한 나라의 스포츠나 게임이 행해질 수 있지만, 모든 것이 경쟁적이지는 않다. 학교는 특정 아이의 집으로 그들이 이해할 수 있는 언어로 된 가정통신문을 보낼 것이다. 학생이 자신의 모국어로 말했다고 해서 처벌받지 않을 것이다. 반대로 그렇게 하도록 장려할 수 있으며, 그것은 교육적으로 활용될 것이다. 결론적으로, 학교는 교육과정과 교육학 그리고 봉사활동이 넓게 정의된 다문화철학으로 모두 일치하는 학습의 장이 될 것이다.

다문화교육은 사회 정의를 위한 교육이다

모든 좋은 교육은 브라질의 교육학자 파울루 프레이리가 실천으로 정의한 프락시스 이론으로 연결되어 있다(Freire, 1970). 다문화적 관점을 발달시킨다는 것은 더욱 포괄적이고 광범위하게 생각하는 방법을 배우는 것이며, 학습한 것을 실제 상황에 적용시키는 것이다. 거의 한 세기 전에 교육 철학자인 존 듀이는 교육이 실천과 행동으로 연결되지 않았을 때 어떤 일이 일어나는지를 다음과 같이 묘사했다. "사려 깊은 행동으로부터 단절된 정보는 죽은 지식이다(Dewey 1966: 153)." 1장에서 개념을 정의한 바와 같이 다문화교육은 학생들과 교사들의 학습을 사회 정의를 위한 행동으로 이어지게 한다.

어려운 주제에 대해 토론하기보다 지역사회 신문을 만들고 지역 노인복지관에서 공동 프로그램을 시작하거나 잠재적 위험성이 있는 근처 쓰레기 매립장 철거를 위한 진정서를 작성함으로써 학생들은 공동으로든 개인으로든 자신에게 변화를 만들 수 있는 힘이 있다는 것을 학습할 수 있다.

이러한 다문화교육의 관점은 특히 초등학교, 중학교를 시작하는 발달 단계에 있으며, 공평과 불공평에 대해 관심이 많은 어린 학습자들에게 잘 어울린다. 만약 학습자들이 정의에 대한 확실한 감각을 제대로 갖추지 않는다면, 그 결과 분노와 화, 소외감을 느낄 수 있고 학교에 육체적으로나 심리적으로 가까이 다가갈 수 없다.

학생들을 민주주의의 활동적인 구성원으로 준비시키는 것은 듀이주의(Deweyian) 철학의 기초이며, 그것은 종종 학교의 주요 교육 목적으로 사용되었다. 그러나 소수의 학교들만이 민주주의를 위한 견습 기관으로서의 역할을 하고 있다. 융통성 없는 분류 능력, 불공정한 시험, 단일문화적 교육과정, 그리고 상상력이 부족한 교육 정책과 실행은 이러한 목적과 대치된다. 그 결과 많은 학교의 학생들은 민주주의를 주장하는 것이 공허하고 불필요한 주제라고 생각한다. 예를 들어, 헨리 지루(Henry Giroux, 2002: 1138-1162)는 그가 말하는 '민주주의 담론'이 무비판적 애국심과 9.11 재앙으로 인해 악화된 의무적인 깃발 달기 약속과 같이 주변화되고 있다고 주장했다. 어떤 학교에서는 민주주의 견습이 오직 교과서에서만 발견되거나 미국 혁명 토론에만 제한되어 있었으며, 학생들이 매일 민주주의를 견습할 수 있는 기회는 매우 적게 제공되었다.

학교에서는 거의 다루어지지 않는 권력과 불평등 같이 논란이 되는 주제도 기꺼이 다뤄야 한다. 학교는 공공기관으로서 현상을 유지하는 데 책임이 있기 때문에 이러한 주제에 대해 논하는 것이 현상을 공격하는 것처럼 보일 수 있다. 그러나 학교는 평등성을 지향해야 한다. 민주적 이상과 실제 불평등 현상의 대립을 보여주는 것은 몇몇 교육자를 포함하여 많은 사람을 불편하게 한다. 여전히 이러한 문제는 포괄적으로 개념화된 다문화적 관점의 중심에 있다. 왜냐하면 학교교육의 주제는 갈등과 반목, 모순이 모두 있는 사회이기 때문이다. 윤리와 더불어 권력, 지위, 보상의 분배는 사회의 기본적인 문제이고, 교육을 통해 이것들을 반드시 소개해야 한다.

다문화교육과 학생 권리의 연관성 그리고 민주주의의 책임이 명백함에도 불구하고 많은 청소년들은 민주주의의 도전이나 시민의 비판적 역할 보장, 민주주의의 권리 유지 같은 책임들에 대해 배우지 못한다. 최근 미국 헌법 연구 결과는 11만 2,000명이 넘는 고등학생 설문조사에서 얼마나 적은 숫자의 학생이 민주주의를 이해하고 있는지에 대한 끔찍한 결과를 제공했다. 존에스 앤드 제임스엘 나이트 재단(John S. and James L. Kinght Foundation)의 2005년 프로젝트는 미국의 헌법이 학생들에게 전달되었을 때 3분의 1 이상은 그것이 보장하는 권리로부터 너무나 동떨어져 있다고 느낀다는 사실을 발견했다. 이 보고서는 "미국의 고등학교는 학생들에게 헌법의 진가를 가르치는 데 실패했다는 사실을 보여준다"고 결론을 내렸다. 이러한 상황에서 사회 정의는 공허한 개념이 된다.

다문화교육은 이러한 현상을 되돌리는 데 엄청난 영향력을 갖는다. 다문화적 관점은 단순히 학급에서 사회 정의에 대해 초점을 맞춰 논의하도록 허용하는 것이 아니라 사회 정의를 환영하며, 심지어 그러한 논의가 일어날 수 있도록 활발하게 계획하는 것을 의미한다. 이러한 논의는 선거권을 박탈당한 공동체, 빈곤, 차별, 전쟁, 국가 예산과 같이 불균등하고 부정적인 영향을 미치는 주제에 중심을 둔다. 또한 학생들에게 이러한 문제들을 소개할 때 무엇을 할 수 있는지를 다룬다. 이러한 모든 문제가 다원론적이기에 교육은 반드시 다문화적이 되어야 한다.

다문화교육은 과정이다

교육과정과 교육 자료는 다문화교육의 내용을 보여주지만, 다문화교육은 그 무엇보다 현재진행형이며 역동적인 과정이다. 아무도 다문화적인 사람이 되는 것을 막지 못하며, 지식은 절대로 완전할 수 없다. 이 말은 조금도 바꿀 수 없는 규범은 없다는 말이다. 둘째로, 다문화교육은 기본적으로 사람들 간의 관계를 수반하는 과정이다. 교사들이 다양한 민족적 · 문화적 집단에 대해 안다는 사실보다 교사가 학생에게 보여주는 감수성과 이해가 학생의 학습을 촉진하는 데 있어 훨씬 더 중요하다. 또한 다문화교육은 학교가 학생들과 상호작용하기 위해 반드시 알아야 하는 성취에 대한 기대나 학습환경, 학생들의 학습에 대한 선호 등과 같은 중요한 무형의 문화적 차이를 고려하는 과정이다.

그러나 내용적인 측면의 다문화교육이 다루기 쉽고 더 빠른 결과를 얻는다는 이유로 다문화교육 과정의 중요성은 차순위로 밀린다. 예를 들어, '흑인 역사의 달'(Black History Month)에 의회 체험 프로그램을 상연하는 것은 능력별 반 편성을 폐지하기보다 쉽다. 전자는 정규과정 외의 프로그램을 더하는 것으로 중요하고 필요하지만, 능력별 반 편성을 폐지하는 것은 능력, 사회계층, 인종에 대한 근본적인 개념에 저항할 만큼 결정적인 것이다. 다른 예로 기초 읽기 교재를 교체하는 것은 모든 학생들에 대한 기대를 높이는 것보다 쉽다. 전자는 한 책을 다른 책으로 대체하는 것이지만 후자는 관점, 행동 그리고 지식 같은 다루기 어려운 것을 변화시키는 것이다. 그 결과, 다문화교육의 과정은 '논란이 되는' 내용을 소개하는 것보다 일반적으로 매우 복잡하고 정치적으로 불안하며 기득권의 이익에 훨씬 위협적이다.

다문화교육은 과정이다. 따라서 사회적으로 혜택받지 못하는 학생을 희생하는 정책의 실행 및 기존 지식의 단순함과 착오를 밝혀내야 한다. 교사 교육 프로그램을 통해 미래의 교사들은 학습에서의 문화와 언어의 영향력, 학교와 사회 안에 남아 있는 인종주의와 차별, 다양한 학생의 학습을 장려하는 교육적 · 교과과정적 전략에 대한 지각을 키울 필요가 있다. 학교에서의 교사의 역할도 재정의되어야 한다. 왜냐하면 역량이 강화된 교사들은 학생들이 역량을 강화할 수 있는 학습환경을 만드는 데 일조하기 때문이다. 또한 학교에 공동체의 이해와 가치가 정확하게 반영될 수 있도록 가정의 역할이 확대될 필요가 있다. 그리고 교육과정과 학교조직의 완벽한 혁신 전략이 요구된다. 그 과정은 복잡하고, 문제가 많고, 논란이 되고, 시간이 걸리겠지만, 이는 진정한 다문화사회를 만들기 위해 교사와 학교가 함께해야 할 부분이다.

다문화교육은 비판적 교육학이다

지식은 중립적이거나 비정치적이지 않지만 여전히 교사나 학교에 의해 마치 그러한 것처럼 다루어진다. 그 결과, 학교에서 가르치는 지식에는 권력을 가진 소수의 사람들을 불쾌하게 하며 논란이 되는 내용 중 최소한만 반영되는 경향이 있다. 학생들은 모든 중요한 갈등이 이미 해결되었다는 느낌을 받으며 학교를 떠나겠지만, 교육적인 역사를 포함한 모든 역사는 여전히 논쟁과 갈등, 이데올로기적 투쟁으로 점철되어 있다. 그러나 이러한 논쟁과 갈등은 종종 학교와는 상관없는 일로 치부된다.

모든 교육적 결정은 교사나 전체 학교 시스템 등에 의해 정치적인 이데올로기와 의사결정자의 세계관으로부터 영향을 받아 일정한 수준에서 결정된다. 전통적 관습에서 벗어나 획일화된 시험을 중단하고 학교 수업시간을 늘리거나, 읽기 프로그램을 확충하고, 할렘 르네상스(Harlem Renaissance)나 엘리자베스 여왕 시기(Elizabethan) 혹은 두 시기 모두의 문학작품을 공부하고, 교실 대신 사이버 학습을 사용하는 등의 활동은 학습자와 교육자의 특정한 관점을 반영한다.

이 모든 우리의 결정은 그들이 보기에 얼마나 중립적이든 간에 학생들의 삶과 경험에 일정한 영향을 줄 것이다. 이것이 우리가 그들에게 제공하는 교육과정과 교과서 그리고 학습 자료의 진실이다. 각 주와 지역의 가이드라인과 법안은 정치적인 결정으로 특정 학교나 교사들이 가르칠 대상을 제한할 것이다. 하지만 이 결정에서 배제된 것은 포함된 것만큼이나 흥미로운 사실을 보여준다. 예를 들어, 고등학교에서 가르치는 대부분의 문학작품은 여전이 지나치게 남성, 유럽인, 유럽계 미국인 중심으로 구성되어 있다. 상대적으로 여성과 유색인종, 다른 언어를 사용하는 사람들의 의미는 축소되었다.

단일문화적 교육과정의 주된 문제는 그것이 학생에게 한 가지 시각으로만 세상을 바라보게 한다는 것이다. 현실이 정적이고 문제가 종료되었으며 순탄하게 보일 때, 그 이면의 논란과 열정 그리고 과거와 현재에 걸쳐 사람들에게 외면당한 문제들은 사라진다. 학생들은 이 모든 사실을 알고 민주주의 사회에 적극적으로 참여하는 시민이 되기 위해 세상의 복잡성과 이와 관련된 다양한 시각들을 배워야 한다. 비판적인 관점을 통해 학생들은 어떤 문제를 바라볼 때 단 하나의 시각만 있는 것은 아니라는 것을 배운다.

'비판적인 관점'의 뜻을 설명하기 위해 숫자 17을 가지고 설명해보자. 예컨대 현실을 이해하는 데 최소한 17가지 방법이 있으며 그것들을 다 배울 때까지 우리는 오직 진실의 한 부분만 갖고 있다고 생각해보자. 핵심은 모든 문제에 다양한 관점이 있다는 것이다. 그러나 대부분의 우리는 오직 안전한 것, 어떤 문제나 사건을 해석하는 전형적인 방법만을 배워왔다는 것이다.

모든 과목의 교과서는 유명하지 않은 관점이나 우리 사회에서 비주류인 사람들의 시각을 배제해왔다. 제임스 로웬(James Loewen, 2005)은 자신의 책에서 '교사가 가르쳐준 거짓말'을 언급하며 미국 역사를 강력하게 비판했다. 예를 들어, 추수감사절은 일반적으로 필그림과 원주민들이 풍성한 수확물을 기념하는 단순한 명절로 묘사된다. 그러나 이것은 왐파노아그족(wampanoags, 북미 인디언 부족)이 경험한 추수감사절과는 다르다. 극도로 단순화되었거나 편파적인 관점에 대항하기 위한 한 가지 방법은 동일한 주제에 대한 대안적이거나 다양한 관점을 제공하는 것이다. 보스턴 어린이 박물관(Boston Children's Museum, 2002)에서 발행된 왐파노아그족의 관점을 포함해 추수감사절의 다양한 관점을 서술한 책은 좋은 사례다.

이와 마찬가지로, 노동자계층이 미국에서 중추적 역할을 해오고 있음에도 불구하고 소수의 미국 역사 교과서만이 노동자계층의 관점을 포함시킨다. 또 다른 예를 들면, 이민 경험은 많은 사람들에게 트라우마이거나 고통스럽기보다는 매우 로맨틱하고 성공적인 여정으로 묘사되는데, 실제로 그것은 많은 사람에게 그다지 좋은 기억이 아니었으며 지금도 아니다. 비유럽인 이민자나 미국으로 강제 이주된 사람들의 이러한 경험은 실제와 다르게 유럽인의 경험과 동일한 것처럼 왜곡된다. 또한 만약에 여성의 관점이 진지하게 다루어졌다면 학교 교육과정은 매우 극적으로 변화되었을 것이다.

역사가 하워드 진(Howard Zinn, 1980)은 다면적이고 다문화적이며 복잡한 역사의 몇 가지 사례를 제시한다. 그의 책 『미국 민중사(A People's History of the United States)』에서 우리는 역사가 기존의 역사책에서 거의 체험할 수 없었던 격정과 갈등의 목소리로 가득 차 있다는 것을 발견할 수 있다. 모든 학생은 주류집단의 관점뿐 아니라, 이러한 다양한 관점을 이해해야 한다. 만약 그렇게 하지 않는다면, 학생들은 역사를 단선적이며 고정된 것으로 생각하여 스스로를 본인이 속한 공동체와 더 큰 사회, 심지어 그들의 개인적인 관계조차 아무런 변화를 만들지 못하는 수동적인 사람이라고 생각할 것이다.

제임스 뱅크스(James Banks, 2003)에 따르면, 다문화 교육과정의 주요 목적은 학생들이 의사결정을 하고 사회적 행동 능력을 기르도록 돕는 것이다. 그렇게 함으로써 학생들은 다양한 관점에서 사건과 상황을 판단하는 시각을 기를 수 있다. 다문화적 접근법은 다양성을 존중하며 비판적 사고와 성찰, 행동을 장려한다. 학생의 역량은 이 과정을 통해 강화된다. 이것이 바로 비판적 교육학의 근간이다. 이와 반대는 파울루 프레이리가 말한 '길들이는 교육', 수동성, 수용 그리고 복종을 강조하는 교육이다. 프레이리(1985)에 따르면, 길들이기 위한 교육은 '지식을 전달'하는 과정이며, 반대로 해방을 위한 교육은 '행동이 변화하는' 교육이다. 해방을 위한 교육은 학생들이 위험을 감수하고 호기심을 갖고 질문하는 것을 장려한다. 학생들이 교사가 한 말을 따라 하기보다는 자신만의 대답을 찾기를 기대한다.

비판적 교육학과 다문화교육은 어떻게 연관되어 있는가? 제네바 게이(Geneva Gay, 1996)에 따르면, 비판적 교육학과 다문화교육은 '거울에 비친 이미지'처럼 유사하다. 즉, 크리스틴 슬리터(Christine Sleeter, 1996: 2)에 의하면, 비판적 교육학과 다문화교육은 "지배에 저항하는 학교교육의 모델"로서 함께 작용한다. 비판적 교육학은 문화적 · 언어적 다양성을 억압하기보다는 인정한다. 비록 새로운 지식과 학생들이 예전에 배웠던 지식과 서로 대치되더라도 비판적 교육학은 단순히 교사가 학생에게 지식을 전달하는 것이 아니다. 비판적 교육학에서 비롯되어 특별히 언어에 초점을 맞춘 '비판적 문해력'은 이와 비슷한 목표가 있다. 교육 연구자 바버라 코머(Barbara Comer, 2001: 271)에 따르면, "교사와 학생이 비판적 문해력에 함께 참여할 때 그들은 언어와 권력, 사람과 생활방식, 도덕과 민족, 혜택받는 자와 그렇지 못한 자에 대해 복잡한 질문을 하게 될 것이다."

다문화적 관점은 단순히 어떤 '진실'이나 관점을 다른 것으로 대체하는 식의 원리로 작동되는 것은 아니다. 오히려 그것은 현실을 더욱 풍성하게 이해하고자 다양하고 상호 모순적인 과정을 반영한다. 역사가인 로널드 다카키(Ronald Takaki)는 "내가 추구한 다문화주의는 모든 미국인을 포함하고, 미국 역사의 전통적 지배서사에 도전하는 진지한 학문이다"라는 말로 그것을 잘 표현했다. 그는 "다문화주의의 학문적 목표는 미국인으로서 우리를 더욱 정확하게 이해하는 것이다"라고 결론을 내렸다(Montgomery, 1999: 9-13). 이는 다원적인 미국사회에서 교사와 학생이 동의하지 못하는 의견 또한 이해해야 한다는 의미다. 이는 '정치적인 정당성'을 연습하는 것이 아닌 보고 듣고 읽는 것에 대해 비판적인 관점을 갖는 것이다. 비판적 시각을 가진 개인은 이러한 성찰에서 얻은 이해를 바탕으로 변화를 촉진시키는 행동을 할 수 있다.

이라 쇼어(Ira Shor, 1996: 3)는 비판적 교육학이 더욱 어려운 이유는 엄밀히 말해 이것이 학문적 담론을 넘어서기 때문이라고 주장했다. 그의 말에 따르면, "실제적 맥락에서 이론을 실천하고 실천을 이론화함으로써 한계를 시험하는 것은 맥락 없이 이론을 이론화하는 것보다 더욱 어렵고 위험하다." 전형적인 교육과정은 학생들이 비판적으로 생각하는 것을 방해했다. 이 경우, 비판적 교육학이 그러한 힘에 맞설 힘을 제공한다. 용기를 갖고 가르친다는 것은 어떤 의미인가? 차례대로 예를 들어보자. 다시 밸런타인(Darcy Ballentine)과 리사 힐(Lisa Hill)이라는 두 교사가 2, 3, 4학년 학생들에게 읽기를 가르치는 목적은 '위험한 진실'이 담겨 있는 '용감한 책'을 읽도록 도전 정신을 심어주는 것이다. 이러한 책은 실제로 많은 어린이의 삶에서 일어나고 있지만, 대부분의 어린이 책에서 꺼리는 인종차별주의와 불평등 같은 주제들을 다룬다. 밸런타인과 힐은 자신들의 경험을 이렇게 회상했다. "올해 우리는 다른 '용감한' 책들과 함께 이 두 권의 책을 가르쳤는데, 토론과 예술에 대한 설명, 입법체험학습에 나타난 목소리는 우리에게 위험을 감수하면서라도 교육을 하는 것이 옳다는 점을 상기시켰다(Ballentine & Hill, 2000: 11-20)."

비비언 바스케즈(Vivian Vasquez, 2004)는 최근 자신의 책 『Negotiating Critical Literacies with Young Children』에서 3~5세 어린이들에게 비판적 문해력에 관한 접

근법을 사용한 경험을 서술했다. 그녀가 언급한 여러 가지 사례 중에는 학급의 한 학생이 채식주의자인 친구가 핫도그나 햄버거만 제공된 바비큐 파티에서 아무것도 먹지 못했다는 것을 깨달았다는 내용이 있다. 사회적 행동에 대해 비판적으로 생각하는 것을 배운 그 학생은 스스로 채식주의자를 위한 대체 음식을 제공해달라는 탄원서를 제출했다. 어린 학생은 그것을 지역사회에 보냈고, 다음 해에는 채식주의자들을 위한 대체 음식이 제공되었다. 바스케즈는 자신의 책에서 비판적 문해력이 절망이나 분노에 대한 것이 아니라, 오히려 기쁨과 포용에 대한 것임을 증명했다. 심지어 그녀는 가장 어린 학생도 변화에 영향을 줄 수 있는 자신들의 능력에 대해 비판적이고 긍정적으로 생각하는 법을 배울 수 있다고 단언했다.

역사는 일반적으로 패배한 자나 사회에서 가장 낮은 계층의 사람이 아니라, 정복자에 의해 기술된다. 그 결과 역사는 사회의 주류집단 중심으로 왜곡되어 있다. 미국 원주민들은 역사책에서 콜럼버스가 그들의 땅을 발견한 것이 아니라 침략한 것이라고 서술하고 있으며, 그것은 영웅적인 서쪽으로의 확장이 아닌 동쪽의 침범이라고 말한다. 멕시코계 미국인은 유럽인에 의해 침략당한 전설적인 땅인 아즈틀란(Aztlan)을 자주 언급한다. 많은 푸에르토리코인은 대다수의 교과서에 제시되어 있는 것처럼 미국 시민권이 승인된 것이기보다는 부과된 것이라고 설명하고 있다. 또한 그들은 미국 시민권이 1917년 푸에르토리코에 존재하던 상하원 입법부에 의해 반대되었다는 것을 강조한다. 아프리카계 미국인의 역사는 노예 해방을 위한 투쟁을 강조하는 경향이 있고, 종종 폭동과 그들의 저항을 노예의 관점으로 묘사한 이야기를 포함한다. 그들의 역사를 아는 노동자계층은 앤드루 카네기처럼 19~20세기 미국의 비약적인 경제 성장과 더불어 엄청난 빌딩 붐을 일으킨 사람이 아니라 일반적 임금 노동자였다. 그리고 일본계 미국인은 제2차 세계대전 당시 미국 포로수용소의 주요 목적이 인종차별적 히스테리, 경제적 착취 그리고 선동에 있음을 지적했다.

또한 비판적 교육학은 신화를 해체한다. 비판적 교육학은 우리가 당연하게 받아들인 진실에 대한 신화를 없애고 폭로하는 동시에 알기 쉽게 설명해주며, 비판적이고 신중하게 분석한다. 모두를 위한 정의, 법 아래 공평한 대우, 그리고 평등한 교육의 기회는 항상 현실적으로 이루어진 것이 아니다. 문제는 우리가 이상적인 가치들을 마치 그들이 항상 존재했던 것처럼, 진실인 것처럼, 예외적인 상황이란 없는 것처럼 가르치는 것이다. 비판적 교육학은 우리에게 이러한 이상에 대해 현실과 이상의 차이를 비판적으로 검토하는 과정을 통해 이상에 대한 믿음을 가질 수 있도록 한다.

비판적 교육학은 학생들의 경험과 관점으로부터 시작하기 때문에 다문화적이다. 가장 성공적인 교육은 학습자로부터 시작하는 교육이며, 다문화적 관점이 교육을 뒷받침할 때 학생들은 스스로 교육과정의 토대가 된다. 그러나 '해방의 교육'은 또한 학생들의 배경과 관계없이 학생 자신의 특수한, 그렇게 한정적이라고 할 수 있는, 경험 그 이상으로 학생들을 이끌어낸다.

비판적 교육학은 새로운 것이 아니라, 다른 시대에는 다른 형태로 불린다. 미국에서는 카터 우드슨(Carter Woodson, 1933)이나 뒤 브아(W. E. B. Du Bois, 1935) 같은 아프리카계 미국인 교육자들 가운데서 비판적 교육학의 선구자를 찾아볼 수 있다. 브라질에서는 파울루 프레이리의 역사적 연구가 문학과 전 세계적인 해방운동에 영향을 미쳤다. 심지어 프레이리 이전에도 비판적 교육학은 세계의 여러 곳에서 행해지고 있었다. 약 50년 전에 뉴질랜드에서 마오리족 어린이들을 가르치던 실비아 애슈턴-워너(Sylvia Ashton-Warner, 1963)는 그들을 가르치는 데 사용된 교육과정, 학습 자료, 관점과 교육학이 모두 주류집단의 문화에서 비롯된 것임을 발견했다. 마오리족 어린이들이 뉴질랜드의 학교에서 심각하게 학습 부진 상태였기 때문에 애슈턴-워너는 마오리족 아이들의 경험과 이해에 기반을 둔 언어 학습 전략을 개발했다. 그것을 '유기적' 접근법이라 명명하고, 어린이들에게 그들이 배우기 원하는 단어를 사용해 어떻게 읽는지를 가르쳤다. 각각의 어린이들은 매일 몇 개의 새로운 단어를 가져왔고, 그것을 읽는 법을 배웠고, 그리고 그 단어들을 이용하여 글짓기를 했다. 애슈턴-워너의 접근은 학생들이 알고 있고, 알고 싶어 하는 것에 기반을 두고 있었기 때문에 이례적으로 성공적이었다. 반대로, 마오리족 어린이들의 경험과는 별 관계가 없던 기본 읽기 교재는 학생들의 창의성과 표현성에 심각한 제재를 가한 기계적 도구였다.

학생들의 경험을 성공적으로 담은 접근법들 역시 언급할 만한 가치가 있다. 20년 전에 루이즈 더먼-스파크스(Louise Derman-Sparks)와 Anti-Bias Curriculum Task Force(1989)에 의해 개발된 최상위 유치원 교육과정은 특별히 눈여겨볼 만하다. 최근의 다른 예로는 메리 카우위(Mary Cowhey, 2006)의 접근법이 있다. 1, 2학년을 가르치는 교사로서 메리는 자신의 학생들에게 배우고 있는 모든 것에 대해 질문하라고 가르쳤으며, 비판적 교육학을 통해 어떻게 유대가 강한 공동체를 형성했는지 기술했다. 1학년 교사로이자 읽기 교사인 캐서린 콤프톰-릴리(Catherine Comptom-Lilly, 2004)는 인종, 빈곤, 문화에 대한 가정에 도전하여 '세상을 바꾸자'는 학급 전략을 개발했다. 학생들의 언어, 문화, 가정, 공동체에 기반을 둔 교육전략은 'Rethinking Schools'와 'Teaching for Change'라는 교육조직에 의해 여러 책에서 소개되고 있다. 이라 쇼어(1997)는 대학 강단에서 비판적 교육학이 모든 수준에서 힘을 발휘한다는 근거를 설명했다. 같은 맥락에서 엔니드 리(Enid Lee), 데버러 멘카트(Deborah Menkart) 그리고 마고 오카자와-레이(Margo Okazawa-Rey, 1998)는 교사들과 예비교사들을 위한 전문성 개발 가이드를 만들었다.

요약

다문화교육은 낮은 학업성취와 학교 실패를 야기하는 요소들에 대한 문제제기를 함으로써 학교 개혁을 제고하는 방법을 제시한다. 만약 다문화교육이 완전하게 시행된다면, 다문화교육은 학교의 모든 학생을 변화시키고 더 풍요롭게 만들 수 있다. 이는 다문화교육이 문화와 언어 그리고 모든 학생의 경험을 고려하기 때문이며, 이것은 단순한 기술의 전달을 넘어 학생들이 생산적이고 의미 있는 삶을 살아갈 수 있는 태도와 잠재적인 능력인 비판적 · 분석적인 능력을 포함한다.

이러한 논의는 우리에게 흥미로운 통찰력을 제공한다. 최종적으로 여기에서 정의된 다문화교육은 단순하게 말하면 좋은 교육학이다. 모든 좋은 교육은 학생들을 진지하게 고려하며, 학생들의 경험을 더 깊은 학습을 위한 기반으로 여기고, 그들로 하여금 비판적으로 생각하고 역량 있는 시민이 되도록 돕는 것을 의미한다. 여기에서 다문화적인 것은 무엇인가? 간단히 말해, 다문화사회에서 모든 좋은 교육은 학생들의 다양성을 고려해야 한다. 다문화교육은 대다수의 학생들에게 좋은 교육이다. 다문화교육이 단지 단일문화사회에서만 필요한가? 우리는 사회적 계층, 언어, 성적 지향, 신체적 · 정신적 능력, 그리고 모든 사회에 존재하는 그 밖의 사회적 차이들을 고려할 때, 가장 단일민족적인 사회가 진실로 단일문화적인지 정당하게 질문해야 할 것이다. 우리의 세계는 매우 의존적이며 모든 학생은 단순히 그들의 마을, 도시 혹은 국가가 아니라 지구촌사회에서 자신의 역할을 이해해야 한다. 다문화교육은 어떤 국가에서는 인구변화를 넘어서는 과정이다. 그것은 세상을 변화시키는 데 훨씬 더 효과적인 교육이다.

4장
20세기 이후의 공교육
기대, 지키지 못한 약속, 불확실한 미래

2005년에 발행된 『하버드 교육 리뷰(Harvard Educational Review)』 75주년 특별호에 게재된 다음 논문은 미국 교육의 역사를 교육 기회의 평등을 위한 투쟁의 역사라고 주장했다. 이 둘은 별개로 생각할 수 없다. 건국 초기 미국은 민주주의와 공정성이라는 숭고한 이념에서 출발했다. 그러나 소외계층에 대한 국가의 배려는 이러한 이념과는 거리가 먼 양상을 보였다. 이러한 소외계층에는 가난한 사람, 아프리카계 미국인, 라틴계, 여성, 동성애자, 양성애자, 트랜스젠더 등을 포함한다. 따라서 미국 내 거의 모든 교육운동은 이러한 집단을 위한 교육 기회의 확대로 초점이 맞춰지게 되었다.

200여 년 전 여러 식민지들이 미연방국가로 편입되었을 당시 정규 교육은 대부분 백인 지주와 부유한 상인들의 자녀들을 위한 것이었다. 국가가 성장하고 발전하면서 더 많은 계층에게 정규 교육이 필요하다는 것이 명확해졌다. 1837년 매사추세츠 주 교육부 장관인 호러스 맨(Horace Mann)은 모든 학생이 태어날 때부터 무상으로 의무교육을 받을 권리를 가진다는 공약을 내세웠다. 이로써 '공립학교'에서는 모든 학생이 잠재력을 실현하고, 민주사회의 생산적 시민이 되도록 교육받아야 한다는 신념이 장려되었다. 물론 대부분의 계층은 여전히 배제되어 있었다. 특히 유색인종, 특수교육이 필요한 학생, 여성, 이민자, 그리고 가사로 인해 학교에 갈 형편이 되지 않는 가난한 사람들이 여기에 해당되었다. 이후 교육 혜택을 확대하기 위한 많은 움직임이 뒤따랐다. 이 장은 이러한 움직임 중 인종차별 폐지, 이중언어교육, 다문화교육이라는 세 가지 주제에 초점을 맞춘다. 국가인구통계를 재검토하여 어떤 계층들이 왜 구조적으로 배제되어왔는지, 그럼에도 왜 이러한 집단들이 교육에 많은 희망을 걸었는지를 다양한 이론을 통해 설명했다. 즉, 이 장에서는 공교육의 미래를 위한 가능성과 실망을 동시에 가지고 세 가지 주제를 연구했다.

공교육과 민주주의는 미국에서 1848년 이후부터 대중의 상상 속에서 서로 밀접한 연관성을 갖게 되었다. 호러스 맨은 매사추세츠 주 교육부의 12번째 연간 보고서에서 "교육이라는 것은 유사 이래 인간의 사회적 조건에서 모든 장치를 뛰어넘는 훌륭한 균형 장치가 된다"고 밝혔다. 반세기 후 『하버드 교육 리뷰』 1판이 발행되기 바로 몇 년 전, 존 듀이(John Dewey, 1916)는 교육과 민주주의와의 관계를 밀접하게 연결시켰다. 듀이에 따르면, 학교는 개인의 역할 수행만을 가르치는 곳이 아니라 시민생활의 축소판으로서 기능해야 한다. 오늘날 공교육에 대한 선언은 이러한 교육철학과는 동떨어져 보인다. 맨과 듀이가 말한 민주주의와 평등 같은 이상보다는 시험과 평가 기준에 대해 말한다.

『하버드 교육 리뷰』 75주년 발행을 기념하여 실린 이 논문에서 공교육의 목표가 어떻게, 그리고 왜 그토록 극적인 방법으로 변화했는지 살펴볼 수 있다. 이 논문에서 나는 지난 75년 동안 행해진 공교육에 대한 본질적인 질문과 그것들에 대한 답을 미국사회와 학교의 변화하는 인구통계적 특성에서 찾았다. 즉 인종, 민족, 사회계층, 그리고 그 밖의 차이와 관련된 인구통계학적인 변화는 모든 학생의 교육적 경험을 구성하는 데 도움이 되었다. 또한 지난 75년간의 역사가 앞으로 다가올 세기의 공교육을 바라보고 설계하며 실행하는 데 어떠한 영향을 미칠 것인지 살펴보았다.

다음으로, 지난 75년간 유치원부터 12학년까지의 공교육에 대한 기대와 실망을 미래의 비전과 폭넓은 시각을 토대로 조망했다. 인종, 민족, 사회계층, 언어, 젠더, 성적 지향, 종교, 그리고 타자 사이의 배제로 인한 차별은 공교육에서 불평등으로 정의되어왔다. 이러한 문제들은 지난 세기 동안 교육 평등을 위한 투쟁에서 중요한 주제였다. 그러나 한 편의 짧은 글에서 모든 불평등 요소들을 공평하게 다룰 수는 없다. 그러므로 이 장에서는 인종, 민족, 사회계층, 언어로 그 논의를 제한했다. 그리고 이 네 가지 요소를 기초로 지속적인 발전을 이뤄온 공립학교가 모든 학생의 평등한 학습 추구를 위해 실시한 세 가지 교육운동에 대한 사례연구를 제시했다. 세 가지 교육운동인 차별철폐, 이중언어교육, 다문화교육은 미래의 학교 개혁을 위한 연구방향에 영향을 줄 것이다.

먼저 학생 인구변화의 특성에 대해 언급한 후 그것이 공교육에서 제공되는 기회에 어떠한 영향을 주었는지, 그러한 기회가 과연 공교육을 민주적인 '균형 장치'로서 기능하도록 도움을 주었는지에 대해 논의하면서 지난 세기 동안 다양한 문화, 언어, 인종적 배경을 가진 학생들의 낮은 성취도를 설명하기 위한 다양한 이론을 살펴보았다. 그런 다음 다양한 방식으로 나타난 사회적 불평등에 대응하는 사회적이고 교육적인 흐름인 차별철폐, 이중언어교육, 다문화교육에 대한 사례연구를 제시했다. 또한 이러한 노력들이 어떻게 좌절되었는지 살펴보고, 다음 세기의 공교육과 공공선을 위해서는 국가의 의무와 새로운 약속이 필요하다는 것을 주장하면서 결론을 내렸다.

변화하는 인구 특성과 교실

미국은 지속적으로 다인종 · 다민족 국가였지만, 오늘날의 인구학적 특성은 75년 전 『하버드 교육 리뷰』가 처음 발행되었을 때와 비교해 훨씬 다양한 양상을 띤다. 2000년에는 전체 인구 중 25%가 유색인종이었는데, 이것은 10년 전보다 5%

증가한 수치다. 인종과 민족이 다양해지면서 언어도 다양해졌다. 현재 18%의 미국인이 가정에서 영어가 아닌 다른 언어를 사용하고, 이들의 절반은 스페인어를 사용한다(U. S. Census Bureau, 2000a). 또한 인구조사국에 따르면, 2000년도에 외국에서 출생한 사람이나 미국 이민 1세대는 5,600만 명으로 미국 역사상 가장 높은 수치를 기록했는데, 이는 1970년의 3배에 달하는 수치였다. 이전 세대의 이민자가 주로 유럽 출신이었던 것과는 달리, 최근에는 15% 정도의 이민자만이 유럽 출신이고, 라틴아메리카 출신 이민자가 50% 이상, 아시아 출신 이주자가 25% 이상을 차지한다(U. S. Census Bureau, 2002).

크게 놀랄 일은 아니지만, 미국의 공립학교는 몇십 년 전과 비교해 상황이 매우 달라졌다. 아직까지 절대 다수는 아니지만 공립학교에 유럽계 미국인이 아닌 다른 배경을 가진 학생 수가 급속도로 증가하고 있다. 다시 말해, 백인 학생이 여전히 전체 학생의 절반 이상을 차지하고 있지만, 백인 학생 수는 점점 감소하고 있으며 현재는 61.2%를 차지하고 있다. 그 밖에 흑인 학생이 17.2%, 히스패닉 학생이 16.3%, 아시아와 태평양 제도에서 온 학생이 4.1%, 그리고 미국 원주민과 알래스카 원주민 학생이 1.2%를 차지한다(National Center for Education Statistics, 2002).

더욱이 인종, 민족과 언어의 차이는 빈부격차의 확대로도 나타나는데, 이러한 양상은 특히 유색인종 사이에서 두드러진다. 빈곤층 중 백인은 9%인 데 비해, 흑인은 22% 이상이며 라틴아메리카인은 21%가 빈곤층에 해당한다(U. S. Census Bureau, 2000b).

성취 이론: 변화하는 상황과 설명

미국 학생들의 인구통계학적 변화 양상을 고려하여 다양한 집단 간 학생들의 학업성취 격차는 몇십 년 동안 많은 연구의 주제가 되어왔다. 20세기 초기부터 '소수자의 학업성취 격차'를 설명하기 위해 여러 가지 이론이 등장했다. '소수자의 학업성취 격차'는 중산층 백인 학생들의 학업성취와 아프리카계 미국인, 라틴계 미국인, 미국 원주민 그리고 아시아계 미국인 등 다른 사회문화적 배경을 지닌 학생들의 학업성취 격차를 말한다. 이러한 이론은 유전적으로 열등한, 문화적으로 박탈당한, 문화적으로 다른, 경제적으로 불리한, 구조적으로 불평등한 희생자 등 다양한 방법으로 학생을 분류했다. 학업성취의 실패와 성공에 대한 논의가 지난 세기 동안 유치원부터 고등학교 교육에서의 교육 정책과 현장의 중심에 놓여 있었기 때문에 이와 관련된 주요 이론을 소개하고자 한다.

유전적 · 문화적 열등

지난 몇십 년간 선풍적인 인기를 끌었던 이론 중 하나는 인종적으로 소수자인 학생과 가난한 가정환경의 학생이 유전적으로나 문화적으로 열등하다는 것이었다. 1960년대에 유행한 이 이론은 프랭크 라이스만(Frank Reissman, 1962), 카를 베리이터와 지그프리트 엥겔만(Carl Bereiter & Siegfried Engelmann, 1966) 등에 의해 발전되었다. 특히, 가장 주목할 만한 연구자인 아서 젠슨(Arthur Jensen)은 1969년 『하버드 교육 리뷰』에 큰 반향을 일으킨 논문을 게재했다. 그는 흑인 학생들의 낮은 성취는 대부분 유전적 차이에 의해 설명될 수 있다고 주장했다. '문화적으로 박탈된', '유전적으로 열등한' 등과 같은 용어는 현재 인정받지 못하지만, 1960년대에는 이러한 관점이 유행했고, 이후 몇십 년간 많은 사회 정책과 교육 정책 입안에 영향을 미쳤다. 또 다른 연구는 학생들의 성취 실패 원인을 사회에서 약점으로 인식되는 유전적인 구성, 능숙하지 못한 언어 능력, 부적절한 양육방식 등이라고 잘못 설명했다.

결핍 이론에 대한 초기 비판가인 윌리엄 라이언(William Ryan)은 결핍 이론가가 희생자에게 책임을 돌리는 전략을 그대로 재현하고 있다고 주장하고, 결핍 이론에 도전하는 기반을 마련했다. 윌리엄 라이언은 자신의 저서에서 다음과 같이 주장했다.

> 우리는 문화적으로 박탈된 학생들을 다루기보다는 학생의 문화를 박탈하는 학교를 다룬다. 우리가 해야 할 일은 결핍된 학생들을 고치고 수정하고 바로잡는 것이 아니라 학생들에게 헌신하도록 학교의 분위기와 운영방식을 변혁하는 것이다(Ryan, 1972: 61).

윌리엄 라이언이 결핍 이론에 반대하여 설득력 있는 주장을 제기했음에도 이러한 유전적 · 문화적 열등 이론은 그 이름을 달리하여 계속 잔존하고 있다. 현재의 담론은 1960년대 결핍 이론의 근간을 이루며 유행한 '위기의', '불리한'이라는 용어를 사용하여 소외계층을 성취도가 낮은 사람으로 이미 결정된 것처럼 간주하고 있다. 더욱이 이러한 용어는 구조적 불평등과 사회계층의 불평등, 인종차별주의 대신 학생 개인과 문화적 특성을 비난하는 심리적 틀에 기반을 둔 것이다. 결국 이러한 논리는 주류 배경을 가지고 있지 않은 학생들을 위태롭게 하는 정책과 관행을 지지한다. 예를 들면, 캐서린 뱅크스(Catherine Banks, 2004)는 애매하고 광범위하게 쓰이는 '위기의'라는 용어가 주와 연방 교육부의 재정 지원 항목이 되었다고 했다. 또한 그는 이 용어가 공무원 사이에서 유행하게 되었고, 교사와 행정가가 결핍된 학생을 특정한 방식으로 바라보게 만들었다고 지적했다. 학생 자신 및 그들의 가족이 학생의 교육 실패에 책임이 있다고 보는 시각은 그동안 불평등과 부당함 같은 고질적인 문제가 간과되어왔음을 의미한다.

경제 · 사회적 재생산 이론

1970년대 초반 운동가와 교육자, 연구자는 결핍 이론이 간과했던 이슈인 구조적 불평등, 인종주의, 빈곤 등이 오히려 학생의 낮은 학업성취를 더 잘 설명한다고 주장했다. 조엘 스프링과 새무얼 보울스(Joel Spring & Samuel Bowls, 1972), 허버트 진티스(Herbert Gintis, 1976) 같은 수정주의 역사학자와 경제학자는 학교가 경제적이고 사회적인 관계를 재생산하는 지배계층의 이익을 대변하는 경향이 있다고 주장했다. 예를 들면, 마이클 캐츠(Michael Katz, 1975: 106)는 공립학교가 "보편적이고, 세금으로 지원받으며, 학비가 무료이고, 보수적이며, 관료주의적이고, 계층 편향적이며 그리고 인종차별적"이라고 설명한다. 마이클 캐츠에 따르면, 겉보기에 모순적인 이러한 특성은 공립학교의 목적에서 파생되었고, 이러한 특성은 사회에서 정해진 역할을 수행하기 위해 각각의 사회 영역을 훈련시키는 것이었다. 결과적으로, 이러한 역사가와 경제학자는 학교가 현 상태를 재생산하고 계층 · 인종 · 젠더의 구조적인 불평등을 반영할 뿐 아니라, 이러한 불평등을 창조하고 유지하는 데 기여한다고 주장했다.

경제 · 사회적 재생산 이론을 주장하는 이론가들은 학교의 물리적인 구조에서 교육과정과 교수법까지 모든 부문에서 스프링(Spring, 1972)이 만든 용어인 학교의 '분류' 기능이 명백히 드러난다고 주장했다. 예를 들면, 가난한 사람이 많이 다니는 학교는 일반적으로 여러 가지 벨소리와 그 밖의 통제 장치로 움직이는 공장 같은 요새다. 반면 부자가 많이 다니는 학교는 물리적 · 정신적으로 훨씬 더 열린 상태로 운영되는 경향이 있으며, 학생들에게 창의적 사고를 위한 기회와 자율성을 더 많이 부여한다(Anyon, 1981). 또한, 빈곤계층이 많은 학교의 학생과 교사의 관계는 중산층이나 부유층이 많은 학교보다 훨씬 더 지배-피지배 관계를 보인다(McDermott, 1977). 그러므로 학교의 분류 기능은 사회계층화의 모사다. 이 이론은 미국 공립학교의 '균형 장치'라는 공인된 목적에 심각한 의문을 제기했다.

경제 · 사회적 재생산 이론가의 주장은 1970년대 이후의 교육 구상에 엄청난 영향을 주었다. 그러나 이들은 노동시장의 목적에 집중한 학교교육을 주장함으로써 학교의 성공이나 실패를 통계적이고 기계적으로 설명하는 것에서 더 나아가지 못했다. 이 주장은 학교교육이 위에서 부과되고 아래로부터 수용되는 것이라고 전제한다. 그러나 학교는 복잡한 기관이기 때문에 경제 · 사회적 재생산 이론이 제시하는 것처럼 항상 깔끔하고 명확하게 설명될 수 없다. 많은 집단에서 역사적으로 진행해온 차별철폐, 이중언어교육, 다문화교육, 여성과 특별한 요구를 가지고 있는 학생을 위한 교육 등을 포함한 학교교육에 대한 오랜 투쟁은 이러한 이론으로 설명되지 않는다. 마이클 애플(Michael Apple, 1986) 같은 몇몇 이론가는 학교가 이익집단의 경쟁과 갈등의 결과물이며, 지배계층의 의도가 학교에 전적으로 반영되어서는 안 되고, 나아가 학교교육은 수혜자에 의해 저항되고 수정되어야 한다고 주장했다.

❙ 문화 부조화 이론

1970년대 초반에 제기된 문화 불일치 또는 문화 차이 이론은 문화 박탈 이론과는 대조적으로 학교 실패에 대한 또 다른 설명을 하고 있다. 이 이론에 따르면, 학생은 학교문화와 가정문화 사이의 갈등의 결과로 학습을 방해하는 '문화 충돌'을 경험한다. 결과적으로 학교현장에서는 학생들의 상이한 경험, 가치, 능력, 기대와 생활양식 등이 학교환경에 받아들여지는지를 고려해야 한다. 가정과 학교의 문화가 비슷할수록 학생은 학교에서 성공적일 것이다. 그러나 몇몇 연구에 따르면, 문화 불일치 문제의 핵심에는 제도적인 인종차별주의가 존재한다. 예를 들면, 『하버드 교육 리뷰』에 실린 바흐라흐와 바라츠(Bachrach & Baratz, 1970)의 논문이 문화 불일치와 인종차별주의 간의 연관성을 설득력 있게 설명했다.

문화 불일치 이론은 문화 양립성, 문화 적합성, 문화 역량, 문화 감응, 문화적으로 관련성이 있고 적합한 교육 등 명칭의 다양하고 미묘한 차이가 있음에도 계속 발전해왔다. 예를 들면, 1980년대 초반에 캐서린 오(Katherine Au, 1980)는 하와이 학생들을 가르치는 데 '문화 적합성 교육(cultural congruence in instruction)'을 중요하게 고려해야 할 것으로 규정했다. 글로리아 래드슨-빌링스(Gloria Ladson-Billings, 1994)는 '문화적으로 관련성이 있는 교육(culturally relevant teaching)'이라는 용어를 만들었는데, 그녀는 이러한 교육의 중요한 목적은 지배문화의 믿음과 가치를 무비판적으로 모든 학생에게 전달하는 동화주의자의 교육 목적과는 현저한 대조를 이룬다고 주장했다. 같은 맥락에서 '문화감응교육(culturally responsive teaching)'이라는 개념을 정의하고 설명하는 제네바 게이(Geneva Gay, 2000)의 연구 역시 중요한 의미를 지닌다.

문화 불일치 이론은 학교 성취에 대해 유전적 열등이나 경제 · 사회적 재생산 이론에 기초한 설명보다 좀 더 희망적인 설명이다. 왜냐하면 교사가 모든 학생이 성공적인 학습자가 되기 위한 환경을 조성할 수 있다고 가정하기 때문이다. 그러므로 이 이론은 교사를 단순한 기술자라기보다 창조적인 지성인으로서 존중한다.

▎학교 성취에 대한 사회문화적 설명

학교의 성공과 실패를 설명하는 또 다른 이론은 학교환경에서 학생들의 배움이 특정 집단의 문화적 관습과 관련이 있다고 설명한다. 대표적인 연구는 '트랙튼(Trackton)'이라는 흑인 공동체를 연구한 셜리 브라이스 히스(Shirley Brice Heath, 1983)의 연구로, 이 연구는 학생들의 문화적 실천을 지지하는 교육이 가지는 힘을 보여주었다. 그녀는 흑인 공동체의 부모나 그 외의 어른이 아이들과 대화할 때 사용하는 질문방식이 아이들을 학교 활동에 적절히 준비시키지 못한다는 것을 발견했다. 예를 들면, 중산층 부모는 일반적으로 표준영어를 사용하고, 노동계층 부모보다 학교 수업을 미리 준비하도록 돕는 경향이 있었다. 또한 히스는 백인 중산층 교사가 흑인 학생에게 하는 질문이 학생들이 가정에서 익숙하게 들어왔던 질문과는 질적으로 다르다는 것을 발견했다. 교사의 질문은 맥락에서 벗어나 크기, 모양, 색상 등을 구분해서 이름을 붙이는 것이었지만, 이와는 반대로 흑인 학생들은 가정에서 사물의 용법, 원인, 결과에 대한 것뿐만 아니라 전체 사건들이나 대상에 대한 질문을 받아왔다. 이러한 가정에서의 질문은 학생들이 복잡하고 정교한 언어를 사용하게 했으며, 유추적인 비교와 복잡한 비유를 이해할 것을 요구했다. 이러한 질문에는 '정답'이 없다. 왜냐하면 답은 상황을 묘사하여 이야기하는 것과 연관되어 있기 때문이다. 이와는 다른 방식의 질문을 한 결과 학생과 교사 관계를 악화시키는 의사소통의 부재가 초래되었다.

히스의 연구는 문화 불일치 개념과 유사하지만, 주로 민족지학적 연구를 통해 발견된 언어 관습의 차이에 기초를 두고 있다. 히스의 연구를 통해 교사는 질문방식의 차이를 깨달아 '트랙튼'에서의 어른들의 질문방식을 공부하기 시작했다. 교사는 관행적인 학교 질문방식을 이러한 방식의 질문으로 바꾸어 사용했고, 학생들도 자신들이 학교에서 성공하려면 이러한 질문에 익숙해질 필요가 있다는 것을 알게 되었다. 결과는 매우 긍정적이었다. 학생들은 이전의 소극적으로 행동했던 것과 달리 적극적이고 열정적으로 행동하는 변화를 보여주었다. 히스의 연구는 학생의 학습을 설명하는 또 다른 사회문화 이론에 관한 후속 연구를 양산하고 있다.

카스트계층 같은 소수자로서의 학생

1970년대 인류학자인 존 옥부(John Ogbu, 1987)는 문화 단절을 넘어 학교의 성공과 실패를 설명하는 대안적인 이론을 개발했다. 그는 학업성취를 이해하기 위해 집단의 문화적 배경뿐만 아니라 주류사회의 맥락과 그 사회가 제공하는 기회도 살펴보아야 한다고 주장했다. 존 옥부는 미국에 있는 대부분의 유럽계 이민자를 자발적 이민자로, 인종적 소수집단의 이민자를 자발적 또는 비자발적 소수자로 분류했다. 자발적 이민자는 지배당하거나 식민지화된 사람과는 달리 그들의 자유의지로 온 사람들이다. 옥부에 따르면, 비자발적 소수자들은 그들의 의지와 상반되게 미국으로 병합된 사람들이어서 사회에서 '카스트계층 같은' 위치에 있다. 미국 원주민, 아프리카계 미국인, 멕시코계 미국인, 푸에르토리코인이 이에 해당한다.

옥부는 자발적 소수자가 미국 태생의 사람들보다 학교에서 더 잘 적응하는 경향이 있다고 말한다. 왜냐하면 그들의 자존감과 학교에서의 성공은 민족성뿐만 아니라 미국사회와의 상호작용에 따라 달라지기 때문이다. 또한 그들은 소수자로서가 아닌, 자신들의 고향에서 획득한 강한 자아의식을 가지고 미국에 이주한 경우가 많다. 대부분의 자발적 소수자는 일반적으로 미국을 좋은 교육을 받을 수 있고 노력에 따라 성공할 수 있는 기회의 땅이라고 생각한다.

옥부에 따르면, 학교에서 행해져온 차별과 인종차별로 인해 비자발적인 소수자 학생과 그들의 가족은 미국의 교육체계를 불신하기도 한다. 그러므로 이 집단의 학생이 옥부가 말한 '문화 역행'의 모습을 보이는 것은 전혀 이상한 일이 아니다. 문화 역행은 지배집단의 문화와 인지방식을 습득하고 따라 하는 데 저항하는 것이다. 학생들은 공부를 열심히 하고, 표준영어를 사용하며, 유럽 고전음악을 들으며 박물관에 가고, 좋은 성적을 받을 만한 행동 등을 '백인' 학생의 행동이라고 간주했다. 반면, 비자발적 소수자 학생은 옥부가 제시한 '반대 행동'을 선택했다. 반대 행동은 주류문화와의 차이에 주안점을 두고 그것과 반대의 것을 추구한다. 이러한 학생들은 시그니시아 포드햄과 존 옥부(Signithia Fordham & John Ogbu, 1986: 186)가 말했듯이 '백인처럼 행동해야 하는 부담'에 대처해야 한다. 그들은 학교에서 우수한 성적을 받기 힘들고 친구와 교우관계를 맺는 것도 어렵다. 학교에 우수한 비자발적 소수자 학생이 있다면 그들은 아마도 모범생처럼 규정하는 행동과 태도를 드러내지 못하도록 하는 내적 모순과 외부적 압력을 느낄 것이다.

옥부의 이론은 다양한 배경을 가진 학생들의 학교 경험 차이를 설명하는 데는 도움이 된다. 그러나 옥부의 이론은 불완전하고 반역사적이며, 개인의 차이에 대한 융통성이 결여되어 있다는 비판을 받고 있다. 또한 자발적이거나 비자발적인 방식으로 이민자들을 정의하는 점에 있어서도 비판받고 있다. 옥부의 이론은 제도적인 인종차별주의나 특정한 집단에 대한 사회적 고정관념이 그들의 학업 성적에 어떻게 영향을 미치는지를 설명하는 클로드 스틸(Claude Steele, 2004)이 말한 '고정관념의 위협'을 고려하지 않아 학업 수행을 향상시키기 위해 학생들과 가족들에게 과도한 책임감을 부과하고 있다. 게다가 반대 문화에 대한 그의 설명은 1960년대에 유행했던 '빈곤문화'라는 오래된 개념과 아주 유사해 보인다.

저항 이론

헨리 지루(Henry Giroux, 1983), 짐 커민스(Jim Cummins, 1996), 허브 콜(Herb Kohl, 1994) 등과 같은 여러 학자들에 의해 제시된 저항 이론은 학교 실패의 또 다른 층위를 설명한다. 저항 이론에 따르면, 학교가 가르치는 것을 배우지 않는 것이 정치적 저항의 한 형태로 해석될 수 있다. 프레더릭 에릭슨(Frederick Erickson, 1993)은 문화적 차이가 초기 학교생활에서 실패와 갈등을 초래할 수는 있지만, 학생들이 배우는 것을 거부하는 것은 문화적 차이가 고착화되었을 때 나타나는 현상이라고 주장했다.

저항 이론은 학교에서 영향력을 박탈당한 집단의 복잡한 관계를 설명하려고 시도한다는 점에서 유용하다. 학생들과 그들의 가족은 교육체계의 희생자일 뿐만 아니라 교육체계의 행위자이기도 하다. 비록 이러한 상황을 극복하려는 전략들의 일부가 장기적으로는 오히려 문제를 키우거나 역효과를 낳을지라도 그들은 주어진 학교 현실에서 철저하게 이치에 맞는 방식으로 행동하도록 배운다.

교육을 거부하는 극단적인 형태는 자퇴다. 대도시 학교에 대한 미셸 파인(Michelle Fine, 1991)의 대표적인 문화기술지(ethnography)는 대부분의 자퇴생들이 예상과는 달리 학교에 남아 있는 학생들보다 성적이 우수한 학생들이라는 것을 발견했다. 그녀가 인터뷰한 자퇴생은 학교를 떠나기로 한 두 가지 주된 이유를 말했다. 그 이유는 저항에 대한 정치적인 입장, 그리고 교육 공약에 대한 실망감 때문이었다. 학교에 저항했던 많은 학생들과 학교에 남아 있는 학생들도 그들이 교육으로부터 어떤 혜택을 얻을 수 있을지 확신하지 못했다.

돌봄, 학생 성취, 사회자본

1990년대 초반부터 학교의 성공이나 실패를 설명하는 데 주목받았던 이슈는 넬 노딩스(Nel Noddings, 1992)의 '돌봄의 윤리'에 관한 것이다. 그녀는 돌봄이란 학생의 배움에 영향을 주는 것으로, 쉽게 바뀌지 않는 구조적 조건보다 더 중요한 것이라고 말했다. 이 이론에 따르면 교사와 학교가 어떻게 학생들을 돌보는지에 따라 학교에서 학생들의 경험이 크게 달라질 수 있다. 그러나 돌봄은 단순히 학생들을 안아주거나 등을 두드려주는 것을 말하는 것이 아니다. 그것은 높은 기대를 가지고 엄밀한 요구를 함으로써 학생들을 사랑하는 것이다. 앤절라 발렌주엘라(Angela Valenzuela, 1999)는 텍사스고등학교에 재학 중인 멕시코인과 멕시코계 미국인 학생들의 학업성취에 관한 3년간의 연구에서 소수 교사들의 돌봄이 어떻게 학생들의 학교교육 참여에 차이를 만드는지 보여주는 사례를 제시했다. 이는 학교가 일반적으로 학생들을 실패에 취약하게 만들고, 학생들이 가져온 사회 · 문화적 자원들을 박탈하는 '차감 학교교육(subtractive schooling)'을 제공하는 상황을 보여주는 사례였다. 그녀의 연구는 부진한 성취가 학생의 정체성이나 부모의 경제적 상황 때문이 아니라 학교에서의 관계와 조직의 구조에 기인한다는 것을 보여주었다. 유사하게 시카고의 라틴계 학생들을 연구한 닐다 플로레스-곤잘레스(Nilda Flores-González, 2002)는 학교 구조와 분위기가 학생들을 성공의 기회를 더 많이 갖게 되는 '학교의 아이들'로 만들지, 혹은 학교에 소속감을 느끼지 못하고 중퇴한 '거리의 아이들'로 만들지에 영향을 준다는 결론을 내렸다.

또한 사회자본 연결망으로 돌봄의 윤리를 설명하는 리카르도 스탠튼-살라자르(Ricardo Stanton-Salazar, 1997)에 의하면 사회 연결망은 특권과 권력을 재생산하거나 부정한다. 사회 연결망은 어른들과 청소년들, 특히 특권계층 학생들이 사회자본에 당연히 접근하는 것과 달리 사회자본에 거의 접근할 기회가 없는 청소년에게 중요한 역할을 한다. 그가 제기한 사회 연결망과 제도적 지원은 특별한 담론과 사회자본을 포함한다. 다시 말해, 주로 박탈당한 학생들에게 닫혀 있던 문지기와 다른 기회들에 대한 접근, 지지자, 롤모델링, 정서적이고 윤리적인 지지, 그리고 충고와 지도를 말한다. 끝으로, 스탠튼-살라자르는 사회적이고 제도적인 조건들을 누가 성취할 것이고 그렇지 않을 것인지를 학교 안팎에서 결정하는 교사와 상담가 그리고 학교 관리자들의 권력에 대해 논의했다. 학생을 사회 연결망에 접근할 수 있도록 지원하는 것은 학생들과 교사 간의 믿음과 밀접한 관계를 통해서만 가능하기 때문에 학교 구성원들에 의한 지원은 돌봄과 연결되어 있다.

새로운 관점

다양한 배경을 가진 학생들의 성공이나 실패에 대한 경험을 간단하게 설명하기 어렵다는 것은 학교 성취 이론들 중 일부만 검토해보아도 알 수 있다. 지난 세기 동안 개발된 많은 이론들은 부적절하거나 완벽하지 못했다. 몇몇 이론은 학습에 있어 문화의 중요성을 간과했고, 다른 이론들은 학교교육의 사회적 · 문화적 · 정치적 맥락을 중요하게 생각하지 않았다. 또한 일부 이론은 학교에서의 실패와 성공을 온전히 학생과 그들 가족의 책임으로 돌렸다.

지난 몇 년간 미국은 새로 이주하거나 이미 이주해온 유색인종 이민자집단의 교육에 관한 새로운 관점을 고려했다. 그리고 그것들은 우리의 이해의 지평을 넓힌다. 예를 들면, 알레잔드로 포르테스와 루벤 럼바우트(Alejandro Portes & Rubén Rumbaut, 2001)는 다양한 배경을 가진 이민자 가족들에 대한 장기간의 광범위한 연구에서, 미국에서 이민자로 성장하는 과정은 트라우마에 대한 원만한 수용에서부터 시작한다고 결론 내렸다. 포르테스와 럼바우트(Alejandro Portes & Rubén Rumbaut, 2001)는 이민자들이 주류집단에 어떻게 받아들여지는지에 인종이 사회계층, 종교, 언어 같은 다른 요인보다 더 큰 영향을 끼치는 주된 요인이라는 것을 밝혔다. 예를 들면, 공산주의로부터 도망친 이민자들은 경제적 어려움으로부터 도망친 사람들보다 호의적으로 받아들여진다. 교육수준과 영어지식, 직업을 감안하더라도 쿠바인과 베트남인보다 낮은 소득을 올리는 아이티인, 니카라과인, 멕시코인이 경제난민으로 분류되었다. 정치적 난민으로 간주되는 베트남인과 쿠바인의 미국 이주가 증가하는 동안에도 멕시코인, 니카라과인, 아이티인의 소득은 그들이 얼마나 오래 미국에 살았든 혹은 열심히 일했든 상관없이 지속적으로 낮았다. 포르테스와 럼바우트(2001)는 멕시코인이나 아이티인의 교육수준이 어떠하든 간에 그들의 경제적 상승 기회는 그들의 집단이 미국사회에 통합되는 사회적 환경에 의해 제한된다는 결론을 내렸다. 이러한 집단들에서 대학 학위는 소득의 개선을 가져오지 못했다. 이러한 결론은 교육과 경제수준이 동일하게 연관되어 있다는 사회적 통념에 위배된다. 분명히 다른 요소들인 인종, 통합의 맥락 등도 이와 연관이 있다.

높은 기대

위의 논의는 언제나 설명하기 어렵지만, 학교 성취가 다양하고 경쟁적이며 역동적인 조건들을 고려하여 접근해야 한다는 당연한 결론에 도달한다. 다시 말해, 학업성취를 설명하기 위한 조건으로는 사회를 모방하려고 하는 학교의 경향과 불평등, 문화적이고 언어적인 부조화, 불평등하고 관료적인 학교구조, 학생과 교사, 그들이 봉사하는 지역사회 간 관계의 본질, 그리고 사회와 학교의 특정한 집단의 정치적 관계 등이 있다. 문제의 복잡성을 고려하면 미국 공교육이 뛰어난 업적과 최악의 실패 그리고 그 둘 사이에 있는 모든 것에 의해 규정되어왔다는 것은 당연한 결과다. 동시에 공교육은 개인적 성취와 모든 사람을 위한 생산적인 삶에 있어 큰 희망으로 남아 있다. 사실상 공립학교는 교육과 관련된 직접적인 활동이 이루어지는 곳일 뿐만 아니라 시민 권리와 특권을 확대하기 위한 많은 운동의 주요 공간이었다.

평등한 교육 기회의 확장

무상 공교육이 처음 등장한 19세기 말부터 더 많은 학생들에게 혜택을 줄 수 있는 교육 기회의 확장은 교육가들과 시민에게 가장 중요한 문제였다. 미국의 학교에서 인종적 · 언어적 · 경제적 다양성이 증가하는 가운데 더 많은 학생들에게 평등교육을 확대하기 위한 도전은 더욱 강해졌다. 사실상 평등 교육에 대한 요청은 20세기 전반에 걸쳐 아프리카계 미국인과 그들의 협력자들에 의해 주도된 시민권리운동, 학교 거부자와 인수자들이 진행한 또 다른 운동들, 법원 제소 그리고 위원회에 대한 청문회 등을 통해 국가의 주요 관심사가 되었다. 다음에 이어질 내용은 차별철폐, 이중언어교육, 다문화교육에 초점을 맞춘 것으로 이러한 투쟁들의 예를 간단히 살펴보고자 한다.

차별철폐

차별철폐는 20세기 평등 교육을 위한 투쟁의 역사에서 가장 거대한 징후로 나타났다. 특히 남부 아프리카계 미국인은 학교에서 "분리되었지만 평등하다"는 짐크로(Jim Crow)에 의해 흑인차별의 피해자가 되었다. 이러한 정책은 평등 교육 실현에 대한 약속을 거짓으로 만들었다. 흑인 학생들이 다니는 학교가 아프리카계 미국인 학생들을 위한 돌봄과 학업지원환경을 제공하기는 했지만, 백인 학생들이 다니는 학교와 비교하면 학교의 기반시설이나 자원은 항상 열악했다(Siddle Walker, 1996). 또 인종적으로 분리된 학교는 미국의 다른 지역에도 분명히 존재했다.

예를 들면, 글로리아 래드슨-빌링스(Gloria Ladson-Billings, 2004)는 1849년 보스턴에서부터 시작된 공립학교의 아프리카계 미국인의 인종차별을 철폐하려는 시도에 대한 오랜 역사를 기록해왔다. 최근까지 차별은 흑인과 백인에 대한 논쟁으로 대중의 인식에 확고히 새겨져 있었다. 그러나 다른 집단들 또한 학교교육의 차별을 경험한다. 뒤 브아(W. E. B. Du Bois, 2001), 조지 산체스(George Sánchez, 1940), 카터 우드슨(Carter Woodson, 1933) 같은 저명한 학자와 활동가들을 포함한 많은 역사가들이 인종과 민족성에 기반을 두고 오랫동안 차별을 겪은 다인종 역사를 발굴하기 시작했다. 게다가 특히 아프리카계 미국인, 멕시코인, 미국 원주민은 차별로 인해 부정적인 영향을 받았다. 주로 캘리포니아 주에 거주하는 중국과 일본 출신 학생들을 포함한 다른 집단들은 노골적인 배제나 차별을 받았기 때문에 평등 교육이 이루어지지 않았다고 여겼고, 이러한 현상은 다른 주에서도 마찬가지였다(Pang, Kiang & Pak, 2004).

물론 차별 폐지는 법률상 하루아침에 일어나지 않았다. 인종이 분리된 학교는 흔히 볼 수 있었지만, 공립학교에서의 인종차별이 위법이라고 판명된 브라운 대 교육위원회 사건에 대한 연방대법원의 판결은 1954년에 이루어졌다. 이 판결은 보편적으로 "분리되었지만 평등하다"라는 학교의 원칙을 종결시킨 사례로 인식되고 있으며, 미국의 모든 성인 남성이 투표권을 갖게 된 1870년의 15차 수정헌법 이후로 가장 중요한 사건으로 간주되고 있다(Ramsey & Williams, 2003).

1970년대 이후로 새로운 세대의 역사가들은 불평등 교육에 대한 다인종 역사를 기록하는 일을 수행하게 되었다(Anderson, 1988; Donato, 1997; Ruiz, 2001; San Miguel, 2001; Spring, 2004; Tyack, 1995; Weinberg, 1977). 그 사례로, 미국 원주민 거주 지역에 있는 기숙학교에서 발생한 잔혹한 역사가 최근에 밝혀졌다(Archuleta, Child & Lomawaima, 2000; McBeth, 1983). 멕시코계 미국인, 미국에서 가장 다양한 경험을 가진 라틴계 미국인 또한 오랫동안 배제되었다. 그러나 심지어 교육자들에게도 잘 알려지진 않았지만 평등 교육을 위한 투쟁에 중대한 분기점이 된 사건들이 있었다. 1930년 텍사스 주에서 멕시코계 미국인 아동들의 차별에 저항한 델 리오 교육구 대 살바티에라(Del Rio Independent School District v. Salvatierra, 1930), 미국 역사 최초의 차별철폐 성공 사례인 캘리포니아의 로베르토 알바레즈 대 레모 그로브 교육구의 평의원회(Roberto Alvarez v. Lemon Grove, 1931) 사건(Alvarez, 1986), 그리고 캘리포니아 주 학교에서 멕시코 아동의 차별을 법적으로 종결지은 멘데스 대 캘리포니아 오렌지카운티의 웨스트민스터 학교구(Mendez v. Westminster in California's Orange County, 1945) 사건 등이 그 예다. 사실상 이러한 몇몇 사례는 브라운 판결의 합법적인 판례로 받아들여졌다. 중앙아메리카인과 아시아 태평양계 미국인을 포함한 최근의 많은 이민자들 역시 불평등한 학교교육에 직면해 있으며, 이러한 상황을 바꾸기 위해 합법적인 시도에서부터 학교 개혁을 위한 요구까지 다양한 활동이 이루어지고 있다.

지난 75년간 시민권리운동에서 제기된 평등을 위한 투쟁은 미국 공교육이 소외계층을 위해 가지고 있는 희망과 약속에 대한 실례를 생생하게 제공한다. 그러나 공교육 내에서의 분리가 여전히 존재한다는 것은 슬픈 현실이다. 차별철폐를 위한 투쟁과 평등을 위한 노력은 앞으로도 계속되어야 한다.

❙ 이중언어교육

미국에서 언어 사용과 국가에 대한 충성도는 종종 연관지어지고, 애국심은 얼마나 빨리 자신의 모국어를 포기하고 영어를 사용하는가로 측정되었다(Crawford, 2000; Skutnabb-Kangas & Cummins, 1988). 결과적으로, 미국 교실에서 언어 다양성은 일시적이고 문제가 많아 학습에 방해가 되는 것으로 보였다. 학생들이 영어를 배우고 나면 학습이 무난히 이루어질 것이라고 생각되었다. 결과적으로 그들에게 모국어를 잊는 것은 시민권 혜택을 위해 필수적으로 치러야 할 대가였다. 그러나 미국의 언어 정책과 교육현장은 한 가지 형태로만 나타나지 않는다. 정책과 교육현장의 범위는 '죽기 아니면 살기' 정책에서부터 단 하나의 교수 언어로서 영어를 도입하는 것, 이중언어를 허용하고 심지어는 장려하는 것 등 모든 방법을 포괄한다. 예를 들어 '죽기 아니면 살기' 정책은 영어만 사용해야 하는 교실이기 때문에 스스로를 방어할 수밖에 없는 곳에서 언어적 소수인 학생들은 낙오된다는 것이고, 단 하나의 교수언어로서 영어를 도입하는 것은 때때로 제2 언어 학습을 돕기 위해 최소한의 영어를 사용하는 것이다.

언어적 소수집단에게 이중언어교육을 요구하기 시작한 1960년대 이후 성공적인 학교생활을 위해 소수자의 언어가 희생되어야 한다는 개념은 도전을 받아왔다(Crawford, 2004; Garcia, 2001; Nieto, 2001). 시민권리운동 과정에서 발생한 많은 투쟁 이슈 중 하나인 이중언어교육은 특히 라틴계 이주민들에게 모국어를 가르치는 것은 교육에서의 참담한 결과를 바꾸는 데 도움이 된다는 전제를 기반으로 하고 있다. 결과적으로, 1960년대와 1990년대 사이에 많은 이중언어교육 옹호자들은 이중언어교육을 옹호하기 위해 길거리, 의회, 법원으로 나섰다. 그 결과는 1974년의 라우 대 니콜스(Lau v. Nichols) 사건과 1968년 이중언어교육법 제정으로 나타났다. 미국 연방대법원에서 통과된 이 법에 따르면, 이해하기 어려운 언어로 교육받는 것은 학생의 시민권리를 심각하게 침해하는 것으로 간주되기 때문에 만장일치로 통과되었고, 이로 인해 모국어 사용 권리와 평등 교육 기회 간의 관계를 확인시켜주었다. 법원의 판결 내용 일부는 다음과 같다.

> 단지 학생들에게 똑같은 교구, 교과서, 교사, 교육과정을 제공한다는 것이 평등이 아니다. 다시 말해 영어를 이해하지 못하는 학생들은 의미 있는 교육을 방해받고 있는 것과 같다. 기초 능력은 공립학교의 교육에 있어 매우 핵심적인 부분이다. 아동이 교육 프로그램에 효과적으로 참여할 수 있기 전부터 이미 이러한 기초 능력을 습득해야 한다고 요구하는 것은 공교육을 조롱거리로 만드는 것이다(Lau v. Nichols, 1974).

이 판결이 해결책을 제시하지는 않았지만, 그것의 영향력은 즉각적이고 광범위했다. 1975년까지 미국 시민권리 담당부와 보건부, 교육부, 복지부는 '라우(Lau) 구제책'이라고 불리는 문서를 발행했다. 이것은 미국의 학교체제가 라우 구제책을 준수할 것인지 아닐지를 결정하기 위한 기초 작업이었다. 이중언어 프로그램은 대부분의 학교조직에서 일반적인 해결책이 되었다.

이중언어 프로그램은 학생들에게 영어를 교육하고 그들의 모국어 사용을 허락하는 데 머무르지 않고 부가적으로 긍정적인 효과를 유발할 것이다. 예를 들면, 학교를 자퇴하기보다는 학교에 남아 있도록 학생들의 동기를 유발하며, 일반적으로 학교 경험을 더욱 의미 있고 즐거운 것으로 만든다(Nieto, 2004). 이중언어교육을 하면 학교에서 영어로만 배운 학생이 가정에서 모국어 사용을 줄일 때보다 가족 간 의사소통을 증진시키고 가족관계를 친밀하게 만들 수 있다(Baker & Jone, 1998; Crawford, 2004).

이중언어교육은 영어 몰입 교육이나 영어를 제2 언어로 사용하는 ESL 교육보다 효과적이고, 학생들이 다른 교과 영역에서 학업수준을 유지하는 것을 돕는다고 알려져 있긴 하지만 여전히 논쟁거리로 남아 있다(Crawford, 2004; Cummins, 1996; Nitto, 2001). 제임스 크로퍼드(James Crawford)는 2004년의 연구에서 이중언어교육의 우수성을 다시 한 번 입증했다. 이 연구에서 크로퍼드는 성공적인 이중언어 프로그램이란 학생들이 그들의 모국어를 활용하여 영어를 배우고, 학업적으로 성취를 하는 것이라고 설명한다. 사실상 영어를 유창하게 하는 것이 필수적임에도 불구하고 소수 언어를 사용하는 학생들에게는 그것이 학교에서나 이후의 삶에서 성공을 보장해주지는 못한다. 알레잔드로 포르테스와 루벤 럼바우트(Alejandro Portes & Rubén Rumbaut, 2001)는 서인도와 필리핀 등 영어를 사용하는 국가에서 온 학생들이 반드시 고소득자나 고위 경영자, 전문직이 되지는 않는다는 것을 밝혔다. 중국인 등 다른 아시아인, 콜롬비아인과 다른 라틴아메리카인은 비교적 영어 실력이 유창하지 못하지만 상당한 수준의 수입을 얻는다. 언어뿐만 아니라 인종과 사회적 지위 또한 미국 생활에서 중요한 역할을 한다는 것을 알 수 있다.

대중은 언제나 이중언어교육에 대해 양가적인 태도를 취하며, 이러한 태도는 예전보다 오늘날 더욱 빈번히 나타난다. 1998년 캘리포니아에서 진행된 법률안 227호의 통과를 예로 들 수 있겠는데, 이 개정안은 결과적으로 이중언어교육의 철폐를 가져왔고, 비슷한 법률안이 애리조나(2000)와 매사추세츠(2002)에도 있었다. 이러한 법적인 판단은 이중언어교육 지원에 대한 일반적인 거부감을 설명하고 있다. 왜냐하면 이중언어교육이 교수언어로 영어 외의 다른 언어 사용을 수반하고 있기 때문이다. 이중언어교육의 근본적인 목표 중 하나가 영어를 배우는 것이라는 사실은 종종 영어 이외의 다른 교수 언어를 사용하는 것이 사회 통합을 위협한다고 여기는 반대세력에 의해 함구된다. 영어가 통합을 위한 힘이라는 것은 단지 신화일 뿐이다. 주로 미국의 언어 정책을 연구하는 제임스 크로퍼드(2000)는 영어에 대한 이러한 생각들이 다양성 측면에서 볼 때 훌륭한 다언어적인 전통을 오히려 모호하게 만들고 있으며, 반대로 지금까지 시도된 적이 거의 없는 영어의 일관된 역할을 만들고 있다고 주장했다.

❙ 다문화교육

오랜 역사를 가지고 있는 다문화교육의 시작은 20세기 초반 아프리카계 미국인을 위한 개선 교육이었다(Du Bois, 2001; Woodson, 1933). 다문화교육의 효시는 1920년대 말부터 시작하여 1950년대 말까지 지속된 집단 간, 문화 간 교육운동이었다(C. Banks, 2004). 다문화교육은 문화 간 이해와 존중을 촉진시키는 교육과정과 교재를 통합함으로써 미국이 다인종적이고 다문화적인 사회라는 특성을 알리는 첫 교육적 시도였다. 그러나 우리가 알고 있는 다문화교육은 1970년대 초반에 시작되었고, 이것도 차별철폐와 이중언어교육 운동처럼 시민권리운동에서부터 시작되었다.

다문화교육은 넓은 범위의 접근과 다양한 정의를 다룬다(Banks & Banks, 2004). 그럼에도 불구하고 대부분의 지지자들은 다문화교육이 모든 학생에게 공정한 양질의 교육을 제공해야 한다는 필요성에 동의한다. 이것은 공립학교에서 인종, 민족, 언어, 이민자 지위, 사회계층 등 사회적으로 부정적으로 받아들여지는 요소들로 인해 실패한 학생들에게 특히 중요하다. 게다가 좀 더 포괄적인 교육과정과 문화감응교육을 통해 모든 학생의 정체성을 지지함으로써 다문화교육은 불평등을 영속화시키는 학교와 사회의 제도적 정책과 관습에 도전하는 교육의 사회 · 정치적 맥락을 고려한다. 광범위하게 학교를 개혁하는 일과 사회 정의를 위한 투쟁이 바로 이런 사례들이다(Nieto, 2004). 예를 들면, 수준별 반 편성(Oakes, 1985), 불평등한 자금지원(Kozol, 1991), 시험(Neill, 1997) 등과 같이 교육에 악영향을 주는 교육 불평등에 대한 연구가

1960년대부터 현재까지 계속 진행되고 있다.

결과적으로 다문화교육은 모든 배경과 환경의 학생을 위한 평등한 교육 기회를 성취하는 방법으로 간주되었다. 즉 다문화교육은 모든 아이들이 그들이 지닌 자원과 강점을 가지고 학교로 온다는 것, 인종차별주의와 다른 개인적이고 제도적인 편견들이 종종 공평한 교육에 방해가 된다는 것, 사회와 학교환경과 구조가 학습을 방해한다는 것, 모든 학생의 문화와 배경, 집단을 인정하고 지지하는 것이 교육에서 긍정적인 자원이 된다는 것, 그리고 그러한 학교들은 모든 학생에게 긍정과 성공의 장소가 될 수 있다는 것을 전제로 한다.

크리스틴 슬리터와 칼 그랜트(Christine Sleeter & Carl Grant, 1987)는 다문화교육에 대한 다음과 같은 다섯 가지 접근을 제시한다. 첫째, '문화적으로 다르게 가르치는 것'이다. 이는 주류나 지배계층의 학생이 아닌 학생에게 적용되는 개념에 기초를 두고 있다. 둘째, '인간관계'에 접근하는 것이다. 이 접근법은 모든 사람을 공정하고 평등하게 대할 필요가 있다는 것을 강조한다. 셋째, '단일 집단 연구' 접근법이다. 이는 하나의 특정한 민족이나 인종집단에 기초를 두고 가르치는 것이다. 넷째, 학생들이 지닌 차이를 인정하고 장려하는 '다문화교육' 접근법이다. 다섯째, '다문화와 사회재건 중심' 접근법이다. 이 접근법은 사회구조를 비판하고 학생들이 적극적인 태도를 취하는 것을 격려할 수 있도록 전체 교육 프로그램을 변화하는 것이다. 이와 같은 다문화교육에 대한 견해들은 종종 목적과 접근에서 서로 상충하지만, 다문화교육을 지지하는 사람들은 어떤 형태의 다문화교육이든 단일문화교육보다는 더 희망적인 접근이 될 것이라는 데 동의한다. 더욱이 패트리샤 램지와 레슬리 윌리엄스(Patricia Ramsey & Leslie Williams, 2003)에 의하면, 많은 교육자들이 '문화적으로 다르게 가르치는' 접근법으로 학생들을 지도하면서 사회적 · 문화적 정체성을 기준으로 학생들을 차별하는 제도적인 정책에 대해 비판적인 자세를 취하게 되었다.

제임스 뱅크스(James Banks, 1991)는 다문화교육에 피상적으로 접근하는 학교교육의 경향에 반대하여 '다문화교육의 차원'을 발전시켰다. 첫째, 다문화교육의 차원은 문화와 집단의 다양성을 교육과정에 포함시키는 '내용 통합' 차원이다. 둘째는 교사와 학생의 지식 형성을 돕는 '지식 구성' 차원이다. 이는 교사와 학생이 특별한 교과과정에서 관점과 편견, 프레임을 이해하는 방법을 형성하는 차원이다. 세 번째는 '편견의 감소' 차원으로, 학생이 다른 배경을 가진 사람들에 대해 긍정적이고 반편견적(anti-biased)인 태도를 발전할 수 있도록 교사가 돕는 것이다. 네 번째는 '평등 교육' 차원으로, 모든 배경의 학생들이 효과적으로 배울 수 있도록 교육학적 전략들을 수정하는 것이다. 다섯 번째 차원은 '학교문화와 사회구조에 대한 권한 부여(empowering)' 차원으로, 학교 분위기와 구조가 평등한 학습 분위기를 촉진시키도록 하는 것이다. 이러한 차원들은 다문화교육 영역을 정의하고 다문화교육을 진정성 있고 지속적으로 개혁하기 위한 정책과 현장의 제도적 변화들을 이해하는 데 중요한 것으로 여겨지고 있다. 이에 따라 다양한 음식을 골고루 갖춘 만찬, 다양한 국가나 민족의 축제 등과 같이 구조적인 불평등을 고려하지 않는 여러 활동으로 설명되는 '기념일과 영웅' 식 접근은 지난 10년 동안 비판을 받고 있다(Bigelow, Christensen, Karp, Miner & Peterson, 1994; Bigelow, Harvey, Karp & Miller, 2001; Lee, Menkart & Okazawa-Rey, 1998; Nieto. 2004).

다문화교육은 지난 30년간 많은 변화를 겪어왔다. 램지와 윌리엄스(Ramsey & Williams, 2003)는 다음과 같은 두 가지 큰 변화를 제시했다. 첫째, 다문화교육의 범위는 인종과 민족을 뛰어넘은 새로운 이슈로 확대되고 있다. 둘째, 타인의 정체성과 가정(assumption)에 손상을 주는 백인의 정체성과 그들의 가정이 어떻게 사회와 학교에서 정상으로 받아들여지는지에 대해 새롭게 관심을 갖게 되었다. 다문화교육에 대한 주요 견해인 비판적 교육학은 다음과 같은 몇 가지 중요한 방식으로 다문화교육에 영향을 끼쳤다. 첫째, 다문화교육과 비판적 교육학의 만남은 피상적인 특성보다는 심층적인 문화적 역동성에 초점을 맞춤으로써 평범하지 않은 학생들의 문화를 지지했다. 둘째, 이들의 만남은 헤게모니적 지식에 도전한다. 셋째, 학생을 가르치는 단 하나의 방법이 더 이상 존재하지 않도록 교육학을 복잡하게 만든다. 넷째, 지속적인 억압의 고리를 끊기 위한 방법으로 단순히 학생들의 자존감을 높이는 데만 집중하는 것에 도전한다. 다섯째, 불평등에 도전하는 '위험한 담론(Biger, 1999:

119)'을 조장한다. 여섯째, 다문화교육이 계층화와 소외의 문제에 대한 만병통치약이 아니라는 것을 깨닫게 한다(Nieto, 1999). 이러한 방식으로 다문화교육은 모든 아이들이 훌륭한 교육의 기회를 평등하게 가진다는 가정에 도전하는 것을 돕고, 이 절의 제목에서 볼 수 있듯이 '높은 기대'의 초석이 되었다.

마지막으로 다문화교육 운동은 학교가 보다 포괄적인 수준에서 개혁되어야 한다는 요구를 반영한다. 다문화교육은 단순히 관료적인 구조를 다른 것으로 대체하기보다는 학교 정책과 관행이 불평등을 만들고 유지 · 영속시키는 데 도움을 주는 구조 자체를 변화시키기 위해 노력한다.

좌절된 약속

불행히도 미국의 공립학교는 호러스 맨과 존 듀이가 상상했던 높은 기대에 부응하지 못하고 있다. "진보적 교육의 목표는 불평등한 특권과 불평등한 박탈을 영속시키는 것이 아니라 정정하는 것에 동참하는 것이다"라는 존 듀이(1916: 119-120)의 이상주의적인 주장에도 불구하고 학교는 그동안 지나치게 특권을 고수해왔다. 미국 학교의 역사는 평등을 위한 투쟁과 사회 정의와 통합의 중요한 순간으로 구분되어왔지만, 차별과 배제, 인종차별주의로 특징지어지기도 했다.

지역차별과 사회적 차별을 투영하는 학교차별은 미국 학교의 고질적인 문제가 되어왔다. 50년 전에 차별철폐운동이 시작되었고 미국 전역의 학교에서 다양성이 증가하고 있지만, 인종 · 민족적인 차별은 오히려 증가하고 있다. 미국 학교의 학생들은 그 어떤 시기보다 다른 인종이나 다른 배경을 가진 학생들과 분리되어 있는 것으로 보인다. 개리 오필드(Gary Orfield, 2001)에 따르면, 흑인을 위한 차별철폐운동은 1954년의 브라운 대 교육위원회 판결 이후로 1990년대 이후에 가장 퇴보하는 모습을 보이고 있고, 이러한 경향은 계속 이어지고 있다. 게다가 라틴계는 오늘날

인종, 민족, 빈곤의 측면에서 모든 민족집단 중에서 가장 심하게 차별을 받고 있다 (Orfield & Yun, 1999).

이중언어교육도 제대로 실시되지 않고 있다. 1968년 제정된 이중언어교육법은 조용히 사라져 현재는 오직 영어 습득만 강조하고 있다. 그리고 43개 주와 컬럼비아 특별구에는 영어구사 능력이 부족한 학생들을 위한 입법규정들이 있음에도 불구하고 이중언어 교실의 학생 수는 지난 몇 해 동안 계속 감소하고 있다. 예를 들어 2000년도에는 소수언어학생의 19%만이 그들의 모국어로 수업을 받았다(Kindler, 2002). 이는 이중언어교육이 1990년대 말부터 많은 주에서 사라졌기 때문이고, 모국어를 이용한 수업에 대한 뿌리 깊은 이데올로기적 저항 때문이기도 했다.

다문화교육은 시작 초기부터 상당히 논쟁이 많았다. 다문화교육은 지배적인 교육체계에 반대 입장을 표명하는데다가 보수 측에는 보편적인 미국문화를 위협하는 것처럼 보이고, 진보 측에는 '민족적 지지'를 제대로 하지 못하는 것으로 보여 모든 진영에서 비판을 받았다(Nieto, 1995; Sleeter, 1995). 그러나 민주주의 사회의 상황을 고려한 관점에서 볼 때 다문화교육의 목표는 기회의 축소보다는 기회의 확대를 위한 잠재력을 가지고 있다. 에이미 거트먼(Amy Gutmann, 2004: 71)에 따르면, "민주주의 사회에서 다문화교육은 두 가지 방법으로 시민 평등을 발전시킨다. 첫 번째 방법은 시민 평등과 일치하는 문화적 차이에 대한 관용의 민주주의적 가치를 표현하는 것이다. 두 번째 방법은 아이들이 살아갈 세상을 만드는 과정에서 문화적 차이의 역할을 인식시키는 것이다."

분리된 학교가 다시 등장하고 대부분의 이중언어교육이 사라지며 다문화교육에 지속적으로 반발하는 것은 미국 공교육이 사회적 변화에 대해 반응하는 광범위한 저항의 생생한 지표다. 결과적으로 이러한 운동들은 제도화되거나 일반 대중에 의해 모든 학생이 평등하기 위해 반드시 필요한 것으로 받아들여졌다. 그러나 이러한 노력이 가져올 미래는 불확실하다.

결론: 불확실한 미래

미국에서 평등한 교육과 양질의 교육에 접근하는 것은 지위나 계층에 상관없이 모든 학생을 위한 태생적인 권리로 간주되어왔다. 그러나 소중히 지켜온 이러한 이상에도 불구하고 미국의 교육사는 심하게 불평등한 접근과 결과의 사례들로 가득 차 있다. 이러한 불평등은 학생들의 인종, 민족, 사회적 지위, 젠더 등의 차이를 제외하더라도 자주 발생하며 새삼스러운 일이 아니다. 프란체스코 코다스코(Francesco Cordasco, 1973, 1998: 4)는 25년 전 미국 학교교육의 불평등에 대해 다음과 같이 묘사했다. "다인종 · 다민족사회에서 미국인의 학교 경험은 문화적 폭력과 많은 학생에 대한 교육 기회의 차별적 박탈, 중산층 엘리트인 앵글로색슨계 백인 신교도들을 위한 사회경제적인 혜택의 연속이었다." 세월이 흐른 후에 헨리 지루(Henry Giroux, 1992)는 공교육의 이러한 상황에 대해 '민주주의의 후퇴'라고 설명했다. 이는 민주주적 가치의 핵심으로 여겨지는 시스템에 대한 적절한 표현이라고 볼 수 있다.

이 장에서 나는 지난 75년간 미국의 공교육이 평등과 사회 정의를 위한 치열한 투쟁선상에 있었다고 말했다. 작은 논쟁들에서는 이겨왔지만 더 큰 투쟁의 승패는 불확실하며 더 큰 논란으로 이어지기도 했다. 투쟁은 공교육의 평등에 대한 이상을 반영함과 동시에 기득권을 제한하는 것이었기 때문에 쉽지 않았다. 이러한 긴장감은 인종 분야에서 더욱 두드러지게 나타났다. 교육 역사가인 데이비드 타이액(David Tyack, 1995: 4)에 따르면, "백인 우월주의와 인종적 정의를 성취하려는 시도는 100년 이상 교육 정책에 대한 논쟁을 가열시켰다." 미국사회가 평등을 추구하는 이데올로기를 가지고 있음에도 불구하고 국가적 차원에서 이 목표를 달성하기 위해서는 오랜 시간이 걸릴 것이다.

현재 국가와 주정부 차원의 정책 풍조에는 공교육과 교사 교육, 특히 가난한 학생을 위한 학교에 깊은 불신이 퍼져 있다(Cochran-Smith, 2003; Nieto, 2003). 모든 사람을 위한 평등 교육이라는 수사 어구에도 불구하고 미국에는 학생들을 위한 공평한 경쟁의 장이 없다. 이 상황은 도시와 외곽 학교 사이의 모순에 대한 획기적인 사실을 폭로한 조너선 코졸(Jonathan Kozol, 1991)에 의해 생생하게 묘사된 바 있다. 이 연구에서 코졸은 이러한 학교는 때때로 서로 지리적으로 인접해 있지만 재정 지원과 관심도의 측면에서 밤과 낮처럼 다르다고 설명했다. 유감스럽게도 코졸의 책이 출판된 이후에도 상황은 주목할 만하게 바뀌지 않았다. 즉, 학생들의 거주지를 알려주는 지역코드는 여전히 그들이 받게 될 교육의 수준을 나타내는 거의 확실한 지표로 받아들여지고 있다. 최근 미국 학교들은 교육 평등의 모범이 되기는커녕 산업화된 국가 중 교육비 지출, 교과과정 제공, 교육의 질 부문에서 가장 불평등한 학교로 지속적으로 자리매김하고 있다. 사회의 다른 계층의 학생들을 위한 불공평한 지원은 언제나 그들의 사회계층, 인종, 민족과 관련이 있다(Darling-Hammond, 2001).

교육은 우리 사회에서 빈곤의 주된 탈출구로 받아들여지고 있지만, 경제적으로 가난하거나 문화나 인종적으로 '주류문화'와 다른 혹은 이 둘의 특성을 모두 가지고 있는 청소년들이 학업적으로 성공한 사례를 찾기는 어려운 일이다. 학부모, 정책 입안자 그리고 일반 대중 모두가 다음 세대를 위해 지속 가능한 교육을 약속하지 않는다면, 학교가 이루고자 하는 교육적인 의욕과 고귀한 목적을 달성할 수 없다. 지금이 바로 우리의 관심을 다시 한 번 교육 평등을 방해하는 제도적이고 구조적인 장애물에 돌릴 시간이다. 우리는 『하버드 교육 리뷰』 75주년 특별호를 기념하면서 호러스 맨(1868), 존 듀이(1916), 뒤 브아(2001), 조지 산체스(1940), 그리고 다른 공교육 주창자들이 주장한 전망도 기억할 것이다. 왜냐하면 그것은 오늘날의 현실과 아주 동떨어진 이야기이기 때문이다. 우리의 학교가 원래 그랬던 것처럼 다시 한 번 희망의 등대가 되려면 무엇을 해야 할 것인가? 나는 국가적으로 모든 학교와 학생들에게 도덕적이고 물질적인 자원이 충분하게 주어져야 하며, 특히 좌절된 약속으로 인해 가장 위험에 처해 있는 사람들에게 더 지원해야 한다고 생각한다. 이러한 딜레마에 대한 우리의 응답이 미국 공교육의 미래를 결정할 것이다.

5장
우리는 다양한 언어로 말한다
언어 다양성과 다문화교육

언어적 다양성은 미국을 포함하여 세계의 많은 나라들에서 피할 수 없는 현실이다. 사실상 미국에서 스페인어를 모국어로 사용하는 사람들을 하나의 국가로 간주한다면, 스페인어를 말하는 국가 중 세계에서 네 번째로 큰 국가가 될 것이다. 하지만 미국사회는 단일 언어 국가 중 하나로 많은 사람들이 영어로만 대화할 수 있는 곳이다. 왜냐하면 영어는 권력의 언어이기 때문에 여전히 미국사회에서 단일 언어로 남아 있는 것이 가능하고 성공적인 삶을 가능케 한다. 하지만 이러한 현상은 두 개 또는 여러 개의 언어를 사용하는 것이 필수적인 다른 많은 나라에서 당연한 일은 아니다.

이처럼 언어 다양성이 공장에서부터 지하철, 라디오와 텔레비전 방송국에 이르기까지 미국사회의 모든 곳에서 명확하게 드러나고 있음에도 불구하고 학교는 이러한 현실을 따라가지 못했다. 그 결과 미국사회, 특히 공공장소에서 모국어를 영어로 하지 않는 사람이 자신의 모국어를 사용하면 부정적인 꼬리표가 따라붙게 된다. 그러나 만약 영어를 모국어로 하는 사람이 다른 언어를 사용할 경우, 부정적인 사회적 편견은 그렇게 크지 않을 것이다. 오히려 그것은 '멋있다'고 간주될 수 있다. 오직 영어만을 사용해야 한다는 부정적인 압박 때문에 영어 이외의 다른 언어를 사용하는 학생들과 이중언어를 사용할 수 있는 잠재력을 가진 아이들은 결국 영어만 사용하게 되는 상황에 직면하게 된다. 이러한 일이 발생하는 것은 개인적인 그리고 집단적인 측면에서 중대한 국가적 자원을 손실하는 것과 같다.

그동안 다문화교육에서는 언어 다양성을 중요하게 다루기를 주저했고, 대부분의 다문화교육 관련 개념에서는 교수학습에서 언어의 중요성을 고려하지 않았다. 그러나 이런 현상은 지난 20년 동안 점차적으로 변해왔다. 특히, 미국 내 이민과 난민 인구가 증가함에 따라 다양성을 이해하는 데 있어서 언어 다양성이 필수적인 요소라는 것은 그 어느 때보다 분명했다. 이 장에서는 미국사회 내 다양성의 주요 영역으로서 언어를 분석하고, 이중언어 교사 또는 ESL 교사뿐만 아니라 영어가 아닌 모국어를 사용하는 학생들을 가르치는 모든 교사의 책임에 대해 다룰 것이다.

미국사회는 정책적으로는 아니지만, 실제적으로는 그 어느 때보다 더 많은 수의 복수 언어를 사용하고 있는 국가가 되고 있다. 1970년대와 1980년대에 미국으로 유입된 이민자 수는 역사상 최대 규모였다. 1981년과 1990년 사이에 합법적으로 유입된 이민자 수만 하더라도 730만 명 이상이었고, 지난 10년 전에 비해 63%의 이민 증가율을 보였다(U. S. Bureau of the Census, 1994). 1900년부터 1910년까지의 14.7%에 비해 1990년의 7.9%는 비록 상대적으로 낮은 수치이지만(Portes and Rumbaut, 1996), 1990년에 유입된 새로운 이민자 수는 미국의 이민 역사상 가장 정점에 올랐던 20년 동안 유입된 이민자들의 수와 같았다. 이전의 이민자들이 주로 유럽 출신이었던 것과는 달리 새로운 이민자의 약 1/3은 아시아로부터, 그리고 또 다른 1/3은 라틴아메리카로부터 유입되었다(U. S. Immigration and Naturalization Service, 1995). 이민의 증가와 더불어 영어가 아닌 다른 언어를 모국어로 사용하는 사람이 증가했다. 1990년 인구조사에 따르면, 거의 3,200만 명의 사람이 가정에서 영어 이외의 언어를 사용하며, 이들 중 절반이 스페인어를 사용한다. 영어 이외의 언어 사용을 주장하는 전체 인구 수가 1980년 2,399만 명(11%)에서 1990년에 거의 3,200만 명(14%)까지 증가한 것은 우연한 일이 아니다(Portes and Rumbaut, 1996).

미국사회에서 영어가 유일한 의사소통 수단이라는 관점이 널리 알려져 있음에도 불구하고 미국의 교실, 지역사회, 직장에서 사용하는 언어는 매우 다양하다. 예를 들면, 미국의 공립학교 및 사립학교에 다니는 4,600만 명에 달하는 전체 학생의 7.4%인 300만 명 이상의 학생들은 영어를 유창하게 사용하지 못한다(Macias, 1998). 언어적 소수 학생들은 대도시 학교에서뿐만 아니라 전국의 소도시, 교외 그리고 시골 학교에도 존재한다. 이것은 이중언어 및 ESL 교육을 전문으로 하는 교사들은 물론, 모든 교사들이 다양한 언어 배경의 학생들을 가르칠 준비를 해야 할 필요가 있음을 의미한다.

이 장의 목적은 언어적 소수 학생들이 높은 수준의 학업성취를 이룰 수 있도록 교사와 학교가 언어 다양성에 접근할 수 있는 생산적인 방법을 제안하는 것이다. 교사들은 언어 다양성을 개선해야 할 문제로 다루기보다 그것을 학교나 사회를 위한 자산으로 생각하는 방법을 배워야 한다. 이러한 이유로 나는 모국어와 제2 언어 발달의 중요성, 그리고 단순히 언어적 소수 학생들을 전문적으로 가르치는 사람뿐만 아니라 모든 교사가 모국어와 제2 외국어를 효과적으로 가르칠 수 있는 전략을 제시할 것이다.

언어 다양성과 다문화교육: 논의의 확장

언어 다양성을 포괄적이고 긍정적으로 이해하기 위해 그것을 바라보는 방식에 대해 재개념화할 필요가 있다. 이러한 재개념화는 다음의 내용을 포함한다.

- 결핍보다는 자원으로 언어 다양성을 인식하기
- 언어적 차별이 미국 교육의 역사에서 수행한 핵심적인 역할 이해하기
- 모든 학생을 위한 언어 다양성의 장점을 재정의하고, 다문화교육의 프레임 안에 언어 다양성 포함하기

- 학업성취에 있어 모국어 발달의 중요한 역할 이해하기
- 모든 교사가 책임감을 가지고 언어적 소수 학생들을 교육하기

▍자원으로서의 이중언어

일반적으로 미국인은 언어 다양성을 긍정적이기보다는 오히려 부정적으로 인식하도록 사회화되었다(Crawford, 1992). 그러나 세계 대부분의 국가에서는 이중언어와 다중언어를 권장하고 있다. 언어 다양성에 따른 인식은 많은 요소와 관련된 아주 복잡한 문제다. 즉, 언어 다양성에 대한 인식은 거주자가 어느 나라, 어느 지역에 살고 있는지, 그곳의 언어의 다양성은 어떠한지, 말하는 사람이 속한 인종, 민족, 사회계층은 어떠한지 등에 따라 달라지는 복잡한 문제다. 때때로 이중언어는 높게 평가된다. 이것은 일반적으로 정규 교육을 받고 사회적 지위와 힘을 가지고 있는 사람들의 경우다. 한편, 사회에서 가난하고 힘없는 사람들이 다수 언어를 구사할지라도 이중언어는 낮은 지위에 대한 기호로 인식된다(Fairclough, 1989; Phillipson, 1992; Corson, 1993). 사회적 지위와 권력에 대한 이슈가 언어 다양성의 재개념화에서 고려되어야 한다는 것은 분명하다. 이것은 일반적으로 교육현장이나 사회에서 통용되는 높은 지위의 공식적인 언어를 제외하고는 다른 언어의 사용을 제한하는 정책과 관행이 특권과 자민족중심주의, 인종주의를 중심에 두고 있다는 인식을 발전시킨다는 의미다. 특정 언어들이 금지되거나 폄하될 때, 그 언어를 사용하는 사람들은 침묵하게 되거나 무시된다.

미국에서 영어는 권력의 언어다. 특히 영어를 모국어로 사용하는 사람들 중 중산층이며 정규 교육을 받은 사람들에게는 단일 언어 사용은 자산이 된다. 가끔 이중언어도 자산으로 간주되지만, 이것은 흔히 영어를 모국어로 사용하면서 다른 언어를 제2 언어로 배운 사람들의 경우다. 누군가가 특권이 낮고 제한된 지위를 가진 나라의 언어를 모국어로 사용한다면 — 특히 그들이 영어를 유창하게 구사하지 못

하거나 외국어 악센트를 사용한다면 — 그것은 종종 결핍으로 간주된다. 말하는 사람의 악센트 종류도 중요하다. 예를 들어 캐나다 프랑스어나 아이티 프랑스어로 말하는 것은 낮은 지위로 여겨지는 반면, 파리지앵 억양의 프랑스어로 말하는 것은 일부 지역에서는 높은 지위를 나타내는 것으로 간주된다. 마찬가지로 일반적으로 미국사회에서 스페인어의 열등한 변종으로 여겨지는 라틴아메리카나 캐리비안 스페인어를 말하는 것보다 카스티야 스페인어로 말하는 것이 더욱 긍정적으로 간주된다.

어떤 사람들에게 이중언어는 열등한 것으로 인식된다. 이는 보통 라틴계, 미국원주민, 아시아계 그리고 캐리비안계 학생들의 경우인데, 그들은 교실에서 대부분 언어적으로 소수 학생들이다. 언어학적으로 그들이 사용하는 언어에는 문제가 없다. 즉, 의사소통을 목적으로 할 때 모든 언어는 동등한 가치를 지닌다. 그러나 사회 · 정치적인 측면에서 미국사회 내 대부분의 언어적 소수 학생들이 사용하는 언어에는 낮은 사회적 지위가 부여된다. 이러한 언어를 사용하는 학생들에게는 문제가 있는 것으로 인식되고, 그 문제는 영어보다 다른 언어를 유창하게 말하는 것으로 정의된다. 이 경우, 교육의 주요 목적은 모국어의 모든 흔적을 제거하는 것이다. 더욱이 좋은 의도를 가진 교육 전문가조차 학생들이 다른 언어를 유창하게 구사하는 것을 영어 습득에 대한 장애로 인식하기도 한다.

▎언어차별에 대한 인식

미국 교육의 역사에서는 토브 스커트냅-캔가스(Tove Skutnabb-Kangas, 1988)가 언어차별주의(linguicism)라고 말했던 것처럼 언어차별 사례들이 다양하게 존재한다. 특히, 그녀는 언어차별주의를 "언어에 따라 분류한 집단들 간에 모든 물질적 · 비물질적 자원과 권력이 불평등하게 분배되는 것을 합법화하고, 시행하며, 재생산하는 데 사용되는 이데올로기와 구조"로 정의한다. 미국 원주민 부족들과 노예가 된 아프리카계 미국인을 포함하여 모든 공동체에서는 의사소통이나 교육을 위해 그들의 모국어를 사용하는 것이 거부되었다. 이것은 교육용 영어를 이해할 수 없는 청소년들을 위한 평등한 교육 기회가 부족하다는 것뿐만 아니라, 학교 내에서 다른 언어의 사용을 금지하는 정책에서 분명히 드러난다(Crawford, 1992; Cummins, 1996; Spring, 1997). 언어차별은 특히 인종적 · 경제적으로 억압된 집단에서 분명하게 나타났지만, 역사적으로 이러한 집단에만 제한된 것은 아니다. 사실상 이것은 미국사회에서 영어 이외의 다른 언어를 사용하는 모든 집단에 대해 널리 시행된 정책이었다. 이에 적합한 역사적인 사례로는 대규모 독일어 말살 정책이 있다. 독일어는 18~19세기 동안 의사소통을 위한 언어로서 영어와 거의 동등한 지위를 차지했고, 미국 역사의 일정 기간 동안 이중언어 프로그램에서 가장 많이 사용된 언어 중 하나였다. 그러나 교육용 언어로서 독일어의 사용은 제1차 세계대전을 전후하여 나타난 외국인 혐오 정책에 의해 사실상 종료되었다(Crawford, 1992).

오직 영어만 사용하는 환경에 순응하도록하는 엄청난 압력이 의미하는 것은 끔찍한 희생이 뒤따를지라도 자신의 모국어를 포기하는 것이 미국 시민권이라는 혜택을 얻기 위해 치러야 하는 불가피한 대가로 여겨졌다. 교육자들은 전반적으로 학생들의 언어 동화를 그들의 주된 임무라고 받아들였다. 심지어 오늘날에도 학생들이 그들의 모국어로 말하는 것에 대해 처벌을 하거나 영어를 거의 하지 못하는 부모에게 그들의 자녀와 모국어로 말하지 않도록 요청하는 메모를 보낸다는 것은 드물지 않은 일이다. 오늘날 이러한 자민족중심주의에 대해 더 많이 인식하게 되었음에도 불구하고 아직도 그것이 계속 존재한다는 사실은 언어의 다양성을 긍정적으로 인지하는 것에 대한 뿌리 깊은 거부감을 나타낸다. 언어 다양성에 대해 보다 정확하게 이해하기 위해서는 언어차별이 영어 이외의 언어를 사용하는 사람들로부터 어떻게 권력을 빼앗아왔는지를 고찰할 필요가 있다. 이와 같은 이해는 언어 다양성을 교육적 평등이라는 렌즈를 통해 검토할 필요가 있다는 것을 의미한다. 즉 단순한 언어 차이의 문제가 아닌, 권력 차이의 문제라는 것이다. 이와 같이 언어 다양성은 다문화교육에서 핵심적인 부분이다.

❙ 다문화교육에서 언어 다양성의 역할

언어 다양성을 위한 프레임을 확장한다는 것은 다문화교육의 한 부분으로 재정립하는 것을 의미한다. 인종, 계층, 젠더 등이 다문화교육의 필수적인 요소로 고려되듯이 이러한 분류에 적합하지 않을지라도 언어 다양성 또한 다문화교육을 위해 고려되어야 한다. 다문화교육의 근본적인 목표 중 하나는 학생을 학교로 이끄는 힘을 기르는 것이지만, 다문화교육에서조차 언어 다양성이 항상 자산으로 고려되는 것은 아니다. 현재, 가장 진보적이고 포괄적인 다문화교육의 프레임은 언어 차이의 중요성을 고려하고 있지만(Banks and Banks, 1995; Macedo and Bartolome, 1999), 항상 그랬던 것은 아니다. 미국 학교 내에서 대부분의 언어적 소수 학생들이 인종적 소수자이며 어려운 배경을 가진 것은 사실이지만, 언어적 이슈들은 오직 인종이나 계층 차이의 문제로만 치부되어서는 안 된다. 언어 다양성 자체가 중요한 차이라는 점이 고려되어야 한다.

언어 다양성을 신중하게 고려하지 않는 일부 다문화교육 지지자들의 실패와 이중언어교육에서 다문화교육을 단순히 이중언어와 민족연구로 보는 경향으로 인해 이중언어교육과 다문화교육은 인위적으로 구별되었다. 이로 인해 이중언어교육이 라틴계나 영어가 아닌 다른 언어가 모국어인 학생들을 위한 것이라면 다문화교육은 영어를 구사하는 아프리카계 미국인이나 피부색이 다른 인종을 위한 것이라고 인식되었다. 이러한 인식은 이 두 영역이 각각 그들만의 조직, 출판물, 학회, 정치적인 연구 의제들 그리고 연결망을 가진다는 사실에 의해 강화된다. 각 영역의 관심사가 가끔은 특별하기 때문에 이러한 종류의 전문화는 필요하고 바람직하다. 하지만 이중언어교육과 다문화교육이 근본적으로 다르고 서로 관련이 없다는 주장은 그들의 공통적인 역사적 뿌리와 상호 보완적인 목표를 부인한다는 것을 의미한다. 그 결과, 이중언어교육과 다문화교육의 지지자들은 때때로 서로를 다른 목표와 의제를 가진 적수로서 간주한다. 이들은 제한된 자원을 차지하기 위해 서로 외면하고 적대감을 가질 수도 있다.

언어는 문화의 가장 핵심적인 부분 중 하나다. 따라서 언어적 소수 학생을 위한 교육은 다문화교육의 본질적인 부분이다. 이중언어교육과 다문화교육 영역은 역사적으로나 기능적으로 서로 불가분하게 연결되어 있다. 만약 사회적 의미와 지지를 의미하는 자신들의 언어가 학교교육에서 부인되거나 낮은 위치로 격하된다면, 학업에서 실패할 가능성이 늘어날 것이다. 언어와 문화는 서로 밀접하게 관련되어 있으며, 이중언어적이고 다문화적 접근은 학교에서 대부분의 취약한 학생들에게 권한을 주고 참여시키는 것을 추구하고 있다. 따라서 이중언어교육과 다문화교육을 자연스럽게 연결시키는 것은 당연하다.

모국어와 학업성취

효과적인 가르침은 학습이 선행 지식과 경험을 바탕으로 이루어진다는 사실에 기반을 둔다. 그러나 언어적 소수 학생들의 경우, 학교가 학생들이 영어가 아닌 다른 언어로 배운 선행학습을 활용할 기회를 박탈하고 있다는 것을 상기할 때, 우리는 이러한 사실을 잊어버린 것처럼 보인다. 배움이 발생하는 방식과 언어의 결정적인 역할을 반박하는 이러한 과정은 짐 커민스(Jim Cummins, 1996: 17)가 적절히 설명하고 있는데, 그는 다음과 같이 주장한다. "우리가 기존의 인지구조 또는 도식 위에 입력된 새로운 사실을 통합해 학습한다는 것은 인지심리학자들 간에 통용되는 일반적인 학설이다. 우리의 선(先)경험은 새로운 지식을 해석하는 기초를 제공한다. 어떤 학습자도 백지 상태가 아니다."

학교와 교사는 언어적 소수 학생의 모국어와 문화를 존중할 수 없는 타당한 이유가 있다고 생각한다. 학교는 종종 학생의 영어 능력을 미래의 경제적 · 사회적 이동과 연관시킨다. 즉 영어 이외에 다른 언어를 사용하는 학생은 '불리한 상황'에 있는 것으로 여겨지며, 그들은 교묘한 방법으로 모국어를 버리도록 강하게 요구받고 있다. 학교는 학생의 미래를 보호한다는 명목하에 부모에게 자녀가 집에서도 영어를 사용하도록 요청하며, 학생이 모국어를 사용할 때 혼을 내거나 아이들이 영어를 잘 구사할 때까지 수업을 잠시 동안 보류하기도 한다. 이러한 전략이 언어적 소수 학생들에 끼치는 부정적인 영향은 막대하다. 캘리포니아 주의 한 고등학교에서 멕시코계 학생들을 대상으로 학업적인 성공이 향상되거나 지체되는 요인을 연구한 마거릿 깁슨(Margaret Gibson, 1995)의 연구를 예로 들면, 학교환경이 이중언어 사용의 긍정적인 효과를 무시하고 영어를 단일 언어로 사용하도록 압력을 가한다는 사실을 발견했다. 교사는 학생의 모국어 능력에 초점을 맞추기보다는 학생들에게 최대한 스페인어를 배제하고 영어만 말하도록 격려했다. 깁슨은 교사의 이러한 역할에 대한 인식을 '영어 전용 행위(English only attitudes)'라고 정의했다(Gibson, 1995). 데이비드 코슨(David Corson, 1993)에 따르면, 학생은 이러한 행위에서 자신의 능력을 격하시키는 메시지를 받아들인다. "그 결과, 몇몇 사회집단의 사람들은 교육의 실패가 낮게 평가된 학생들의 사회적 · 문화적 지위의 결과가 아니라 선천적인 개인의 능력, 즉 그들의 영재성이 부족한 결과라고 믿게 되었다(Corson, 1993: 11)."

때때로 언어적 소수 학생들에 대한 교육 문제의 해결책으로서 영어 몰입 프로그램 같은 전략들을 제시하는 것은 솔깃한 일이다. 하지만 언어적 소수 학생의 저조한 학업성취를 영어 구사 능력 부족으로만 설명하기에는 부족하다. 학업성취와 영어 습득을 동일시하는 것은 너무나 단순한 방법이다. 영어 습득이 제각각인 멕시코계 미국인 학생과 푸에르토리코계 학생들의 학업성취에 대한 대규모의 연구는 일반적인 통념과는 달리 스페인어가 학업성취의 장애물이 아니라는 결론을 내렸다. 또한 연구자들은 몇몇 경우에서 영어 구사 능력이 숙달된 학생일수록 학업성취가 낮다는 사실을 발견했다(Adams et al., 1994). 연구자들은 또래집단의 압박이 숙달된 영어 구사 능력과 학업성취 사이의 전통적인 연관관계를 약화시키는 요인이라고 이론화했다.

이중언어에 대한 부정적인 인식과는 반대로 많은 연구들은 모국어를 학습하는 것이 긍정적인 효과를 불러온다는 사실을 보여주었다. 모국어를 계속 사용하는 것은 아이들이 가장 발달된 언어로 읽고 쓰는 능력을 촉진함으로써 학업 실패에 완충적인 역할을 한다. 이것은 에보닉스(Ebonics) 또는 흑인 방언(Black dialect)이라고 불리는 흑인 영어를 연구한 연구자들의 결론이다. 즉, 헤드스타트 프로그램(Head Start Program)에 등록된 방언을 사용하는 네 살 된 아이들은 표준영어로 말했을 때보다 문화적 방언으로 다시 말했을 때 더 많은 구체적인 사항을 정확하게 기억했다(Williams, 1991).

높은 학업성취의 히스패닉 학생과 낮은 학업성취의 히스패닉 학생의 가정을 비교한 루르데스 디아즈 소토(Lourdes Diaz Soto, 1997)의 연구는 높은 성적을 받은 아이들의 부모가 낮은 성적을 받은 아이들의 부모가 했던 것보다 더 자주 집안에서 모국어 사용 환경을 제공했다는 것을 발견했다. 이와 유사한 연구로 패트리샤 간다라(Patricia Gandara, 1995)는 우수한 성적을 받은 가난하게 자란 멕시코계 미국인 성인을 대상으로 한 분석을 통해 그들 중 16%만이 영어가 제1 언어인 가정에서 자랐다는 것을 발견했다. 성공적인 점수를 받은 성인 중 가장 많은 비중을 차지하는 집단은 스페인어만 사용하는 집안에서 자랐고, 이 중 주목할 만한 2/3의 사람들은 학업을 시작할 당시 스페인어만 구사할 수 있었다. 이와 유사한 연구 결과는 뉴욕의 빈곤지역에 거주하는 푸에르토리코인을 연구한 안나 셀리아 젠텔라(Ana Celia Zentella, 1997)의 연구에서도 나타났다. 그녀는 이 연구를 통해 가장 성공한 학생들은 이중언어 프로그램에 등록한 학생들이라는 것과 이중언어를 가장 유창하게 사용하는 학생들이라는 사실을 발견했다. 더욱이 알레잔드로 포르테스와 루벤 럼바우트(Alejandro Portes & Rubén Rumbaut, 1996)는 여러 나라에서 이민 온 이민자의 학업성취와 적응에 관한 몇몇 연구를 검토하던 중에 놀라운 결론에 이르렀다. 그것은 이중언어가 유창한 학생들보다 이중언어 사용이 제한된 학생들의 학업 중단 경향이 강하다는 것이었다. 실제로 이중언어 사용은 학업성취를 방해하기보다 학습을 촉진시킨다.

이러한 결론은 언어적 소수 학부모에게 "집에서 자녀들과 영어로 말해주세요"라는 통상적인 조언과는 모순된다. 이러한 일반적인 통념과는 반대로, 버지니아 콜리어(Virginia Collier, 1995)는 집에서 영어 이외의 언어에 숙달된 학생들이 영어만 사용할 경우 그들의 부모와 학생은 오로지 그들이 아는 수준 내에서의 부족한 영어로만 말하고, 이에 따라 인식도 그러한 수준에 맞춰지기 때문에 인지 발달이 지체될 수 있다고 보았다. 리터러시와 언어습득 분야에서 존경받는 연구자인 캐서린 스노(Catherine Snow, 1997) 역시 콜리어의 주장에 동의하며, "이민자 부모들이 자녀가 성공할 수 있도록 도울 수 있는 가장 좋은 방법은 집에서 그들의 모국어를 계속 쓰고 발달시키는 것이다"라고 말했다.

언어적 소수 학생들이 직면하고 있는 심각한 문제는 영어를 못한다는 것이다. 그러나 진짜 문제는 루이스 몰(Luis Moll, 1992, p. 20)이 '영어 사용에 대한 집착'이라고 명명한 것처럼 마치 영어를 배우는 것이 언어적 소수 학생들이 직면한 가난, 인종차별, 가난한 학교 그리고 좋은 교육에 대한 접근성 부족 등을 포함한 모든 딜레마를 해결해줄 것처럼 믿는 것일지도 모른다. 이 연구는 학교나 집에서 모국어 사용을 억압하거나 제거하려 애쓰기보다 모국어를 읽고 쓰는 능력을 유지하고 개선해야 한다고 주장했다. 이러한 내용이 사실이라면 학생이 경험하는 영어에 의한 언어지배는 실질적인 문제가 아니다. 오히려 학교와 교사가 학생들의 언어를 바라보는 관점이 학업성취에 훨씬 더 큰 영향을 끼친다는 것이다.

이러한 방식으로 언어적 소수 학생들과 관련된 교육 쟁점을 설명하는 것은 언어 다양성이 사회·정치적 맥락 안에 있어야 한다는 결론에 도달한다. 다시 말해, 언어의 차이 그 자체보다 중요한 것은 언어 다양성과 언어 사용이 학교에 의해 어떻게 인식되는지, 교육과정에서 어떻게 수정되고 변경되는지 여부다. 이중언어를 구사하는 것이 언어적 소수 학생에게는 결핍 요소이지만, 부유한 특권층 출신의 학생에게는 자산이라는 지배적 견해는 다양한 언어에 포함되어 있는 상대적인 이점이 아니라, 교육의 사회·정치적 맥락과 관계가 있다. 예를 들면, 같은 학교에서 어떤 집단의 학생들은 모국어를 박탈당하는 반면, 또 다른 집단의 학생들은 인위적으로 조성된 환경에서 제2 언어를 학습하는 모순된 상황을 자주 목격할 수 있다. 언어적 소수 학생을 가르치기 위한 긍정적인 접근법이 있으며, 그 접근법은 현재보다 더 폭넓게 사용되어야 한다.

언어적 소수 학생을 가르치기 위한 접근법

현재 미국에서 영어 이외의 언어를 사용하는 학생에게 사용되는 대부분의 교육학적인 접근법은 '보충적'이라는 특징을 가진다. 즉, 이 접근법은 언어 다양성이 치료될 필요가 있는 일종의 질병이라는 가정을 전제로 한다. 그 결과, 이러한 전통적인 접근법은 모국어를 단지 영어 학습을 위한 교량 역할로서 가능한 한 적게 사용할 것을 요구하며, 되도록이면 절대 사용하지 말 것을 강조한다. 영어를 익히고 난 후 영어 학습을 위한 교량 역할을 했던 모국어의 사용 이유는 사라지며, 학생들은 이러한 방법으로 성공적인 학업성취를 이루게 된다고 여긴다.

하지만 이러한 추론에는 몇 가지 문제점이 있다. 첫째, 보충적인 접근법은 학생들이 어떤 기술이나 재능을 보유하고 있다고 보기보다는 무엇인가가 부족하다고 가정한다. 다른 언어에 대한 유창함을 칭찬받아야 할 학생의 자산으로 보기보다 교정되어야 할 것으로 여긴다. 많은 학교에서 영어 실력을 발전시키기 위한 기초 언어로서 모국어를 사용하는 것은 선택 사항으로 고려되지 않는다. 그 결과 학생들은 학업을 처음부터 다시 시작해야 한다. 학생들은 영어를 배우기 위해 고생할 뿐 아니라, 그 과정에서 자신의 모국어도 잊어버린다. 심지어 언어적 소수 학생들이 그들의 모국어가 매개 언어로 사용되는 이중언어 프로그램에 참여해도 모국어는 너무 빨리 제거되고, 결국 특별반에서만 사용된다(Cummins, 1984).

지난 25년 동안 언어적 소수 학생에 대한 가장 일반적인 교육 접근방식은 ESL과 이중언어교육이었는데, ESL보다 이중언어교육이 훨씬 더 많은 논란을 불러일으키고 있다. 이를 둘러싼 논란에도 불구하고 비록 영어 학습을 위한 교량 역할만 할지라도 모국어 사용을 지지하는 프로그램들과 이중언어교육은 통상적으로 ESL만 수행하는 것보다 더 효과적이다. 이것은 모국어뿐만 아니라 영어를 잘 배우게 된다는 점에서 사실이다. 이러한 외견상의 모순은 이중언어 프로그램에 참여하는 학생들이 영어로 구조화된 수업 내용을 지속적으로 교육받는다는 사실을 고려한다면 이해될 수 있다. 더욱이 이러한 프로그램들은 학생들의 선행학습을 기반으로 하는데, 이것들은 램버트(W. E. Lambert, 1975)가 이중언어교육의 부가적인 형태라고 불러 왔던 프로그램이다. 반면 차감(subtractive) 형태의 이중언어교육은 한 언어가 다른 언어로 대체될 때 흔히 일어난다. 결과적으로 어느 쪽이든 간에 진정한 배움은 일어나지 않는다. 진정한 배움은 그 학생들의 모국어가 금지되고 영어 문법, 음성학 그리고 그 외의 언어적 특성이 실제 일상 언어가 사용되는 방식에서 벗어난 교육 프로그램에서 일어날 수 없다. 이중언어교육은 평등과 실질적인 관계가 있다. 즉, 이중언어교육은 많은 언어적 소수집단에게 있어서 자녀들의 학업성취를 위해 정말 중요한 것처럼 비친다. 비록 이중언어교육이 단순한 언어 문제로 다루어질지라도 그것은 영어를 잘하지 못하는 학생들을 위해 그들이 이해하는 언어로 교육받을 수 있는 유일한 보증이기 때문에 이중언어교육은 시민 권리의 문제라고 주장될 수 있다. 이중언어교육 없이는 수백만 명의 어린이들이 학업성취에 있어서 불이익을 당할 것이고, 미래의 직업 선택에 있어서 제한을 받을지도 모른다.

이러한 연관성은 1974년 미 연방대법원에 의해 인정되었다. 1,800명의 중국인 학생들을 대표하는 고소인들은 1969년에 영어를 사용하지 않는 학생들에게 평등하게 배울 기회를 제공하지 않았다는 이유로 샌프란시스코 통합 교육구(San Francisco Unified School District)를 고소했다. 그들은 샌프란시스코에서 열린 재판에서는 패소했지만, 그 사건을 1974년 대법원까지 끌고 갔다. 라우 대 니콜스라는 역사적 판결에서 법원은 만장일치로 학교에서 그들이 이해할 수 없는 언어로 지도받는 학생들은 시민으로서의 권리를 침해당한 것이라고 판결했다. 다음은 법원 판결문의 일부다. "학생들에게 같은 교육 시설과 교과서, 교사 그리고 교육과정을 제공하는 것만으로는 평등하게 대우했다고 할 수 없다. 영어를 구사하지 못하는 학생들에게는 의미 있는 배움이 차단된 것이다(Lau v. Nichols, 414, U. S. 563, 1974)."

비록 이 결정이 어떤 특별한 배상을 하도록 강요하진 않았지만, 그 결과는 사회에 즉각적이고 커다란 영향을 미쳤다. 1975년 시민권리담당부(the Office for Civil Right)와 교육부, 보건부, 복지부에서는 '라우 구제책(The Lau Remedies)'이라고 불리는 문서를 발행했는데, 그것은 그들의 언어 능력을 평가하고 적절한 프로그램을 제공하면서 영어 발음에 능숙하지 않은 학생들을 식별할 수 있도록 하는 지침으로 학교 시스템을 제공하는 토대가 되었다. 그 이후로 이중언어교육 프로그램은 많은 학교 시스템에서 통상적인 해결책이 되어왔다.

이중언어교육에 관한 다수의 프로그램과 정의가 있지만(Ovando and Collier, 1998), 일반적으로 이중언어교육은 학생들이 학교에서 두 개의 언어를 사용해서 학습지도를 받을 수 있는 교육 프로그램으로 정의된다. 이 정의는 여러 가지 다양한 프로그램들을 포함할 만큼 충분히 폭넓다. 모든 이중언어 프로그램의 주요 목적은 영어를 읽고 쓰는 능력이 능숙해지도록 발달시키는 것이다. ESL은 모든 이중언어교육 프로그램에 필수적이고 필요한 구성요소이지만, 제2 언어로 영어만 독립적으로 제공된다면 학습지도에 있어서 학생들의 모국어를 사용하지 않기 때문에 이중언어교육 프로그램이 아니다. ESL 프로그램에서 학생들이 영어로 의사소통하는 방법을 배우는 동안 그들이 교육용 언어를 이해하지 못하기 때문에 다른 과목들 성적은 점차 낮아질지도 모른다.

아마도 미국에서 가장 통상적인 이중언어교육의 모델은 전환적 이중언어교육(the transitional bilingual education) 접근법일 것이다. 이 접근법에서 학생들은 영어를 제2 언어로 배우는 동시에 모국어로 교육받는다. 영어로만 이루어진 교육과정을 이수할 준비가 되면, 학생들은 그 프로그램에서 '추출'되거나 '주류에 편입'된다. 이 모델의 근본적 원리는 모국어 제공 교육이 오직 영어에 능숙해질 때까지 중간 과정으로서의 역할만 해야 한다는 것이다. 그러므로 어떤 학생이 이중언어교육 프로그램에 참여하는 데는 보통 3년이라는 시간 제약이 있다. 발달적 또는 지속적 이중언어교육은 더 포괄적이고 긴 시간을 요구하는 모델이다. 전환적 접근법에서 학생들은 제2 언어로 영어를 배우는 동안 모국어로 구성된 교육과정을 제공받는다. 차이점은 보통 학생들이 프로그램에 참여할 수 있는 시간에 제약이 없다는 것이다. 이 과정의 목표는 교육과정에 모국어와 영어를 모두 활용함으로써 두 언어 모두를 유창하게 발달시키는 것이다.

양방향 이중언어교육(Christian, 1994)은 영어가 모국어인 학생들과 영어를 제2 언어로 하는 학생들을 통합시키는 프로그램 모델이다. 양방향 이중언어 프로그램은 교육과정에서 두 가지 언어 사용을 허용하고 있으며, 프로그램의 주요 목표는 모든 학생이 서로의 문화를 긍정적으로 받아들이고, 학업성취를 향상시키며, 이중언어를 유창하게 구사하는 것이다. 이러한 프로그램에 참여하는 학생들은 두 개의 언어를 습득할 뿐만 아니라, 다른 사람들의 문화와 언어를 존중하는 것과 친구들이 모국어가 아닌 언어를 유창한 수준으로 배우는 과정에서 겪는 어려움에 공감한다(Christian et al., 1997). 이 접근법은 협동 학습과 또래 학습을 제공하며, 미국 언어 자원의 확장과 주요 언어를 사용하는 집단과 소수 언어를 사용하는 집단 간의 관계를 개선시키는 효과가 있다.

언어적 소수 학생들과 함께 무엇을 할 것인가?

언어적 소수 학생들을 위한 가장 효과적인 프로그램에 대한 연구는 모국어 발달의 장점에 주목한다. 일반적으로 학생들은 모국어를 사용하다가 영어로 말하는 것이 능숙해지기까지 5~7년 정도를 필요로 한다(Cummins, 1981; Thomas and Collier, 1997). 그러나 이중언어교육과 모국어교육은 미국사회의 교육에서 동화주의자의 입장에 도전하는 것이기 때문에 큰 논란을 불러일으키고 있다. 이중언어 프로그램을 조기 종료한 학생들이 학업에 실패했을 때, 모순적으로 그 비난은 이중언어교육 기간이 짧았다는 사실보다 이중언어 프로그램 자체에 돌아갔다.

이중언어교육은 ESL과 유사한 프로그램들보다 심지어 영어 능력 향상 면에서 더 효과적이었다는 것이 밝혀졌다. 이 결과는 몇 년 동안이나 많은 연구에서 반복되었는데, 가장 최근의 연구는 1998년의 CREDE(Center for Research on Education, Diversity and Excellence)에 의해 실시된 요약본이다(National Association for Bilingual Education, 1998). 심지어 1998년 이중언어교육에 부정적인 분위기가 만연했던 캘리포니아 주에서조차 놀라운 결과가 발견되었다. 샌프란시스코와 새너제이의 시험 점수에서 이중언어

교육에 참여했던 학생들이 전반적으로 읽기, 수학, 언어 그리고 맞춤법에서 영어가 모국어인 학생들보다 더 나은 성취를 이루었다는 것이 확인되었다(Asimov, 1998). 이러한 성취들은 인상적이었다. 이 상황은 샌프란시스코와 새너제이에서 이중언어교육을 불법화하는 법안 227(Proposition 227)이 발효된 지 한 달 후에 보고된 것이었다.

웨인 토머스와 버지니아 콜리어(Wayne Thomas & Virginia Collier, 1997)의 연구는 이중언어교육의 장점들이 사실임을 다시 한 번 입증했다. 1982년부터 1996년 사이에 5개의 큰 학교에서 공부했던 70만 명의 언어적 소수 학생들의 성적을 종합적으로 조사했다. 이 연구에서 이중언어교육을 받았던 언어적 소수 학생들은 모든 교과에서 전국 상위 50% 이상의 성적을 거두었다. 반대로 가장 일반적인 프로그램인 ESL을 이수한 언어적 소수 학생들은 만약 그들이 졸업할 수 있었다면, 전국 하위 10~18% 사이의 성적으로 학업을 마쳤을 것이다. 토머스와 콜리어는 양방향적인 이중언어교육이 거의 성공적인 프로그램 모델이라는 것을 발견했다. 하지만 불행하게도 이것은 미국 내에서 거의 활용되지 않는 이중언어교육 모델이다.

이중언어 프로그램은 또한 학생들이 학업을 중도에 포기하지 않고 지속하도록 동기를 부여하거나, 학교를 더 의미 있게 만들거나, 일반적으로 학교에서의 경험을 더 즐겁게 만드는 등 이차적으로 유익한 효과를 가져올 수 있다. 여기에 관련된 또 다른 현상은 이중언어교육이 영어로만 교육을 받으면서 모국어를 잊어버리는 경우보다 아이들과 가족구성원들 사이에 대화를 더 많이 촉진하여 가족관계를 강화시킬 수 있다는 것이다. 이것은 릴리 왕 필모어(Lily Wong Fillmore, 1991)가 이민자 부모들을 대상으로 그들의 유치원 자녀들이 오직 영어만 사용하는 곳에 배치되었을 때 일어난 현상에 대해 인터뷰하면서 발견했던 사실이다. 그 아동들은 자신들의 제1 언어를 잊어버렸을 뿐만 아니라, 더 중요한 것은 그들의 부모 그리고 가족들과 대화하는 능력을 잃어버렸다는 것이다. 그 과정에서 아이들은 학교에 입학하면서 모국어의 유창성과 리터러시로 얻을 수 있는 학업적 장점을 잃었다.

나는 학업적으로 성공한 학생들을 대상으로 한 연구에서(Nieto, 2000a) 모국어와 모국의 문화를 간직하는 것이 학업성취를 이루는 데 필수적이라는 것을 발견했다.

언어적 · 문화적으로 다양한 배경을 가진 학생들과의 심층인터뷰에서 학교에서의 성공을 설명하는 한 가지 중요한 특징은 그들의 문화와 모국어를 간직하고자 하는 강한 의지에 있었다. 비록 그들의 문화와 언어에 대한 자부심에 갈등이 없는 것은 아니었지만, 그것들에 관해 널리 퍼져 있는 부정적인 메시지에도 불구하고 그들이 자신의 문화와 언어를 견고하게 유지한 것은 놀라운 일이었다.

학업성취와 관련한 언어와 문화의 중요성에 관한 연구에서 흥미로운 결론은 학생 자신의 문화와 언어를 유지하는 것이 학업성취에 긍정적인 효과가 있는 것처럼 보인다는 것이다. 이것은 모든 경우에 해당하는 것이 아니고 과장되어서도 안 된다. 하지만 문화와 언어를 유지하는 이점은 이전 세기 내내 미국 학교들과 사회를 지배했던 '용광로' 이데올로기에 도전한다. 우리는 심지어 그들의 문화와 언어가 가정과 학교 모두에서 강화될 때, 학생들은 자신의 학습 능력에 확신을 가진다고 말할 수 있다. 학교에서 그들의 언어와 문화를 존중받은 학생들은 오직 영어만 사용하게 하는 법안을 통과시키기 위한 지역사회 캠페인 같은 그들 문화와 언어에 대한 혹독한 공격들에 개의치 않고 자신의 가치에 대해 긍정적인 메시지를 받아들이게 된다. 동화를 학교에서 성공하기 위해 필수적인 전제 조건이라고 생각하는 관념은 현재 일부 연구들에 의해 재평가되고 있다.

몇몇 이중언어교육 형식이 언어적 소수 학생들을 가르치기 위한 가장 효과적인 방법이라는 증거에도 불구하고 이러한 교육의 혜택을 받을 수 있는 학생들은 이러한 프로그램에 속하지 못한다. 이것은 정치적이고 실용적인 입장들 때문이다. 그러한 입장 중 하나는 많은 학교 시스템 내에 이러한 프로그램을 위해 훈련받은 교사가 충분하지 않기 때문이다. 더욱이 같은 언어를 사용하는 학생들의 수는 프로그램을 요구하기에 전반적으로 너무 적다. 뿐만 아니라 이중언어교육은 학생들을 분리시킨다는 심각한 딜레마에 빠져 있다. 하지만 모든 이중언어교육이 현재의 교육들보다는 학생들을 더 의미 있게 통합할 많은 기회를 가지고 있다는 것도 사실이다. 더욱이 이중언어교육은 이중언어 교사와 함께 비이중언어 교사들이 그들의 학생들과 공동의 프로젝트를 수행할 수 있도록 학교 내에서 분리되지 않고 오히려 학교 내에서 더 구조적으로 통합된다. 이러한 종류의 협력은 자주 일어나지 않는다. 이중언어 교사들이 다른 교사들로부터 비유적으로 종종 지하실 같은 곳(Nieto, 2000b)에 물리적으로 분리되는 것과 더불어 학생들에게 '이중언어'라는 꼬리표가 붙듯이 그들에게도 붙게 된다. 그들이 두 개의 언어에 유창하고 다양한 학생들을 가르치기 위한 폭넓은 교수법을 가지고 있다는 사실에도 불구하고 그들은 비이중언어 교사들보다 지적이지 않으며, 수업준비가 미흡하고, 능력이 부족한 것처럼 보일 것이다. 많은 이중언어 교사들은 그들이 가르치는 학생들과 같은 문화적 · 언어적 배경을 가지고 있기 때문에 학교의 다양성을 구성하는 필수적인 요소다. 그러나 많은 학교는 그들로부터 도움을 얻을 방법을 찾지 못하고 있다.

양방향 이중언어교육은 모든 학생에게 학업성취를 향상시키고 통합하기 위한 또 다른 기회를 제공한다. 예를 들면, 케임브리지와 매사추세츠에서 이루어진 스페인-영어 양방향 이중언어교육에 대한 연구는 두 집단의 학생들이 모든 과목에서 진전을 보였을 뿐만 아니라, 그 어떤 집단도 모국어 발달에 부정적인 영향을 받지 않았음을 발견했다. 또한 연구자들은 성적에 관계없이 모든 아이들이 그들의 가장 친한 친구를 민족적 · 인종적 편견 없이 선택했으며, 두 집단의 아이들의 자존감이 향상되었음을 발견했다. 이 프로그램은 사회적 가치와 교육적인 목표(Cazabon, Lambert and Hall, 1993)를 반영한 그 이전의 프로그램보다 분리되지 않는 경향을 보였다. 그러나 양방향 이중언어교육을 항상 선택할 수 있는 것은 아니다. 왜냐하면 모든 언어가 영어를 사용하는 학생과 그들의 가족에게 전 세계에서 사용되는 스페인어만큼의 매력을 갖고 있지 않기 때문이다.

다양한 언어적 배경의 학생을 통합하기 위한 또 다른 접근법들은 통합 수업 시간을 확보하고, 인종차별 폐지안의 발전과 다양한 마그넷 스쿨(magnet schoo, 다른 지역 학생들을 유치하기 위해 일부 교과목에 대해 특수반을 운영하는 대도시 학교)에서 이중언어와 관련한 다양한 선택을 가능하게 하는 것을 포함한다. 이와 같은 선택사항을 확대시키기 위해 해야 할 일들이 아직 많이 남아 있다. 쉽게 일어날 수 있는 주목할 만한 변화는 사고의 전환이다. 사고의 전환은 이중언어를 사용하는 교실과 교사, 학생을 이중언어를 사용하지 않는 교실과 교사와 학생을 위한 풍부한 자원으로 여기는 것이다. 이런 사고의 전환이 발생할 때, 학교는 모든 학생을 위해 다중언어 사용 중심의 교육 목표를 설정하는 등 이중언어교육을 시작할 수 있다. 그러나 이것은 당장 현실화되기는 어렵다. 현실에서 언어적 소수 학생들의 영어 습득은 모국어의 희생을 요구한다.

영어만 사용하는 학생은 복수 언어 사용의 목표를 달성하기 어렵다. 외국어 수업은 대개 중등학교에서 이루어지기 때문에 크게 효과적이지 못하다. 그러나 만약 언어 다양성이 모든 학생을 위한 하나의 선택사항이 된다면, 이중언어교육이 차지하고 있는 낮은 위치와 지원의 부족은 개선될 수 있을지도 모른다.

언어적 소수 학생의 교육을 위한 시사점

지난 30여 년 동안 미국의 언어적 소수 학생 수가 급속도로 증가한 것은 모든 도시와 마을에 위치한 학급들이 이미 언어 다양성의 영향을 받았거나 곧 영향을 받을 것임을 의미한다. 언어적 소수 학생들을 교육해야 하는 책임을 더 이상 이중언어교육과 ESL 서비스를 제공하기 위해 특별히 훈련된 교사들에게만 지울 수 없다. 모든 학교와 교사가 이러한 책임을 공유해야 한다. 대부분의 교사는 여전히 언어 관련 이슈나 언어 습득에 대한 훈련을 거의 받지 못하고 있다. 심지어 이중언어 교실에서조차 단지 10%의 교사들만이 이중언어교육을 받았을 뿐이다(August and Hakuta, 1998).

여기에서는 모든 교육자들이 좀 더 효과적으로 언어적 소수 학생을 교육할 수 있는 몇 단계를 제안한다. 무엇보다도 새로운 접근법과 기술을 습득하는 것에 앞서 언어적 소수 학생들을 성공적으로 가르치기 위해서는 학생뿐만 아니라 그들의 언어와 문화, 지역사회에 대한 태도를 변화시켜야 한다(Cummins, 1994; Nieto, 1999). 학교에서 증가하고 있는 언어적 소수 학생을 성공적으로 가르치기 위해서는 모든 교사들이 반드시 알고 접근해야 하는 다음과 같은 필수 항목들이 있다. 첫째, 교사는 언어가 어떻게 학습되는지 이해해야 한다. 둘째, 교사는 이중언어에 대한 부가적인 관점을 발전시켜야 한다. 셋째, 학교와 교사는 학생들의 모국어 리터러시를 촉진하는 방법을 모색해야 한다.

교사는 언어가 어떻게 학습되는지 이해해야 한다

여기에서 언어란 모국어와 그 외에 학습하게 될 모든 언어를 포함한다. 예를 들어, 제2 언어 습득에 대한 스티븐 크라센(Stephen Krashen, 1981)의 이론은 교사가 제2 언어로 영어를 배우는 학생들에게 맥락화된 단서를 제공하는 방식으로 그들의 이해를 도와야 한다고 제안한다. 이러한 제안은 교사가 언어적 소수 학생을 가르칠 때 유용하다. 마찬가지로 교육과정과 수업에 관련된 지식, 언어학, 사회학 그리고 역사는 모두 언어적 소수 학생을 가르치는 교사들에게 중요하다.

다음의 기초 지식들은 모든 교사들에게 유용하게 활용될 것이다(이에 대한 구체적이고 다양한 논의 내용은 Nieto, 2000b 참조).

- 제1 언어와 제2 언어 습득
- 언어적 소수 학생을 위한 교사의 사회문화적이고 사회정치적인 맥락
- 미국의 이민 역사와 특히 그 안에서의 언어 정책과 실행에 관한 관심
- 교사가 근무하는 학교가 위치한 마을, 도시, 주에 거주하는 사람들의 경험과 역사
- 영어 이외의 다른 언어를 모국어로 사용하는 학생을 위한 새로운 수업과정의 적용 능력
- 문화적으로 그리고 언어적으로 이질적인 학급에 적합한 교육적 접근 능력
- 다양한 배경지식을 지닌 교사의 경험, 그리고 언어적 소수 학생의 학습을 장려

하는 동료와 협력적 관계를 발전시키는 능력

- 다양한 언어, 문화 그리고 사회계층의 배경을 가진 학부모와 효과적으로 소통할 수 있는 능력

많은 교사들은 수업을 준비하는 동안 이러한 종류의 지식을 간과했기 때문에 이러한 지식을 스스로 습득해야 한다. 교사들은 리터러시, 이중언어교육, 다문화교육과 ESL에 대한 컨퍼런스에 참석함으로써 이러한 지식을 습득할 수 있다. 구체적으로 전문가로서 발전할 수 있는 기회에 참여한다는 것, 이 분야에 대한 신문과 잡지를 구독하는 것, 동료들과 함께 교수학습 전략을 토의하고 연습하는 스터디에 참여하는 것, 대학에서 관련 분야의 전문가 과정을 이수하거나 박사학위를 취득하는 것을 말한다.

교사는 이중언어에 대한 부가적인 관점을 발전시켜야 한다

부가적인 관점(Lambert, 1975)은 이민자들의 모국어를 새로운 언어인 영어로 대체할 필요가 있다고 생각했던 전통적인 기대와는 완전히 다른 것이다. 모국어를 버리는 것이 국가의 언어 자원 손실이라는 점을 제외하더라도 누군가에게 있어 모국어를 버리는 것이 가져오는 끔찍한 정신적 비용에 대해 생각해보아야 한다. 부가적인 이중언어 사용은 영어와 다른 언어가 우리를 개인적이고 사회적으로 더 강하게 만들 수 있다는 생각을 지지한다.

마리아 프랜키즈와 마리아 드 라 러즈 레예스(Maria Franquiz & Maria de la Luz Reyes, 1998: 217)는 연구에서 다음 질문에 대한 답을 찾아냈다. "만약 내가 학생이 말하는 언어에 유창하지 않다면, 나는 영어로 진행하는 미술시간에 다양한 언어를 사용하는 학생들을 어떻게 효과적으로 가르칠 수 있겠는가?" 연구자들은 교실에서 학생들이 모국어를 사용하는 것을 지지하기 위해 교사들이 학생의 모국어를 유창하게

구사할 필요는 없다고 밝혔다. 그것보다도 그들은 학생이 학습 자원으로서 학생들의 모국어와 문화에 대한 지식을 사용하도록 장려하는 것이 교사가 학생의 모국어를 아는 것보다 더 중요하다는 점을 발견했다. 이것은 실제로 무엇을 의미하는가? 프랜키즈와 레예스는 '단일 언어 사용에 의해 무기력해지지 않는' 교사에 대한 예시를 제공했다. 그들은 표준어나 구어체로 말하는 것, 단일 언어부터 더 많이 혼합된 언어를 사용하는 것까지 언어 사용과 코드에 대해 교사들이 수용한 긍정적인 결과다. 이러한 언어 형식들은 종종 학급 담화에서 금지되었지만, 그들이 이러한 언어 형식들을 활용할 수 있도록 허용하는 것은 학생들이 현재의 지식을 사용하여 미래의 지식을 축적하기 위한 한 가지 방법이 될 수 있다.

▎학교와 교사는 학생들의 모국어 리터러시를 촉진하는 방법을 모색해야 한다

교사들은 학생들에게 같은 언어를 사용하는 친구나 교사 혹은 멘토와 함께 작업할 수 있는 시간과 장소를 제공함으로써 학생들의 모국어 리터러시를 적극적으로 지원할 수 있다. 예를 들면, 크리스티나 아이오가(Cristina Igoa, 1995)는 일주일에 세 번 일과의 마지막 시간을 이민자 학생들이 그들의 모국어로 읽거나 이야기를 들을 수 있는 시간을 따로 배정했다. 그녀는 다양한 언어적 배경으로부터 온 학생들의 모든 언어를 구사할 수 없었기 때문에 다양한 언어를 유창하게 말할 수 있는 대학생들을 모집하여 돕게 했다.

교사들은 또한 학생들의 언어 중 적어도 하나를 배우기 위해 노력할 수 있다. 교사들은 제2 언어를 배우면서 언어적 소수 학생들이 영어를 배울 때 경험하는 어려움과 좌절, 포기 등의 새로운 공감대를 형성할 수 있다. 나의 박사과정 학생이었던 빌 던은 "스페인어 사용자라는 벽장을 열고 튀어나오는 것"을 경험했던 베테랑 교사였다(Nieto, 1999). 빌 던은 푸에르토리코 지역사회에서 20여 년 동안의 교직생활 후에 많은 스페인어를 이해하게 되었다. 그는 그것을 정식으로 공부했고, 자신의 경험을 기록으로 남기기로 결심했다. 그는 훌륭하고 배려 깊은 교사였음에도 불구하고 학생들이 저지르는 영어의 문법적 오류부터 수업을 이해할 수 없을 때 학생들이 느끼는 지루함과 무례함까지 학생들을 돕기 위해 많은 것들을 좀 더 분명하게 이해해야 했다.

그러나 언어적 소수 학생을 위한 좋은 학습환경을 조성하는 것은 교사 개인의 책임으로만 돌려서는 안 된다. 학교가 이러한 환경을 개선시킬 수 있다. 캐서린 미니쿠치 등(Catherine Minicucci et. al., 1995)은 언어적 소수 학생을 위한 여덟가지 모범적 학교 개혁들을 분석하고, 아래와 같은 공통적인 특징을 공유해야 한다고 주장했다.

- 영어가 미숙한 학생을 포함하여 학교 전체를 아우르는 훌륭한 비전을 가지고 있다.
- 적극적인 발견에 참여하는 학습 공동체를 창조한다.
- 언어적 소수 학생의 영어와 모국어 모두를 향상시키기 위한 프로그램을 설계한다.
- 이중언어를 사용할 수 있는 관리자를 모집하고 고용하기 위해 의식적으로 노력한다.
- 학부모의 모국어를 활용하여 그들과 주기적으로 함께 소통한다.
- 학생 구성원들의 다문화적 자질(quality)을 자랑스럽게 여긴다.

연구자들은 이러한 속성을 가진 학교의 성공은 언어적 소수 학생들이 사회, 수학, 그 밖의 다른 과목들에 대한 학년 수준의 내용을 학습하기 전에 영어를 배울 필요가 있다는 기존의 가정에 도전하는 것이라고 결론지었다.

결론

언어는 인류의 본질적인 기호 중 하나다. 언어는 "사람들이 그들의 삶과 문화를 채색한 팔레트"다(Allman, 1990). 언어 다양성이 미국 학교와 사회에 당면한 현실임에도 불구하고 많은 언어들은 마땅히 받아야 하는 존중과 합당한 가치를 인정받지 못하고 있다. 그러나 최근 이민의 증가, 좁아지는 세계, 그리고 많은 사람들과 의사소통하기 위한 학습의 필요성이 대두됨에 따라 학교나 사회에서 영어 이외의 언어의 역할을 재개념화할 필요가 있다. 이러한 종류의 재개념화를 위해서는 현재 학교 정책과 관행을 재검토해야 한다. 학생들의 다양성을 기반으로 한 관점은 더욱 강화될 필요가 있는 반면, 차이를 결핍으로 보는 관점은 제거되어야 한다. 적어도 모든 학생을 위한 이중언어와 다문화 프로그램들은 포괄적으로 정의되어야 하며, 충분한 재정적인 지원과 강력한 지지를 받아야 한다.

언어적 소수 학생에 대한 이슈는 언어 다양성보다 훨씬 더 심오한 문제다. 무엇보다 이는 교육 평등에 관한 문제다. 이중언어교육이나 ESL 또는 다른 접근들과 지원 서비스의 제공 여부와 상관없이 그것들은 모든 학생의 교육적 기회를 제한하기보다 촉진하는 방향으로 발전해야 한다. 영어가 아닌 언어를 모국어로 사용하는 입학생 수가 증가하면서 언어적 소수 학생들이 지닌 독특한 조건에 주의를 기울이는 것은 모든 교육자의 책임이다. 영어에 미숙한 학생들이 처한 상황에 적합한 접근법은 기본적인 교육에 관한 것이다. 오직 영어만 사용하는 학생들이 다른 언어로 의사소통하고 이해하는 것을 배우는 것은 그들에게 소중한 재능이 된다. 자원으로서 언어 다양성에 접근하는 것은 모든 학생의 이익을 위해 존중되고 강화되어야 한다.

2부
정체성과 소속감

어떤 사람은 학생들의 정체성이 학습과 어떠한 연관성이 있는지 의문을 가질 수도 있다. 결론적으로 말하자면 학생들의 민족성과 모국어와 관련해서 학습은 중립적이지 않다. 학습에 대한 많은 접근방식들이 단순하게 보편적인 접근을 바탕으로 하고 있지만, 이전의 장에서 우리는 학생들이 누구인지, 학생들이 살아가는 사회정치적 맥락이 사실은 그들의 학습을 촉진하거나 방해하는 데 중요한 요소일 수 있다는 것을 확인했다. 이러한 생각에 반대할지도 모르지만, 학생들의 정체성은 학교에서 그들이 학습자로서 받아들여지는지 거부되는지를 결정하는 역할을 하며, 그 결과 그들이 학교교육으로부터 혜택을 받는지 받지 못하는지에 중요한 역할을 한다.

2부의 장들에서는 중요한 이슈인 정체성과 소속감을 교수-학습의 중심에 위치시킨다.

6장은 문화가 무엇인지, 사람들의 신념과 일상의 행위에서 문화는 어떻게 시각화되는지, 문화와 학교교육이 어떻게 관련되는지 등 문화의 복잡한 측면에 대해 논의한다. 7장은 문화, 정체성, 학습을 중심으로 청소년들과 인터뷰를 진행했던 필자의 이전 연구를 바탕으로 구성되었다. 다양한 배경의 청소년들은 학교에서 교사에게 수많은 수업을 받으며, 이러한 수업은 학생들 자신의 정체성을 훨씬 넘어서는 함의를 지닌다. 8장에서 나는 존 레이블(John Raible)과 다양한 배경의 청소년들이 지닌 복잡한 정체성에 대해 논의하며, 그 결과 정체성과 문화를 이해하는 지나치게 단순한 방법들에 도전한다.

6장
문화와 학습

우리는 단순히 문화, 언어, 역사를 재생산할 의무를 지닌 전수자가 아니다. 우리는 언어문화적 상황의 산물이며, 사회적으로 터득한 것들을 종합하고 재해석하여 새로이 생겨나는 문제들에 대한 해결방법을 모색할 능력을 지닌 행위자다. 우리에게 선조의 가치 중 시대에 맞지 않은 것들을 무조건적으로 보존할 의무는 없다. 우리는 사회적으로 구성된 사람이자 인류의 미래를 창조하는 사람이다.

Mary Kalantzis, Bill Cope and Diana Slade, *Minority Languages*, 18.

'문화'라는 개념을 이해하는 것은 쉽지 않다. 문화의 개념을 정의하는 데 논란이 있을 수 있다. 다양한 맥락에서 개인에 따라, 개인의 상황에 따라 문화의 정의가 달라지기 때문이다. 예를 들어 고등교육을 받고, 사회적 특권을 누리며, 한 달에 한 번 오페라를 관람하는 등 문화생활을 하는 사람들의 문화만을 문화라고 생각하는 사람들이 있다. 현대에는 문화를 상류사회의 사람들이 여가시간을 보내는 엘리트 문화만으로 규정하는 좁은 개념이 사라져가고 있다. 하지만 아직까지도 문화가 우리의 삶에서 정확하게 무엇을 의미하는지에 관해서는 서로 상반되는 다양한 의견이 존재한다. 가령 미국의 많은 백인은 문화를 자신과는 다른 이들이 가진 것이라고 인식한다. 이로 인해 유럽인의 배경을 가진 미국인은 아프리카계 미국인, 아시아계 미국인, 미국 원주민, 그 외 소수민족이 가지고 있는 방식의 문화를 가지고 있지 않다는 것에 대해 아쉬워한다. 또 다른 경우 문화는 단순히 대대로 전해져 내려

오는 것으로 여겨 민족성과 교환하여 사용할 수 있는 개념으로 인식되고 있다. 이외에도 음식, 춤, 기념일과 같이 자신의 가정 내에서 기념하는 것을 문화라고 생각하거나 개인이 소중하게 생각하는 가치나 세상과 상호작용하는 방식을 문화라고 여기는 경우도 있다.

이 장에서는 문화와 학습 사이의 복잡한 관계를 살펴보았다. 문화가 단순히 공예품, 의식, 전통뿐만 아니라 이 모든 것을 포함하는 넓은 개념이라고 정의하기 위해 문화와 관련된 여러 요소를 살펴보았다. 언어를 포함한 문화와 문화적 차이는 분명히 학습에 영향을 끼치고 있다. 이 장은 문화와 언어가 학습에 어떻게 영향을 주는지를 알아보기 위해 학생들의 다양한 배경에 따라 학교와 가정이 갖는 기대치가 어떻게 변하는지 살펴보았다.

문화의 정의

나는 다른 장에서 문화를 "역사적, 지역적, 언어적, 사회적 그리고 종교적인 여러 요소를 통해 이루어진 한 집단의 사람들이 창조하고 함께 공유하며 끊임없이 변형시키는 가치, 전통, 사회적 · 정치적 관계, 그리고 세계관"이라고 정의했다(Nieto, 1992). 이 정의에서 알 수 있듯이 문화란 복합적인 동시에 복잡한 개념이다.

문화라는 개념에는 문화의 내용이나 결과물, 문화가 생겨나고 변화해가는 과정, 문화를 창조하고 변화시키며 이끌어가는 주체가 모두 포함된다. 기념일, 음식, 춤 등은 모두 문화의 중요한 요소들이지만 문화는 단지 이런 것들에 국한되지 않는다. 또한 모든 사람은 문화를 가지고 있다. 이는 역사, 인종, 민족, 언어, 사회계층, 젠더, 성적 지향, 그 외의 정체성을 형성하고 경험을 만드는 다양한 상황을 통해 모든 사람이 어떠한 형태로든 사회와 사회적 · 정치적 관계를 맺고 있기 때문이다.

문화와 학습의 연관성을 이해하고자 하는 교육자들은 다음의 두 가지 사안을 숙지해야 한다. 첫째, 문화라는 개념을 이해하고자 할 때 감성적으로 접근해서는 안 된다. 감성적으로 접근하면 문화는 그저 내가 갖지 못한 것에 대한 막연한 열망이나 현실을 벗어난 이상향으로 전락하게 된다. 이는 때때로 문화를 지저분하거나 모순적인 현실의 삶과 동떨어져 순수하고 본질적이라고 보는 '문화의 이상화'라는 결과를 낳을 수 있다. 문화를 특정한 집단에 속한 모든 사람이 반드시 공유하는 속성이라고 여기는 것 역시 문화를 비판적으로 사고하지 않고 낭만화하면서 나온 생각이다. 예를 들어, 스페인어로 쓰이지 않은 시는 푸에르토리코 시가 아니라고 주장하는 것을 들은 적이 있다. 이 주장은 스페인어를 사용하는 것이 푸에르토리코 문화의 필수 요소라는 생각을 내포한다. 푸에르토리코 문화 내에서 스페인어 사용이 그 문화의 중요한 요소 중 하나라는 데는 아무런 이의가 없지만, 스페인어는 푸에르토리코를 상징하는 필수적인 조건이 아니다. 각기 다른 이유에서 스페인어를 하지 못하는 사람 중에도 자신을 푸에르토리코인이라고 생각하는 사람은 수없이 많다.

둘째, 문화의 사회정치적 맥락을 인정해야 한다. 즉, 문화는 진공상태에서 생겨나는 것이 아니라 역사적, 사회적, 정치적 그리고 경제적 환경과 밀접한 관계가 있기 때문에 권력의 영향을 받게 된다. 많은 백인은 자신만의 독특한 문화가 없다고 생각하는 것 역시 이와 관계가 있다. 백인은 자신들의 문화를 딱히 문화라고 생각하지 않는데, 이는 바로 백인의 문화를 공식적으로 통하는 상류문화로서 '그냥 존재한다'고 여기기 때문이다. 따라서 백인이 자신들의 문화가 없다고 말하는 것은 그들이 생각하는 문화가 진기한 풍습이나 화려한 전통에 국한되어 있기 때문이다. 백인의 문화가 없다고 말하는 것은 좋게 말해서 솔직하지 못한 것이고, 실제로 백인은 권력의 문화(Delpit, 1988)에 있어서 백인이 아닌 다른 인종들은 접근할 수도 없는 강력한 영향력을 발휘하고 있다는 것을 의미한다.

이 장에서 나는 문화와 학습이 어떻게 연관되어 있는지, 또 현재의 수박 겉핥기식의 다문화교육에 있어 문화의 복잡성을 어떻게 적용할 것인지를 문화의 여러 가지 특성을 통해 살펴보았다. 본래 문화의 특성들은 각기 다른 요소로 볼 수 없을 정도로 상호 보완적이고 연관되어 있지만 명확한 정의를 위해 하나씩 분류했다. 또한 문화의 역동성, 다원성, 맥락성, 사회적 · 경제적 · 정치적 영향, 문화의 창조와 구성, 학습 그리고 문화의 변증법을 살펴보았다.

▌문화는 역동적이다

문화는 인간이 있기 때문에 존재한다. 달리 말해 문화는 변함없이 고정된 유물이나 변하지 않는 행위 또는 무의미한 가치들과는 다르다. 스티븐 아비주(Steven Arvizu, 1994)가 문화라는 단어를 명사가 아닌 동사로 기술한 것은 문화의 본질을 정확히 파악한 것이다. 문화는 역동적이고 유동적이며 언제나 변화한다. 각기 다른 사회 내에서도 문화는 언제나 정치적 · 사회적 혹은 그 외의 주변 환경에 유동적으로 변화해왔다. 다른 배경을 가진 사람들 사이의 교류를 통해 이러한 변화는 더욱 가속화되었다.

하지만 문화의 변화는 일방적인 것만은 아니다. 일반적으로 문화의 변화는 수혈하는 것과 비슷하다고 인식된다. 즉, 하나의 문화가 비워지면 또 다른 문화가 채워진다는 개념이다. 이런 개념으로 볼 때 모든 문화는 영원히 그대로 존재하고 인간은 문화에 중요한 영향을 미칠 수 없다는 결론에 이르게 된다. 그러나 현실에서 문화는 계속해서 혼합되고 있다. 또한 사람들은 자신이 처한 상황에 따라 문화의 특정한 요소를 받아들이거나 거부한다. 문화적 가치는 혈액과는 달리 쉽게 받아들여지거나 사라지지 않는다. 예를 들어, 지난 100년간 수많은 정치적 · 사회적 · 경제적 변화가 있었지만, 이러한 변화들은 미국 원주민의 육아방식에 그다지 큰 영향을 주지는 못했다는 민족지학적 증거들이 존재한다(Deyhle & Swisher, 1997). 이와 비슷하게 미국으로 이민 간 사람들은 자신의 민족적 가치와 정체성을 대대로 이어오고 있다(Greenfield, 1994; McGoldrick, Pearce, Giordano, 1982).

언어학적 개념에서 보자면, 문화는 표층구조와 심층구조를 동시에 가진 이중적인 것이다(Chomsky, 1965). 예를 들어, 이주 배경을 지닌 청소년을 인터뷰한 결과 그들이 각기 다른 배경을 가지고 있음에도 동일한 청소년 문화를 공유하고 있다는 놀라운 사실을 발견했다(Nieto, 1992). 청소년은 인종적 · 민족적 · 언어적 차이와 심지어 미국에서 산 기간과는 상관없이 친밀하게 교감할 수 있는 도시문화와 사회적 지위를 공유하고 있었다. 그들은 좋아하는 음악, 음식, 패션, 텔레비전 프로그램 등에서 비슷한 취향을 보였다. 그러나 겉으로 드러난 취향은 비슷해 보이지만, 그들의 내면에 깔린 민족적 유산에서 비롯된 가치들은 각기 다르다는 것을 발견했다. 예를 들어, 마리솔이라는 푸에르토리코 여학생을 인터뷰하는 동안 그녀는 나에게 자신이 힙합과 랩 음악 그리고 피자와 라자냐를 좋아한다고 말했다. 인터뷰에서 그녀는 푸에르토리코 음식을 언급한 적이 단 한 번도 없었다. 또한 그녀에게 있어 푸에르토리코 음악은 그녀의 부모가 듣는 '촌스럽고' 지루한 것일 뿐이었다. 하지만 인터뷰나 관찰 결과 일상에서 마리솔은 어른을 공경하고, 가족들과 친밀하고 끈끈한 관계를 가지고 있으며, 기념일에 친구보다는 가족들과 시간을 보내는 등 푸에르토리코의 오랜 전통을 지켜나가고 있었다. 현실에서는 '순수 민족'이라는 것이 존재하지 않듯이 '순수 문화'라는 것 역시 존재하지 않는다. 다시 말해, 각기 다른 문화들은 서로에게 영향을 주며 소수민족 문화나 대중적이지 못한 문화 역시 대중문화에 영향을 끼치게 된다. 랩이나 그에 어울리는 말투, 옷차림과 행동들은 대중적인 문화라고 할 수 없지만 청소년 사이에서는 그들의 배경과는 상관없이 큰 영향력을 가지고 있는 것처럼 말이다.

문화를 변하지 않는 것이라고 가정했을 때 학교교육에서 생기는 가장 큰 문제점은 교육과정이나 교수법 역시 변하지 않는다는 것이다. 프레더릭 에릭슨(Frederick Erickson, 1990)은 이러한 문제를 잘 드러내는 논문을 발표했다. 그는 문화를 변하지 않는 것이라고 인정하는 순간 교육 내에서도 이를 사실인 것처럼 가르칠 것이라고 주장했다. 그렇게 된다면 현실세계 자체를 마치 본질적으로 변하지 않는 것으로 인식시키는 것과 같다.

에릭슨(1990: 22)은 "그러나 우리가 문화와 사회적 정체성을 유동적인 개체로 고려한다면 교육방식의 기본 역시 앞으로 변화할 수 있는 요소로 생각할 수 있다"고 했다. 다문화교육을 사회 정의에 기반을 둔 자유를 위한 교육학이라고 정의한다면, 문화는 고정적이라기보다는 역동적인 것으로 보는 것이 적절하다.

▎문화는 다원적이다

문화의 역동성과 관련이 깊은 것이 문화정체성이다. 문화정체성은 다양하고 절충적인 동시에 혼합적이며 다원적이다. 이 말은 문화라는 개념이 인종이나 민족의 개념과 단순하게 융합될 수 없음을 의미한다. 예를 들어, 민족성을 강조하는 멕시코 문화는 미국인에게 비교적 쉽게 문화로 받아들여진다. 하지만 또 다른 예로 레즈비언 문화를 들 수 있다. 민족적인 면이 강조되지 않는 레즈비언 문화는 미국인에게 쉽게 받아들여지지 않는다. 하지만 레즈비언 문화 역시 여성 동성애자가 공통된 레즈비언의 역사와 정체성, 사회정치적 관계를 공유하고 있기 때문에 문화라고 할 수 있다. 즉, 어떤 사람은 멕시코계 미국인인 동시에 레즈비언이 될 수 있다. 하지만 특정한 사람이 이와 같이 다원적인 문화정체성을 가지고 있더라도 각각의 문화정체성이 같은 비율로 섞여 있다고 볼 수는 없다. 비교적 밝은 피부색을 가진 부유한 멕시코계 미국인 레즈비언과 비교적 어두운 피부색을 가진 노동자계층의 멕시코계 미국인 레즈비언은 민족적인 공통점과 성적 지향의 공통점, 그리고 이런 일련의 정체성에 따른 억압 같은 공통점만 지닐 뿐 그 외에는 아무런 공통점을 갖지 않을 수도 있다. 사람들이 자신의 정체성을 확립하는 방법에는 여러 가지가 있다. 어떤 멕시코계 미국인 레즈비언은 자신의 정체성을 정의하는 데 민족적 측면이 가장 중요하다고 생각하는 반면, 다른 멕시코계 미국인 레즈비언은 자신을 그저 동성애자라고 생각한다. 또 다른 멕시코계 미국인 레즈비언은 민족적 측면과 성적 지향의 측면이 똑같이 중요하다고 말하지만, 자신을 그냥 노동자로 분류하는 멕시코계 미국인 레즈비언도 있다.

문화는 단순히 민족만을 뜻하는 것이 아니기 때문에 특정한 문화집단 내에서도 문화적 차이와 정체성이 갈등을 일으키기도 한다. 피부색, 미국에 이주한 시기, 사용 언어, 교육수준, 가족과의 관계, 거주지뿐만 아니라 그 외 여러 가지 요소가 하나의 집단 사이에서도 어떻게 문화를 이해하고 어떤 문화 속에서 '사는지'에 영향을 미친다. 더 나아가 민족과 사회계층이 만나는 접점은 문화를 정의하는 데 중요한 요소가 된다. 밀턴 고든(Milton Gordon, 1964)은 이 접점을 '민족계층(ethclass)'이라고 명명했다. 예를 들어, 내가 어린 소녀였을 때 여름휴가로 푸에르토리코에 놀러간 적이 있었다. 그곳에서 나는 푸에르토리코의 중산층을 만났을 때 놀라지 않을 수 없었다. 미국으로 이민 온 푸에르토리코 노동자 가정에서 태어나 도시에서 자란 나로서는 그때까지 오직 백인만이 중산층이 될 수 있다고 생각했기 때문이다. 당시 나는 스스로를 푸에르토리코 사람이라고 생각했고 스페인어도 잘하는 편이었지만, 푸에르토리코에 사는 푸에르토리코 중산층보다는 브루클린에 사는 아프리카계 미국인 이웃과 친구에게 더욱 동질감을 느꼈다. 내가 가지고 있던 푸에르토리코 문화는 푸에르토리코 섬 사람들이 갖고 있는 푸에르토리코 문화와는 확실히 다른 것이었다. 몇 년이 흘러서야 나는 이 차이가 상황, 경험, 사회계층과 관련이 있음을 깨달았다.

정체성을 확립하는 데 중요한 다른 요소는 다른 문화집단과의 교류가 자신이 가지고 있는 문화와 정체성에 어떤 영향을 미치는가다. 이는 특히 도시 지역에서 나타난다. 왜냐하면 도시에서는 다양한 민족적 · 인종적 배경을 가진 청소년의 정체성을 명확하게 분류하는 것이 어렵기 때문이다. 셜리 브라이스 히스(Shirley Brice Heath, 1995: 45-48)는 도시에 사는 미국의 청소년이 공통된 경험을 토대로 새로운 문화의 범주를 만든다고 주장했다. 또한 청소년은 "자신을 정의할 때 무엇이라고 말하기보다는 누구라고 말한다." 그녀의 표현을 빌리자면 청소년들은 서로 간의 경계를 허물 뿐만 아니라 히스가 말한 것처럼 '경계를 넘고 교차하는 행동'을 한다. 미국에는 자신을 이중인종이나 다중인종 또는 다중민족이라고 생각하는 사람들이 점점 늘어가고 있다. 이러한 추세를 생각했을 때 민족이라는 개념으로 문화를 설명하기에는 그 범위가 좁다. 청소년들이 가지고 있는 다양한 정체성은 다문화교육에 있어 중요하고 큰 영향을 미치는 요소다. 문화가 인종이나 민족의 개념으로 단순하게 정의된다면, 이는 복잡하고 이질적인 현실을 살고 있는 도시의 청소년에게 적용되기 어려울 것이다.

❙ 문화는 맥락 내에서 존재한다

문화는 맥락 내에서 존재한다는 말은 바꿔 말해 문화는 언제나 이를 둘러싸고 있는 환경의 영향을 받는다는 것이다. 일본에 사는 일본 학생의 문화는 미국에 이민 간 일본 학생들의 문화와 페루 혹은 브라질로 이민 간 일본 학생의 문화와는 다르다. 학생들에게 문화를 설명할 때 맥락을 배제한다면, 학생들은 문화를 사람들의 일상과는 동떨어진 것으로 생각할 가능성이 높다. 이에 대해 프레더릭 에릭슨(1990: 34)은 사람들의 일상상활을 시대와 분리시키며, 구체적 역사에 실재한 투쟁의 세계 밖으로 위치시켰다고 묘사했다. 문화라는 개념의 이해는 종종 이를 둘러싼 환경의 맥락에서 벗어나 있다. 특히 미국의 교육환경과 미디어에서 이러한 탈맥락화 현상이 나타난다. 미국 원주민의 경우가 특히 그렇다. 미국의 교육환경과 미디어에서 미국 원주민은 문화와 역사의 뿌리와 동떨어진 위대한 영웅이나 미개한 야만인 혹은 이 두 가지 면을 다 가지고 있는 인물로 재현되고 있다(Churchill, 1992). 반면 대부분의 학교는 미국 원주민이 겪은 탄압, 인간성의 말살, 항거운동, 투쟁에 대해서는 가르치지 않고 있다. 미국의 여섯 살 먹은 아이들조차 에릭슨이 말한 '시대와 분리된'(p. 34) 미국 원주민의 반역사적이고 정형화된 이미지를 구체적으로 묘사할 수 있다. 인디언보호구역이나 미국 원주민이 모여 사는 동네 주변에서 자라지 않은 아이들은 현재도 미국 인디언이 존재하며 그들이 교사로, 트럭 운전사 또는 예술가로 활동한다는 사실에 놀라곤 한다. 미국 원주민이 아직도 존재한다는 사실을 학교에서 배운 아이들조차 미국 원주민에 대한 고정관념에서 벗어나지 못하고 원주민에 대한 목가적인 이미지만을 떠올릴 뿐이다. 예를 들어, 대부분의 교사는 원주민의 집회문화에 대해 가르치지만 그들이 살고 있는 인디언보호구역이 독극물 처리장으로 이용되어왔다는 사실은 알려주지 않는다.

문화와 맥락에 관한 예를 한 가지 더 살펴보자. 푸에르토리코인은 쌀을 주식으로 먹는다. "푸에르토리코인과 흰쌀의 공통점은 어디에서나 쉽게 찾아볼 수 있다는 것이다"라는 말이 생겨날 정도로 푸에르토리코 인구의 절반에 해당하는 사람들이 고국을 떠나 외국에서 생활하고 있다. 거의 모든 푸에르토리코인은 단립종 쌀을 먹는다. 하지만 나는 장립종 쌀을 선호한다. 내가 장립종 쌀을 좋아한다고 말하면 그들은 나를 마치 문화적 이단자처럼 대하기도 한다. 내 동료 중 한 사람인 푸에르토리코 역사학자는 내게 푸에르토리코인이 단립종 쌀을 선호하는 이유를 설명했다. 그들이 단립종 쌀을 선호하는 것은 아무 이유 없이 생겨난 것도, 단립종 쌀이 장립종 쌀보다 영양학적으로 우수해서 생겨난 것도 아니다. 오히려 단립종 쌀에 대한 선호는 푸에르토리코가 식민시대를 거치며 생겨났다.

20세기 초 스페인과 미국의 전쟁이 끝나고 푸에르토리코가 미국의 지배를 받으면서 미국에는 단립종 쌀이 과잉 공급되었다. 미국 사람들은 단립종 쌀보다는 장립종 쌀을 선호했기 때문에 넘쳐나는 쌀을 처리하기 위해 단립종 쌀은 푸에르토리코에 보내게 되었다. 시간이 지나면서 푸에르토리코인은 점점 단립종 쌀을 선호하게 되었다. 이렇듯 문화는 주변 환경의 영향에서 분리될 수 없다. 문화는 역사, 경제, 권력에 의해 계속해서 변화한다.

문화는 사회적 · 경제적 · 정치적 영향을 받는다

앞에서 살펴본 바와 같이 문화가 맥락 내에서 존재한다는 뜻은 정치적 · 역사적 · 경제적 영향을 받는다는 말과 같다. 문화는 고립된 상태에서 현실과 동떨어져 생겨나는 것이 아니라, 권력과 구체적인 관계를 맺으며 생겨난다. 결과적으로 한 사회의 지배집단이 그 사회의 문화를 대부분 규정한다. 이 때문에 한 사회의 지배적 문화가 그 사회의 '규범'으로 정착하게 되고, 지배집단이 아닌 사람들은 '미개인'으로 낙인찍힌다(Lewis, 1965; Reissman, 1962). 물론 피지배세력은 자신들을 미개인이라고 생각하지 않으나 미개인으로 낙인찍힌다는 것 자체가 그들에게 큰 타격을 입히게 된다. 결국에는 자신을 미개인이라고 생각하지 않던 사람들조차 자신을 미개인이라고 믿게 되기 때문이다. 하지만 '미개인'이라는 말은 단지 그들이 가진 문화가 지배세력의 문화와는 다르다는 의미다. 이러한 역설적 태도는 왜 백인이 자신을 '자신만의 독특한 문화가 없는 사람들'로 여기는지 설명해준다. 동시에 이 말은 백인이 지배이데올로기의 반복되는 메시지를 통해 자신의 문화를 가치 있게 여기고 있다는 증거이기도 하다.

사회학자인 피에르 부르디외(Pierre Bourdieu, 1986)의 이론에 따르면, 사회 내에서 개인의 위치를 결정하는 것은 돈이나 경제자본만이 아니다. 사회자본 또는 문화자본 역시 이와 동등하게 중요한 역할을 한다. 사회자본이란 경제자본으로 이어질 수 있는 사회적 의무와 사회망을 의미한다. 여기서 더욱 중요한 의미를 가지는 문화자본이란 습득된 취향, 가치, 언어, 말투 혹은 학력 등 개인을 사회적 혹은 문화적 특권층으로 특징지을 수 있는 것들이다. 자신이 속한 집단의 문화와 언어를 딱히 배우지 않아도 습득하는 것처럼 문화자본 역시 특별한 가르침을 통해 배우는 것이 아니다. 문화자본은 무의식적으로 터득하게 된다. 부르디외(1986: 246)는 문화자본의 습득이 "조상으로부터 물려받을 수 있는 자본 중 최고의 자본"이라고 기술했다.

본질적으로 문화라는 개념은 경제와 정치적 특권과 얽혀 있다. 지배계층의 취향과 언어 그리고 말투가 이들이 선천적으로 다른 계층의 취향과 언어 그리고 말투보다 뛰어나기 때문이 아니라, 그저 권력을 갖고 있는 사람들과 연관이 있기 때문에 사회적인 인정을 받는 것이다. 이 주장을 뒷받침할 만한 좋은 사례로 몇 년 전 언어학자들이 모여 흑인들이 쓰는 영어도 표준영어만큼 풍부한 표현이 가능하고 논리적인 의사소통에 적절하다고 제안한 것을 들 수 있다(Labov, 1972; Smitherman, 1977).

하지만 지금까지도 교사들은 흑인 영어는 단순히 '좋지 않은 영어'라고 생각한다. 하지만 교사들은 자신이 가르치는 학생의 태생적 어투를 개발해주는 부가적 이중언어주의(additive bilingualism)를 사용하기는커녕 흑인 영어를 말살시키고 그 자리에 표준어를 주입시키는, 이른바 표준영어를 만드는 데 사력을 다한다(Lambert, 1975). 반면, 특정한 흑인 영어식 표현을 많은 중산층 백인이 사용할 경우 표준영어로 도입되는 경우가 있다. 이런 흑인 영어식 표현들은 표준영어로 인정되는 즉시 놀랍게도 모두에게 인정받는 표현으로 승격된다.

위에서 언급한 흑인 영어의 사례는 문화가 학습과 학업성취도에 미치는 영향을 분명히 보여준다. 대부분의 학교는 사회적 · 문화적 특권층의 문화자본을 반영하고 이를 지원한다. 미국의 경우 이 특권층은 영어를 사용하는 중 · 상류층 백인이다. 결과적으로 어떤 학생들은 학교에 입학할 때부터 정체성과 가정교육을 통해 자신이 문화자본을 가지고 있다는 사실조차 모른 채 마치 걷거나 숨 쉬는 것처럼 무의식적이고 자연스럽게 여러 특권을 누리며 학교로 온다. 그들이 가지고 있는 문화, 즉 그들이 사용하는 영어는 올바르고 자연스럽게 보인다. 하지만 상대적으로 흑인 영어는 캐럴 리와 다이애나 슬로터-디포(Carol Lee & Diana Slaughter-Defoe, 1995: 357)가 주장하듯, 흑인 영어의 낮은 위신 때문에 "아프리카계 미국인 학생들이 학습할 때 복잡한 영향을 줄 뿐만 아니라 많은 문제를 일으키기도 한다."

위의 예시는 문화자본이 임의적으로 결정된다는 특성을 보여준다. 파울루 프레이리(Paulo Freire)는 이러한 본질을 파악하고 다음과 같은 질문을 했다. "언제 특정한 문법이 '옳은' 문법이 되었는가? 누가 엘리트계층이 사용하는 언어를 '옳은' '표준어'라고 했는가?" 하고 자문한 뒤, "물론 이런 결정은 엘리트계층이 결정한 것이다. 하지만 그들이 사용하는 언어를 굳이 '표준영어'라고 하는 대신 '상류사회에서 널리 쓰이는 영어'라고 해도 좋을 것이다. 확실한 이름을 붙이게 되면 그동안 우리가 알지 못했던 언어와 정치권력의 관계가 드러나게 될 것"이라고 답했다. 그는 "소위 말하는 '표준'이라고 하는 것은 정치적인 개념이다. 우리는 표준이라는 개념이 갖는 정치적 의미를 비판하고 이를 정확하게 사용할 수 있도록 지도해야 한다"

고 주장했다(Shor and Freire, 1987: 45-71).

만약 아주 이례적인 일들이 생겨나서 흑인 노동계층이 미국의 새로운 엘리트계층으로 부상하게 된다면 흑인 영어가 새로운 표준으로 도약하게 될 것이다. 이에 따라 모든 학교는 새로 생긴 문화적 자본에 의해 교육과정과 교과서, 교육용 자료를 수정하게 될 것이다. 또한 흑인 영어에 친숙하고, 흑인 영어가 우월하다고 생각하는 사람들이 교사로 채용될 것이다. 따라서 흑인 노동자들의 자녀들은 흑인 영어라는 문화자본을 갖고 있지 않아 '문화적으로 미개한' 이들에 비해 더 많은 특권을 가지고 입학할 것이다. 미국의 경제적 · 정치적 현실을 고려했을 때 이는 황당무계한 시나리오다. 하지만 이 시나리오는 문화가 변화한다는 특성, 즉 어떤 식으로 누구의 문화가 상위문화로 자리매김되는지를 적나라하게 보여준다.

문화는 창조되고 사회적으로 구성된다

앞에서도 논의했듯이 많은 사람들이 문화를 이미 존재하는 것이자 대대로 물려받고 보존해야 하는 것으로 생각하고 있다. 이것은 문화를 변하지 않는 것이라고 단정지을 뿐만 아니라 문화는 이미 완성된 것이라고 여기는 것이다. 하지만 지금까지 살펴본 것처럼 문화는 계속해서 변화하고, 그 이유는 바로 인간이 문화를 변화시키기 때문이다. 모든 사람은 지위가 높고 낮음을 떠나 크고 작은 경로를 통해 문화를 변화시킨다. 조너선 코졸(Jonathan Kozol, 1978: 176)은 당시 막 시작된 대대적인 문맹퇴치운동을 연구하기 위해 쿠바에 간 적이 있다. 그곳에서 그는 농민들에게 읽는 법을 가르치기 위해 교사를 자처한 젊은이들을 인터뷰했다. 그는 그들에게 역사란 무엇이냐는 질문을 했는데, 그들의 대답은 놀라운 것이었다. 그가 뉴욕의 스키넥터디에서 같은 질문을 했을 때는 "역사란 과거에 일어났던 모든 것이며 …… 중요한 위치에 있던 중요한 사람들에 의해 이루어진 것"이라는 비교적 평범한 대답을 들었다. 하지만 쿠바의 젊은이들은 이 질문에 대해 "역사는 과거이지만 지금 우리가

하고 있는 것도 언젠가는 역사의 일부가 될 것이다"라는 대답을 했다. 이 젊은이들에게 역사란 단지 책에 기록된 것이나 정복, 전쟁 혹은 정치에서 나타난 '중요한 사람들'의 행위만이 아니었다. 그들이 하고 있는 문맹퇴치운동도 역사의 중요한 일부분이었다.

이와 같이 문화는 우리가 매일 경험하고 있는 것이다. 문화의 대리인으로서 우리가 전통, 태도, 행동, 가치에 대해 내리는 모든 결정이 문화를 변화시킨다. 그렇지 않았다면 우리는 영원히 타인의 행동에 의해 만들어진 꼭두각시나 희생자 같은 삶을 살았을 것이다. 물론 때때로 문화적 가치는 희생을 통해 나타나기도 한다. 앞에서 보았듯이 푸에르토리코인이 식민 지배를 통해 단립종 쌀을 선호하게 된 것처럼 말이다. 하지만 이런 경우에도 사람들은 부정적인 현실을 긍정적인 가치로 승화시켰다. 그런 가치의 승화가 없었다면 단립종 쌀은 푸에르토리코 문화의 일부분이 될 수 없었을 것이다. 문화가 어떻게 생겨나는지를 볼 수 있는 또 한 가지 경우는 가난한 사람들이 먹는 음식에서 찾아볼 수 있다. 가난한 사람들은 대체로 남은 음식 혹은 아무도 먹지 않는 채소나 고기 부위로 끼니를 잇는다. 하지만 이러한 식재료를 가지고 그들이 만들어낸 음식문화는 경이롭기까지 하다. 이것이 바로 문화가 탄생하는 순간이다. 프레더릭 에릭슨(1997: 39)의 말을 인용하자면 "문화는 건축물과 비슷하다. 문화는 우리를 구성하고 우리는 문화를 구성한다." 따라서 문화는 그저 수동적인 유산이 아니라 타인과의 접촉 및 상호작용을 통해 생겨나는 능동적인 활동이다. 문화는 사회적 접촉과 협력을 벗어나 존재할 수 없는 사회적 구성물이다.

문화는 학습되는 것이다

문화가 창조되고 사회적으로 구성된다는 것은 '문화는 학습된다'는 말과 일맥상통한다. 문화는 우리에게 유전되는 것도, 상속되는 것도 아니다. 이는 특정한 인종집단의 어린이가 다른 인종집단의 가정에 입양되는 사례를 통해 더욱 분명하게 확인할 수 있다. 한국인 어린이가 유럽계 미국인의 가정에 입양되었을 경우를 생각해보자. 유럽계 미국인인 입양가정이 의식적으로 입양아에게 한국의 역사와 유산을 가르치려는 노력을 기울이지 않거나 입양아가 한국의 역사와 유산을 배우려고 노력하지 않는다면, 입양아 중 십중팔구는 인종적 · 민족적으로는 한국인이지만 문화적으로는 유럽계 미국인이 될 것이다.

문화, 그중에서도 인종적 · 종교적 문화는 가족과 공동체와의 상호작용을 통해 학습된다. 문화는 대부분 의식적으로 가르치거나 학습되는 것이 아니라 자연스럽게 몸에 배는 것이다. 이러한 과정이 모든 문화에서 이루어지는 것은 아니지만, 우리는 대부분 어머니나 할머니의 무릎에 앉거나 아버지 곁에서 혹은 가족들의 대화를 통해, 아니면 가족이나 공동체 구성원의 행동을 모방하면서 문화를 배워나간다. 사실상 대부분의 사람들은 자신들의 문화가 다른 문화에 억눌리는 상황이나 자신의 집을 떠나 다른 문화를 접하게 되지 않는 이상 자신의 문화에 대해 생각하지 않는다.

문화가 학습된다는 것은 이중문화를 통해 명확하게 알 수 있다. 이중언어교육은 학생들이 다른 언어적 · 문화적 맥락에서 제대로 기능하고 성공하기 위해 두 가지 언어와 두 가지 문화 시스템을 학습한다는 원칙을 바탕으로 하기 때문에 종종 이중언어/이중문화교육이라고 불린다. 이와 같은 주장을 한 것은 글로리아 래드슨-빌링스(Gloria Ladson-Billings, 1994)다. 그녀는 아프리카계 미국 학생을 성공적으로 가르친 교사로 꼽은 사람은 총 8명이었다. 이들 중 3명은 백인이었고, 한 명은 백인 문화권에 속한 사람이었으며, 다른 한 명은 백인과 흑인 문화의 이중문화권에 속한 사람이었고, 나머지 세 명은 흑인 문화권에 속한 사람이었다. 그러나 이중문화를 가진다는 것은 옷을 고르는 것처럼 간단한 일이 아니다. 문화는 매우 복잡하기 때문에 타 문화를 '학습하는 것'은 매우 어려운 일이다. 타 문화를 학습하는 것은 그 문화와 지속적이고 직접적이며 깊은 관계를 맺을 때에만 이루어질 수 있다. 미국에 있는 대부분의 교사들은 이러한 과정을 거치지 않았기 때문에 자신이 가르치고 있는 학생들이 새로운 문화를 학습한다는 것이 얼마나 어려운 과정인지 잘 이해하지 못한다. 더욱이 이것은 상충되는 가치를 가진 두 문화적 시스템을 내면화하는 것이기 때문에 괴롭고 힘든 일이다.

미국에서는 일반적으로 하류층의 학생들에게만 사회적 · 학업적으로 성공하기 위해 이중문화를 가져야 한다고 요구한다. 이들은 놀랄 만한 정신력과 회복력을 발휘하여 이를 해내고야 만다. 어린 학생들이 익숙하지 않은 환경에 대한 충격과 외로움을 극복하고 이질적인 문화의 가치와 태도를 배우려는 문화적 동기들을 결합하는 것에서 우리는 인간의 강인함을 엿볼 수 있다. 그들이 학습하는 것은 절대로 쉽지도 단순하지도 않은, 모순과 도전으로 가득 찬 비판적 이중문화주의다.

▍문화는 변증법적이다

문화는 종종 밀접하게 연관되어 서로를 보완하는 가치와 행동들로 촘촘하게 짜인 거미줄과 같다고 여겨지지만, 이는 사실이 아니다. 문화는 사람들에 의해 창조되고 사회 · 경제 · 정치적 요소들에 영향을 받는 복잡한 시스템이기 때문에 변증법적이고 갈등적이며 내재적인 긴장들로 가득 차 있다. 일반적으로 '좋은' 혹은 '나쁜' 문화는 없으며, 오로지 역사적 환경과 사회적 환경, 필요에 따라 생겨난 가치들로 이루어져 있을 뿐이다. 우리는 모두 살면서 자문화 혹은 타 문화에서 마음에 들거나 불쾌한 가치들을 한 번쯤은 마주쳤을 것이다. 문화가 변증법적이라는 것은 우리가 문화의 '진정한' 일원이 되기 위해 문화 속에 내재된 모든 모순을 다 받아들여야 한다는 뜻은 아니다.

사회는 청소년 문화를 좋게 보지 않는다. 이 때문에 청소년은 때때로 하나의 문화나 또 다른 문화 중 하나만을 무비판적이고 전적으로 수용해야 한다고 생각한다. 이는 헝가리의 로마니 집시 청소년 연구 사례에서 찾아볼 수 있다(Forray & Hegedüs, 1989). 로마니 사회에서의 소년과 소녀에 대한 성별에 따른 기대는 상당히 고정되어 있다. 하지만 문화적 지배가치에 사로잡힌 청소년이 적극적으로 자기 이미지를 만들어가는 유일한 장소는 가정이기 때문에 로마니의 소녀들은 사회가 규정짓는 여성으로서의 삶에서 일탈하는 것을 자신의 민족적 정체성과 가족을 버리는 것과 같다고 생각한다. 로마니의 초등학교 교사를 대상으로 한 설문조사에서는 로마니 문화의 고정된 성 역할에 대한 교사의 부정적인 태도와 행동이 여학생이 성별에 따른 행동을 강화하는 데 일부 책임이 있다는 것을 보여주었다. 교사들이 문화적으로 균형 잡히고 세심한 태도를 발전시킬 수 있었더라면 로마니 소녀도 성 역할을 벗어나는 것이 문화를 배신하는 것이 아니라는 믿음을 가지고 다른 선택을 할 수도 있었을 것이다.

문화가 변증법적이라는 사실은 문화를 마치 사회적 · 정치적 · 역사적 공간에서 벗어나서 독립적으로 존재하는 것으로 여기고, 현존하는 문화의 특정 요소를 보존해야 할 이유가 없다는 인식에 이르게 한다. 메리 칼란티스(Mary Kalantzis)와 그녀의 동료들(1989)은 이러한 모순에 관해 다음과 같이 서술했다.

> 공동체를 유지한다는 사실은 사람들이 마치 박물관의 조각과 같이 보존되기 위한 물건이 아니라 후세에게 연결하는 것을 의미한다. 공동체는 사회적으로 고립된 것이 아니라 항상 융합하며 충돌을 겪고 있는 모순적인 것이다. 적극적인 문화적 재창조는 사람들이 원하는 것처럼 새로운 언어를 배우기 위해 다른 언어의 사용을 의식적으로 줄이거나 문화적 전통이나 다른 요소를 포기하는 것을 포함한다(Kalanizis at al., 1989: 12).

여기에서 푸에르토리코의 사회학자 라파엘 라미레즈(Rafael Ramírez, 1974)의 연구를 살펴보자. 라미레즈는 모든 문화는 모순되는 두 면을 가진 동전과도 같다고 말했다. 그는 동전의 양면을 생존의 문화와 자유의 문화라고 칭했으며, 이 각각은 문화의 복잡성을 밝히는 데 중요하다. 생존의 문화는 생존에 위협이 될 수 있는 정치적, 경제적 혹은 사회적 환경에 대응해 생겨난 우리의 태도, 가치, 전통, 행동을 의미한다. 이러한 문화는 여성 불평등과 같이 그 문화에 속한 사람들의 시각을 더 좁힐 수도 있고, 상호 협력과 같이 시각을 더 넓힐 수도 있다. 여성의 역할을 예로 들자면,

남성과 여성에게 부가되는 사회적 기대치는 아이들을 기르는 데 있어 일차적 돌보미로서 여성의 생물학적 역할에서 비롯되었다. 많은 문화에서 여성의 역할을 규정짓는 것은 윤리적 관점이나 평등의 문제에서 벗어나 생존하기 위해 생겨난 것이다. 이와 관련지어 라미레즈는 다음과 같이 기술했다.

> 생존의 문화는 특정한 힘을 보존하고, 지지하고, 공급하는 한편, 억압적인 요소나 기간에 맞서거나 변화시키지도 않고, 시스템을 통제하는 정치 · 경제적 권력의 구조에 영향을 미치지도 않는 모순을 지니고 있다(Ramírez, 1974: 86).

이에 반해 자유의 문화는 문화의 자유적 측면을 구현하는 가치, 태도, 전통, 행동을 지칭한다. 라미레즈(1974: 88)에 따르면 자유의 문화는 탈식민지화의 과정이고, 부당한 사회구조와 가치에 의문을 제기하는 것이며, '사회정치적 기관에 민주화를 불어넣는 것'이다. 이 같은 점에서 라미레즈는 독재주의는 민주주의와 대조되고, 인종차별주의와 인종적 · 민족적 정체성의 자각이 대조되며, 성차별과 성평등이 대조된다고 했다. 대부분의 사회에서 거론되는 인권 문제는 자유 문화의 뼈대라고도 할 수 있다. 앞으로도 살펴보게 되겠지만, 문화의 모순점을 이해하는 것은 학생과 교사가 낭만주의에서 벗어나 자신의 문화와 타인의 문화에 대해 비판적인 관점을 가지는 데 매우 중요하다.

문화로서의 언어

앞서 살펴본 몇몇 사례와 같이 언어는 문화의 중요한 요소이고, 언어와 문화는 깊은 관계를 가진다. 다시 말해 언어, 언어 다양성 또는 어투 등이 바로 문화라는 의미다. 예를 들어, 19세기 초 미국 원주민 아이들을 기숙학교로 보낸 것부터 현재 아이들에게 오직 영어만을 쓰도록 하게 하는 것처럼 학교 안팎에서 일어나는 수많은 동화운동들이 왜 피지배계층의 모국어 가치를 떨어뜨리고 제거하려고 하는지를 설명한다. 현실적으로 언어는 권력이며 바로 이 진실은 동화운동의 핵심이 되어왔다. 리처드 루이즈(Richard Ruiz, 1991: 218)에 따르면, "언어가 가진 힘은 정의를 내리는 것, 자신이 살아온 경험의 본질을 결정하는 데 있다." 언어에서 멀어지는 것 혹은 언어를 사용하지 못하게 하는 것은 인간의 영혼을 파괴하는 것과도 같다. 결과적으로 언어적 소수민족 사이에서 언어가 강력한 상징으로 조직을 구성하는 핵심 요소로서 사용되는 것은 놀라운 현상이 아니다. 카를로스 오반도와 캐런 고드(Carlos Ovando & Karen Gourd, 1996)는 4개의 토착 소수민족 문화(나바호 족, 후아라파이 족, 마오리 족, 하와이 사람들)의 사례를 통해 언어의 유지와 활성화가 어떻게 사회적 영향력을 획득하고 민족성을 창조하며 기존의 사회구조와 언어에 도전하는지를 보여주었다.

미국에서 주류 언어가 아닌 언어와 언어 다양성에 대한 태도는 마지못한 수용과 노골적인 적대감 사이를 왔다 갔다 한다. 이러한 태도는 정치 · 사회적 화합과 학업적 성공이라는 명분 아래에서 합리화되어왔다(Crawford, 1992). 법은 물론 학교 정책까지 소수민족의 모국어 유지 운동에 관해 매우 부정적인 태도를 고수해왔다. 이와 관련해서는 제1차, 제2차 세계대전 사이에 모국어 교육이 교과목에서 제외된 것, 모국어가 같은 두 사람이 일터에서 모국어로 대화하다가 소송당한 최근의 사건, 어머니가 자신의 집안에서 아이들과 몰래 모국어로 대화했던 사건까지 여러 가지 예를 들 수 있다. 젊은 어머니가 자신의 아이들에게 모국어인 스페인어로 대화하다가 판사에게 법적 처벌을 받았던 사건을 살펴보자(Cummins, 1996). 텍사스 주에서 일어난 양육권 분쟁의 주인공인 마르타 라우레아노는 새무얼 카이저 판사에게 그녀가 계속해서 딸과 스페인어로 대화하는 것은 그녀의 딸에게 성장한 후에 가정부나 하라고 말하는 것과도 같다는 주의를 받았다. 새무얼 카이저 판사는 스페인어를 사용하는 것은 '학대의 경계에 선 것'이라고 기소하고 집에서 영어만 사용할 것을 명령했다(Cummins, 1996: 21).

만약 모국어를 사용하는 것이 학습에 해가 된다는 연구 결과가 있다면 이와 같은 동화운동을 긍정적으로 평가할 수도 있었을 것이다. 하지만 그러한 연구 결과는 존재하지 않는다. 데이비드 돌슨(Daivd Dolson, 1985)은 라틴계 학생들을 대상으로 가정에서의 언어 사용과 학업 성과를 연구했다. 그는 가정에서 영어와 스페인어를 동시에 사용하는, 부가적 이중언어를 구사하는 학생들이 가정에서 영어만 사용하는 학생들보다 학업적으로 뛰어나다는 결과를 얻었다. 게다가 그는 스페인어를 많이 사용하는 가정일수록 더욱 정확한 표준영어를 사용한다는 것을 발견했는데, 이는 스페인어가 학업 성과를 향상시킨다는 견해를 뒷받침한다. 학업 성과가 서로 다른 30명의 히스패닉 아동의 가족을 연구한 루르데스 디아즈 소토(Lourdes Díaz Soto, 1993)의 연구에 따르면, 학업성취도가 높은 아동의 부모는 학업성취도가 낮은 아동의 부모보다 모국어를 사용하는 환경을 선호했다. 그녀의 연구는 가정과 학교에서 모국어를 억압하거나 사용하지 못하게 하는 것이 얼마나 잘못된 것인지를 보여준다.

이와 비슷한 사례로 흑인 영어와 흑인 말투에 관한 연구도 있다. 한 연구에서는 헤드스타트(Head Start) 프로그램에 참여하는 흑인 어투의 4세 어린이는 표준어를 사용했을 때보다 흑인 어투로 다시 말할 때 훨씬 정확하고 세밀하게 묘사했다고 밝혔다(Hall, Reder & Cole, 1979). 제네바 스미서먼(Geneva Smitherman, 1994)이 수행한 흑인 영어 방언(Black English Vernacular, BEV)을 사용하는 흑인 고학년 학생들의 글짓기 연구도 위와 비슷한 결과를 보여주었다. 스미서먼은 전국학업성취도평가(National Assessment of Educational Progress, NAEP)에 참여한 아프리카계 미국인 학생들이 아프리카계 미국인 특유의 어투를 사용하여 시험을 보았을 때 더 높은 성적을 얻는 경향이 있다는 것을 발견했다.

이뿐만 아니라 이중문화를 가진 학생들이 영어만 사용하는 것은 이들의 학업적 성공에 장애물이 된다는 가설을 지지하는 증거도 있다. 데이비드 애덤스(David Adams)와 그의 동료들은 5개 도시의 라틴계 학생을 대상으로 영어 능력과 스페인어 능력의 예측치와 가정에서의 언어 사용이 학업성취도에 미치는 영향을 연구했다(Adams, Astone, Nuez-Wormack & Smodlaka, 1994). 연구 결과, 최근에 이민을 와서 스페인어를 영어보다 잘하는 학생이 이민 2세대 혹은 3세대 라틴계 학생보다 학업성취도가 높게 나타났다. 그들은 또한 이 실험에 참여한 멕시코계 미국인 학생의 영어 능력과 학업성취도 사이에서도 멕시코계 미국인 학생이 영어를 잘할수록 학업성취도가 낮다는 부정적인 사실 관계도 발견했다. 우리는 이 결과를 어떻게 받아들여야 하는가? 연구원들은 영어 능력과 학업성취도 간의 관계에 전통적인 학계의 의견과는 반대되는 일종의 '저항력'이 있다고 추정했다. "이 저항력은 어쩌면 학생이 가지고 있는 영어 능력에도 불구하고 학업성취를 방해하는 또래 간의 압력일 수도 있다(Adams et al., 1994: 11-12)."

이 연구는 그저 영어만 잘한다고 해서 학업성취도가 높다고 예상할 수 없음을 보여준다. 여기에는 여러 가지 이유가 있을 수 있다. 첫 번째는 아이들이 가정에서 모국어를 사용할 때 개발하는 메타언어적 인식(metalinguistic awareness)이다. 메타언어적 인식이란 언어 자체가 어떻게 기능하는지, 그리고 다른 학습에서 어떻게 언어를 이용하는지에 관한 폭넓은 인식을 말한다. 버지니아 콜리어(Virgina Collier, 1995: 14)는 제2 외국어 습득에 관한 광범위한 연구를 통해 영어가 모국어가 아닌 학생들이 가정에서 영어를 사용할 경우 인지발달이 저하될 수 있다는 결과를 얻었다. 이는 부모와 아이들이 제대로 된 영어를 하지 못한 채 영어에 대한 자신들의 '인지적 발달 수준'에 따라 대화하기 때문이다. 두 번째 이유는 표준영어가 아닌 다양한 언어와 수준이 떨어진다고 여겨지는 언어 혹은 어투에 대한 교사들의 부정적인 태도가 이러한 언어를 사용하는 아이들을 학교에서 고립시키고 멀어지게 한다는 데 있다. 애덤스와 그의 동료들(1994)은 반복적인 학업 실패로 학업성취도가 낮은 2, 3세대 미국인과 영어 수준을 연관시키는 것은 무리가 있다는 가설을 지지했다(Ogbu, 1987). 즉, 영어를 잘한다고 해서 학업 능력이 향상되는 것이 아니다.

문화와 언어, 학습 사이의 관계

앞에서 언급했듯이 문화와 언어 그리고 학습이 서로 밀접한 관계가 있다는 것은 명백한 사실이다. 우리는 자녀 양육을 통해 이러한 관계를 더욱 분명하게 살펴볼 수 있다.

❙ 자녀 양육과 학습

모든 교육과 학습과정에서 자녀 양육은 가정에서 이루어지는 학습의 가장 첫 번째 맥락이다. 아동이 가장 처음 경험하는 사회화는 가족과 공동체를 통해 이루어진다. 아동은 걷고 말하기를 배우듯이, 그들의 독특한 문화적 맥락 안에서 학습방식을 배운다. 아동은 부모와 다른 양육자와의 상호작용을 통해 학교에서 어떻게 행동해야 하는지를 배운다. 즉 학생들의 문화적 가치와 행동이 학교 정책과 현장에 잘 맞을수록 학습은 공평하고 쉬운 방식으로 이루어지며, 그렇지 않을 경우에 학습은 부정적인 방식으로 이루어진다.

자녀 양육에 관한 초기 연구는 대체적으로 학교에 적응하지 못하는 학생과 비주류 가정에 속하는 학생이 학업성취도가 비교적 낮은 이유를 설명하는 데 초점을 두었다. 이에 대한 보다 긍정적인 접근은 마누엘 라미레즈와 알프레도 카스타녜다(Manuel Ramirez & Alfredo Castañeda, 1974)에 의해 이루어졌다. 라미레즈와 카스타녜다는 문화집단마다 각기 다른 양육방식이 있고 각각의 양육방식이 아이들의 학습에 영향을 미치는 것은 사실이지만, 아이들이 학교에 잘 적응할 수 있도록 도와주는 것은 가정뿐만 아니라 학교 역시 여러 가지 교수법을 도입하는 방안을 통해 참여해야 한다고 주장했다. 이 연구는 아동을 돌봐주는 사람들의 문화적 배경은 아동의 다양한 학습방식과 정보 처리 방법에 영향을 미친다고 밝혔다. 연구진들은 다원적이고 민주적인 사회에 위치한 학교들이 적절한 조처를 했을 때, 모든 학생의 학습방식을 반영하는 '문화적으로 민주적인' 학습환경을 조성할 수 있다고 주장했다. 이러한 관점은 모든 아동이 학교에서 동일한 학습방식을 통해 학습한다는 이전까지의 견해와는 확실히 다른 것이었다. 학교가 학생들을 동화시키려는 정책과 학교현장의 압박을 통해 불평등을 조성하고 영구화한다는 점을 염두에 두면, 라미레즈와 카스타네다의 결론은 타당하다고 볼 수 있다.

라미레즈와 카스타네다는 학교 내에서 모든 학습방식이 교육에 있어 적절하게 쓰일 수 있다는 주장을 한 초기 연구자에 속한다. 이들은 모든 사람들은 사회적 맥락에서 분리된 자료들을 분석하는 학습방식을 뜻하는 장 독립적(field independent) 학습방식이나 사회적이고 맥락화된 배경을 중요시하는 학습방식인 장 의존적(field dependent) 학습방식 중 하나를 통해 학습한다고 주장한 허먼 윗킨(Herman Witkin, 1962)의 이론을 발전시켰다. 라미레즈와 카스타네다는 다양한 문화적 배경에 속한 아동을 연구하여 유럽계 미국인 아동은 일반적으로 장 독립적 학습방식을 따르고, 멕시코계 미국인과 미국 원주민, 아프리카계 미국인 아동은 장에 민감한(field sensitive) 학습방식을 따른다는 결과를 얻었다. 민감하다는 것은 의존이 주는 부정적인 의미를 대체하기 위해 허먼 윗킨이 사용한 용어다. 그들은 학생들에게 자신의 학습방식에 따라 배울 수 있는 다양한 환경이 주어져야 하고, 학생들 역시 장 의존적 학습방식과 장 독립적 학습방식을 모두 학습할 수 있는 능력인 이중 인지를 갖추어야 한다고 주장했다.

다양한 배경을 가진 학생들이 다양한 학습방식을 사용하고 학교가 학생들을 위해 학습환경을 제공해야 한다는 주장은 교육 이론과 실천 두 가지 모두에서 상당한 진전을 가져왔다. 그럼에도 이러한 학습방식에 대한 연구는 여러 분야에서 비판받을 수 있다. 첫째, 실제로 존재하는 학습방식의 수나 범위에 대한 동의가 없다. 둘째, 이러한 연구들은 지금까지 학습을 매우 복잡한 문제라고 여겼지만 사실상 학생들의 학습방식은 그들의 문화에만 전적으로 치우쳐 있다는 결정론으로 흐르는 경우가 있다. 셋째, 비록 이러한 연구들이 의도적이진 않았더라도 학습방식에 대한 연구 결과 개발된 몇몇 평가와 교육 전략 및 적용은 훨씬 더 기계적이고 기술적이다. 예를 들어, 미국 원주민 아이들이 시각적 학습방식을 더 선호한다는 결과를 제시한 보고서 중 하나는 이러한 학습방식의 적용이 보다 나은 학습에 이르게 한다는 어떠한 증거도 없다는 결론을 내렸다(Kleinfeld & Nelson, 1991).

이러한 학습방식에 대한 연구가 얼마나 빈약한지는 전문가 과정 워크숍이나 교육학 서적에서 제시하는 다양한 문화적 배경을 가지고 있는 학생들의 특성과 학습방식의 관계에서 확인할 수 있다. 이러한 범주화의 효과는 이미 사회에 완연하게 퍼져 있는 특정한 문화적 배경을 가진 학생들에 대한 고정관념을 더욱 견고하게 한다. 더욱이 학생들의 인종과 민족성에 근거하여 학습방식을 분류하는 것은 IQ 테스트 같은 인종차별적인 메시지를 내재하고 있다(Herrnstein & Murray, 1994; Jensen, 1969). 아사 힐리어드(Asa Hilliard, 1989)는 교사들에게 낮은 기대치를 갖게 하고 곧 질 나쁜 교육으로 이어지는 학습방식이라는 단어의 사용에 중요한 질문을 제기했다. 이것은 마치 약이 병을 만드는 꼴이 된 셈이다.

학습방식 연구에 있어 이론적이고 실제적인 문제점이 있음에도 도나 데일과 캐런 스위셔(Donna Deyhle & Karen Swisher, 1997)는 민족지적 연구가 학습방식에 있어서 자녀 양육방식의 의미에 관한 증거자료가 될 수 있다고 주장했다. 이러한 연구에서 학생들의 학습방식은 오랜 시간의 관찰과 분석을 통해 결과를 도출한다. 데일과 캐런 스위셔(1997: 151)는 학생들이 어떠한 학습방법을 선호하는지를 아는 것이 학습환경을 새로 개편하는 것을 의미하지는 않지만, 학습방법에 대해 안다는 것만으로도 도움이 된다고 했다. 그들이 내린 결론은 "집단이 가지고 있는 성향을 파악하는 것은 개인의 행동을 관찰하고 이해하는 프레임을 제공한다"는 것이다. 비교문화 심리학자들은 다양한 문화적 배경을 가진 가정을 조사하여 자녀 양육과 가족들과의 관계 및 주변 환경이 자녀들의 학습과 인지발달에 어떠한 영향을 미치는지에 관한 연구를 보다 구체적인 개념으로 발전시켰다(Greenfield, 1994; Greenfield & Cooking, 1994).

학습방식에 관한 연구는 문화 그리고 문화가 학습방식에 미치는 영향 관계를 밝혀왔다. 하지만 이 분야는 여러 상반된 시각으로부터 비난을 받아왔다(Irvine & York, 1995 참조). 결정론적인 분위기를 개선할 수 있는 여러 방법 중 하나는 학습방식

(learning style)보다는 학습 선호(learning preference)를 강조하는 것이다. 학습 선호를 강조하는 것은 그들의 문화적 배경뿐만 아니라 여러 가지 요소와 각기 다른 개인적인 특성이 학습방법에 영향을 미치는 것을 함의하고 있다. 그러나 학습방식이나 학습 선호는 학생이 어떻게 학습하는지를 이해할 수 있는 퍼즐 조각을 제공하지만, 여러 가지 학습 결과와 성취도를 설명하기에는 역부족이다. 이에 따라 학습방식에서 벗어나 문화방식(cultural style) 혹은 교육방식(teaching style)으로 초점을 바꿔보자는 주장도 나오고 있다(Hilliard, 1989/90; Ladson-Billings, 1992).

가정과 학교 간의 문화, 언어, 소통의 단절

주류문화와 확연히 다른 비주류문화 혹은 언어를 사용하는 학생들은 단절을 경험한다. 단절이 학습에 미치는 영향은 지난 20년간 인류학적 시각을 가진 교육자들 간에 매우 중요한 연구로 부각되었다. '소통 과정에 관한 설명(eommunication process explanation) 이론(Erickson, 1993)'은 학생들이 가정 내에서 사회화를 배우고 이를 바탕으로 특정한 학습방법을 배우지만, 가정과 학교 내 문화와 소통의 패턴이 서로 상이할 수 있다는 이론이다. 이 이론을 뒷받침하는 민족지적인 연구들은 일반적으로 몇 개월 혹은 몇 년 동안의 광범위한 현장 연구와 분석을 통해 이루어졌다.

이와 관련해 획기적인 두 가지 연구가 발표되었다. 오리건 주의 웜 스프링스 보호구역(Warm Springs Reservation, Oregon)의 미국 원주민 학생들을 대상으로 한 수전 필립스(Susan Philips, 1982)의 민족지적 연구는 학생들이 생활하는 문화의 중심 가치(조화, 내적 통제, 지휘권 분배, 자발적 참여, 협력 등)가 학교에서는 자주 침해된다는 결과를 제시했다. 일례로 그녀는 학생들이 단독으로 과제를 수행할 때나 다른 학생들과 심하게 경쟁할 때 학생들의 학업성취도가 떨어진다는 것을 발견했다. 하지만 학생들은 자기 주도적으로 과제를 수행하거나 대중 앞에서 발표하지 않아도 되는 과제 및 다른 학생들과 협동하는 과제를 수행할 경우 커다란 동기부여를 받았다. 하지만 대부분의 학교에서 이루어지는 평가는 개별적 수행 능력과 암기력에 중점을 두고 문화적 차이에 대한 상황을 고려하지 않기 때문에 비주류문화의 학생에게는 불리할 수밖에 없다.

필립스는 기존 연구 결과인 미국 원주민 아이들은 "더디다", "의사 표현을 제대로 하지 못한다" 혹은 "'문화적으로 미개'하기 때문에 학습을 할 수 없다"는 명제에 이의를 제기했다. 그녀의 연구는 가정과 학교의 단절을 문화적으로 해석하는 대안을 제시했다. 비슷한 맥락에서 아프리카계 미국인 노동자계층을 대상으로 한 셜리 브라이스 히스(Shirley Brice Heath, 1983)의 연구도 있다. 이 연구에서 히스는 이들을 '트랙튼(Trackton)'이라는 노동계층의 아프리카계 미국인 공동체가 경험한 문화와 소통의 단절을 연구했다. 그는 이 공동체의 부모나 성인들이 이 아이들에게 질문하는 방식 자체가 아이들이 학교생활을 준비하는 데 적절하지 않다는 것을 발견했다. 또한 히스는 백인 중산층 교사들을 관찰하여 이들이 자신의 자녀나 학생들에게 하는 교육적 질문들은 트랙튼 부모가 자녀에게 묻는 질문들과는 근본적으로 다르다는 것을 발견했다. 교사들의 질문은 맥락과 상관없는 사물의 크기, 모양, 색상 등에 관한 것이었으며, 아이들에게 사물의 이름을 말하게 한다. 휴 메한(Hugh Mehan, 1991)은 이런 질문을 '선행학습(mini-lessons)'이라고 했다. 중산층 가정에서 시행되는 선행학습은 아이들이 학교에서 직면하게 될 질문에 대한 대답을 사전에 준비시키는 것이었다.

이와는 달리 대부분의 트랙튼 부모들은 전체적인 물건의 용도나 상황의 원인 및 결과에 대한 질문을 했다. 부모는 아이들에게 문맥에서 벗어난 '정답'을 요구하는 질문이 아닌 언어적으로 복잡하고 유추적인 비교와 비유를 필요로 하는 질문을 던졌다. 결과적으로 이런 차이점이 교사와 학생 간의 소통을 단절시킨 요인이 되었다. 집에서는 말도 잘하고 표현도 잘하는 아이들이 학교에 와서는 조용하고 침묵으로 일관하는 이유는 교사의 질문이 본질적으로 달랐기 때문이다. 이런 차이들로 인해 교사들은 트랙튼 아이들의 학습이 더디고 언어 능력이 떨어진다는 생각을 갖게 되었다. 하지만 어떤 교사들은 민족지학자로서 학생을 직접 가르치며 얻은 현장 경험을 통해 질문하는 방식에 차이가 존재한다는 것과 학생들이 가정이나 지역사회의 어른들로부터 어떤 질문을 받는지 알게 되었다. 이러한 발견을 한 교사들은 종종 학생들의 잠재능력을 끌어내기 위해 전통적인 '학교식' 질문방식에서 벗어난 질문방식을 사용하기도 했다. 이렇게 함으로써 놀라운 결과가 나타났다. 전통적인 학교방식에서 벗어난 질문을 받은 아이들은 이전과 달리 주도적으로 학습했으며 수업 참여율 역시 높아졌다.

웨이드 보이킨(Wade Boykin, 1994) 또한 아프리카계 미국인 학생들이 경험한 문화적 단절을 연구했다. 그는 대부분의 아프리카계 미국인 학생들은 '아프리카 문화적 표현(Afrocultural expression)'을 한다고 주장했다. 아프리카 문화적 표현에는 영성, 화합, 율동, 열정, 공동생활, 구전문화의 요소가 강하게 나타나는데, 이러한 표현은 자기표현이 강한 개인주의, 주류문화에서는 경시되거나 폄하되는 경향이 있었다. 결과적으로 흑인 학생들의 문화 스타일과 대부분의 학교 교육환경 간에는 많은 차이가 있으며 이러한 차이로 인해 흑인 학생들이 손해를 본다. 즉, 아프리카계 미국인 학생들의 문화적 방식이 학습과 상반되는 것이 문제라기보다는 대부분의 학급에서 타당한 학습방식으로 그들의 방식이 인정받지 못한다는 것이 진짜 문제다.

이러한 사례를 통해 알 수 있는 것은 가정문화와 모국어가 본질적으로 수준이 낮기 때문에 학습에 좋지 않은 영향을 미치는 것이 아니라, 학교에서의 학습에 가정문화와 모국어가 부합하지 않기 때문이다. 하지만 이러한 문화적 차이를 좁히는 것은 불가능하지 않다. 지난 20년간 문화와 언어의 상호작용이 학습을 촉진시킬 수 있다는 수많은 연구 결과가 나왔다. 학생들과 교사 및 학교 모두 문화와 언어적 차이를 수용해야 한다. 마거릿 깁슨(Margaret Gibson, 1991)은 학교문화 자체가 이중문화를 가진 학생들에게 주류문화에 동화할 것을 강요함으로써 학습에서 의도치 않은 문제점들이 제기된다고 했다. 청소년들의 학업성취도를 높이기 위해서는 자신과 다른 문화와 정체성을 강요하기보다 자신의 고유문화와 언어를 지켜나가도록 하는 것이 더 효과적인 방안이다.

또 다른 연구에서는 문화정체성을 지켜나갔을 때 생기는 장점들을 확인할 수 있다. 나바호 학생들을 연구한 도나 데일(Donna Deyhle, 1992)은 고유 언어를 지키고 전통 종교행사와 사회 활동 참여가 높은 전통적인 가정의 학생일수록 학교 성적이 높은 것을 발견했다. 메트로폴리탄 인도차이나 어린이 청소년 서비스(Metropolitan Indochinese Children and Adolescent Service)가 캄보디아 난민 학생들을 대상으로 한 연구 결과에 따르면, 학생들이 미국의 주류문화에 적응하려고 노력할수록 정서적인 어려움을 경험했다(National coalition, 1988). 이와 유사하게 동남아시아 학생에게도 학업성취도와 문화 간에 중요한 관계가 있다는 연구 결과들이 보고되었다. 즉, 평균 평점이 높은 학생일수록 전통적 가치와 민족적 자부심이 높고 같은 민족 간 사회문화적 유대도 강했다(Rumbaut & Ima, 1987). 이와 비슷하게 다양한 유색인종 청소년을 대상으로 연구한 진 핀니(Jean Phinney, 1993)도 자신의 민족과 자신의 삶에서 민족성의 중요성에 대해 잘 아는 학생일수록 그렇지 않은 학생들보다 적응력이 더 뛰어나다는 사실을 밝혔다.

문화의 단절에 대한 반응

다양한 문화적 배경을 가진 많은 아이들을 학교에 적응하지 못하게 하는 가정과 학교 사이의 문화적 단절이 학습에 어떠한 영향을 미치는지 살펴볼 필요가 있다. 많은 연구자들이 학생들의 고유문화를 반영하는 학습환경을 만들기 위해 노력해왔다. 그 결과 문화적 단절에 대한 여러 가지 해결 방안이 제시되었다. 이는 특정한 수업 전략을 구상하는 것이 될 수도 있고, 문화적으로 반응하는 환경을 조성하는 것이 될 수도 있다.

문화적으로 반응하는 교육은 학교에서 비난과 무시를 당해온 문화와 배경을 가진 학생들의 교육환경을 개선하는 데 도움이 될 수 있다. 이 방법은 문화적으로 종속된 집단의 학생들의 낮은 성취를 이해하기 위한 중요한 관점을 제공한다. 문화적으로 반응하는 교육의 한 사례로는 하와이 주의 카메하메하 초등교육 프로그램

(the Kamehameha Elementary Education Program, KEEP)을 꼽을 수 있다(Au, 1980). 이 프로그램은 교육의 문화적 단절이 하와이 원주민 학생들의 낮은 학업성취도의 주요 원인이라는 인식에서 출발했다. 이 프로그램에서 개선한 교육 내용에는 음성언어 접근법(Phonics Approach)에서 벗어나 이해 중심의 교육 강조, 개별 책상 대신 협력을 위한 센터 도입, 그리고 직접적이고 개별적인 칭찬 대신 간접적이고 팀원 전체를 칭찬하는 것 등이 있다. 유치원부터 3학년을 대상으로 하는 문화적으로 호환 가능한 언어예술 KEEP 프로그램(KEEP culturally compatible K-3 language arts)은 학생의 학업과 성취에서 큰 성공을 거두었다. 비슷한 연구들에서도 다양한 학생의 고유문화 요소를 주류문화의 연결고리로 사용했을 때 긍정적인 결과가 나왔다(Abi-Nader, 1993; Hollins, King & Hayman, 1994; Irvine, 1997; Ladson-Billings, 1994).

이러한 연구 결과들에도 불구하고 아직 해결되지 않은 문제들이 남아 있다. 한 예로, 문화적으로 민감한 교육학적 관점은 때때로 문화를 고정된 것으로 바라본다는 것이다. 이러한 관점은 특정한 배경의 학생들을 개인적 특성이나 관점 없이 특정한 문화적 가치와 행동을 따르는, 움직이는 형체로 파악한다는 문제가 있다. 이에 따라 전체 문화가 경직된 특질들로 각인되는 것은 뻔한 이치다. 이와 마찬가지로 무비판적이고 기계적으로 공급된 문화적으로 동일한 접근법(culturally congruent approach)은 단일문화교육(monocultural education)이라는 함정에 빠진다. 단일문화교육이란 동일 문화권에서 온 학생들은 같은 학습방식을 가지고 있다고 바라보는 문화에 대한 본질주의적 개념이다. 이 경우 교육학과 교육과정은 에릭슨(Erikson, 1990: 23)의 말처럼 '진정으로 변화된(genuinely transformative)' 것이 아닌 '외형적으로 관련된(cosmetically relevant)' 것이 될 것이다.

본질주의적 개념은 학생 개개인의 경험과 정체성에서 비롯된 다양성을 무시하고 동일 문화권의 학생들을 획일화한다. 예를 들어 교사가 "한국 학생들은 혼자서 학습하는 것을 선호한다"라고 말한다면 이는 학생 개인의 성격이나 선호도 혹은 개인과 학생의 가족이 갖고 있는 관점을 무시하는 처사가 된다. 모든 문화는 시너지 효과가 있다. 즉, 문화는 다른 문화와 접촉하면서 유입되거나 전파되며 색다른 모습으로 변화한다. 다시 말해 문화적으로 반응하는 교육은 때때로 문화의 다원적이고 경쟁적인 복잡한 본질을 고려하고 있지 않다. 문화는 맥락에서 벗어나 오염되지 않은 상태로 있는 것이 아니기 때문에 의미 있고 효과적인 교수법은 학생들의 언어와 문화, 그리고 그 이외의 차이가 존재한다는 것을 상기하고 이러한 차이는 미국의 주류문화 및 비주류문화와 마주쳤을 때 변화한다는 점을 염두에 두어야 한다.

문화적으로 민감한 교육적 관점을 가진 사람들은 때때로 비주류문화적 배경을 가진 사람들이 대다수 인구와 완전히 상반되는 생활을 한다고 생각한다. 하지만 비주류 인구가 무조건 다수와 상반되는 생활을 하는 것만은 아니다. 내 경험에 따르면, 어린 아프리카계 미국 학생을 인디언보호구역에 데리고 갔을 때 그가 한 말은 "인디언들도 VCR이 있어요!"였다. 그는 놀라기도 했지만 실망도 한 듯했다. 이 학생은 내가 몇 년 전 근무했던 다문화 교육과정이 있는 진보적인 대안학교를 다녔음에도 이러한 반응을 보였다. 그가 다닌 학교는 다방면에서 훌륭한 교육기관이었고, 특히 유색인종의 역사와 문화에 대해 개방적인 측면을 강조하는 곳이었다. 그럼에도 그 학생은 다른 문화에 속한 사람들에 대한 긍정적이고 낭만적인 고정관념을 가지고 있었다. 아마 우리 교사들이 학생들의 견학을 준비하면서 미국 원주민도 현대문명을 누리고 있다는 사실을 알리지 못한 모양이다. 우리는 학생들의 견학을 준비하면서 물질적으로 현대화된 원주민의 삶의 모든 흔적을 어떤 식으로든 고려하지 못했고. 결과적으로 아이들은 미국 원주민 전체에 대한 비현실적이고 단편적인 관점을 갖게 된 것이다.

문화의 단절이 주는 경고는 멕시코인 집단을 대상으로 한 올가 바스케스, 루신다 피즈-알바레스와 셰일 섀넌(Olga Vasquez, Lucinda Pease-Alvarez & Sheil Shannon, 1994: 187)의 연구에서도 나타난다. 멕시코계 아동의 사례연구에서, 그들은 아이들의 가정과 학교에서의 언어 상호작용 패턴 사이에 다수의 집합점이 존재한다는 것을 발견했다. 이 연구자들은 문화적 단절을 인정했지만, 가정과 학교의 단절이 문화집단 전체의 성공이나 실패를 예견할 수 있다는 주장을 부정했다. 대신 그들이 직접 본 학생들의 다중언어 능력과 문화적 기술을 기초로 하여 교육자에게 "문화와 관계집단의 다층적 연결망 속에서 학생들이 갖는 경험의 복잡성"을 고려할 것을 촉구했다.

끝으로 문화적 단절에만 초점을 맞추면 많은 학생들, 특히 빈곤 속에서 살고 있는 많은 학생들이 매일 겪는 구조적 불평등을 간과할 수 있다. 따라서 학생의 학업성취도를 판단할 때는 문화적 반응을 넘어 다른 상황도 고려해야 한다.

결론: 함의

언어와 문화 및 학습의 연결고리에 대해 교사와 학교는 무엇을 알아야 하는가? 이와 관련하여 나는 세 가지 쟁점을 제안한다.

1. 학생들이 자신의 고유문화와 언어에 대해 가지는 정체성과 정체성의 유지는 학습에 긍정적인 영향을 미친다. 문화정체성과 정체성의 유지가 학업성취도에 있어 중요한 요소라는 것은 새로운 생각이 아니지만 계속하여 강조할 필요가 있다. 지난 20년간의 연구는 고유 언어와 문화를 기반으로 한 정체성을 허용하고 장려한 학교와 사회에서 자란 학생들이 학습능력을 향상시킬 수 있다는 결과를 보여주었다. 이 결과는 고유 언어와 문화에서 벗어나야만 학습 능력을 향상시킬 수 있다는 관점을 갖고 있는 동화 정책주의자들에 대한 직접적인 도전이었다. 이 분야의 연구에서 학생들의 문화는 그들뿐만 아니라 그 가족들에게도 중요하지만, 대부분의 학교에서는 이중문화를 갖고 있는 학생들의 정체성을 무시하기 때문에 이를 유지하는 것이 어렵다는 결론을 내렸다.

2. 문화적 적응자와 중재자로서 교사의 역할은 학생들의 학습을 촉진시키는 데

핵심적인 요소다. 교사가 학생들의 학습에 많은 영향을 끼친다는 것은 자명한 사실이다. 따라서 학생의 학습을 돕는 문화 중재자로서의 교사의 역할은 더욱 중요하다. 많은 경우에 있어서 교사는 학업적 성공을 위해 "어떻게 공부해야 하는지"를 가르쳐야 한다. 이런 식의 중재는 중상위층 혹은 주류문화에 속한 아이들에게는 필요 없지만 그렇지 못한 아이들에게는 반드시 필요하다. 교사는 학생들이 지닌 문화와 언어를 학습에 필요하고 중요한 요소로 인정하는 동시에 이러한 방식의 학습법을 가르쳐야 한다.

3. 학교와 사회적 맥락에서 벗어나 문화적 차이에만 집중하는 것은 학생들의 학업성취도를 높이거나 역량을 강화하는 데 도움이 되지 않는다. 학생들이 성공적인 학습을 위해 학생들 간의 차이를 개인적 · 제도적으로 수용할 수 있는 방안이 마련되어야 한다. 이런 수용을 현실화하기 위해서는 교사들의 생각과 태도, 그리고 학교의 정책과 교육현장에 과감한 변화가 있어야 한다. 진정으로 모든 학생에게 기회의 평등을 제공하기 위해서는 단순히 교육과정에 약간의 문화적인 요소를 첨가하거나 새로운 교수법을 적용하는 것을 넘어서 학교를 대대적으로 변혁시켜야 한다.

7장
꿈을 위한 기회를 만들어가는 학생에게서 얻는 교훈

대부분의 경우 교육 문제를 해결하는 전략을 개발하는 방법에 대한 논의는 이러한 논의에 큰 영향을 미치는 집단의 학생들, 특히 '문제아'로 불리는 전통적인 교육 구조와 과정에서 억압받고 있는 학생들의 관점이 결여되어 있다. 이 장에서는 민족, 인종, 언어, 사회계층 등의 다양한 배경을 지닌 청소년에 대한 인터뷰를 기반으로 그들을 지지해온 학교에 관한 아이디어를 제시한다.

이 장은 학교 정책과 관행, 교육에서의 차별과 인종차별주의에 대한 학생들의 생각에 초점을 맞추고, 학생들이 이러한 장애물이 있음에도 학교에서 성공적인 성취를 하는 데 도움이 된 구체적인 경험의 특성이 무엇인지 탐구한다. 이는 본질적으로 성공적인 학교 개혁을 위한 노력에 학생들의 요구를 반영할 필요가 있다는 것을 분명히 보여주는 것으로 학생들에게서 얻는 교훈이다.

어떻게 기회의 관문인 학교라는 기관이 사회적으로 억압받고 가난한 약자로서의 위치를 지속시키는 데 일조하는가?(Stein, 1971, p. 178)

위의 질문은 바로 1971년 사회 정의에 대한 옹호자이자 학교교육 비평가인 애니 스타인(Annie Stein)이 『하버드 교육 리뷰(Harvard Educational Review)』에서 제기한 질문이다. 본 연구의 중심 모티프인 이 질문은 공평하고 평등한 교육 기회라는 사회의 이상을 방해하는 본질적인 딜레마로 남아 있으며, 여전히 해결되지 않은 채로 있다. 뉴욕 도시의 공립학교들에 대한 애니 스타인의 관찰은 오늘날에는 적용되지 않을 것 같지만, 그녀가 1971년의 논문에서 비판했던 몇몇 정책과 관행은 여전히 오늘날에도 많은 학교 시스템에 적용되고 있다.

이 글에서 미국 학교의 모든 학생을 성공적으로 교육시키는 것은 많은 학생들의 학업성취에 걸림돌이 되어온 학교 정책과 관행에 대한 도전에서 시작되어야 함을 제안한다. 오늘날의 교육 현실은 과거에 비해 훨씬 복잡해졌으며 확실히 달라졌다. 현대의 청소년은 20세기에 청소년기를 보냈던 세대조차 상상하지 못한 거대한 경제구조의 변화와 함께 셀 수 없이 많은 개인적 · 사회적 · 정치적 도전에 직면하고 있다. 이와 같은 상황임에도 미국사회는 역사적으로 모든 청소년의 교육을 사회적으로 약속해왔다. 여기에는 관용적으로 '배울 준비가 된' 학생이라고 지칭되는, 영어를 사용하는 경제적 특권층인 유럽계 미국인만 해당되는 것은 아니었다. 하지만 실제 미국 학교에서 경제적으로 억압받고, 인종적 · 문화적으로 지배받아온 배경의 학생들은 실패를 경험해왔다. 지난 반세기 동안 많은 연구에서 라틴계, 아프리카계 미국인, 미국 원주민뿐만 아니라 가난한 유럽계 미국인, 최근에는 아시아-태평양 제도 출신의 이민자 학생을 포함하는 다양한 배경의 많은 학생들이 학교교육의 실패 사례로 기록되었다. 이처럼 미국 공립학교의 많은 학생들이 경험한 학업성취의 실패에 대한 대응으로 교육학자와 사회학자 및 심리학자들은 유전적 열등, 문화적 결핍, 교육 문제에 대한 해결책으로 '돈을 쏟아붓는 것'에 대한 정교한 이론들을 창안했다. 이러한 이론은 특히 1960년대와 1970년대에 학교교육에 대한 지배적인 담론이 되었으며, 그 영향력은 오늘날의 교육 정책과 관행에서도 여전히 나타나고 있다.

사실상 많은 청소년이 어려움 속에 살고 있지만, 때로는 이러한 억압적인 조건은 문제가 되지 않는다. 일부 청소년은 낡은 주택, 의료 혜택의 부재 등 심각한 빈곤 속에 살고 있으며, 심지어 방치되고 학대당하는 경우도 있다. 이 학생들과 그들의 가족은 인종차별주의나 그 밖의 제도적 차별의 대상일지도 모른다. 또한 그들은 개인적 · 정서적인 어려움과 의료 문제 등을 경험할지도 모른다. 이러한 문제들은 간과되어서는 안 된다. 하지만 이러한 상황이 교수학습에 있어서 극복할 수 없는 걸림돌처럼 보임에도 일부 학교에서는 이러한 상황에 처한 학생들이 학업적으로 성공을 거두고 있다. 게다가 많은 부모들은 부담스러운 상황에서도 자신이 어린 시절 가질 수 없었던 기회를 자녀에게 주기 위해 기꺼이 희생한다. 그래서 가난한 자, 한부모가정, 심지어 노숙자들조차 자신들이 엄청난 어려움을 겪을지라도 자녀가 학업적으로 실패하여 자신과 같은 운명을 살지 않게 하려고 노력한다(Clark, 1983; Lucas, Henze & Donato, 1990; Mehan & Villanueva, 1993; Moll, 1992; Taylor & Dorsey-Gaines, 1988). 이와 유사한 연구들은 학생들이 견디기 어려운 환경에 처해 있음에도 학교가 학생들이 배움의 기회를 가질 수 있는 성공적인 교육을 위한 방법을 찾을 수 있는 자격이 충분하다는 시각을 가지고 있다고 지적한다.

교육자들은 '주류'라고 정의된 문화에 적합하지 않은 가정 출신의 가르치기 어려운 학생들을 고려해야 한다. 그 학생들 중 일부는 영어를 사용하지 못하며, 당연히 학교에 반영되고 있는 미국의 지배적 문화와 융합되지 못하는 문화권 출신이다. 또한 그들은 학교에서 마주해야 하는 다양한 인지적 요구들에 대비할 수 있는 선경험이 없는 상태에서 교육을 시작해야 한다. 이러한 상황이 학생들에게 어떠한 부정적인 영향을 미치는지, 그 결과 학생들이 어떻게 학습을 시작하기도 전에 실패에 대한 비난을 받는지에 대한 전제가 만들어진다. 니차 이달고(Nitza Hidalgo)가 수행한 연구의 교사 인터뷰 질문은 도시에 위치한 고등학교의 학생들에 대한 비난을 말하고 있다. "여기 학생들은 일반적으로 가난하고, 교육을 받지 못했으며, 학교교육을 가치 있게 생각하지 않는 결손가정 출신이다. 학업적으로 우수한 학생들을 길러내는 환경은 여기가 아닌 다른 곳에 있다. 우리는 노숙자들을 받는다(Hidalgo, 1991, p. 58)." 이러한 관점의 교사와 학교가 수업을 이끈다면, 학생들의 학업성취 진척은 기대할 수 없다.

다른 한편으로 많은 연구들은 교사와 학교가 학생들이 학교로 가져오는 다양성을 반대하는 대신, 그것을 기반으로 교육을 해야 한다고 주장한다. 즉 학교와 교사는 문화적 · 언어적 · 경험적 차이, 사회계층의 차이를 학생의 학습과정에서 이해하고 받아들일 필요가 있다(Abi-Nader, 1993; Hollins, King & Hayman, 1994; Lucas et al., 1990; Moll & Dfaz, 1993). 모든 학생은 마땅히 학습 기회를 얻어야 한다는 믿음에서 시작하기 때문에 이러한 노력의 결과는 종종 학업적 성공으로 이어진다. 이 장에서는 학업적으로 성공한 몇몇 학생의 이야기를 통해 모든 학생이 학습할 수 있는 환경을 만들기 위해서는 학교의 정책과 관행이 어떻게 변화해야 하는지 제안한다.

학업 실패에 대해 학생이나 가족, 그들의 공동체를 비난하는 관행을 따르거나 학업 실패를 결핍 이론으로 설명하는 것은 매우 편리하다. 하지만 학교는 차이를 만들 수 있는 지점, 즉 교육 정책과 관행에 집중할 필요가 있다. 최근 많은 연구는 학생의 배경과 행위만을 고려하는 것과 반대로 학교의 특성을 포함하여 여러 가지 요소의 조합이 학생들 간의 성취 격차를 설명할 수 있다고 결론 내렸다. 학생의 성취에 긍정적인 영향을 주는 학교의 특성은 학생의 언어와 문화에 대한 존중, 모든 학생에 대한 높은 기대, 학부모의 자녀 교육 참여에 대한 격려를 포함한다(Lee, Winfield & Wilson, 1991; Lucas et al., 1990; Moll, 1992).

이러한 결과는 학생의 학업성취 자체에만 초점을 맞추던 단순한 접근에서 벗어나 학업성취를 만드는 학교의 조건에 관심을 가져야 한다는 것을 의미한다. 만약 우리가 학교 정책과 관행을 사회의 가치와 연관된 것으로 이해한다면, 우리는 학교에서 이러한 가치들이 드러나는 징후 또한 이해할 수 있을 것이다. 따라서 '계층화'된 학교는 사회와 고립되어 존재하는 학교의 관행을 반영하는 것이 아니라 인종, 젠더, 사회계층의 구분에 따라 계층화된 사회를 반영한다. 다시 말해 '교사의 기대'는 사회와 무관하게 형성되는 것이 아니라 사회의 이데올로기적 가치에 깊이 배어 있는 학생에 대한 기대를 반영하고 지지한다.

학생에 대한 교육자의 생각이 크게 변하지 않는 한 학교의 구조 개혁만으로는 학생의 성취에 실질적인 차이를 가져올 수 없지만, 교육자가 학생을 어떻게 생각하는지를 고려한다면 엄청난 변화를 일으킬지도 모른다. 즉, 우리는 그들에게 성취할 수 있는 능력과 자격이 있다고 믿어야 한다. 다시 말해, 정책과 관행의 변화는 학교를 변화시키기 위한 필요조건이지만, 이것만으로는 충분하지 않다. 예를 들어, 타마라 루카스, 로즈메리 헨체, 루벤 도나토(Tamara Lucas, Rosemary Henze, Rubén Donato, 1990)는 학업적인 성공을 거둔 라틴계 학생들이 있는 6개 고등학교를 대상으로 한 연구에서 교사, 상담교사, 학교 관리자들의 믿음과 신뢰가 학생들의 학업 능력에 영향을 미치는 가장 결정적인 요소라는 점을 발견했다, 이러한 변화는 교육 정책과 관행뿐만 아니라, 학생들을 교육하는 관련자들의 개인적이고 집단적인 의지를 필요로 한다. 프레드 뉴먼(Fred Newmann, 1993)은 교육 구조조정에 대한 중요한 분석에서 학교 개혁을 위한 노력은 돌봄 공동체로서 학교의 발전과 교사에 대한 새로운 역할 부여, 모든 학생의 학업적 성공을 위한 헌신 등 학생을 이끄는 역량과 헌신 없이는 실패할 것이라고 강조했다.

교육 변화를 수행하는 데 있어 또 다른 중요한 고려 사항은 짐 커민스(Jim Cummins, 1994)가 말한 학교에서의 '권력적 관계'에 집중하는 것이다. 커민스는 강제적인 권력관계에서 협력적인 권력관계로의 이동을 제안하면서 전통적인 교사 중심의 전달 모형이 교사와 학생 모두, 특히 지배집단에 의해 평가절하되어온 피지배집단의 학생들의 비판적 사고의 잠재력을 제한할 수 있다고 주장했다. 협력적인 권력관계를 장려함으로써 학교와 교사는 그동안 지배 담론에 속하지 못했다는 이유로 학교에서 최소화되고 무시되며 유효하지 않았던 또 다른 타당한 지식을 인식하기 시작할 것이다.

학생이나 그들의 가족에 대한 교육자들의 태도 변화를 수반하지 않는 제한된 학교 개혁과 학교에서의 권력관계의 역할에 집중하는 것은 도덕적이고 정치적인 딜레마에 대한 단순한 기술적 대응이라는 현재의 교육 개혁을 구원할 것이다. 즉 등교일 조정이나 교과서를 다른 것으로 대체하는 것, 필수 교육과정을 추가하는 등의 기술적 변화는 학교 개혁에 대한 종합적인 개념화가 이루어지지 않는다면 학생의 성취 결과로 이어지지 않을 것이다. 이러한 이슈가 학교에서 반드시 이루어져야 하는 근본적인 변화라는 점이 고려된다면, 우리는 단순히 개혁을 말하지 않고 변혁에 대해 말하게 될 것이다. 하지만 교육 변혁은 다양한 학생들의 목소리를 듣지 않고서는 이루어지지 않을 것이다.

왜 학생들의 이야기를 들어야 하는가?

학교 정책과 관행을 변화시키는 과정을 시작하는 한 가지 방법은 이에 대한 학생들의 견해를 듣는 것이다. 최근 학생의 목소리에 초점을 맞춘 연구가 이루어지고 있지만 여전히 부족한 실정이다. 학생의 관점은 교육 문제를 해결하는 전략을 논의하는 자리에서 쉽게 간과되고 있다. 게다가 학교의 실패나 성공에 대한 논쟁에서 학생들의 목소리는 거의 들을 수 없다. 특히, 영향력이 적고 열세한 공동체에서 온 학생들의 관점은 더욱 듣기 어렵다. 이 장에서 나는 이전 연구(Nieto, 1992)에서 인터뷰한 학생들의 목소리를 중요하게 다룰 것이다. 나는 민족, 인종, 언어, 사회계층이 다양한 배경에서 온 청소년에 대한 사례 연구를 위해 당시 고등학교 2~3학년 학생을 대상으로 인터뷰를 진행했다. 이 10대들은 대도시 지역이나 아주 작은 마을, 한부모가족, 대가족 등 다양한 공동체의 구성원이었다. 우리 연구자들이 계획하지도, 예상하지도 못했던 모든 학생의 한 가지 공통점은 그들이 모두 학업적으로 성공을 거둔 학생들이라는 점이었다.

학생들은 다양한 방법으로 선정되었으며, 주로 지역사회를 통해 연결되었다. 대부분의 학생은 집에서 인터뷰를 하거나 학교 밖의 다른 장소에서 인터뷰를 진행했다. 학생 선정에 있어 나와 동료들이 설정했던 기준 한 가지는 우리가 추구하는 다양성을 연구하기 위해 다양한 인종과 민족을 배경으로 한 학생들이 참여해야 한다는 것이었다. 이 학생들은 자신을 케이프베르데 출신 흑인, 아프리카계 미국인, 멕시코인, 미국 원주민, 흑인과 백인의 혼혈 미국인, 베트남인, 유대인, 레바논인, 푸에르토리코인, 케이프만인 등으로 생각했다. 한 유럽계 미국인 학생은 자신을 '미국인' 이외의 정체성으로 정의하는 데 힘든 시간을 보낸 유일한 학생이었다(Nieto, 1992). 이러한 특별한 학생들이 학업적으로 성공했다는 사실은 상당히 뜻밖이었다. 그들을 다음과 같이 설명할 수 있다. 그들은 지금도 학교를 다니고 있거나 갓 졸업한 학생들로, 최소한 고등학교는 졸업할 계획을 가지고 있었다. 그리고 대부분은 대학에 가기를 원했다. 그들은 학급에서 1등은 아닐지라도 좋은 성적을 받았으며, 자신의 미래에 대해 생각해왔고 미래에 대한 계획을 세웠다. 그들은 일반적으로 학교에 다니는 것을 좋아했으며 학교에 소속되어 있다고 느꼈다. 하지만 그들은 자신의 학교 경험과 또래집단과의 경험에 대해서는 비판적이었다. 그리고 많은 학생들이 자기 스스로를 성공적인 학생이라고 말했다. 오직 학업적으로 성공한 학생을 연구하는 것이 우리가 처음 의도했던 바는 아니었다. 그러나 이러한 학생들이 성공하지 못했던 학생들에 비해 자신의 경험에 대해 말하고 싶어 하는 것은 당연한 일이다. 이에 나는 학생들이 학교에서 성공할 수 있도록 도움을 주는 구체적인 경험이 무엇인지를 연구하기로 결정했다.

이 학생들이 자기 자신을 성공했다고 바라본다는 사실은 본래 다양한 배경의 학생을 위한 다문화교육의 혜택을 정의하고자 하는 목표를 가지고 있던 본 연구에 도움을 주었다. 나는 특히 학교에 아무런 영향도 주지 못하는 피상적인 '기념일과 영웅' 접근법을 넘어선 다문화교육을 위한 다문화교육방법을 개발하는 데 관심을 가지고 있었다(Banks, 1991; Sleeter, 1991). 학생의 성취에 대한 낮은 기대와 인종차별주의에 대한 이슈와 함께 교육과정, 교육학, 평가, 수준별 반 편성 등과 같은 학교 정책과 관행을 탐구함으로써 다문화교육을 반인종차별주의적 빙향, 포괄적 방향, 어디에나 있어야 하는 필수적인 것, 사회 정의에 기원을 둔 것으로 발전시켰다. 학생들이 특정 배경에서 온 것이 무엇을 의미하는지, 이것이 그들의 학교 경험에 어떠한 영향을 미치는지, 가능하다면 그들이 어떠한 경험을 변화시키고자 하는지에 대해 학생들을 인터뷰했다. 그들은 학교의 정책과 관행에 대해 구체적인 질문을 받지는 않았지만, 그들이 좋아하는 과목이나 중요한 교육을 설명하라는 질문을 받았을 때 대답한 그들의 이야기에 이러한 것들이 반영되어 있었다. 이 장에서 나는 학교 정책과 관행에 대한 학생들의 생각과 그들의 교육에 존재하는 인종차별주의나 그 외의 차별이 어떠한 영향을 미치는지에 초점을 맞추기 위해 학생들의 인터뷰를 재조명했다.

우리는 처음 생각했던 것보다 학생들로부터 더 큰 통찰을 얻을 수 있었다. 우리는 학생들이 학교에 대해 통렬하게 비판하고 구체적으로 제안할 것이라고 기대했지만, 그들이 우리와 깊이 있는 인식과 분석을 공유하고 있다는 사실에 매우 놀랐다. 그들은 자신들이 좋아하는 교사뿐만 아니라, 싫어하는 교사에 대해서도 많은 이야기를 했으며, 그 두 집단 사이의 차이를 명확하게 설명했다. 또한 그들은 성적에 대해서도 많이 말했으며, 성적이 교육과정과 교육학을 결정하는 데 있어 점점 더 중요해지고 있다는 사실에 대해서도 말했다. 그들은 부모가 학부모회나 빵 판매 같은 전통적인 학교 행사에 참여하지 않은 것에 대해서도 말했으며, 어떤 학생은 부모가 자신의 학업적인 성공을 위해 열정적으로 지원하고 있다고 말했다. 그들은 배우고자 하는 많은 학생을 격려하기 위해 학교가 무엇을 할 수 있는지에 대해 깊이 생각했다. 그들은 그들의 문화, 언어, 공동체에 대한 느낌을 말했으며 학교가 이러한 요소들을 어떻게 활용할 수 있는지에 대해서도 말했다. 그들은 우리에게 모든 배경의 청소년을 위한 학교로 개선할 수 있는 구체적인 방안을 제안했다. 이 경험은 학생들의 비판적인 관점을 듣는 것이 교육자가 교육과정, 교육학, 그 외의 학교 실천에 접근하는 방법을 바꾸는 데 많은 도움을 얻을 수 있다는 나의 신념을 확인해주었다. 이 연구과정에서 나는 청소년의 관점에 초점을 맞추고 우리가 그들로부터 배울 수 있는 교훈에 대한 추가적인 사례를 제시하는 다른 연구들과 비교하여 연구를 진행했다. 그러므로 이 글은 '학생들에게서 얻는 교훈'으로 시작한다. 이 접근은 교육이 교사와 학생 간에 상호 호혜적인 역량 강화를 위해 교사는 학생이 되고, 학생은 교사가 될 필요가 있다는 파울루 프레이리에 의해 제안된 관점이었다 (Freire, 1970).

학생들에게 집중하는 것 자체는 학교가 어떻게 변화해야 하는지에 대한 학생들의 생각이 최종적이고 결론적이라는 점을 의미하지 않는다. 모든 답을 알고 있는 사람은 없다. 학생들의 관점이 채택되어야 한다고 제안하는 것은 학생들을 논의에서 완전히 제외시키는 것만큼이나 잘난 척하는 것으로, 학생에 대한 낭만적인 시각만을 수용하는 것이다. 만약 학교가 모든 학생에게 공평하고 평등한 교육을 제공해야 한다고 믿는다면, 다른 사람들과 마찬가지로 학생들의 시각은 학교 개혁을 비판적으로 성찰하기 위해 사용되어야 하고 공론화되어야 하며 대화에 포함되어야 한다.

선택된 학교 정책과 관행, 그에 대한 학생들의 관점

학교 정책과 관행은 단순히 개별적인 학교나 교사의 태도보다는 일반적으로 우리 사회의 사회 · 정치적 맥락에서 이해해야 한다. 이는 다음과 같은 몇 가지 중요한 이유를 가진다. 첫째, '교사를 공격하는 것'은 복잡한 문제에 대처하기 위한 손쉬운 방법이지만, 이는 교사 기능이 특정한 사회적 · 제도적 구조 내에 위치한다는 사실을 고려하지 않은 것이다. 또한 이는 학생들과 학생들의 학습에 도움을 주기 위해 그들을 돌보는 교사를 지나치게 비판하는 결과를 가져온다. 여기에서 일부 교사가 인종차별주의자이거나 계급차별주의자이거나 비열하거나 창의성과 돌봄이 없다는 것은 문제가 되지 않는다. 나는 다수의 교사가 의식적으로 그렇지 않다는 전제에서 시작한다. 많은 교사들이 열심히 일하고 자신들이 가르치는 학생을 지지하며, 교육자로서 재능을 가지고 있다. 그럼에도 또 다른 많은 교사들은 가르치는 학생에 대한 사회적 시선에 부정적인 영향을 받고 좌절하며 지쳐간다. 교사는 학생의 경험, 그들의 가족뿐만 아니라 학교와 학교 개선 방안에 대한 학생들의 관점에 대해 아는 데서 많은 도움을 받는다.

학습해야 하는 교육과정에 대해 학생들은 어떻게 생각하는가? 학생들은 교사가 사용하는 교육학적 전략에 대해 어떻게 생각하는가? 학생이 자신들을 위한 의미 있는 이슈에 참여하는가? 그들의 정체성이 학생이 학교를 어떻게 바라보는가에 중요하게 고려되는 요소인가? 수준별 반 편성, 평가, 학제 간 정책은 어떠한가? 이러한 질문들은 학생들에게 교사와 학교가 배워야 하는 것이 무엇인지를 반영해야 할 때 고려해야 하는 중요한 질문들이다. 하지만 우리는 이에 대한 학생들의 대답을 거의 알지 못한다. 우리가 학생들에게 질문했을 때, 학생들은 대화에 참여하는 것에 대해 흥분하고 놀라는 것처럼 보였으며, 종종 매력적이고 설득력 있는 말을 하기도 했다. 사실, 학교에 대한 학생들의 생각을 확인하기 위해 디자인된 2년간의 연구에서 패트리샤 펠란, 앤 로크 데이비슨과 한 탄 카오(Patricia Phelan, Ann Locke Davidson & Hanh Thanh Cao, 1992)는 교수학습에 대한 학생들의 관점이 학습 이론, 인지과학, 사회학과 관련된 이론가들의 의견과 상당히 유사하다는 것을 발견했다. 만약 학생들이 교사를 제외한 어느 누구보다 학교에서 더 많은 시간을 보낸다는 것을 고려한다면 이는 놀라운 일이 아니다.

다음 절에서는 학교에서의 교육과정, 교육학, 수준별 반 편성 및 성적에 관한 학생들의 인식을 중점적으로 알아볼 것이다. 또한 인종차별주의나 그 밖의 편견에 대한 학생들의 태도에 대해 논의하고 이러한 태도가 학교나 교실에서 어떻게 나타나는지, 이러한 태도가 학교에서 학생들의 학습과 참여에 어떠한 영향을 미치는지에 대해 논의한다.

교육과정

교과과정은 많은 학생의 경험, 배경, 희망, 역경과 상충된다. 이러한 사실은 책, 교육 자료, 교육과정 안내서 같은 명시적 교육과정뿐만 아니라 과외 활동이나 게시판 같은 '잠재적' 교육과정 모두에 해당한다. 예를 들어, 크리스틴 슬리터와 칼 그랜트(Christine Sleeter & Carl Grant, 1991)의 연구에서는 통합된 중학교에 다니는 학생의

3분의 1이 교실에서 배우는 내용 중 교실 밖의 자신의 삶과 연관되는 것은 없다고 말했다. 관련이 있다고 말한 학생들은 오직 현재의 사건, 구술사, 돈과 금융, 다문화적인 교육내용이 관련이 있다고 언급했다. 왜냐하면 이러한 내용들은 편견에 대해 다루기 때문이다. 메리 포플린과 조지프 위레스(Mary Poplin and Joseph Weeres, 1992)의 연구에서도 유사한 결과가 도출되었다. 연구에서는 학생들이 지루함을 느끼며 자신들이 배운 것과 자신들의 삶이나 미래가 거의 관련이 없다고 여기고 있음을 밝혔다. 그들은 학생들이 교육과정, 교재, 과제가 표준화될수록 더욱 비참여적이 된다고 결론 내렸다. 이는 이라 쇼어(Ira Shor, 1992:44)의 "학생들이 수업에 가져오는 데서부터 학습이 시작된다. 어디에서 시작하고 어디에 가든지"라는 제안과 대조를 이룬다. 학생의 문화와 학교의 문화 간에는 엄청난 부조화가 존재한다. 많은 학교에서 학습은 학생이 수업에 가져오는 데서 시작하지 않고, 높은 진리를 담은 지식이라고 생각되는 데서부터 시작된다. 즉, 학습은 유럽인이나 유럽계 미국인의 역사, 예술, 가치를 지나치게 강조하는 '캐논'에서 시작된다. 캐논에는 현재 미국 학교를 구성하고 있는 학생들의 배경, 경험, 재능은 좀처럼 포함되지 않는다. 따라서 학생들의 학습은 "성과를 내는 것"이 아니라 아무런 성과를 내지 못하게 된다.

많은 학교에서 학생들의 배경과 경험을 놓치고 있으며, 이는 특히 모국어가 영어가 아닌 학생들이 많이 다니는 학교에서 더욱 빈번히 나타나는 현상이다. 이러한 환경에서 학생의 언어가 교육과정에 거의 재현되지 않는다는 것은 이상한 일이 아니다. 사실 학생들이 이러한 학교에서 '영어만 말해야' 한다는 주장이 종종 있어왔으며, 이러한 주장은 자신의 정체성을 유지하기 위해 고군분투하는 청소년에게 반드시 동화해야 한다는 강력한 메시지를 전달한다. 이것은 연구에 참여한 16세의 푸에르토리코 소녀인 마리솔의 사례에서 잘 나타난다. 그녀는 다음과 같이 말했다.

> 나는 선생님 중 한 분과 매우 심한 갈등이 있었어요. 왜냐하면 그 선생님은 수업에서 우리가 스페인어로 말하는 것을 싫어했기 때문이에요. 나는 그 선생님의 태도가 우리를 모욕하는 것이라고 생각했어요. 그렇지 않아요? 우리에게 스페인어로 말하지

> 말라고 하는 것은 있을 수 없는 일이에요. 우리는 푸에르토리코인이고, 우리가 원하는 무슨 말이든지 할 수 있는 자유가 있어요. …… 나는 영어로만 말할 수도, 조용히 있을 수도 없어요. 때때로 영어로 말하는 와중에도 스페인어가 섞여 나와요. 나는 교사들이 이러한 우리를 이해해야 한다고 생각해요.

학생들에게 모국어를 사용할 수 없도록 하는 것과 같은 관행들은 학생들의 정체성과 무엇이 중요한 지식을 구성하는가에 대한 시각에 부정적인 영향을 줄 것이다. 예를 들어, 마리솔에게 푸에르토리코 역사수업을 수강하는 것에 관심이 있었냐고 물어봤을 때, 그녀는 너무 쉽게 이렇게 대답했다. "나는 그 수업이 중요하다고 생각하지 않아요. (중략) 나는 나 자신과 나의 문화를 자랑스럽게 생각하지만, 나는 이미 알아야 할 우리 문화에 대해 다 알고 있다고 생각해요. 그래서 나는 이 수업을 수강하지 않을 거예요." 아이러니하게도 여러 차례 그녀와 대화한 결과, 마리솔은 푸에르토리코의 역사에 대해 거의 아무것도 알지 못하는 것이 분명해 보였다. 푸에르토리코의 역사를 다른 곳에서 이미 배웠을지는 몰라도 그녀는 자신에게 필요한 과정에 푸에르토리코에 대한 것은 거의 포함되어 있지 않은 미국의 역사가 '중요한' 역사라고 분명하게 말했다.

문화와 언어에 대한 메시지와 그것들이 어떻게 사회에서 가치 있게 여겨지거나 평가절하되는지는 학교에서뿐만 아니라 심지어는 사회와 미디어에 의해 전달된다. 마리솔이 살고 있는 특정 지역의 사회정치적 맥락, 학교 시스템의 사회정치적 맥락을 이해하는 것은 중요하다. 복지 제도 및 기타 사회 서비스에 과도한 부담을 주는 푸에르토리코인이 도시로 유입되는 수를 제한하는 조례를 통과하려는 시도가 있었다. 게다가 시장이 모든 도시근로자들에게 직장에서 영어만 사용하도록 했을 때, '영어 전용'에 대한 논쟁은 이슈가 되었다. 더 나아가 전체 학생 수의 65%가 푸에르토리코인이었음에도 푸에르토리코 역사수업은 한 학기만 배정되어 있으며, 이 수업은 최근에야 이중언어 프로그램이 승인되었다. 대조적으로, 이 지역에 사는 아프리카계 미국인과 유대인 공동체는 상당히 적은 수였음에도 불구하고 교과서에서도 거의 다루지 않는 아파르트헤이트와 홀로코스트에 초점을 둔 수업이 두 개나 있었다. 이러한 수업들이 포괄적인 다문화교육의 한 부분이라는 데는 동의하지만, 학생 인구의 가장 많은 부분을 차지하는 집단의 역사가 일반 교육과정에서 무시되고 있는 것은 아이러니라고 할 수 있다.

비슷한 맥락에서, 낸시 커민스(Nancy Commins, 1989)는 이민 첫 세대인 멕시코계 미국인 가정의 5학년 학생 네 명을 대상으로 이 학생들이 중요한 지식에 대한 가치판단을 근거로 그들의 교육 상황에 있어서 의식적으로 혹은 무의식적으로 어떻게 결정을 내리는지 연구했다. 이 연구는 교실환경과 교육과정이 학생들이 사용하는 언어나 문화적 배경에 근거하여 그들이 스스로를 학습자로 인식하는 것을 지지하거나 방해할 수 있다는 것을 주장했다. 그녀는 이 네 명의 학생이 가정에서 다양한 언어를 사용하고 있으며 활용 능력을 키울 수 있는 다양하고 풍부한 환경을 가지고 있지만, 학교는 이러한 장점을 거의 활용하지 못하는 것을 발견했다. 예를 들어, 교실에서 이 학생들은 스페인어를 '바보 같은 아이들의 언어'라고 언급하며 거의 사용하지 않았다. 결론적으로, 커민스(1989: 35)는 이 학생들이 학업 상황에서 스페인어를 사용하는 것을 꺼리는 것은 추상적인 생각에 대해 말하는 것을 연습하고, 스페인어로 높은 수준의 인지적 능력을 사용할 기회를 제한하는 것이라고 말했다. 또한 그녀는 교육과정의 내용이 거의 완전하게 학생들의 삶과 분리되어 있다는 것을 발견했다. 왜냐하면 이 학생들의 삶에서 가장 두드러지는 빈곤, 인종차별, 그 밖의 차별 문제가 교육과정에서는 거의 다루어지고 있지 않았기 때문이다.

교사들은 이러한 문제를 언급하는 것을 주저하지만, 이러한 문제는 특히 교육과정에서 소외당하는 아이들에게서 더욱더 두드러지게 나타난다. 고등학교에 다니는 18세의 베트남 학생인 빈은 삼촌과 여동생, 남동생과 함께 문화적으로 이질적인 도시에서 살고 있었다. 그는 교육을 받을 수 있다는 사실에 감사하지만, 자신이 영어를 배우고 새로운 문화에 적응하는 데 어려워하는 것을 일부 교사들이 무감각하게 보는 것에 대해 걱정하고 있었다.

(선생님들은) 우리의 문화에 대해 알아야 합니다. …… 제2 외국어로 문화를 배우는 것은 나와 다른 사람들에게는 매우 어려운 일입니다.

빈과 같은 걱정을 마누엘도 하고 있었다. 인터뷰 당시 그는 열아홉 살로 11형제 중 첫째였는데, 케이프베르데의 3학년 학생으로 졸업을 준비하고 있었다.

저는 학교가 두려웠어요. 당신이 언어를 배우던 때와 달랐어요. 특히 언어를 몰랐고, 친구들도 없었던 첫 시간은 저에게 공포였어요.

마누엘의 경우, 케이프베르데 클리올로의 이중언어 프로그램이 언어와 문화의 중개자 역할을 해주어 학교에서 직면한 어려운 경험을 해결할 수 있었다, 덕분에 그는 고등학교에 진학할 즈음에는 '발표할 수 있을 만큼' 충분한 영어를 배웠다. 그가 경험한 또 다른 긍정적인 교육과정은 2학년 때 연극 발표를 했던 것이다. 여기에서 학생들은 자신들의 경험과 관련된 극본을 만들어 연극을 했다. 그는 연극에서 한 학생이 새로운 학교에 가는 것을 독백했을 때 사람들이 열광했던 것을 회상했는데, 이는 개인적인 경험을 바탕으로 한 것이었기 때문이다.

때때로 학교의 교육과정에서 학생들의 경험과 문화가 무의식적으로 무시되곤 한다. 레바논계 미국인인 자신을 자랑스럽게 여기는 제임스는 교육과정 속에 자신이 드러나지 않으며, 심지어는 과외 활동 및 다문화 교육과정에서조차 자신이 드러나지 않는다는 것을 알게 되었다. 그는 언어 박람회, 다문화 축제, 학교 요리책 등의 모든 곳에서 아랍어와 레바논 사람들에 대한 내용이 생략되어 있는 것에 대해 말했다. 요리책과 관련해서 그는 다음과 같이 말했다.

그들은 전 세계의 다양한 음식 레시피로 요리책을 만들었어요. 누군가가 나에게 요리책을 만든다는 것을 알려주었다면 나도 레바논 음식 레시피를 가져왔을 거예요. 나는 요리책이 판매되기 바로 전주까지도 이 책에 대해 듣지 못했어요. 나는 요리책에 레바논 음식이 하나도 없는 것을 보고 선생님 한 분께 여쭈어보았어요.

제임스는 레바논 문화가 간과된 사실을 떨쳐버리기 위해 노력했다. 그는 이것이 별 문제가 아니라고 말했지만, 사실 이것이 문제라는 것을 깨달아가면서 갈등하고 있었다.

> 글쎄요. 내가 추측하기로는 레바논 사람들이 그리 많지는 않은 것 같아요. 아마도 당신은 거의 들어보지 못했을 거예요. 아마도 뉴스에서 들었거나 그랬겠죠. 우리 학교에는 레바논 아이들이 많지는 않은 것 같아요. 나는 상관없다고 생각해요. 왜냐하면 그냥 상관없으니까요. 진짜 중요한 일은 아니에요. 그렇지만 나한테는 중요해요. 레바논 국기를 보는 것이 나에게는 중요해요.

레바논 사람들은 주로 언론에서 부정적으로 언급되었고, 그것은 이 학교에서 제임스의 민족 공동체에 대한 이미지가 되었다. 예를 들어, 그는 레바논 사람들이 친구들에게 어떻게 특징화되는지에 대해 말했다.

> 내가 레바논 사람이기 때문에 어떤 사람들은 나를 부르면서 "테러리스트는 꺼져!"라거나 "그와 어울리지 마. 그가 너의 집을 날려버릴지도 몰라" 같은 말을 퍼부어요. 그들은 단지 놀리는 것이고, 진지하게 말하는 것이 아니라는 건 알아요. 왜냐하면 제가 어떻게 그들의 집을 날려버리겠어요? 그들도 알고 있겠죠. 저는 상관 안 해요. 다른 사람들이 뭐라고 하건 말이에요. 나는 단지 모든 사람들이 이것이 사실이 아니라는 것을 알았으면 좋겠어요.

문화적인 양가감정인 자존심과 수치심은 많은 학생들의 반응에서 드러난다. 대부분이 자신의 문화가 그들에게 중요한 것은 분명하지만, 일반적으로 사회로부터 그러한 점을 부정하는 메시지를 마주하게 되기도 했다. 이러한 모순을 어떻게 이해하는가는 많은 학생들의 딜레마였다.

자신을 미국 원주민이라고 말한 펀은 열세 살로, 인터뷰한 학생 중 가장 어렸다. 자신은 중소 도시 아이오와에 있는 중학교에서 유일한 미국 원주민 학생이며, 학교에서 받은 역사 교육에 대해 말했다. 그녀의 아버지는 학교와 지역사회의 활동에 적극적으로 참여했으며, 미국 원주민인 딸을 지켜주기 위해 많은 응원을 해주었다.

> 역사 교과서의 내용 중에 잘못된 점이 있으면 아버지는 나에게 항상 잘못된 부분을 가르쳐주셨고, 나는 그것이 잘못되었다는 것을 다른 사람들에게 말하라고 배웠어요. 나는 학교에서 딱 한 번 완전히 잘못 쓰인 내용을 말한 적이 있어요. 우리는 미국 원주민과 그들의 스컬핑(sculping: 머리가죽. 과거 일부 미국 원주민이 승리의 징표로 챙기던 것) 행위에 대해 읽고 있었어요. 실제로는 프랑스인이 미국 원주민에게 그런 행위를 하도록 만든 장본인이었고, 그로 인해 이윤을 취한 사람들이었어요. 하지만 선생님은 내 말을 믿지 않았어요. 선생님이 나를 믿지 않았기 때문에 나는 입을 다물 수밖에 없었어요.

펀은 학교에서 누군가가 "제로니모(1829~1909, 아파치족 인디언 추장)는 바보 같은 말을 타는 바보 같은 추장"이라고 말한 것을 들은 여동생이 화가 나서 집에 왔다는 이야기를 했다. 또한 무반응적인 교육과정과 중퇴 간의 관계는 펀에게는 잊히지 않는 것이었다. 그녀는 이 사건에 대해 말하면서 왜 다른 미국 원주민 출신의 학생이 도시의 학교에서 중퇴하는지 무척 궁금해했다. 이와 유사한 정서가 학교에서의 자신의 경험에 대해 패널 토론에 참가한 보스턴고등학교에 다니는 20명의 라틴계 학생들을 연구한 보겔 젠거(Vogel Zanger, 1994)의 연구에서 보고되었다. 학교에 남기로 결정한 학생들은 자신의 또래들이 중퇴하는 것은 학교가 그들에게 '단일문화'를 강요한 것이 직접적인 원인이라고 주장했다.

어린 나이임에도 펀은 자기주관이 확실하고 자신감이 있었다. 그러나 그녀는 교실에서의 교육과정에 대해 침묵한다. 그 이유는 학교가 교육과정에서 논쟁이 될 만한 쟁점과 갈등을 불러일으킬 주제들을 다루려고 하지 않기 때문이다. 특히 표준 교육과정에서 인정되는 주제들을 부정하는 경우에 더욱더 그렇다. 그 결과 미셸 파인(Michelle Fine)이 '침묵'이라고 부르는 결과를 가져왔다. 파인(1991: 33)에 따르면, "침묵은 누가 말할 수 있는지, 무엇을 말할 수 있는지, 무엇을 말할 수 없는지, 누구의 담론이 통제되어야 하는지에 관한 것이다." 그들의 배경에 상관없이 많은 학생들에게 특히 침묵과 관련된 핵심적인 두 가지 주제는 편견 및 차별이며, 교실에서 가장 언급하기를 꺼리는 주제다. 아마도 대부분의 교사들이 유럽계 미국인이어서 이런 주제를 논의하는 것이 익숙하지 않거나, 두렵고 불편하게 느끼기 때문이거나(Sleeter, 1994), 혹은 아마도 '자료를 찾는 데'서 느끼는 부담감 때문일 것이다. 아니면 교사가 갈등이나 논쟁이 없는 것처럼 보고서를 제출하는 학교 측의 무사안일한 전통을 따라가기 때문일 것이다(Kohl, 1993). 그것도 아니면, 아마도 위와 같은 모든 이유들이 결합해 있을 것이다. 위와 같은 경우에 학생과 교사는 인종차별이나 그 밖의 차별, 그리고 다른 위험한 주제들을 학교에서 논의해서는 안 된다는 메시지를 읽을 것이다. 우리는 또한 이러한 주제들이 다른 배경을 가진 사람들에게 절망적인 의미가 되며, 지배문화와 인종집단의 사람들에게 위협의 의미로 인식될 수 있다는 것을 명심해야 한다. 도시의 고등학교에 대한 파인(1991: 33)의 연구에 참여한 아프리카계 미국 청소년인 데이브레는 이렇게 말했다. "백인은 모든 것을 괜찮아질 것이라고 느끼며 그저 지나갈 수 있지만 우리는 기억한다."

교사가 교육과정에 잠재적으로 논쟁적인 문제를 제기하기 꺼리는 또 다른 이유는 그렇게 하는 것이 학생들에게 증오와 적대감을 만들거나 악화시킬 수 있다고 생각하기 때문이다. 보스턴공립학교에 대해 1967년에 조너선 코졸(Jonathan Kozol)이 쓴 고전 『Death at an Early Age』에 나오는 읽기 교사처럼 그들은 미국 역사의 맥락에서 노예제도를 말하는 것은 교사가 설명하기에 불편함은 물론, 아이들이 이해하기가 너무 어렵다고 믿고 있다. 다음은 코졸(1947: 68)의 읽기 교사에 대한 기술이다.

> 그녀는 학생들에 대해 악의와는 정반대에 있는 감정인 가장 강렬하고 정직한 애정

을 가지고 말했다. "나는 이 아이들이 언젠가 이때를 회상하며 누군가가 자신들을 검둥이라고 말했다는 것을 기억해내기를 원치 않는다."

이와 유사한 행태로 인해 25년이 지난 이후에도 학생들이 학습할 때 마주하게 되는 바로 이러한 이슈들을 교육과정에 포함시키는 데 실패했다. 파인(1991: 37)은 자신이 인터뷰한 학생 중 절반 이상이 인종차별을 경험했다고 말했지만, 교사들은 "이러한 이슈에 대해 토론하는 것은 어떤 학생들을 의기소침하게 만들 것이다. 학생들은 자신에게도 기회가 있다고 긍정적이고 낙관적으로 느낄 필요가 있습니다. 인종차별은 단지 자신이 더 열심히 하지 않은 것에 대한 핑계일 뿐이다"라고 말했다. 이러한 비난은 한편으로는 학생들을 지키기 위한 진심이 담긴 표현일 수도 있지만, 인종차별에 대한 교사의 불편함을 표현한 단순한 이기심일 수도 있다.

인종차별과 그 밖의 차별에 대한 이슈를 교육과정에 포함시키는 것에 관한 몇몇 연구는 이러한 주제를 가지고 민감하고 이해적인 접근으로 토론한다면 굉장히 건설적일 것이라고 제안한다. 한 사례로 20년 전 매사추세츠 주의 브루클린공립학교에서 시작된 프로젝트인 '나와 역사에 직면하기(Facing History and Ourselves: FHAO)' 교육과정이 멜린다 파인(Melinda Fine)의 연구에 서술되어 있다. FHAO는 학생들이 비판적으로 동시대의 다양한 사회, 도덕, 정치적 이슈를 성찰할 수 있도록 하는 역사 수업의 모델을 제시한다. 사례로 학생들은 홀로코스트를 활용하여 희생양, 인종차별, 개인적 혹은 집단적 책임에 관한 이슈에 대해 비판적으로 사고하는 방법을 배운다. 파인은 도덕적 딜레마에 대해 단지 교사가 그것을 학교로 가지고 오지 않는다고 해서 사라지지 않는다고 주장한다. 반대로, 이런 현실이 교육과정과 분리되면 청소년은 학교의 지식이 자신들의 삶과 관련되지 않는다는 것을 배우게 되며, 그로 인해 학생들은 자신을 위해 사회에서 직면할 도전에 대해 제대로 준비하지 못하게 된다.

적절한 사례로 나의 연구에 참여한 유럽계 미국 청소년인 바네사의 사례가 있다. 그녀는 '차이'에 강한 호기심을 느끼고 있었지만, 아직 그것을 토론하는 데는 불편함을 느끼며 주저하고 있었다. 그녀는 또래 교육집단에서 매우 활동적이었으며 또래의 압력, 차별, 배제 같은 주제에 관심을 갖고 있었지만, 공식적 교육과정에서 이러한 주제는 거의 언급되지 않았다. 따라서 바네사는 이런 문제들에 대해 할 말이 없었다. 미국 역사에 대해 생각할 때, 그녀는 학교에서는 언급되지 않는 모순들에 대해 궁금해했다.

> 이상하네요. …… 〔그들은〕 유럽에서 온 사람들이거든요. 그들은 거기에 있는 모든 것들로부터 도망치고 싶어 했습니다. 그리고 여기에 와서 노예제도를 만들었습니다. 그들이 하려 했던 일과는 정반대일 것입니다.

또한 교육과정은 학생들에게 도움을 줄 수도, 걸림돌이 될 수도 있다. 학생들의 삶에서 가장 중요한 것들에 정확하게 초점을 맞추는, 학생들의 삶이 담겨 있고 학생들에게 힘을 주는 교육과정이 주어진다면 그들은 학교에 동화될 수 있다. 교육과정은 학생들이 자신의 배경과 경험을 이후의 학습을 위한 도구로 활용할 수 있는 자신감 있고 능동적인 비판적 사고를 하도록 격려함으로써 마리아 토레스-구스만(María Torres-Guzmán, 1992)이 '인지적 역량강화(cognitive empowerment)'라고 언급한 것을 제공할 수 있다. 교육과정과 실제 삶 그리고 그들의 미래의 관계는 여러 학생들의 인터뷰에서 언급되었다. 16세 유대인인 아비는 학교에서의 삶과 집에서의 삶에 일종의 분열을 경험했다. 예를 들어, 학교의 중요성에 대해 말하면서 "만약 당신이 학교에 가지 않는다면 당신은 삶에 대해 배울 수 없거나 삶을 발전시킬 수 있는 것들을 학습할 수 없을 거예요"라고 말했다. 그리고 학교가 좀 더 사회적으로 의식 있는 교육과정을 제공해주길 갈망하는 것처럼 보이는 바네사는 왜 교육이 중요한지에 대해 다음과 같이 요약했다. "좋은 교육이란 당신이 개인적으로 무엇인가를 배우는 것, 성장하는 것, 당신의 마음과 시각이 확장되는 것입니다."

▎페다고지

교육과정이 주로 '어떤' 교육에 관한 것이라면, 페다고지는 '왜'와 '어떻게'에 관련된다. 교육과정이 아무리 재미있고 의미 있어도 학생들에게 흥미진진한 것인지 재미없는 것인지는 교육과정을 실현하는 방법에 따라 결정된다. 학생들의 관점은 수업방법을 만든, 특히 중등학교 교육 연구자들의 그림자적 존재다. 이들의 교수법은 칠판에 쓰고 설명하는 방식으로 교과서가 지배적인 교수 자료로 활용되었으며, 일상적인 암기 중심의 학습이 일반적으로 창의성과 비판적 사고보다 선호되었던, 교사 중심의 전달 모형이 주를 이루었던 전통적인 방법과 다르다(Cummins, 1994; Goodlad, 1984; McNeil, 1986). 마틴 하버먼(Martin Haberman)은 '빈곤의 페다고지'를 강하게 비판한다. '빈곤의 페다고지'는 가난한 학생들을 대상으로 적용하는 기본적인 도시형 교수법으로, 주로 설명하기, 질문하기, 지시하기, 과제하기, 감독하기로 구성된 교수법이다. 이 교수법은 학생들이 창조적이고 비판적으로 사고하기 전에 우선 기본을 익혀야 한다는 전제에 기반을 두고 있다. 하버먼은 이러한 교수법이 제대로 작동하지 않음에도 사실 실제 교수학습에 들어가 있다고 주장한다. 대신 그는 도시에 위치한 학교의 학생들을 능동적으로 실제 삶의 상황에 관련시키며, 그들이 자신의 삶을 성찰하도록 하는 모범적인 교수법을 찾아볼 것을 제안한다. 좋은 교수란 교사가 어려운 주제나 사건을 받아들이며, 교육과정의 기초로서 인간의 차이를 활용하고, 이질적인 집단에게 협동 활동을 제공하며, 학생들이 이상적인 공정, 평등, 정의의 개념을 세계에 적용하는 것을 도와주는 것이다(Haberman, 1991).

내가 인터뷰한 학생들은 그 무엇보다도 페다고지에 대해 많은 이야기를 했다. 그들은 특히 지겨운 수업의 원인이 되는 창의력의 부족에 대해 비판적이었다. 도심의 고등학교에서 학급의 졸업생 대표인 린다는 알맞은 사례다. 린다의 학업 경험이 항상 순탄했던 것은 아니었다. 예를 들어 린다는 학업 문제와 건강 문제로 7학년과 8학년 때 유급했다. 결과적으로 그녀는 학습에 있어서 즐거운 교육적 경험과 실패의 경험을 둘 다 하게 된 것이다. 린다는 페다고지와 관련해서 다음과 같이 말했다.

교사가 되려면 창의적이어야 한다고 생각해요. 교사는 수업을 흥미롭게 만들 수 있어야 하죠. 교사는 단지 이렇게 말해서는 안 돼요. "나는 아이들을 가르칠 거야. 그게 다야. 나는 책에 나온 그대로 가르칠 것이고, 그게 교사의 일이야. 의문을 갖지는 않을 거야." 저는 흥미를 완전히 잃었던 수많은 수업을 들었고, 그건 "자…… 교과서 몇 페이지를 펴라"는 교사의 말 때문이었어요. 교사들은 교과서를 벗어난 문제를 절대 제기하지 않았어요. 모든 것은 교과서로부터 나왔어요. 그리고 학생들은 질문을 하지 않았어요. 학생들이 교사에게 질문을 했다면, 그 답은 교과서 안에는 없는 것이었죠. 학생들은 그런 것에 대해 질문을 하면 안 되었어요.

아프리카계 미국인 소년 리치는 주로 화학수업에서 흥미를 느꼈기 때문에 졸업 후에 약대에 진학하고자 하는 계획을 세웠다. 그는 수업을 흥미롭게 만드는 것의 중요성에 대해 강조했다.

저는 선생님을 믿어요. 선생님이 갑자기 색다른 것을 소개했을 때, 수업을 흥미롭게 만들 수 있어요. 강의를 하고, 활동을 생략하고, 학생들이 활동하는 것을 지켜만 보다가 학점을 주고 가는 일반 선생님들과 다르게 말이에요.

학생들은 교사가 교과서와 칠판에 의존하는 것에 대해 특히 비판적이며, 학생을 수동적으로 만드는 수업의 폐단에 대해 슬퍼한다. 예를 들어, 아비는 교사가 학생들의 입장에서 가르칠 때 학생들과 더 잘 어울릴 수 있다고 느꼈다. "이런 선생님들은 '좋아, 이렇게 해. 어쩌고저쩌고 등등' 그런 말은 하지 않아요. …… 이런 선생님들은 한 톤으로 말하지 않아요." 욜랜다는 영어교사가 학생들과 잘 지내지 못한다고 말했다. "영어 선생님은 무엇을 해도 앉아서 해요." 제임스는 어떤 교사들은 수업에 관심이 없어 보인다고 말했다. "어떤 선생님들은 단지 그냥 가르칠 뿐이에요. '봐라, 이게 네가 해야 하는 거다. 그리고 25쪽을 봐라'라고 말해요." 빈도 앞서 말한 아이들과 마찬가지로 페다고지와 돌봄의 관계에 대해 비슷한 이야기를 했다. "어떤 선생님들은 교실로 들어와서 칠판을 향해 서죠. 그들은 수업에 관심이 없어요."

학생들은 교사의 교수법을 비판하는 것을 넘어섰다. 그렇지만 그들은 흥미 있고, 창의적이며, 학생들을 진심으로 돌보는 교사들에 대한 칭찬도 아끼지 않았다. 특히 린다는 1학년 담임교사와의 감동적인 일에 대해 말했다. 그녀에게 그 교사는 멘토였으며, 그녀는 그 교사의 발자취를 따라 초등교육을 공부하려고 한다.

> "선생님은 나를 위해 항상 그곳에 계셨습니다. 1학년과 2학년 이후에도 문제가 생기면 언제든지 그 선생님을 찾아갈 수 있었습니다. 그때부터 지금까지 늘 그 선생님을 찾아가 이야기를 할 수 있습니다. …… 선생님은 초등교사들에게 아주 명예로운 상인 황금사과상(Golden Apple Award) 수상자입니다. …… 선생님은 나를 격려해주십니다. …… 우울할 때면 선생님께서 나에게 활력을 주시고, 그 덕분에 나는 앞으로 전진할 수 있습니다."

빈은 교실에서 친구와 베트남어로 대화하는 것을 허락했던 교사에게서 받은 감동을 말했다. 빈은 협동학습을 좋아한다. '단어의 의미'를 배우기 위해 단어의 목록을 적어서 암기에만 치중하는 것보다 중요한 사안들에 대해 토론을 시키는 교사를 특별히 기억한다. 그 중요한 사안들은 미국의 역사, 학생의 역사와 문화, 그리고 학생들의 인생을 중심으로 관련 주제를 포함한다. 협동학습에 대한 학생의 선호에 대해 몇몇 교육자들이 언급했다. 펠란 등(Phelan et al., 1992)은 학교에 대한 학생들의 시각에 대한 연구에서 높은 성취를 보이는 학생과 낮은 성취를 보이는 학생 모두 그룹 활동을 선호했다고 밝혔다. 왜냐하면 그룹 활동이 아이디어를 만들고 수업에 능동적으로 참여하도록 도와주기 때문이다.

제임스는 설명을 해준 다음 학생들이 질문하는 것을 허락하는 교사에게 고마워한다. 그 이유는 "당신이 한 질문은 교실 맨 뒤에 앉아 있는 학생도 궁금해하는 질문일 수 있어요. 만약 그 학생이 질문을 한다면 말이에요." 펀은 교사들이 하는 말이 '코러스'로 들리는 졸음을 불러오는 수업과 학생들이 참여하는 역사수업을 위해 '랩 음악'을 사용하는 교사의 수업을 비교했다. 그리고 대부분의 교사를 좋아하는 아비는 9학년 때 수학을 가르쳤던 선생님을 특히 칭찬했다.

> "저는 선생님을 만나기 전엔 한 번도 수학을 잘해본 적이 없어요. 선생님은 수학이 그리 나쁜 과목이 아니라는 것을 보여주셨고요. 그 뒤 저는 수학을 꽤 잘하게 되었고 즐기게 되었어요."

욜랜다는 자신을 이해해주고 지지해주는 많은 교사들을 만난 운이 좋은 학생이다. 교사들은 그녀의 이중언어 능력에 대해 조언을 해주었으며, 멕시코 민속무용단의 회원이 되도록 소개해주었고, 그녀의 삶에 대해 이야기를 나눠주었다.

> 저는 정말로 선생님들과 잘 지냈습니다. …… 실제로 부모님한테 제가 잘한다고 전화를 해주는 여러 선생님들이 계셨기 때문입니다. 선생님들은 저와 많은 대화를 해주셨고, 제가 더 높은 성적을 받을 수 있도록 이끌어주셨으며, 다른 반으로 옮겨주셨고, 저를 어디론가 데려가주셨습니다. 그리고 선생님들은 항상 저를 축하해주셨습니다.

하지만 이러한 지지는 단지 몇몇 교사가 만든, 각자의 노력으로 대표되는 것이 아니라 학교 전체에서 나타나는 지지다. 다시 말해, 이러한 지지는 학교의 정책과 관행에 있어 필수적이다. 예를 들어, 욜랜다는 최근에 '이달의 학생'으로 선정되었고, 그녀의 사진이 학교 대강당에 전시되었다. 게다가 그녀는 상장을 받았고, 교장의 초대를 받아 함께 저녁식사를 했다. 또한 린다의 1학년 담임교사는 그녀가 특히 좋아한 교사였지만, 그 외에도 모든 학생이 환영받고 소속감을 느끼도록 교육적 맥락을 만들어낸 여러 교사가 있었다. 트레몬트(Tremont)초등학교 전체가 린다에게 특별했던 것이다. 결과적으로 리더십과 헌신을 포함한 학교의 맥락이 린다의 성공을 만들어낸 중요한 요소였다.

> 모든 선생님이 훌륭하셨습니다. 트레몬트 초등학교에서 제가 싫어한 선생님은 한 명도 없었습니다. …… 그냥 나의 느낌이죠. 선생님들은 학생들에게 진심으로 관심을 가져주셨어요. 당신도 그렇게 말할 수 있을 것입니다. 수업을 들어보지 못한 선생님이나 한 번도 만나지 못한 선생님일지라도 내가 누구인지 알고 있습니다. 트레몬트 초등학교는 그 자체로 공동체입니다. 저는 이 학교를 사랑합니다. 이 학교에서 가르치고 싶습니다.

바네사는 교사들이 학생의 삶과 경험을 활용해서 가르치는 방법에 대한 이야기를 한다. 이것은 아주 좋은 교사가 되는 방법이라고 생각한다.

> [교사의 대부분이] 진짜로 관심을 갖고 응원해주고, 자기 인생의 이야기를 나눠주고 싶어 하며, 나의 인생 이야기를 들어보고 싶어 합니다. 단지 강의를 목적으로 말하고 싶어 하는 것이 아니라 나를 이해하고 싶기 때문에 말하고 싶어 합니다.

이 학생들은 비판이나 칭찬 외에도 교사들이 수업을 더 재미있게 구성해야 한다는 사려 깊은 제안을 했다. 예를 들어, 리치는 '재미있는 수업을 위해 더 많은 활동'을 제안하라고 했다. 펀은 교사가 학생들을 학습에 많이 참여시키는 것을 추천했다. 아비는 학생들을 위해 "알다시피 나는 수업시간 이후에도 교실에 있어요. 도움이 필요하면 오세요." 항상 이처럼 말해주는 교사들이 제일 도움 된다고 생각했다.

빈은 아주 구체적으로 자기 의견을 제시했고, 중요한 문화적인 이슈들에 관해 언급했다. 그는 베트남에서 왔을 때 15세였으므로 영어를 배우는 것이 어려운 도전이었고, 학생으로서 스스로에 대해 말할 때 "나는 아직 부족하지만, 노력하겠다"라고 말하며 자기 자신에게 엄격하게 대하는 경향이 있다. 베트남에서는 자기가 똑똑하다고 생각했지만, 지금은 완벽하지 못한 영어 실력 때문에 똑똑하지 않다고 여겼다. 선생님은 그의 노력에 대해 자주 아낌없이 칭찬을 해주었지만, 빈은 이러한 칭찬을 거북해했다.

가끔 영어 선생님은 우리를 이해하지 못하는 것 같아요. 예를 들어, 부족한 영어 실력에도 선생님은 "아이고, 영어 실력이 훌륭하네"라고 말해요. 하지만 이것은 미국 문화이고, 우리 문화는 그렇지 않아요. …… 영어 실력이 좋지 않으면, "영어 실력이 그다지 좋지 않다. 그러니까 집에서 더 많이 공부해야 한다"고 말해줘요. 그리고 더 나은 학습을 위해 무엇을 공부해야 하는지, 어떻게 공부해야 하는지를 알려줘요. 미국인은 우리 문화를 이해하지 못하는 것 같아요. 그래서 선생님들은 계속 "아이고, 잘한다! 훌륭하다! 전부 다 훌륭하다!"라고 말해요. 선생님의 이러한 방식은 우리의 문화와 달라요. …… "더 노력해야 한다"고 말해주셨으면 좋겠어요.

이는 중요한 교훈이다. 왜냐하면 마리아 드 라 러즈 레예스(Maria de la Luz Reyes, 1992)가 '존중할 만한 가정'이라고 말한 것들 가운데 관습과 습관적인 칭찬의 남용에 도전하고 있기 때문만이 아니라 교사가 문화적 차이와 개인적 차이 모두를 고려해야 한다는 것을 말해주었기 때문이다. 이 경우, 칭찬하는 관행은 빈에게 무의미했으며, 진실하지 못한 것이었다. 린다는 7학년과 8학년 때 유급해서 '2년을 날려버린' 경험에서 배운 교훈에 대해 말한다.

이 경험에서 많은 것을 배웠어요. 대학교 때 작성한 에세이 중 하나가 이때의 경험에 관련된 것이었어요. 저는 이 경험에서 다른 사람의 칭찬을 들을 필요가 없다는 것을 배웠죠. 내가 알아야 하는 것은 이 안에 있어요. 나의 노력이죠.

학생들은 교사에게 무엇이 효과적이며 무엇이 그렇지 않은지에 대한 중요한 메시지를 전달한다. 하지만 릴리아 바르톨로메(Lilia Bartolome, 1994)가 적절하게 언급했듯이 '방법의 페티시'에 빠지면 안 된다는 것은 중요하다. 다시 말해, 이는 특정 방법이 낮은 성취의 복잡한 문제를 자동적으로 해결할 것이라는 단순한 믿음을 말한다. 바르톨로메에 따르면, 이러한 근시안적인 접근은 교사들이 왜 어떤 학생은 성공하는 반면 어떤 학생은 실패하는지, 정치적인 불평등이 어떻게 이러한 딜레마의 중심이 되는지와 관련된 핵심 이슈를 회피하게 하는 결과를 가져왔다. 이러한 방법을 사용하는 것 대신 바르톨로메는 교사들이 학생의 문화와 언어가 중심이 된 '인간화된 페다고지'라는 방법을 실천하길 권한다. 또한 레예스(1992)가 '두루 적용되도록 만든' 접근법이라고 부르는 문제가 존재한다. 이 접근법에서는 교사가 좋은 의도와 페다고지에 기반을 둔 방법을 시도할지라도 학생들의 문화와 여러 가지 차이가 거부된다. 중요한 것은 어떤 방법이 최신 유행이라서 그 방법을 유일한 방법으로 무비판적으로 받아들이고 단순하게 적용하면 안 된다는 것이다. 전통적인 교수법을 사용하는 교사라고 할지라도 학생들에게 관심을 갖고 그들이 꿈을 실현할 기회를 얻을 자격이 있다고 믿는다면 아마도 최신의 방법을 알고 있지만 이러한 믿음을 공유하고 있지 않은 교사보다 훨씬 긍정적인 영향을 줄 것이다. 학생들은 이질적인 그루핑, 또래 튜터링, 협동학습 같은 혁신을 넘어서길 원한다. 이러한 방법들이 우수하고 효과적일지라도 학생들은 교사의 태도나 행동이 변하지 않는 한 많은 효과를 보기 어렵다.

위에 인용한 학생들의 말은 마법의 해결책과 방법을 구하는 것만이 아니었다. 실제로 학생들은 때로는 모순적일 수 있는 페다고지에 대한 제안을 하고 있었다. 이 학생들은 표현을 달리했지만 너무 지겨운 수업이 많은 것, 소외시키는 것, 역량강화를 하지 못하게 하는 것들이 그들에게 중요한 관심사항이라고 입을 모아 말한다. 그럼에도 정책과 관행, 사고방식의 복잡한 상호작용에 의한 이러한 교수방법이 계속되고 있다. 수준별 학급 편성과 시험이 이러한 상호작용을 복잡하게 만드는 강력한 두 가지 요소다.

수준별 반편성, 능력별 편성, 성적 및 학생 성취의 기대

> 문제는 저소득이 아니라, 낮은 지위에 있다. 그리고 낮은 지위는 항상 최상의 지위에 있는 사람들로부터 만들어지고 부과된다(Stein, 1971, p. 158).

애니 스타인(Annie Stein)은 1971년의 논문에서 초등학교 1학년을 준비하기 위해 배워야 하는 목록의 중요성에 대해 유치원 교사들의 질문을 받았던 뉴욕 시의 한 연구를 언급했다. 교사들의 대답은 사회화가 먼저인지, 교육적 목표가 우선하는지에 따라 분류되었다. 푸에르토리코와 아프리카계 미국인이 많은 학교에서는 사회화 목적이 가장 우세했고, 혼합되어 있는 학교에서는 교육적 목적이 우세했다. 스타인(1971: 167)은 "실제로 소수집단의 아이들이 다니는 유치원에서 근무하는 몇몇 교사들은 6~7개 교육적 목적의 목록 중에서 아무것도 언급하지 않았다"고 결론지었다. 학생들의 교육적 목적이 사회적 목적에 의해 희생되는 수준별 반편성은 이미 이러한 학교에서 이루어지고 있으며, 유치원에서도 이미 그 효과가 입증되고 있다.

최근의 연구들은 학력별 · 능력별 학급 편성이 특히 성취도가 중간 정도이거나 낮은 학생들에게 더 심각하게 문제가 되고 있으며, 수준별 · 능력별 학급 편성을 반대하는(detracking) 학교가 더 많이 발전하고 있다고 밝혔다(Oakes, 1992; Wheelock, 1992). 학력별 · 능력별 학급 편성이 매우 미약한 근거에 의해 결정되고 있음에도 이러한 결정은 우리 사회에 존재하는 지능의 본질과 재능의 분배에 관한 이데올로기적 규준에 의해 지지받는다. 장기적인 수준별 · 능력별 학급 편성은 청소년의 삶의 기회를 완전히 박탈할 수 있다. 존 굿래드(John Goodlad, 1984)는 교사에 의해 수학과 읽기 능력평가를 받은 1학년과 2학년 학생들은 남은 학습과정 전부에서 선정되는 수준별 · 능력별 학급 편성을 계속하게 된다고 밝혔다. 더욱이 다른 학생보다 가난한 아이와 흑인 아이가 수준별 · 능력별 학급 편성의 부정적인 효과에 직면할 가능성이 더 많다고 밝혔다. 예를 들어, 휴 메한과 아이린 빌라누에바(Hugh Mehan & Irene Villanueva, 1993)가 진행한 최근의 연구에서 성취도가 낮은 고등학생들이 수준별 · 능력별 학급 편성에서 벗어날 때 학업의 성과를 보이는 경향이 있다고 밝혔다. 이 연구는 성취도가 낮은 샌디에이고 학교들의 학생들에게 초점을 맞췄다. 대부분이 라틴계 학생 및 아프리카계 미국인 학생들에게서 학업 능력별 구분을 없애고 성취도가 높은 학생들과 같이 대학 입학을 위한 수업에 참여시켰을 때, 대학 입학률이 더 높아졌고 여러 가지 긍정적인 효과가 나타났다. 이 연구자들은 교육적 관심과 사회적 관심이 강화학습이나 보충학습 프로그램 같은 엄격한 학습프로그램보다 학생들에게 더 효과적이라고 결론지었다.

이 연구에 참여한 학생들 대부분이 수준별 · 능력별 학급 편성에 대해 직접 거론하지는 않았지만, 대부분 우회적으로 수준별 · 능력별 학급 편성에 대해 부정적으로 표현했다. 대체로 스스로는 학업적으로 성취했다고 느꼈지만, 교사의 기대가 자신들을 실패하게 만든다고 지적했다. 예를 들어, 욜랜다는 교사들에게 무엇을 제안하고 싶은지 질문을 받았을 때, "나는 교사들에게 학생들과 친밀해지는 데 관심을 두고 …… 학생들과 의사소통을 더 많이 하라고 말하고 싶다"고 말했다. 교사들에게 멕시코계 미국인 학생들에 대해 어떤 것을 알려주고 싶으냐는 질문을 받았을 때, 그녀는 "내가 알고 있는 것은 우리는 정말로 열심히 노력하는 것이 전부다"라고 대답했다. 그녀는 교사들이 가지는 학생에 대한 낮은 기대를 비판하고, 수업이 "너무 느리다"고 주장했다. 덧붙여서 "우리는 더 높은 단계를 원한다. 그들은 우리를 너무 천천히 확인하며 단계적으로 지도하는 것 같다. 그래서 우리에게는 모두가 장난인 것 같다"라고 말했다. 편은 '반에서 상위권'에 있는 것을 즐기기는 하지만, 다르게 취급받는 것을 좋아하지는 않는다. 그녀는 예전에 다녔던 학교에 대해 모든 학생들이 똑같고, 똑같이 격려를 받으며, 똑같이 도움을 받았다고 말한다. 그리고 스프링데일(Springdale)에서 알게 된 사실은 25%만 가르치고, 나머지 75%는 남겨놓는다는 것이라고 말했다. 또한 만약 학생이 낮은 점수를 받으면, 교사들은 그 학생을 많이 도와주지 않았을 것이라고 했다. 예를 들어, 스프링데일에서 만약 학생이 D나 F 학점을 받는다면, 교사들은 그 학생을 무시하고 낮게 볼 것이라는 것이다.

이들 역시 학생의 문화적 기반이나 계층의 차이에 따른 교사의 기대치에 대해 말했다. 바네사는 일부 교사는 학생의 나쁜 평판을 가지고 기대를 다르게 하며, 이러한 교사들은 이 학생들을 빠르게 지나치며 넘어간다. 그들은 원하는 것에만 관심이 있기 때문에 이 학생들을 위해 기꺼이 천천히 진행하지 않는다고 말했다. 흑인이 대부분인 학교에서 공부하는 리치는 여러 교사가 흑인 학생들에게 많은 기대를 하지 않는다고 느꼈다. 리치는 "많은 백인 교사들은 우리에게 많은 것을 요구하지 않는다. …… 그들의 기대는 높지 않은 것 같다. …… 나는 흑인 교사들의 기대가 백인 교사들의 기대보다 더 높다는 것을 안다. …… 그들은 우리와 똑같은 상황을 경험했으니까 잘 안다. …… 실제로 흑인의 위치에 있어봐야 흑인의 상황을 알 수 있다"고 말했다. 리치는 아프리카계 미국 학생의 높은 성취를 발전시키기 위한 주요 연구와 같은 결론에 도달하고 있다는 것을 알지 못했다. 이 연구에서 자닌 벰페챗(Janine Bempechat, 1992: 43)은 모든 학교에서 학업성취가 높은 기대와 기준에 의해 양산되는 것처럼 보인다고 밝혔다.

버지니아 보겔 젠거(Virginia Vogel Zanger)는 보스턴고등학교에서 공부하는 라틴계 학생들을 대상으로 '사회적 능력별 학급 편성'이라고 부르는 것을 중심으로 연구했다. 조사대상 학생들이 높은 성취를 하고 대학 입학 수업에서 고군분투하고 있었지만, 그들도 소외의 아픔을 느꼈다. 그의 답변에 나타난 언어분석을 통해 학생들은 사회적으로 강한 소외감을 전달했다. '탈락', '가치 없는', '부족한', '끼워줄 수 없는' 등의 단어 사용은 학교에 대한 그들의 느낌을 보여준다(Zanger, 1994) 분명히 학업적으로 성취를 이룬 학생들이지만, 문화적인 배경과 학교에서 설정한 인종차별 분위기 때문에 그들이 종속된 위치에서 트래킹을 감지했다. 푸에르토리코 학생들의 중퇴 현상에 대한 연구에서 마누엘 프라우-라모스(Manuel Frau-Ramos)와 나는 같은 결과를 발견했다. 7학년 때 학교를 중퇴한 조스는 "외로웠다. …… 아웃사이더였다"라고 말했다(Frau-Ramos & Nieto, 1993: 156-157). 학교를 졸업한 페드로도 이와 같은 소외감을 느꼈다. 푸에르토리코계 학생들은 학업을 지속하기 위해 학교가 무엇을 할 수 있느냐는 질문을 받았을 때 "푸에르토리코인이 낙오된 느낌을 받지 않도록 해야 한다"고 말했다.

성적 정책은 수준별 반편성과 학업성취에 대한 기대와 함께 언급된다. 예를 들어, 한 연구는 교사들이 성적을 덜 강조하고 시험을 표준화하자 흑인과 백인 학생들이 더욱 평등해졌으며, 백인 학생들은 인종에 관계없이 친구를 사귀는 비중이 늘었다고 밝혔다(Hallinan & Teixeira, 1987). 필자가 직접 진행한 연구에서도 충격적인 사실을 발견할 수 있었다. 학생들이 학교에서 훌륭한 학업성취를 보이고 있음에도 대부분은 학교생활에 있어서 성적이 크게 도움이 되지 않는다고 생각하고 있었다는 것이다. 물론, 대부분 좋은 성적을 받는 것에 만족했지만, 항상 그것 때문만은 아니었다. 예를 들어, 펀은 좋은 성적을 원했던 이유로 좋은 성적을 받으면 교사들이 자신에게 관심을 가질 것이라고 확신했기 때문이라고 했다. 마리솔은 자신과 8명의 형제들이 얻은 '우수상'을 언급하며, "그것은 주로 어머니를 위한 것이었어요. 우리는 어머니가 자신이 원하는 상태 — 다들 알다시피, 즉 행복한 상태 — 로 있기를 바랐어요"라고 말했다.

하지만 학생들은 성적의 중요성에 대해 경시했다. 그 예로 린다는 고등학교에서 가장 도움이 되지 않았다는 컴퓨터 선생님에 대해 말했다.

> 나는 컴퓨터를 전혀 사용할 줄 몰랐어요. 하지만 나는 그 코스에서 A를 받았어요. 그저 선생님이 내가 다른 수업에서 A를 받는 것을 보았고, 내가 하는 모든 '좋은 행동들'이 학교에 알려져 있었기 때문에 선생님은 자동적으로 그렇게 추측한 것이죠. 그는 정말 내가 누군지에 대해서는 신경 쓰지 않았어요. 내가 생각하기에 그 수업에서 받았어야 했던 점수는 잘해봤자 C였지만, 다른 사람들이 나에게 A를 준다는 이유만으로 A를 받았어요. …… 그는 내 능력을 시험해볼 생각조차 하지 않았기 때문에 나를 도와주지도 못했어요.

또한 그녀는 다음과 같이 덧붙였다.

> 나에게 성적은 종이에 쓰여 있는 무엇인가에 불과해요. [내 부모님도] 같은 생각이에

요. 부모님은 내게 "솔직하게, 네가 할 수 있는 최선을 다했니?"라고 물었어요. 내가 그렇다고 말한 뒤에야 부모님은 성적을 보고 잘했다고 말하죠.

그의 어머니에게는 성적이 중요하지만, 리치는 "나 스스로의 기준을 세우는 것이 더 편해요"라고 말했다. 제임스는 거들먹거리는 태도 없이 "아마도 우리 반에서 제가 가장 똑똑한 아이일 것"이라고 말했다. 그에게 배우는 것은 중요했으며, 과제를 해오던 다른 아이들과 달리 자신은 "정말로 공부 또는 일에 몰두하는 것"을 좋아한다고 언급했다. 그는 다음과 같이 덧붙였다.

> 만약 정말 제대로 몰두하지 않으면, 완벽한 점수를 받는다 하더라도 …… 그것은 충분히 이해되지 않을 거예요. 비록 시험에서 단어들을 암기할 수 있다고 하더라도 그것은 전혀 도움이 되지 않아요. 그것들을 배워야 해요.

대부분의 아이들은 비슷한 이야기를 했고, 그들의 생각은 학교가 교육의 진정한 의미에 대해 더욱 깊게 생각하도록 만든다. 린다는 학교에 가는 이유를 "나 자신을 더 좋은 사람으로 만들기 위해"라고 했으며, 이는 그녀 혼자만의 의견은 아니었다. 그녀는 배우는 것을 정말 즐겼으며, "나는 그저 지속적으로 배우고 싶을 뿐이에요. 왜냐하면 배우는 것을 멈추게 되면, 죽어가기 때문이에요"라고 말했다. 욜랜다는 배우는 것에 대해 말하기 위해 영양분 섭취에 대한 은유를 사용했다. "[교육]은 좋은 것이에요. …… 그것은 먹을 때와도 비슷해요. 그것은 하루 종일 아무것도 먹지 않으면, 기분이 나쁜 것과 비슷한 거예요. 나에게 그 두 가지는 똑같아요." 또한 열정적인 학생인 바네사는 깊은 생각에 잠겨서 성공과 행복에 대해 말했다. "나는 행복해요. 나에게 성공은 행복해지는 것이지, 나에게 엄청난 연봉을 주는 직장에 취직하는 것이 아니에요. 나에게 행복은 그저 자기행복을 뜻하는 것이죠."

빈은 그가 생각하기에 미국에서 교육이 가지는 의미, 그리고 그의 고향에서 교육이 가지는 의미를 비교하며 심도 있게 말했다.

베트남에서 우리는 교육받은 사람이 되기 위해 학교에 가요. 하지만 미국에서 대부분의 사람들은 "우리는 좋은 직장을 얻기 위해 학교에 간다"고 말해요. 하지만 내 생각에 그것은 옳지 않아요. 내 생각에 우리가 학교에 가는 목적은 좋은 직장을 원해서도 있지만, 주된 목적은 좋은 사람이 되는 것이라고 생각해요.

[성적]은 나에게 중요하지 않아요. 나에게 중요한 것은 교육이에요. …… 나는 [시험 점수]에 대해서도 그다지 걱정하지 않아요. …… 나는 그저 내가 시험을 매우 잘 본다는 사실을 알 뿐이에요. A나 B를 받는 것은 내게 중요하지 않아요. 나는 더 열심히 배워야 해요.

어떤 사람들은 좋은 교육을 받아요. 그들은 학교에 가고, 석사학위를 취득하고 박사학위를 취득하지만, 그들은 그저 계속 나아갈 뿐이에요. 그것은 좋지 않아요. 나는 돈에 대해 크게 신경 쓰지 않아요. 그렇기 때문에 나는 그저 나 자신과 가족을 돌볼 수 있을 직장이면 돼요. 그것이면 충분해요. 나는 다른 사람들과 비교하며 계속 올라가고 싶지 않아요.

인종차별과 그 밖의 차별

진실은 훤히 보이지만, 인종차별의 큰 거짓말은 희생자를 제외한 모든 사람의 눈을 멀게 한다(Stein, 1971, p. 179).

공식적인 조사 연구에 따르면, 비공식적인 사례와 일화뿐만 아니라 학교에서 지속적으로 이루어지는 다양한 형태의 제도적 차별은 인종, 민족, 종교, 젠더, 사회적 지위, 언어 그리고 성적 지향에 기반을 두고 있음이 증명되고 있다. 그럼에도 불구하고 1971년에 애니 스타인(Annie Stein)이 지적했듯이, 학교에서의 제도적 차별에 대해 직접적으로 언급하는 경우는 드물다. 가장 큰 이유는 제도적 차별이 정의와 공정한 경쟁이라는 우리의 명백한 이상과 개인적 노력만이 성공의 길이라는 철학에 위배될 가능성이 높기 때문이다. 베벌리 대니얼 태툼(Beverly Daniel Tatum)은 실력주의의 신화에 대해 언급하면서 왜 인종차별이 그렇게 자주 부정되고, 경시되고, 묵살되는지에 대해 설명했다. "인종차별을 이익의 시스템으로 이해하는 것은 보상이 전적으로 개인의 노력에 달려 있는 사회가 공정한 사회라고 생각하는 미국의 이념에 심각한 도전을 제공한다(Tatum, 1992: 6)."

최근 연구들은 인종차별과 그 밖의 차별이 학생들과 그들의 교육에 영향을 미치는 다양한 측면을 지적한다. 예를 들어, 안젤라 테일러(Angela Taylor)는 교사들이 부정적인 인종적 고정관념을 갖고 있는 것만으로도 아프리카계 미국인 학생이 학교에서의 부정적인 결과를 초래하기에 충분하다는 것을 밝혀냈다(Taylor, 1991). 물론 많은 교사들은 그보다 학생들의 성취가 오로지 가정과 공동체 내의 조건들 때문이라고 생각하는 것을 선호한다. 하지만 학교에서 학생뿐만 아니라 교사, 직원들에 의해서도 차별적인 행위가 자행된다는 사실이 이미 널리 보고되었다. 1990년 보스턴고등학교 학생들을 대상으로 진행된 연구에 따르면, 학생들의 57%가 인종차별적 공격을 받은 상황에서 47%는 그에 가담할 수 있거나 공격을 당하는 대상이 그 공격을 받아 마땅하다고 느꼈으며, 25%만이 학교 교직원에게 차별적 사건에 대해 보고할 것이라고 대답했다(Ribadeneira, 1990). 캘리포니아에 있는 이주 학생들에 대한 보고서는 미국인이 이주 학생들을 매우 부정적으로 생각하고 환영하지 않는다고 언급했는데 이는 그다지 놀라운 것이 아니다. 사실 인터뷰에 응한 거의 모든 이주 학생들은 자신의 인종, 발음 또는 복장 때문에 침 뱉기, 속임, 놀림 그리고 비웃음을 당한 경험이 한 번 이상 있다고 말했다. 더욱이 과반수는 영어를 부적절하게 사용하여 처벌을 당하거나, 공개적으로 창피를 당하거나, 놀림을 받는 경우를 예로 들며, 교사들의 선입견의 희생양이 되었다고 밝혔다. 그뿐만 아니라 그들은 교사들이 수업 도중 이민자들을 대상으로 경멸하는 발언을 했으며, 언어적인 어려움 때문에 특정한 학생을 피했다고도 말했다(Olsen, 1988). 메리 포플린과 조지프 위레스(Mary Poplin & Joseph Weeres, 1992)와 상담한 대부분의 중·고등학생들은 인종차별적인 사건

또한 목격했다고 했다. 도심의 고등학교에서 진행된 캐런 도널드슨(Karen Donaldson, 1994)의 연구에서 교우관계에 대한 교육프로그램의 일환으로 학생들이 겪은 인종차별을 활용한 결과, 80% 이상의 학생들은 인종차별이 학교에 존재한다는 것을 느낀다고 조사에 답했다.

마리에타 사라비아-쇼어(Marietta Saravia-Shore)와 헤르미니오 마티네즈(Herminio Martínez)는 현재 학교를 자퇴하고 대안고등학교 프로그램에 참여하고 있는 푸에르토리코계 청소년에 대한 문화기술지 연구에서 비슷한 결과를 발견했다. 이 청소년들은 이전 학교에 다닐 때 교사들이 '푸에르토리코인과 흑인에게 적대적'이었으며, 공개적으로 자신들을 차별했다고 했다. 한 학생은 교사 중 한 명이 "너는 교육을 한 번도 받지 못한 다른 푸에르토리코 여성처럼 되고 싶니? 너도 네 다른 가족들처럼 학교에 안 다니고 싶니?"라고 말했다고 했다(Saravia-Shore & Martinez, 1992: 242). 버지니아 보겔 젠거(Virginia Vogel Zanger)가 수행한 보스턴고등학교의 높은 성취를 보이는 라틴계 학생들에 대한 연구에서, 한 청소년은 교사가 수업 중 자신을 '스픽(남미 스페인어권 출신 미국인을 가리키는 대단히 모욕적인 말)'이라고 불렀을 때, 자신이 느낀 충격에 대해 설명했다. 나중에 그 교사에게 정직 처분이 내려졌지만, 이 일로 인해 그는 큰 상처를 입었다(Zanger, 1994). 불행히도 이러한 사건들은 학교가 인정하거나 인지하려고 노력하는 것보다 훨씬 빈번하게 발생한다. 학생들은 이러한 문제들에 대해 적극적으로 대처하려 하지만, 그들이 이러한 주제를 다루는 토론을 접할 기회는 매우 드물다.

학생들은 주변에서 경험하는 이러한 인종차별 또는 다른 종류의 차별에 대해 어떻게 느끼고 있을까? 이러한 차별들은 그들에게 어떠한 영향을 미칠까? 학생들과의 인터뷰에서 캐런 도널드슨은 학생들이 영향을 받는 세 가지 경우를 발견했다. 백인 학생들은 급우들이 당하는 인종차별에 대해 알게 되었을 때, 죄책감과 수치심을 경험했다. 유색인종 학생들은 때때로 그들이 백인 급우들과 동등하다는 것을 증명하기 위해 더욱 노력하거나 더욱 성과를 내야만 한다고 느꼈다. 그리고 유색인종 학생들은 차별이 자신들의 자아존중감에 악영향을 끼친다고도 언급했다(Donaldson,

1994). 자아존중감에 대한 문제는 매우 복잡하며, 많은 변수를 포함하고 있다. 아이들의 자아존중감은 태생적으로 만들어지기보다는 특정한 상황에 의해 만들어지며, 상황에 따라 다르게 반응하기 때문에 교사와 학교에 의해 경험한 부정적인 자아존중감은 절대로 간과되어서는 안 된다. 이는 도시의 한 고등학교에 대한 니차 이달고(Nitza Hidalgo, 1991: 95)의 연구에 참여했던 청소년 중 한 명인 릴리안에게도 나타났다. 그녀는 "그것은 내가 가지고 있는 또 하나의 문제인데요. 선생님들은 항상 우리에게 자아존중감 또는 그와 비슷한 것이 전혀 없다고 하지만, 정말 우리를 그렇게 끌어내리고 있는 것은 그들이에요. 그게 우리의 자아존중감이 낮은 이유예요"라고 말했다.

필자의 연구에서 학생들은 자신들이 경험한 인종, 민족, 문화, 종교 그리고 언어에 따른 차별 사례를 제시했다. 마누엘과 몇몇 아이들은 급우들로부터 그러한 느낌을 받았다. 케이프베르데에서 열한 살에 미국으로 이민 온 그는 적응하는 데 어려움을 느꼈다.

> 다른 문화를 가지고 있고, 다른 방식으로 옷을 입는다면, 미국 학생들과 어울리는 것은 힘들 수 있어요. 그래서 아이들은 실제로 당신을 보며 웃어요. 처음에는 말이에요.

아비는 학교에서 경험한 반유대주의에 대해 말했다. 그녀의 동네에 사는 대부분의 주민은 백인 미국인이며 기독교신자였다. 유대인 공동체는 몇 년에 걸쳐 현저히 줄었으며, 학교에는 적은 수의 유대인 학생들만 남아 있었다. 어느 한 사건에서 한 학생이 그녀에게 다가와 "두 번째 유대인 학살을 맞을 준비가 되어 있니?"라고 말하기도 했다. 그녀는 또 다른 사건에 대해 상세히 설명했다.

> 목공예 수업에 참여했을 때, 그곳에는 나와 나이가 같은, 같은 학년의 아이가 있었어요. 그애도 유대인이었는데 가끔 사원에 오기도 했고 히브리 학교에 다녔어요. 하지만 언제부터인가 그는 좋지 못한 아이들과 어울리기 시작했고, 그중 몇 명은 나와

같은 반이었는데, 제 생각에 그들은 그 아이를 놀리려고 하는 것 같았어요. 그중 몇 명이 나무로 만(卍) 자를 만들고 있었어요. …… 그걸 보고 내가 한 아이에게 "뭐하는 거야?"라고 묻자 그 아이가 나에게 말했어요, "걱정하지 마. 이건 널 위한 것이 아니야. 저 아이 거야"라고요. 그래서 나는 되물었죠. "뭐라고?!"

또한 학생들은 교사가 행한 차별에 대해 말했다. 마리솔과 빈은 둘 다 특히 언어 차별을 문제로 제시했다. 마리솔은 특정한 교사가 자신의 교실에서 스페인어로 말하는 것을 금지했을 때 차별을 느꼈다. 그리고 빈은 자신의 언어에 대한 교사들의 태도에서 차별을 느꼈다. "어떤 교사들은 언어에 대해 이해하지 못해요. 그래서 어떤 경우에 그들은 내가 하는 말이 웃기게 들린다고 말해요." 리치는 백인 교사와 흑인 교사들이 바라는 기대의 차이를 말하면서 모든 교사들이 마치 그들이 백인 전용 학교에 있는 듯이 교육과정을 진행해야 한다고 결론을 지었는데, 이는 모두에 대한 기대가 높아야 한다는 것을 의미했다. 다른 학생들은 놀림의 대상이 되었지만, 제임스를 포함한 일부는 오히려 이를 좋아했다. 어쩌면 이는 그 행위가 적어도 그들의 문화가 눈에 띄도록 작용했기 때문인지도 모른다. 그는 특히 자신이 좋아했던 초등학교 교사인 밀러에 대해 언급했는데, 그 교사는 그가 큰 코를 가지고 있다는 이유로 '곤조(Gonzo)'라고 불렀고, 레바논 사람인 M.A.S.H의 캐릭터를 따서 '클링어(cklinger)'라고 불렀다. 제임스는 이어서 말했다. "그 이후로는 모두 나를 클링어라고 부르기 시작했어요. …… 난 왠지 그게 좋았어요. …… 모두가 나를 보고 웃는 것이 말이에요."

사실 인종차별에 대해 할 말이 가장 많았던 학생은 린다였다. 어머니가 백인이고 아버지가 흑인인 관계로 스스로를 혼혈이라고 표현한 린다는 학생들과 교사 둘 다로부터 차별 또는 혼란을 느꼈다. 예를 들어, 그녀는 교사들이 자신의 인종에 대해 말할 때 그녀에게 물어볼 생각도 하지 않고 자기들 마음대로 결정을 내렸다는 사실에 대해 분개했다. 그녀는 자신의 마음이 어땠는지에 대해 설명했다.

[선생님들은 그러지 말아야 해요.] 우리를 하나 또는 다른 쪽으로 나누려고 해서는 안 돼요. 그리고 하느님은 당신이 우리에 대해 잘못 생각하는 것을 금하셨어요. …… 히스패닉계 사람이 아닌데 나를 히스패닉이라고 적지 마세요. 어떤 사람들은 실제로 내가 웃는 모습을 보고 내가 중국 사람이라고 생각해요. …… 사실만을 찾아내세요. 당신의 임의대로 판단을 내리지 마세요. …… 당신이 누군가에 대해 보고서를 작성하고 있고 그 사람에 대해 알아야 한다면, 직접 물어보세요.

그녀는 계속해서 말했다.

사람들은 나에게 이렇게 말하기도 했어요, "글쎄, 넌 흑인이야." 나는 흑인이 아니에요. 나는 흑인인 동시에 백인이에요. 나는 흑인이자 백인인 미국인이에요. "글쎄, 넌 흑인이라니까!" 아니에요, 나는 아니에요! 나는 둘 다예요. …… 내 말은, 내가 흑인인 것이 창피하지는 않아요. 하지만 나는 백인인 것에 대해서도 창피하게 생각하지 않아요. 그리고 내가 둘 다라면 나는 둘 다의 한 부분이고 싶은 거예요. 그리고 나는 교사들이 이에 대해 조심스러울 필요가 있다고 생각해요.

린다는 비판의 대상을 백인 교사에게만 국한하지 않고, 고등학교에 있는 흑인 교사에 대해서도 언급했다. 그녀가 가장 좋아하는 교사인 벤슨 외에도 학교에는 흑인 교사가 한 명 더 있었다.

그 선생님은 인종차별주의자였어요. 나는 그 선생님을 좋아하지 않았어요. 나는 흑인학생연합회에 속해 있었는데, 그 선생님이 지도교사였어요. 그런데 그는 우리 연합회를 너무 특별하게 만들었어요. 그는 완전히 흑인 우월주의였어요. …… 그는 자격이 없음에도 많은 흑인 학생들을 통과시켰고, 백인 학생들은 A를 받아 마땅한데도 B를 받았어요. …… 그는 히스패닉계와 흑인들만이 그 연합회에 들어와야 한다고 고집했어요. 그는 내가 완전한 흑인이 아니라는 이유로 나의 입회를 거절했어요. ……

나는 그곳에서 그리 환영받지 못했어요. …… 그는 내가 어떤 학생인지에 대해 전혀 알지 못했어요. 그는 그저 멀찍이 떨어져서 판단을 내릴 뿐이었어요.

린다에게 인종차별은 특히 참기 어려운 문제라는 것이 명백했으며, 그녀는 그 문제에 대해 매우 심각하게 생각했다. 인종차별 문제는 그녀가 다음과 같이 말했을 때 명백하게 드러났다. "그건 정말 힘들어요. 나는 역사를 볼 때, 내 한쪽 선조들이 다른 쪽 선조들에게 한 일을 보면 정말 기분이 나빠요. 당신이 혼혈이 아니라면, 당신은 혼혈인 것이 어떤 느낌인지 전혀 몰라요." 그녀는 심지어 그것에 대해 시까지 썼는데, 그 시의 마지막 구절은 다음과 같았다.

하지만 내가 궁금한 것은 누가 그들에게 주었을까
나에게 말할 권리를
내가 할 수 있는 것과 못하는 것을
내가 될 수 있는 것과 될 수 없는 것을
신은 우리 모두를 각각 만드셨지
모두 다 같게 말이야
유일하게 있는 차이점이라곤 나는 색이 조금 어둡다는 것뿐인데.

학교의 변혁에 대한 학생의 시각이 지니는 함의

수많은 교훈적인 이야기들이 위의 사례에 내포되어 있다. 하지만 학교의 교육과정, 페다고지 그리고 계열화와 관련해서 이러한 교훈이 가지는 함의는 무엇인가? 학생들이 인종차별과 차별에 대해 배운 것을 어떻게 활용할 수 있을까? 학교의 정책과 관행이 학생과의 대화를 통해 무엇이 되고, 되지 않는지 어떻게 알려지는가? 내 연구에 등장하는 학생들이 다문화교육이라는 것을 언급하지는 않았지만, 그들은 자신의 가족과 공동체가 어떻게 학교에서 존중되고 재현되는지에 대해 깊은 고민을 가지고 있었다. 본질적으로 다문화적인 두 가지 함의가 있는데, 나는 둘 다 학교의 정책과 관행에 대해 엄청난 영향을 끼칠 수 있다고 생각한다. 먼저, 다문화교육에 대한 나의 관점을 명확하게 만드는 것이 중요하다. 내 생각에 다문화교육은 모든 학생에게 기본이 되어야 하며, 교육과정과 페다고지에 널리 적용되어야 하며, 사회 정의에 기반을 두어야 하고, 핵심 교육학에 의해 뒷받침되어야 한다(Nieto, 1992). 이러한 관점에서 다문화교육을 본다면, 다문화교육이 다양성에 대한 수많은 선언에서 부르짖는 '관용'을 넘어선다는 사실을 알 수 있다. 다문화교육은 많은 교사 연수의 핵심이 되는 '문화적 민감성'과도 차이가 크다(Nieto, 1994). 사실상 '문화적 민감성'은 불평등에 대한 심각한 문제들을 해소하는 데는 큰 역할을 하지 못하기 때문에 다양성에 대해 그저 생색만 내는 '반창고' 정도로밖에는 볼 수 없다. 그럼에도 문화적 민감성 그 자체에 대한 관심이 사회에 내재한 권력의 차이를 반영하고 재생산하는 구조적이며 제도적인 장벽을 고려하지 못한다면, 이는 그저 피상적일 뿐이다. 문화적 민감성보다는 차라리 다문화교육이 '거만하지 않기'로 이해되어야 한다. 이는 개인적 선입견, 태도, 그리고 교육자의 태도와 더불어 그로부터 발생하는 학교의 정책과 실천까지 정면으로 맞서는 개인적 · 구조적 변화를 둘 다 포함함으로써 이루어져야 한다.

▎학생들의 언어, 문화, 경험 인정하기

20년 전에 애니 스타인(1971: 1661)은 유치원 교사에게 왜 그녀의 학생 네 명을 '말이 없음'이라고 기록하고, 제일 미흡한 학생들로 적었는지 질문했다. 유치원 교사는 "그래요. 그 아이들은 여섯 달 동안 한마디도 하지 않았으며, 내가 말하는 것을 전혀 알아듣는 것 같지 않았어요"라고 대답했다. 그래서 우리는 다시 질문했다.

"그 아이들은 다른 아이들과도 얘기를 나눈 적이 전혀 없나요?" 그러자 그녀의 대답은 "아니요"였다. "그 아이들은 스페인어로 하루 종일 서로 낄낄거려요." 아이들이 자신들의 언어에는 꽤 능숙했는데도 교사는 그들의 언어가 유치원에서 전혀 의미 없는 것으로 여겨졌기 때문에 그들의 말을 듣지 못했다. 하지만 그 아이들은 백지 상태가 아니었다. 오히려 그들은 배우는 데 중요한 역할을 할 수 있는 언어, 문화 그리고 경험을 가지고 있었다. 그렇기 때문에 교사는 특정한 학생들의 개인적 약점이나 강점만 볼 것이 아니라, 학교가 학생들의 삶을 사회정치적 · 언어적으로 바라보고 있는 것에 대해서도 주의를 기울여야 한다. 짐 커민스(Jim Commins, 1994: 307-308)는 문화적 · 경제적으로 낙후된 집단의 기능적 문맹에 대해 제기되는 표면적 해결책과 관련하여 다음과 같은 우려를 나타냈다. "기능적 문맹의 기술적인 측면에만 집중한 치료는 적절하지 못하다. 왜냐하면 종속집단의 교육적으로 낮은 성취와 '문맹'이라는 문제의 원인은 제도적 · 문화적 평가절하와 지배집단의 자원과 권력에 접근하지 못하도록 하기 때문이다. 이 글에 인용된 수많은 사례에서 보았듯이, 문화와 언어가 학교에서 인정받는다면 학생들은 교육을 성공적으로 제공받을 수 있고 그들의 권리를 되찾을 수 있을 것이다.

그럼에도 상황은 학생들이 학교와 사회로부터 받는 상충되는 의견들로 인해 매우 복잡하다. 한 연구에 따르면, 학생들의 문화는 그들과 가족에게는 중요하지만, 그 문화는 대부분의 경우 학교에서 그 가치를 인정받지 못하기 때문에 문제가 된다. 청소년들이 그들의 정체성에 대해 내리는 결정은 주로 잘못하거나, 우리 사회를 반영하고 있는 다양성에 대한 긴장과 투쟁 과정에 의해 이루어진다. 학교는 이러한 논쟁에 면역이 되어 있지 않다. 학생들의 언어와 문화는 학교에서 매우 다양하게 배제되고 있다. 그들은 제임스의 경우에서 볼 수 있듯이 보이지 않으며, 마리솔에게 일어난 것과 같이 폄하되기도 하고, 빈의 경우처럼 단순히 알려져 있지 않기도 한다. 청소년이 자신들의 배경에 대해 혼란스러운 감정을 가지는 것은 전혀 놀라운 일이 아니다. 그럼에도 학생들은 가족과 문화에서 얻은 힘에 대해 말했으며, 이를 유지하기 위해 한 발짝 더 나아갔다. 제임스와 마리솔은 가정에서 지속적으로 자신들의 모국어를 사용하고 있다고 밝혔다. 펀은 미국 원주민 문화를 유지하기 위한 아버지의 많은 노력에 대해 말했다. 마누엘은 언제나 우선적으로 케이프베르데인으로 생각할 것임을 분명히 했다. 빈은 자신의 문화가 자신에게 의미하는 바를 매우 감동적으로 말했는데 그의 가정에서는 베트남어만 사용할 수 있고 그의 형제와 자매는 매주 부모님에게 베트남어로 편지를 쓴다고 했다. 이와 같이 대부분의 청소년은 그들의 종교와 예배장소를 그들의 문화유산과의 중요한 연결고리로 생각하고 지속적으로 강한 결속을 유지했다.

문화적으로 다양한 학생들을 교육시키는 것에 관한 최근의 연구는 교육이 동화라는 공식에 맞서서 완전히 다른 아이디어를 제공하는 데 도움을 준다(Trueba, 1989). 이 연구는 학교를 동화기관으로 간주하던 과거의 가정에 반대하며, 학생의 문화적 배경에 대한 가치를 활용하여 학업성취를 장려하는 정책의 든든한 기반이 되고 있다. 아시아-태평양계 미국인 청소년 모임에 대해 피터 키앙, 비비안 와이펀 리는 다음과 같이 언급했다.

> 조기교육에 집중되어야 할 이중언어 학습과 모국어 발전을 위해 만들어진 제도적 · 정책적 지원의 부족 때문에 아시아-태평양계 미국인의 학업성취에 대한 원인으로 여겨지는 가족의 지원 같은 고유한 문화적 가치가 심각하게 약화되고 있다는 것은 역설적이다(Kiang & Lee, 1993: 39).

히스패닉계 청소년을 위한 프로그램을 연구한 지메트 아비-네이더(Jeammette Abi-Nader, 1993: 213)는 이 프로그램이 어떻게 작동하는지에 대한 사례를 보여준다. 그녀가 연구를 진행한 도시에 위치한 큰 고등학교에서 학생들, 특히 가족과 관련된 문화적 가치는 매일매일 교실에서 일어나는 상호작용의 근본이었다. 불행한 자퇴 기록이 많았던 다른 수많은 히스패닉계 공동체와는 달리, 이 프로그램에 참여한 고등학생의 65%가 대학에 진학했다. 더욱이 그 청소년들은 자신의 학문적 성공이 이 프로그램 때문이라고 주장하며, 설문지에 적은 다음과 같은 내용을 포함한 수많은 발언을 남겼다. "내가 이 수업에서 가장 좋았던 것은 우리가 모두 함께 행동하고, 모두가 참여하며, 서로를 도우려고 노력한다는 거예요. 우리는 가족 같아요!"

마찬가지로 내 연구에 참여한 학생들도 그들의 언어와 문화를 긍정적으로 받아들이는 것과 반대로 부정적으로 받아들이는 것이 자신들에게 끼치는 영향, 둘 다에 대해 열정적으로 반응했다. 예를 들어, 욜랜다가 다니는 학교에 있는 교사들의 태도와 행동은 학생들의 다양성에 대한 존중에 기반을 둔 정책에서 잘 나타났다. 자신의 언어와 문화에 대한 교사들의 지지와 긍정적인 반응이 있자, 욜랜다는 다음과 같이 결론지었다. "사실 배우는 것에 집중하게 되면, 학교에 있는 것은 재밌어요. …… 나는 배우는 것을 좋아해요. 나는 내 머리가 생각하게 하는 것이 정말 좋아요." 마누엘도 교사들이 학생들의 문화적 가치와 배경에 대해 아는 것이 얼마나 중요한지에 대해 언급했다. 이것은 마누엘에게 특히 중요했는데, 이는 부모님이 미국의 학교와 사회에 대해 잘 모르는 이민자였기 때문에 정서적인 지원은 해줄 수 있어도 학업과 관련해서는 그를 도울 수 없었기 때문이다. 그는 교사들에게 이렇게 말했다.

> 만약 학생에 대해 모른다면, 그에게 영향을 줄 수 있는 방법은 없어요. 그의 배경에 대해 모른다면, 당신은 그와 교감을 나누는 것이 절대적으로 불가능해요. 그가 어디에서 왔는지를 모른다면 당신은 절대로 그에게 영향을 줄 수 없어요.

반면, 펀은 학급에 있는 유일한 미국 원주민으로서 다수의 가치와 다른 자신의 가치를 설명하는 것이 얼마나 어려운지에 대해 말했다. 한 사례로 낙태와 관련해서 토의하던 중 그녀가 태아는 살아있는 것으로 여긴다는 미국 원주민의 생각을 나타내려고 했던 경험을 말했다. "내가 말하려고만 하면 그들은 시간이 30분이나 더 남았는데도 '어, 시간 다 됐다'라며 내 말을 중단시켰어요." 그리고 아비는 교사들이 자신의 종교에 대해 이해하려고 노력했다는 점을 느꼈음에도 좀 더 문화적인 지지를 바랐다. 예를 들면, 학교에 유대인임에도 자신이 유대인임을 감추려고 하는 것처럼 보이던 한 유대인 교사가 있었는데, 그가 자신을 지원해줬더라면 좋았을 것이라고 말했다.

이와는 다르게, 린다의 경우 그녀가 가장 좋아하던 교사 중 한 명인 영어 교사 벤슨이 자신에게 꼭 필요했던 지지를 해주었다고 했다. 벤슨은 린다처럼 혼혈인이었는데, 그 때문에 린다는 자신이 마주한 문제를 그와 공유할 수 있었다. 에스테반 디아즈(Esteban Díaz)와 그의 동료들의 말을 빌리면, 그는 린다에게 '사회문화적인 중재자(sociocultural mediator)'로서 그녀의 교육환경에서 정체성, 언어 그리고 문화를 중요한 역할로 발전시켰다(Diaz, Flores, Cousin & Soo Hoo). 린다는 영어를 모국어로 사용했지만, 그녀는 벤슨이 어떻게 자신에게 '이중언어'를 사용할 것을 격려했는지에 대해 설명했는데, 그녀는 두 번째 언어를 '길거리 언어'라고 표현했다. 아래의 글은 벤슨에 대한 린다의 묘사로 교육에서 벤슨이 한 역할을 나타내고 있다.

> 나는 제퍼슨에 있는 모든 영어 선생님들을 좋아했어요. 하지만 내 영어 명예교사였던 벤슨 선생님은 내 세상을 완전히 바꿔놓았어요. 나는 이 선생님을 만나기 전까지만 해도 대학에 진학할 생각이 전혀 없었어요. …… 선생님은 내가 이야기를 할 수 있었던 몇 안 되는 교사 중 한 명이었어요. …… 벤슨 선생님은 내가 하버드에 가서 그들과 어울리고, 동시에 길거리로 나가서 '모두와 랩'도 할 수 있다고 했어요. 그건 바로 내가 바라던 바였어요. 그래서 나는 그렇게 되려고 노력했어요. 나는 길거리 언어를 할 수 있어요. 나는 길거리에 나가서 길거리 언어를 말하기도 해요. 하지만 내가 어딘가에 갔을 때, 그곳의 사람들이 이러한 언어에 익숙하지 않아 보이거나 거부감을 보인다면, 나는 그때부터는 표준어를 사용해요. …… 나는 어디엔가 들어가서 다른 사람들이 말하는 방식을 들어보면, 자연스럽게 그것을 알 수 있어요.

지배받는 집단의 학생들의 언어 사용이 어떻게 차별받는지에 관해 학생들과 교사들이 토론할 수 있는 교육과정을 제공하는 것은 모든 학생에게 주어진 담론의 합법성을 긍정하는 길이 될 것이다(Delpit, 1992). 마거릿 깁슨(Margaret Gibson, 1991)에 따르면, 최근의 많은 연구는 학교교육이 문화적으로 지배받는 집단의 학생들에게 그들의 의도와는 상관없이 지배문화에 동화하도록 강요함으로써 의도하지 않게 교육문제에 기여하고 있다고 밝혔다. 이와 같이 낮은 학업성취에 대한 해답이 동화라는 일반적인 통념은 강하게 도전받고 있다. 하나의 흥미로운 결과는 학생들이 자신의 문화와 언어를 지키면서 동화되는 것에 더 많이 저항하면 할수록 학교에서 더욱 우수한 모습을 보일 것이라는 것이다. 이는 비록 어려운 결정일지라도 문화와 언어를 지키는 것이 학업적 성공에 긍정적인 영향을 끼칠 것이라는 점이다. 이는 어떠한 경우에라도 학업적 성공의 가능성을 제한하는 반대되는 정체성을 채택하는 것보다 훨씬 건강한 대응으로 보인다(Fordham & Ogbu, 1986; Skutnabb-Kangas, 1988). 이 결론을 과장해서 말하지 않는 것이 중요하겠지만 이는 실제로 타당한 주장이며, 미국의 학교와 사회에 지배적인 '용광로' 이데올로기에 반박하고 있다.

물론, 우리는 학업적 성공의 경우 문화를 유지하는 것이 유일한 답이 아니라는 것을 알고 있고, 학교에 성공적으로 적응하기 위해 동화되어야 한다고 느꼈던 학생의 사례를 살펴볼 수 있다. 하지만 이러한 동화가 건강하거나 필요한지에 대한 의문은 여전히 남아 있다. 예를 들어, 이주 학생들은 자신들의 모국어와 문화를 보존하여 자손에게 물려주고 싶은 강한 바람을 명확하게 나타냈다(Olsen, 1988). 또 다른 연구에서는 이중언어를 사용하는 학생들이 학교에서 자신들의 모국어를 듣는 것을 특별히 좋게 느끼며, 그 언어로 교육받을 기회가 있기를 바란다는 사실을 밝혀냈다(Doplin & Weeres, 1992). 더욱이 메트로폴리탄 인도차이나 아동 · 청소년 지원기관(Metropolitan Indochinese Children and Adolescent Service; MICAS)에 의해 진행된 캄보디아 난민 어린이에 관한 흥미로운 연구는 스스로 미국의 어린이처럼 행동하면 할수록 그들의 정서적 적응은 악화된다는 사실을 밝혀냈다(National Coalition, 1988). 그뿐만 아니라, 동남아시아 학생들에 관한 연구는 성적과 문화 사이에 중요한 연결고리를 발견해냈다. 이 연구에서 높은 성적이 전통적 가치의 유지, 민족적 자부심, 그리고 같은 민족 사이에서의 사회적이고 문화적인 유대감과 밀접한 연관성을 가진다고 밝혔다(Rumbaut & Ima, 1987).

위의 모든 내용은 학교에 들어서면서부터 그들의 문화와 언어를 버리기를 권장하는 정책과 관행을 비판적으로 바라볼 때라는 것을 주장한다. 또한 이는 교사와 학교가 학습의 기초로서 학생들이 가지고 있는 차이들을 지지하고, 유지하고, 가치를 인정해야 한다고 주장한다. 여전히 우리는 교사들이 부모에게 "영어로만 말하세요"라고 권고하는 것을 자주 들을 수 있으며, 나의 부모님 또한 나와 내 동생에게 영어로만 말하라는 이야기를 들었다. 운 좋게도 나의 부모님은 이 말을 전혀 귀담아 듣지 않았다. 다양한 학생 인구를 걱정하는 이 책에 인용된 수많은 글은 이러한 행동에 의문을 제기하고 있다. 우리가 배우고 있는 것은 교사들이 지금과 달리 학부모가 가정에서 영어가 아닌 그들의 모국어를 사용할 것을 권장해야 한다는 것이다. 또한 우리는 가족적 가치라는 단어가 과거에 문화적으로 우세했던 자들이 우월감을 느끼기 위해 사용했던 것처럼 경직되고 한정된 의미가 아니라, 모든 문화집단과 가족들이 지니고 있는 강한 윤리적 가치를 받아들임으로써 강조되어야 한다는 사실도 배우고 있다. 아무튼 첫 단추로 교사와 학교가 먼저 학생들에 대해 배워야 한다. 빈은 교사들이 가지고 있는 지식이 얼마나 얕은지를 표현하며, 교사들이 자신에 대해 좀 더 알기를 바란다고 강력히 말했다.

> 그들은 조금은 알아듣지만, 베트남 문화 전체를 이해하지는 못해요. 그냥 겉만 아는 것처럼 말이에요. …… 그들은 우리가 마음속에 품고 있는 것은 이해하지 못해요.

학생들에게 관심 가지기

학교는 많은 대화가 오가는 장소이지만, 학교에서 학생이 말하는 경우는 많지 않다. 학생들의 목소리는 종종 큰 도전을 드러내며, 학교가 묵묵부답이고 차가운 모습을 보일 때 아동이 느끼는 깊은 고통도 보여준다. '학교 안', 즉 학생, 교사, 교직원, 부모의 연구에 참여한 학생들 중 한 명은 "이곳은 내 영혼을 아프게 해요"라고 말했다(Poplin & Weeres, 1992, p. 11). 역설적이게도 학교와 교실에서 대부분의 시간을 보내는 학생들은 학교 구성원 중 발언할 수 있는 기회가 가장 적었다. 그럼에도 위의 수많은 사례에서 보았듯이, 학생의 목소리에는 교육자들에게 알려줄 중요한 교훈이 담겨 있으며 우리는 그들의 목소리를 더 관심 있게 들어야 한다. 수잰 수 후(Suzanne Soo Hoo, 1993: 386)는 학생들이 공동 연구자가 되어 학습 장애물이 무엇인지에 관해 프로젝트를 통해 교육자들이 학생들로부터 배울 수 있는 중요한 기회를 잃어간다고 밝혔다. 학생들이 이러한 중요한 이슈를 주장하도록 포함시키는 것은 제대로 연구를 수행하고 있는 것이다. 그녀는 다음과 같이 말했다. "몇몇 교육자들은 교사와 학생 간의 중요한 관계에 대해 잊고 있다. 우리는 외부의 전문가들이 우리에게 알려주는 것을 듣는데, 그 결과로 우리는 우리 바로 옆에 있는 보물인 우리 학생들을 무시하게 된다."(p. 390) 그녀가 진행하는 프로젝트에 참여한 학생 중 한 명인 마이크(Mike)는 "그들은 우리가 아이라는 이유만으로 아무것도 모른다고 생각해요"라고 말했다(p. 391).

학생들이 무엇인가를 알고 있다고 여기고 대하면, 학생들은 힘을 얻고 동기를 갖는다. 내 연구에 참여한 10명의 학생들을 보면 학교생활에 대해 말하는 그 자체만으로도 그들로 하여금 자신들에 대해 더 비판적인 사고를 하게 만드는 촉매제가 되는 것처럼 보였다. 예를 들면, 마리솔의 엄마를 만났을 때, 마리솔이 아무것도 하지 않고 오직 우리의 인터뷰에 대해서만 말했다는 것을 듣고 놀랐다. 연구에 참여한 학생들 대부분은 이러한 열정을 느꼈고, 이러한 느낌은 유사한 연구에 참가한 다른 청소년들의 경우에도 나타났다. 로리 올센(Laurie Olsen, 1988)은 캘리포니아에서 수행한 광대한 연구 과제를 마치며 수백 명의 이주 학생들을 인터뷰했는데, 그 학생들의 대부분은 자신의 경험에 대해 말할 기회를 가졌다는 사실만으로도 감사했다고 말했다. 이러한 발견은 구전(口傳) 역사, 동료집단 인터뷰, 서로 의견을 주고받는 출판물, 그 외의 다른 전략들의 사용을 포함해서 앞으로 실행해야 할 여러 시사점을 남긴다. 단순히 학생들에게 단체토론을 포함해서 서로 말할 수 있는 시간을 제공하는 것만으로도 상당히 도움이 될 것이다.

청소년들은 여러 해에 걸쳐 어른들이 자신들의 말을 듣지 않는다는 의견을 제기해왔다. 학교가 학생들이 원하는 대로 변화되기를 바란다면, 학생들의 이야기를 듣는 것만으로는 충분하지 않다. 단지 듣기만 하는 것보다 더욱 중요한 것은 이들이 학습주체가 되고, 그들이 배운 것을 생산적이고 비판적인 방식으로 사용할 수 있도록 돕는 것이다. 여기서 바로 사회활동이 등장하는데, 이에 대해 활동 중인 비판적 교육학에 관한 설득력 있는 사례가 다수 있었다(Peterson, 1991; Torres-Guzman, 1992). 다음 두 가지 사례를 통해 학생들의 말을 듣는 것이 어떻게 우리에게 정해진 교육과정 이상을 하도록 하는지에 대해 놀라운 이야기를 들어보자.

이리스 산토스 리베라(Iris Santos Rivera)는 프레이리의 '문제제기식(problem-posing)' 접근법이 1975년 샌디에이고 공립학교들의 여름 교육 프로그램에서 유치원생부터 초등 6학년까지의 멕시코계 학생들에게 어떻게 수행되었는지 감동적인 이야기를 썼다. 그 프로그램은 그녀가 이름붙인 "불평하고, 신음하고, 울부짖는 게임"이라고 부르는 놀이로 시작되었다. 이러한 놀이를 통해 학생들은 학교와 마을에 대해 말했고, 문제점들을 찾아냈으며, 학생들 스스로 연구할 문제를 정했다. 한 그룹은 점심급식 프로그램을 선택했다. 하지만 이것은 교사들에게 '진짜' 문제로 보이지 않았으므로 교사는 학생들에게 다른 문제를 선택하게 하려고 노력했다. 산토스 리베라(1983-1984, 5-6)는 "그 교사는 이슈나 프로젝트 활동을 위한 문제나 교육을 위한 통합적인 주제로 문제의 타당성을 믿을 수 없었다"고 썼다. 그녀는 학생들이 그것은 진정한 주제가 될 수 없다는 사실을 깨달을 것이라고 확신하면서 그 문제에 대해 잠시 말하도록 허락했다. 하지만 그녀가 돌아왔을 때, 그들은 "우리가 먹는 점심 급식은 누구 책임이에요?"라고 물었다. 그렇게 여름 내내 긴 토론이 시작되었다. 학생들은 편지를 보내고 여러 통의 전화를 했으며, 교내의 계약 담당 사무실을 통해 급식트럭으로부터 그들의 점심을 추적했다. 또한, 점심 한 끼당 납세자들의 부담액을 계산하고 하청 계약자들로부터 받은 실제 용역에 대한 기록들을 만들었으며, 샌드위치 숫자를 세고 우유의 온도를 쟀다. 마지막으로 자신들이 조사한 것을 계약서에 적힌 설명과 대조했는데, 거기서 큰 차이점이 있는 것을 발견했다. 학생들은 교사에게 “기자들을 부를 거예요”라고 말했다. 지역 텔레비전 방송국과 주요 방송사들이 학생들이 보낸 보도 자료에 응답했는데, 학생들은 기자회견에서 자신들이 발견한 사실을 제시했고 기자들의 질문에도 대답했다. 한 기자가 누가 그들에게 이 모든 것을 하라고 했냐고 묻자, 아홉 살 소녀는 “우리 스스로 이러한 사실을 발견했어요. 그 누구도 우리에게 아무것도 말할 필요가 없었어요. 아시잖아요. 어른들은 스스로를 너무 대난하게 생각하는 것 같아요”라고 대답했다. 이 이야기의 뒷얘기는 캘리포니아에 있는 학생들이 제공받는 점심 급식의 종류를 변경하기 위해 주정부와 연방정부의 법률이 수정되어야 했다는 것과 이 프로그램에 대해 학생들로부터 받은 테이프가 주정부와 연방정부 청문회에서 사용되었다는 것이다.

좀 더 최근의 예를 들면, 매사추세츠 교육대학의 박사과정 학생이자 매사추세츠 주 롱메도우에 있는 공립학교의 재능 많은 교사인 메리 긴리는 2학년 학생들에게 매일 질문함으로써 학생들 스스로 비판적 사고를 개발하도록 도우려고 했다. 그들의 대답은 나중에 학급회의 시간에 토론되었다. 질문 중 일부는 “주말을 잘 보냈니?”와 같이 상당히 단순한 것이 있는가 하면, 어떤 것들은 더 깊이 생각하도록 만들기도 했다. 콜럼버스의 날에 던져진 질문인 “콜럼버스는 영웅인가?”라는 질문은 이전에 이미 이루어진 많은 독서와 대화의 결정판이었다. 그녀가 올해 학생들과 수행한 또 다른 활동은 매일 일출과 일몰에 대해 기록하는 것이었다. 학생들은 놀랍게도 동지가 1년 중 낮 길이가 가장 짧은 날이 아니라는 사실을 발견했다. 지역신문에서 동지 관련 기사를 발견한 학생들은 편집자에게 그에 대한 편지를 썼다. 카올린이 쓴 편지를 보자.

편집자님께,

우리의 도표에 의하면, 12월 21일은 1년 중 낮 길이가 가장 짧은 날이 아니었습니다. 하지만 귀사의 신문에는 그렇게 되어 있어요. 선생님은 이런 일이 매년 일어난다고 합니다! 어떻게 된 일입니까?

이 편지로 인해 신문사는 국립기상청과 지방 천문관을 통해 전문가를 불렀고, 그들 중 한 명은 "학생들이 제기한 것은 매우 흥미로운 질문입니다. …… 우리가 정확한 대답을 해드릴 수 없어 당황스럽습니다"라고 했다(Kelly, 1994: 12). 마리의 학급에 있는 학생들 중의 한 명인 케이티는 학급 친구들을 태양이 지구 주위를 도는 게 아니라, 지구가 태양 주위를 돈다는 지동설을 주장해 과학계에 동요를 가져왔던 갈릴레오와 비교했다. 또 다른 학생인 벤은 "여러분이 들은 것을 그대로 믿어서는 안 돼요"라고 말했고, 루시는 "당신이 어른일지라도 초등학교 2학년생에게서도 배울 수 있어요"라고 주장했다.

이 책의 첫 부분에서 나는 "왜 학생들의 말을 들어야 하는가?"라고 의문을 제기했다. 내 연구와 다른 연구로부터 통찰력 있는 학생들이 자신들의 교육과 관련된 여러 발언을 인용하여 이 질문에 답하려고 노력했다. 이제 마지막 분석에서 그 질문 자체로 먼저 학생들에게 들음으로써 그들과 대화하는 것을 배울 수 있으리라는 것을 제시한다. 교육의 중요한 기초가 대화이고 경험에 대한 반성이라는 것을 믿는다면, 학생들에게 듣는 것은 분명히 그 첫 시도일 것이다. 욜랜다가 "당신은 학생들로부터 많은 것을 얻습니다. 그게 바로 많은 교사들이 내게 말한 거예요. 교사들은 공부하러 가는 곳에서보다 학생들에게서 더 많은 것을 배웁니다"라고 말한 것이 그 사실을 가장 잘 표현한 것이다.

결론

나는 청소년 중에서 특히 경제적으로 풍족하지 못한 환경에서 성장한 아이들이 스스로를 가치 없는 사람이라고 믿는다는 것에 대해 충격을 받을 때가 종종 있었다. 그들은 배우는 데 매우 열정적이었지만 왠지 모르게 자신이 꿈을 꿀 자격이 없다고 믿었다. 이 글은 제목에서 언급되었듯이 모든 학생은 꿈을 가질 권리가 있으며, 교사와 학교는 그 꿈을 위한 '기회를 제공'하는 데 최적의 위치에 있어야 한다는 생각을 바탕으로 기술했다. 이는 학교가 학생들에게 인종, 젠더 또는 사회적 지위의 전통적인 장벽을 넘어 가능성을 꽃피울 권리가 있다는 사실을 알려줄 수 있도록 환경을 개선해야 한다는 것을 의미한다. 더 중요한 것은 배우는 데 있어서 위와 같은 전통적인 장벽이 더 이상 장애물이 되면 안 된다는 것이다.

내 연구에 참여한 학생들은 교과 외 활동이 자신들의 에너지를 발산하고, 자신들에게 중요한 리더십 기술을 가르치는 데 얼마나 중요했는지를 보여주었다. 이는 어떤 사람들에게는 신앙심을 가질 수 있는 공간이었으며, 아비, 마누엘, 리치의 경우에 특히 그러했다. 어떤 이들에게는 취미였다. 린다는 노래하는 것을 정말 좋아했다. 그리고 또 다른 이들에게는 운동이 주로 도움이 되었다. 펀은 자신이 마주한 새로운 문제들을 특히 뛰어났던 운동에 비유하여 이겨낸 것에 대해 언급했다. "나는 문제들을 비교해요. 예를 들어, 과학이 어렵거나 바느질을 못하겠다고 느껴질 때 그 바느질 기계를 보고 말해요. '이건 농구야. 나는 이겨낼 수 있어'라고 말이에요." 이러한 활동을 제공하는 것은 학교의 책임으로 마리솔 같은 학생들에게는 가장 중요할 수 있다. 그녀의 경우에는 청소년 클리닉에 참여한 것이 또래로부터 받던 부정적인 압박감에 대한 완충제 같은 작용을 했다.

이러한 학생들은 불굴의 회복력과 성공에 대한 강철 같은 집념을 가진 것으로 묘사될 수 있다. 그러나 특정한 소수 문화 공동체의 학생들이 모두 이렇게 강한 회복력을 가질 것으로 기대하는 것은 특권을 가진 아이들이 학교가 그들의 배경, 경험, 언어, 문화에 관대하기 때문에 그런 특성을 가질 필요조차 없을 수도 있으므로 불공평하다고 생각할 수 있다. 특권을 가진 아이들은 자신들이 '평범'하다고 배우며, 선천적으로 불공평하다고 믿을지라도 그로부터 혜택을 받을 수밖에 없다.

그렇지만 이 연구에 참여한 학생들은 역경에 맞섰을 때 인간의 본성이 지니는 힘에 대해 또 다른 중요한 교훈을 보여준다. 학생들은 다양한 가족과 경제적 · 사회적 상황을 대표했지만, 거의 한결같이 때로는 불가능해 보일지라도 자신들의 미래에 대해 낙관적인 견해를 보였다. 그들의 학업적 성공에 기여한 것은 관심을 가져주는 교사, 지지하는 학교 분위기, 사랑받는 가족 같은 이른바 긍정적 요소들이었으며, 이것들은 그들이 희박한 가능성에 맞서도록 도와주었다. 부모님이 모두 장애인으로 생활보호 제도의 도움으로 살아가고 있는 마리솔이 말했다. "나는 내 앞을 가로막는 장애물이 없다고 생각해요." 그녀는 이렇게 덧붙였다. "내가 그것을 해낼 수 있다는 사실을 안다면, 나는 그저 계속해서 노력해야 해요." 이와 같이 끊임없이 시도하는 투지는 알코올 중독과 마약 남용으로 치료 받고 있는 두 자매를 가진 편의 경우에서도 드러났다. 그녀는 좋지 않은 상황임에도 다음과 같이 주장했다. "나는 내가 하는 모든 일에서 성공해요. 나는 첫 번째 시도에서 실패하더라도 다시 처음부터 그것에 도전해요." 이어서 "나는 예전부터 미국의 대통령이 되는 것이 꿈이었어요!"라고 말했다. 이는 마누엘의 경우에도 뚜렷이 보였는데, 어머니가 집에서 아이들을 돌보는 동안 아버지는 시내의 사무실 청소를 했는데, 마누엘은 열한 명의 형제 중 유일하게 고등학교를 졸업했다. "나는 내 삶에서 내가 하고 싶은 것을 무엇이든지 할 수 있어요. 내가 하고 싶은 것이 무엇이든 해낼 수 있다는 사실을 알고 있어요. 나는 그것을 강하게 믿어요." 그리고 마지막으로 홀몸으로 세 명의 자녀를 동시에 대학에 보내려 하는 어머니를 둔 리치의 경우에도 이는 확실했다. 우리가 이 인상적인 모습에서 볼 수 있듯이, 리치는 어머니로부터 자립심에 대해 매우 가치 있는 교훈을 확실히 배울 수 있었다. "하지만 인생을 누워서 떡먹듯이 쉽게만 보지는 말아요. 결국 그것은 마르고, 상하고, 늘어지고, 뭉개지고, 심지어는 누가 와서 그것을 베어 먹을 수도 있어요." 이어서 그는 말했다, "흔히 말하듯이, 자립심은 스스로에게 줄 수 있는 하나의 선물이에요."

학생들은 교육과정, 페다고지, 능력별 반 편성, 그리고 능력에 대한 기대가 어떻게 변화되어야 더 많은 청소년들이 목표에 도달할 수 있을지에 대해 알아보았다. 1971년 애니 스타인(1971: 77)은 자신과 이야기를 나눴던 학생들의 소망을 언급했는데, 예전의 소망은 오늘날과는 사뭇 다르다. "고등학교 학생들의 요구는 아주 합당하다. 그들은 더 좋은 교육, 더욱 적절한 교육과정, 학교에서 가르치거나 운영하는 방법에 대한 약간의 발언권, 그리고 마지막으로 인간으로서 합법적으로 지녀야 할 권리에 대한 어느 정도의 존중을 원했다." 내가 이 글에서 소개한 이야기와 사례가 학생 개인의 것일지라도 그들은 학교 전체를 변화시키는 데 필요한 것이 무엇인지 구상하는 데 도움을 줄 수 있다. 그렇게 하는 것에 대한 책임이 교사들에게만 주어져서는 안 된다. 이는 교사들이 특정한 학생들의 삶에 지대한 영향을 미치고 있음에도 많은 청소년들에게 무신경하게 대처하고 있는 시스템의 일부를 차지하고 있기 때문이다. 마지막 분석에서 학생들은 우리가 구조적 상황뿐만 아니라, 개개인의 태도와 행동 또한 비판적으로 보아야 한다고 주장한다. 이것은 우리가 학교뿐만 아니라 마음과 생각도 통째로 변화시켜야 한다는 것을 의미한다.

▎정리

1. 나는 '유럽계 미국인', '아프리카계 미국인', '라틴계 미국인' 등과 같이 대단히 중요한 단어들이 문제가 된다는 사실을 알고 있다. 그럼에도 '유럽계 미국인'은 문화와 민족성을 고려하면 '백인'보다 훨씬 명쾌하며, 그와 더불어 백인이 더욱 쉽게 구별되는 집단(보편적으로, 유색인종)에 대해 흔히 사용하는 것처럼 스스로 하나의 민족적 단위로 생각할 수 있도록 만든다. 나는 이 주제에 대한 더욱 심화된 논의를 내 책 『Affirming Diversity(1992)』의 두 번째 장에서 다루고 있다.

2. 문화적 박탈에 대한 초기 논쟁은 카를 베리이터와 지그프리트 엥겔만(Carl Bereiter & Siegfried Englemann, 1966) 그리고 프랭크 라이스만(Frank Reissman, 1962)에 의해 잘 드러나 있다. 다양한 결핍 이론들에 대한 심화된 논평은 허버트 긴스버그(Herbert Ginsburg, 1986)에서 볼 수 있다.

3. 여기에 기술한 것과 같이, '비판적 사고'는 현대에 보편적으로 사용되는 것처

럼 정치적 의식을 배제하고 수학과 과학의 고등 사고능력 같은 어감으로 쓰이는 단어가 아니다. 그보다는 프레이리(1970)가 말한 현실을 배우고 변화시키는 데 사용하는 중요한 도구로서 의식을 개선하는 것을 의미한다.

4. 내가 이 글을 쓰는 동안 학생들에게 연락해서 인터뷰를 함으로써 이런 상황별 연구를 기술할 수 있도록 배경 정보를 제공해준 훌륭한 동료들의 도움을 받았다. 나는 다음 동료들이 제공해준 노력과 도움에 대해 크게 감사함을 느낀다. 칼리 콜린스 타타코브(Carlie Collins Tartakov), 폴로 엘리엇(Paulo Elliott), 하이데 론트(Haydee Ront), 마야 길링햄(Maya Gillingham), 맥 리 모란테(Mac Lee Morante), 다이앤 스윗(Diane Sweet), 캐럴 시어(Carol Shea).

5. '기념일과 영웅'은 다문화교육이 주로 민족 기념일과 특정 문화의 역사 속 '위인'에 대한 인정을 바탕으로 구성된다는 해석에 접근하여 다루어졌다. 이 접근법에서는 가치와 생활방식의 차이, 그리고 특정한 문화집단에 영향을 끼침에 따라 발생하는 권력의 차이에 관한 문화의 심층적 구조는 다루지 않는다. 그럼에도 이 접근법은 문화를 낭만적으로 묘사하며, 인위적으로 다루어야 한다는 접근법으로 정확하게 받아들여지고 있다. 반면, 교육학을 지지하고 자유로운 다문화교육은 이러한 구조적인 문제점과 힘의 격차를 직접적으로 마주한다.

8장
범주를 넘어
청소년의 복잡한 정체성

2부에서 살펴보았듯이 모든 사람은 다양하고 혼종적인 정체성을 보유하고 있다. 이는 인종, 민족, 젠더, 사회계층, 능력, 국적, 지역, 성 정체성과 그 밖의 여러 차이점이 융합되어 내가 누구인지, 나 자신을 어떻게 정의해야 하는지에 영향을 미친다는 것이다. 청소년에게 복잡한 사회와 시대에서 성장하고 학습하면서 자신의 정체성을 협상해나가는 것은 특히 어려운 문제다.

교사와 학생의 주변 사람들이 그 학생이 자신의 정체성을 어떻게, 왜 그렇게 확립했는지를 아는 것은 학생을 이해하는 데 효과적이다. 또한 학생은 자신을 이해하고 지지하는 어른이 학교나 공동체에 존재한다는 것을 알 필요가 있다. 존 레이블(John Raible)과 나는 이 장에서 중학교, 고등학교 그리고 대학교에 다니는 세 명의 학생 사례를 제시한다. 이 학생들은 '미국인(American)'이라는 단어로 함축할 수 있는 자신들의 복잡한 정체성에 관해 거침없이 말한다.

요즘 시대에 미국의 청소년으로 살아간다는 것은 무엇을 의미하는가? 이 장에서는 다양한 배경 출신의 청소년 사례를 통해 이 질문에 대한 해답을 찾고자 한다. 우리는 청소년의 정체성 확립과 학습에 큰 영향을 미치는 인종, 민족, 사회계층, 언어, 젠더, 성적 지향과 그 외의 여러 차이에 특별한 관심을 갖고 있는 교사이자 연구자다. 우리는 오랫동안 초등학교부터 대학교까지 여러 교육현장에서 학생을 지도한 경험이 있다. 다양한 문화적 배경을 가진 학생들에 관한 나의 연구와 존 레이블이 현재 진행하고 있는 '입양 공동체(communities of adoption)'에 관한 연구를 통해 우리는 우리 두 사람이 특별히 중요하다고 생각하는 주제와 관련하여 많은 생각을 할 수 있었다(Nieto & Bode, 2008; Nieto, 1994; Raible, 2002). 우리가 이 주제에 대해 관심을 갖게 된 가장 큰 이유는 물론 우리 두 사람의 배경과 정체성 발달과정에 있다. 존은 아프리카계 미국인이자 입양아이며, 동시에 동성애자이자 야부이며, 손주가 있는 할아버지 교사이면서 교수다. 그리고 나는 푸에르토리코인이며 스페인어를 사용하는 여성이자 교수이며, 어머니이자 손주가 있는 할머니다. 우리는 시간이 지나감에 따라 정체성이 계속하여 변한다는 사실을 알고 있다. 이러한 이유로 우리는 끊임없이 만들어지고 재생산되는 청소년의 정체성이 개인의 경험과 삶 그리고 교육내용에 따라 시시때때로 어떻게 변화하는지에 큰 관심을 가지고 있다.

인간은 삶 속에서 끊임없이 변화하고 자신을 재정의한다. 청소년기는 자신이 누구인가를 알아가는 시기로 인생에 있어 특히 중요한 시기다. 청소년에게 핵심적인 과제는 자신이 갖고 있는 다양한 정체성을 개인적으로 의미 있고 사회적으로 인정받을 수 있게 표현하려면 어떻게 해야 하는지를 배우는 것이다. 우리는 교육자로서 청소년의 정체성 확립이 학업에 어떤 의미가 있는지를 이해해야 한다. 예를 들어, 인종과 젠더가 어떤 방식으로 학교에서 지지되거나 거부되는지, 레즈비언을 싫어하는 분위기가 만연한 학교에서 레즈비언으로 살아간다는 것이 어떤 의미인지, 혈연으로 이루어진 가족관계만 중요시하는 학교에서 입양아로서의 정체성을 확립한다는 것이 어떤 의미인지, 또 학생이 추구하는 중요한 정체성과 학업이 어떤 방식으로 연관되어 있는지 알아야 한다.

정체성이 변화하는 것은 개인의 취향이나 경험 때문만은 아니다. 다르게 표현하자면, 정체성의 변화는 단순히 머릿속에서 일어나는 것이거나 마음의 변화가 아니다. 정체성은 개인이 처한 사회정치적인 맥락에 따라 변하기도 한다. 우리의 정체성은 우리가 살아가는 물질적 · 사회적 여건과 우리가 교류하는 사람들에게 영향을 받으며 형성되어왔다. 이 장에서는 몇 년 전 우리가 인터뷰한 두 명의 학생 사례를 살펴보았다. 이 학생들은 서로 다른 도시 출신이고 다른 가족 구성원을 가지고 있으며 다른 사회계층에 존재한다. 그들은 가족구조, 인종, 성적 지향, 출신 국가 등에 따라 자신을 다양한 방법으로 정의하고 있다. 그러나 그들은 이러한 차이가 있음에도 한 목소리로 소속감이나 자신의 정체성을 탐색할 수 있는 자유를 보장할 수 있는 환경이 필요하다는 데 동의한다. 마지막으로 청소년기를 지나 성인의 길로 들어서면서 여전히 계속해서 변하고 있지만, 스스로 만족할 만한 자아의식을 탐색한 한 청소년의 사례로 이 장을 마치고자 한다.

정체성의 형성 : 과도기에 있는 두 청소년의 사례

어른이든 청소년이든 우리의 정체성은 끊임없이 변하고 있다. 그러나 인간을 분류하려는 욕구는 사람들이 가진 복잡한 정체성을 단지 몇몇 제한된 꼬리표로만 표현하는 결과를 가져왔다.* 이러한 경향은 교육 분야에서 인종과 민족이 부각된

* 역자 주: 이 책의 저자 니에토(Nieto)는 원저 『Language, culture and teaching: critical perspectives』의 2장에서 꼬리표에 대해 짧게 서술했다. 그 내용은 다음과 같다. "교직생활 첫해의 일이다. 나는 브루클린의 오션힐-브라운스빌에서 6, 7, 8학년에게 읽기, 스페인어, 프랑스어를 가르치는 교사였다. 당시 내가 근무했던 곳은 아프리카계 미국인과 푸에르토리코계가 교육적으로 심한 차별을 당한 지역이었다. 모두의 기억 속에서 나는 첫 번째 푸에르토리코 출신 교사였다. 또한 나는 '비영어권' 학생들을 가르쳤기 때문에 '비영어권(non-English)' 교사라 불리었다. 나는 완벽하게 영어와 스페인어를 구사하고 문학에 관한 석사 학위를 새로이 취득했음에도 계속해서 학생들에 의해 꼬리표가 생겼고, 사람들은 우리 중 누구에게도 크게 기대하지 않았다. 나는 종종 이러한 새내기 교사 시절을 생각한다. 이는 모든 사람, 아동 혹은 성인에 대한 꼬리표의 치명적인 결과를 불러일으킨다. 미국 교육현장에서는 학생들에게 '비영어권(NE)', '영어 학습자(ELLs)', '특수교육(SPED)', '위기에 처한(at risk)', '이중언어 사용자(the bilinuguals)', '아동부양세대지원(Aid to Families Dependent Children)', '문화적으로 박탈된(culturally deprived)' 같은 꼬리표를 붙이기도 한다. 학생들은 독특한 개성과 그들 가족과 공동체의 문화적 배경을 가지고 있다. 그들은 언어, 생각, 경험, 그리고 그들이 받은 교육에서 사용한 다른 자원들을 가지고 학교에 들어왔다. 다문화적이라고 하는 것은 이러한 언어적 · 문화적 · 인종적 · 경험적 차이들을 있는 그대로 받아들이고 환영하며, 꼬리표를 붙이지 않고 있는 그대로 수용하는 것이다."(Nieto, 2010: 36)

지난 수십 년간 특히 두드러진 현상이다. 인종, 민족, 젠더 그리고 그 밖의 전통적 특성과 같이 정체성을 확립시키는 요소들이 그 자체로서 중요하다고는 하지만, 그것들만으로 개인의 정체성을 논의하기는 역부족이다.

문화는 고정된 요소들과는 비교도 할 수 없이 상당히 복잡한 개념이다. 스티븐 아비주(Steven Arvizu, 1996: 75)는 문화를 명사가 아닌 동사로 설명했다. 이는 특히 세계화 시대를 살고 있는 청소년들 사이에서 볼 수 있는 정체성의 역동적인 본질을 잘 나타낸 것이다. 예를 들어, 셜리 브라이스 히스와 밀브레이 매클로플린(Shirly Brice Heath & Milbrey McLaughlin, 1993)의 청소년에 관한 연구에 따르면, 민족적 꼬리표는 청소년이 자신을 설명하는 하나의 요소일 뿐 정체성 자체를 대변하지는 않는다. 민족성은 청소년에게 주된 정체성 역할을 하는 것이 아니라, 그들이 자부심 문제로 받아들일 수 있는 '정체성의 부가적인 면'일 뿐이다. 히스(1995: 45)는 후속 연구에서 청소년, 특히 도시에 거주하는 청소년은 공통된 정체성뿐만 아니라 공통된 경험을 토대로 새로운 문화적 범주를 창조한다는 사실을 발견했다. 히스에 의하면, 청소년은 "자신의 정체성을 무엇이 아닌 누구로 인식한다."

대니얼 욘(Daniel Yon)은 문화에 대한 관습적이고 고정적인 개념이 현대사회의 복합적이고 혼종적인 정체성을 설명하는 데 부족하다고 주장했다. 욘은 온타리오 주의 토론토에 거주하는 다양한 인종적 · 민족적 배경의 고등학생을 대상으로 연구하여 "문화는 포착 불가능하다(elusive culture)"라는 개념을 정립했다. 포착 불가능한 문화란 학생이 만들어내는 새롭고 창의적이고 때때로 예측 불가능한 하나의 정체성을 지칭한다. 예를 들어, 한 세르비아 출신 학생은 자신을 '스페인 사람'이라고 발하면서 기아나** 학생들과 가장 가까운 백인이라고 말했다. 욘은 다음과 같은 결론을 내렸다.

** 역자 주: 기아나는 남아메리카 북동쪽 해안에 위치한 국가로, 정식 국명은 기아나협동공화국(Cooperative Republic of Guyana)이다. 기아나는 1581년부터 네덜란드의 식민 지배를 받다가 1831년 영국령 기아나(Guiana)가 되었고, 1966년 독립했다. 인종은 인도계 49%, 흑인 및 혼혈 44%, 아메리카 인디언 6%, 기타 1%로 구성되어 있으며 공용어는 영어다(외교부, 2014).

> 청소년은 정체성을 창조하는 데 있어 아주 유연한 사고를 가지고 있다. 그들은 실험적이고 위험을 감수하기도 하며 아이디어를 버리거나 새롭게 창조하기도 한다. 이러한 과정에서 그들은 문화를 단순하게 구체화하거나, 적용하거나, 타인에게 강요하도록 이해하는 데 저항한다(Yon, 2000: 143).

라켈 롬버그(Raquel Romberg, 1996: 16-25)는 미국 내에 거주하는 푸에르토리코인에게서도 비슷한 현상을 발견했다. 롬버그는 이들이 "서로 다른 문화들을 조합하고 융합하며 문화의 경계를 넘나들며 자신의 삶을 살아간다"고 말하고, 이러한 사람들을 가리켜 '문화적 카멜레온'이라고 말했다. 푸에르토리코계 사람들과 혼종적 정체성을 가진 청소년은 일반 사람들보다 훨씬 긍정적인 문화 적응 모델을 보여주었다.

새로운 국가와 사회문화 그리고 또래문화에 동화되는 것에 대한 압박을 감안한다면, 학생들이 전혀 예측할 수 없는 방향으로 정체성을 확립해간다는 사실은 결코 놀라운 일이 아니다. 매디슨고등학교(Madison High: 인종적 · 민족적으로 다양한 배경의 학생들이 다니는 학교의 가명)의 이민자가정 청소년을 대상으로 한 로리 올센(Laurie Olsen, 1997: 239)의 문화기술지 연구에서는 청소년들이 새로운 문화에 적응하는 데 때때로 '미국인이 되는 과정에서 자신이 가지고 있는 정체성의 일부를 허무는 것'을 필요로 하고 있음을 밝혔다. 또한 로리 올센은 미국에 새로 이주한 사람들이 미국에 거주한다고 해서 자동적으로 자신이 미국인이 되는 것이 아니라는 사실에 놀라움을 감추지 못한다는 것을 발견했다. 주류계층인 유럽계 미국인과는 다른 신체적 특징과 배경을 가진 일부 학생은 자신들의 피부색, 종교 혹은 언어 등의 요소로 인해 동화에 어려움을 경험한다. 매디슨고교 학생들은 종종 자신을 위해 협소한 경계들을 구축하여 다문화적 상호작용의 가능성을 제한하도록 강요받았다. 이러한 상황은 종종 '한쪽을 선택하라'고 강요받는 이중인종(biracial) 또는 다인종(multiracial) 배경의 학생들과 이미 구축된 범주에 정확하게 포함되지 않는 많은 이민자들에게는 특히 고통스러운 일이다.

우리는 변화하는 시대에 살고 있다. 그러나 결코 변하지 않는 꼬리표는 현 시대의 복잡한 정체성을 모두 표현할 수 없다. 이제부터 사람들과 다른 독특한 정체성을 가지고 살아온 두 명의 청소년의 이야기를 들어보고자 한다. 앞으로 제시될 사례에서 이름, 지명, 도시명, 학교명은 모두 가명으로 사용되었다.

닉 그린버그(Nick Greenberg): 인종 간 입양인(Transracial Adoptee)의 정체성

닉 그린버그는 열네 살의 중학생이다. 그는 구릿빛 피부에 키가 크고 검은 곱슬머리, 미소 짓는 얼굴을 가진 학생이다. 닉은 외형적으로 많은 인종 · 민족 · 국가 배경을 가지고 있다. 즉, 그는 인종적으로 모호한 사람의 전형이다. 닉은 생후 몇 개월 뒤에 입양되었지만 생모와 연락을 주고받으며, 생모와 함께 사는 큰형과도 연락하는 사이이다. 인터뷰가 진행되는 동안 닉은 자신이 지닌 다인종적 유산과 타인이 자신에게 갖는 일종의 기대에 대해 허심탄회하게 털어놓았다.

> 나의 외모는 아프리카계 미국인인 생부보다 백인인 생모 쪽에 더 가깝습니다. …… 나의 양부는 유대인이고 양모는 기독교인입니다. 나는 미국 원주민의 피도 흐르기 때문에 서류상으로는 '아프리카계 미국인' 또는 '미국 원주민'으로 분류됩니다. 때때로 나는 스스로 유대인이라고 하기도 하는데, 한번은 어떤 친구가 나에게 "넌 유대인이 아니야. 유대인처럼 행동하지 않잖아"라고 했습니다. 나는 도대체 '유대인처럼 행동하는 것'이 무엇인지 모르겠습니다. 어쩌면 그건 야물커(yarmulke)*를 착용하거나 회당(Synagogue)에 나가는 것을 지칭하는 것일지도 모르겠다고 생각합니다.
>
> 어떤 사람들은 농담조로 저보고 말투가 백인 같다고 합니다. 어떤 흑인 아이들은 저보고 너는 흑인이니까 특정한 노래는 듣지 말라고 말합니다. 내가 어떤 음악을 듣

* 역자 주: 유대인 남자들이 쓰는 작은 원형의 모자로, '키파(kippa)'라고도 불린다.

든지 상관할 바가 아닌데, 가끔은 짜증이 납니다. 그 아이들은 계속해서 저보고 "흑인처럼 행동하라"고 말하고 그러기를 강요합니다. 내가 흑인처럼 행동하는 것이 뭐냐고 물어보면 그에 대해 속 시원한 대답을 해주는 아이는 아무도 없습니다. 흑인이나 중국인이나 백인 아이들은 흑인처럼 행동하고, 중국인처럼 행동하고, 백인처럼 행동할 필요가 없습니다. 그저 자기가 느끼는 대로 행동하면 되니까요.

닉의 정체성을 나타내는 중요한 요소들로서 그의 음악과 옷 입는 취향, 말투는 그를 정의하는 데 빈번하게 사용된다. 닉이 백인 양부모와 백인 밀집지역에서 자라났다는 것을 고려한다면, 그가 왜 '백인 같은지' 이해할 수 있을 것이다. 하지만 닉은 가끔씩 랩 음악을 듣고 다른 도시의 흑인 밀집지역에 사는 자신의 생모와 가족을 방문하기도 한다. 따라서 그는 '코드 스위칭(code swiching)', 즉 어떤 사람들이 '흑인 같은' 말투라고 부르는 도심의 말투로 바꾸는 것이 가능하다. 하지만 닉이 그렇게 하는 것이 언제나 쉬운 것은 아니다.

인종적으로 모호한 다인종 학생인 닉은 중학생 때 아프리카계 미국인 학생들과의 상호작용에 대해 말하면서 학교 복도에서 경험한 인종적 한계에 관한 몇 가지 사건을 언급했다. 사람들이 닉을 부르는 별명은 그들이 닉을 학교에서 어떤 위치에 두어야 하는지 혼란스러워하고 있음을 보여준다.

학교에 있는 대부분의 흑인은 내가 그들처럼 행동하지 않기 때문에 나를 대할 때 인종차별을 합니다. 그들은 나를 보통 '검둥이(nigger)'라고 부르는데, 이 말은 나를 상당히 불쾌하게 합니다. 예를 들면 "저리 비켜, 검둥아"라는 식이죠. '검둥이'는 내가 들어본 말 중 가장 모욕적인 말입니다. 사람들은 나를 '게이'라고 부르기도 합니다. 내 별명 중 '게이'나 '검둥이'는 그들이 나를 부를 때 가장 흔히 쓰는 말입니다. 내가 '흑인 같은 행동'을 하지 않는다고 나를 괴롭히는 흑인도 있었습니다. 또 "닉 좀 그만 괴롭혀. 닉이 흑인처럼 행동하든지 중국인처럼 행동하든지 그건 다 걔 마음이지"라면서 그 아이를 계속해서 말리던 두 명의 학생도 있었어요. 나를 괴롭히던 아이는 그

말을 별로 달가워하지 않았지만 더 이상 나를 괴롭히지 않아서 다행이었죠.

이제는 많은 사람들이 더 이상 자신의 인종처럼 행동할 이유가 없다는 것을 느끼고 있는 것 같습니다. 그저 자신이 원하는 대로 행동하는 거죠. 학생들은 자신이 속한 인종이나 성별에 따라 자신의 행동을 제한할 필요가 없다는 것을 알아야 합니다.

표면적으로 닉은 다른 학생들이 '인종적으로 행동할 것'을 강요하는 것에 대해 저항하는 것 같이 보이지만, 흑인들에 대해 말할 때 자신을 그 안에 포함시키며 자신을 아프리카계 미국인으로 인식한다. 하지만 때때로 닉은 아프리카계 미국인을 제삼자처럼 말할 때도 있다. 이는 "지금 나는 어떤 존재이면서도 또 다른 어떤 존재이며, 동시에 나는 나일 뿐이다"라는 다인종인의 개인 정체성이 어떻게 형성되는지를 보여주는 인종 동일시(racial identification)에 관한 혼합적인 '둘 다/그리고' 접근방식이다. 이러한 접근방식은 부모 중 어느 한쪽만의 인종을 정체성으로 따라야 했던 이전 시대의 낡은 '어느 하나/또는' 모델과는 다른 신선한 변화다.

닉은 어떤 환경에서 소속감을 가장 많이 느끼느냐는 질문에 아래와 같이 대답했다.

나는 친구를 사귈 때 피부색을 고려하지 않습니다. 그들의 내면과 행동을 보고 친구를 선택합니다. 만약 잘 웃고 남을 괴롭히는 행동을 하지 않는다면, 그 사람을 좋은 사람이라고 판단하고 그 사람과 친구가 되기 위해 노력합니다. 나는 백인, 흑인, 동양인, 독일인, 러시아인, 캐나다인 그 외에도 다양한 인종의 친구들과 여러 나라에서 온 친구들이 많습니다.

나는 흑인사회에 꼭 맞는 사람은 아닙니다. 많은 사람들이 섞여 있는 사회에서는 적응하기가 보다 쉬웠을 것이라 생각합니다. 내가 가장 적응하기 쉬운 것은 물속인 것 같습니다. 조금 이상하게 들릴지도 모르겠지만, 수영은 제가 가장 잘하는 것이라서요. 수영을 하다 보면 주위에서 일어나는 모든 것을 잊을 수 있지요.

수영을 하는 동안은 "모든 것을 잊는다"는 닉의 말은 그가 견고한 인종적 범주화의 영향으로 인해 경험하고 있는 갈등을 대변하는 가슴 아픈 표현이다. 닉에게는 사람들의 정체성보다 그들의 행동이 더 중요하다. 닉은 많은 사람들이 섞여 있는 사회가 자신이 '적응하기 쉬운' 사회라고 말한다. 학교는 때때로 1960년대와 1970년대에 대학교에서 유행했던 흑인학생연합이나 히스패닉학생위원회 같은 문화권별 클럽(cultural clubs)을 제공함으로써 다양성에 대응하지만, 이러한 클럽은 닉 같은 학생의 정체성 요구를 충족하지 못한다. 한 가지 다행인 것은 미국 대학교에서 다민족 배경을 가진 학생들을 위한 모임들이 점점 늘어나고 있다는 점이다. 이러한 움직임은 곧 중 · 고등학교로도 확대될 것이다. 닉의 상황은 학교가 자민족중심이 아닌 다원적인 정규 교과 이외의 활동에 참여하길 원하는 학생들을 위한 인종간의 활동 교육을 증진하도록 더 많은 일을 전개해야 한다는 것을 보여준다.

인터뷰 중 닉은 북쪽의 대도시에 살고 있는 생모와 형을 만나러 갔던 이야기도 털어놓았다. 닉처럼 자신을 낳아준 어머니나 형과 계속 연락하고 있는 입양 사례를 '공개 입양(open adoption)'이라고 한다. 공개 입양을 통해 닉은 왜 자신이 입양됐는지, 어디에서 입양됐는지, 친부모는 어떻게 생겼는지 등 정체성에 관한 질문에 대답해줄 수 있는 사람들 사이에서 자라왔다. 닉은 자신이 입양아라는 사실을 어떻게 받아들였는지, 타인이 자신의 가족을 보았을 때 느끼는 호기심에 대해 다음과 같이 말했다.

> 사람들이 내가 입양아라는 사실을 알았을 때 그들은 "너 진짜 입양아 맞아?"라고 묻습니다. 그저 내가 부모님보다 피부색이 조금 짙을 뿐이라고 생각하고 나의 양부모를 '진짜' 부모로 알아온 대부분의 사람들은 이 사실을 알았을 때 충격을 받습니다.
>
> 나는 한 달에 한두 번 정도 모이는 입양아 모임에 참석합니다. 우리는 입양에 대해 말하고 우리의 삶이 어떤지, 입양에 대해 어떻게 생각하는지에 대해 공유하는 사회활동을 합니다. 또래와 수다를 떨 듯이 사람들과 입양아로 사는 것이 어떤지 말하는 것은 큰 도움이 됩니다. 같이 활동하는 것도 재미있고 말이 통하는 사람들과 함께 있

다는 것도 마음에 듭니다.

대부분의 사람들이 입양아를 대할 때 그들의 '진짜' 부모에 대해 궁금해한다. 그러나 이러한 호기심은 호의를 갖고 있는 사람이라고 해도 옳지 못하다. 어떤 입양아는 자신을 입양한 양부모를 진짜 부모라고 여기는 반면, 어떤 입양아는 진짜 부모라는 말을 사용하길 거부한다. 친부모나 양부모 모두 정체성을 갖고 있는 사람들이기 때문에 입양아가 자신의 입양 사실을 알든 모르든 그들을 '낳아준' 생물학적 부모나 키워준 '양부모'에 대해 말하는 것은 필요하다. 모든 부모는 입양된 청소년의 삶에 영향을 미친다.

닉은 입양아로서의 정체성을 형성해준 강력한 두 가지 영향 요소인 낳아준 가족과 길러준 입양가족 모두를 포용할 수 있었던 운이 좋은 사례다. 공개 입양이 점점 더 늘어나는 추세이기는 하지만, 대부분의 입양인은 자신의 생물학적 부모에 대해 거의 알지 못한다. 아직까지 차별금지법(discriminatory law)이 유효하기 때문에 입양된 청소년은 18세가 될 때까지 자신을 낳아준 부모와 그들의 질병내력, 형제자매 유무 등에 관해 알 수 없다. 주(州)법은 입양아가 법적인 성인이 되면 자신의 기록을 볼 수 있도록 했지만, 이마저도 모든 정보가 공개되지는 않는다.

닉의 경우는 매우 특별하다. 많은 경우 인종 간의 입양은 그 가족의 모습만 보면 입양한 사실을 알 수 있기 때문이다. 더욱이 닉은 자신을 낳아준 어머니와 형제가 있다는 사실을 알고 있었고, 자신의 생부를 만나고 싶을 경우 생부의 이름과 거주지를 물어볼 수도 있다. 닉과 같이 공개 입양을 한 경우는 정체성의 정보에 접근하는 문제를 보다 원만하게 해결할 수 있다. 닉은 입양아보다 양부모의 권리를 더 보장해주는 해묵은 법에 피해를 보지 않았다.

입양이 혁신적인 공개 입양방식으로 이루어지든 전통적인 폐쇄적인 방식을 따르든 간에 상관없이 학교에서의 입양아의 존재는 학생과 학부모에게 전달하는 교사의 편향된 시각의 가정통신문에 문제를 제기한다. 사회적으로 인정받고 가장 높은 대우를 받는 가족의 형태는 생물학적 직계혈연으로 이루어진 가족이다. 학교는 주류 가족에 관한 정의를 재생산하며 생물학적으로 연결된 가족을 우월한 가족으로 유지하는 것을 돕는다. 예를 들어, 학교에서 나눠주는 '어머니 성명'이나 '아버지 성명'을 질문하는 서류는 닉의 사례와 같이 복잡한 형태의 가족을 인정하지 않는 것이다. 학생이나 학부모의 인종을 체크하거나 기록하는 칸은 복수 응답이 가능하도록 만들어야 한다.

너 나아가 사회나 생물수업에서 가족관계도를 그려오라는 숙제는 혈연으로 이루어진 생물학적 가족에게만 특혜를 부여하는 것과도 같다. 이는 입양 청소년에게 있어 부당한 처사다. 관련 정보를 알고 있는 입양 청소년들은 가족관계도를 완성할 수는 있으나, 관계도가 상당히 광범위해질 수밖에 없다. 또한 마치 자신들이 입양되지 않은 것처럼 가족관계도를 작성해야 하는 생물학적 가족을 모르는 입양 청소년은 스스로 정직하지 못하다고 느낄 수 있으며, 생물학적 가족을 배신했다는 죄책감을 가질 수 있다. 입양 청소년은 다양한 가족관계나 성씨 혹은 출생증명서 같은 법적인 문서와 정체성을 알려주는 다른 요소에 의해 자신의 본질과 정체성을 인식한다. 그러나 법률적 서류의 경우 대부분 '수정'이라는 명목하에 이미 위조되어 있다. 학교가 더 이상 학생의 정체성에 혼란을 불러일으키지 않으려면 입양가정 같은 복잡한 형태의 가정이 있다는 사실을 인지하고 그들을 포용해야 한다.

레베카 플로렌티아: 고등학교에서의 커밍아웃

레베카 플로렌티아(Rebecca Florentia)는 뉴잉글랜드의 작은 도시인 웨스트블루리지(West Blueridge) 시에 있는 공립학교에 다니는 17세 소녀다. 이 도시에는 LGBT* 공동체가 활성화되어 있다. 인터뷰가 진행되기 며칠 전 레베카는 공개적으로 자신이 동

* 역자 주: 레즈비언(Lesbian), 게이(Gay), 양성애자(Bisexual), 트렌스젠더(Transgender)를 일컫는 말로, 성 소수자를 의미한다.

성애자임을 인정하는 커밍아웃을 했다. 레베카는 녹색으로 염색한 보이시한 숏커트 머리를 하고 목에는 동성애자로서의 자부심을 상징하는 색색의 목걸이를 걸고 다닌다. 인터뷰가 진행되는 동안 레베카는 "나는 여자 역할을 하는 레즈비언이 아니다. 내 여자 친구가 여자 역할을 한다"라고 적힌 티셔츠를 입고 있었다. 레베카는 학교에서 승인받은 많은 학생모임 중 성 소수자 학생과 이들을 포용하고 지지하는 학생들의 모임인 교내 GSA(Gay-Straignt Alliance)의 멤버다. 레베카는 학교와 지역사회가 동성애자를 포용하는 정도에 대해 다음과 같이 말했다.

> 내가 커밍아웃을 했을 때 친구들의 반응은 놀라웠어요. 커밍아웃을 했다고 해서 날 떠나는 친구들은 아무도 없었습니다. 굉장했어요. 내 생각에 블루리지에 사는 사람들은 아무리 성 소수자들의 생활방식을 싫어한다고 해도 표현하지는 않는 것 같아요. 표현하는 즉시 많은 사람들에게 불쾌감을 줄 테니까요. 여기는 레즈비언이 많이 살거든요. 마음에 안 들어도 말은 하지 않죠. 나는 웨스트블루리지 지역에 살고 있는 덕분에 다른 지역 학교에 다니는 학생들보다 더 나은 대우를 받는 것 같아요. 다른 곳에서는 동성애자라고 하면 살해당하기까지 하지요. 학교에 동성애자-이성애자 연맹(GSA)이 있는 것만 봐도 학교가 동성애자를 포용한다는 것을 알 수 있어요. 나는 GSA의 멤버입니다. 우리는 교무실 문에 안전지대 스티커(safe zone sticker)를 붙여 달라고 선생님들께 부탁도 했어요. 대부분의 교무실 문에는 안전지대 스티커가 붙어 있지요. 많은 선생님들은 안전지대 스티커가 붙어 있는 것을 크게 신경 쓰지도 않고요. 물론 이를 탐탁지 않게 생각하는 선생님들도 있습니다.
>
> 교내에서 커밍아웃을 한 사람은 나를 포함해서 세 명 정도예요. 나는 학교에서 "나는 다이크(dyke)**가 아니다. 내 여자 친구가 그렇다"라고 쓰인 티셔츠를 입고 다니죠. "나는 펨(femme) 레즈비언이 아니라 부치(butch) 레즈비언입니다." 나는 그렇게 나 자신을 소개하고 싶어요.

** 역자 주: 보통 모욕적으로 쓰이는 말로, 레즈비언을 가리킨다.

레베카는 자신을 단순한 레즈비언 학생으로 소개하지 않았다. 그녀에게 중요한 것은 자신이 어떤 레즈비언인지 사람들이 아는 것이었다. 그녀 자신은 남자 역할을 하는 부치 레즈비언이지, 여자 역할을 하는 펨 레즈비언이 아니라는 것이다.

자신의 성 정체성을 밝힌 레베카는 교내 GSA의 도움을 많이 받고 있다. 그녀는 GSA 모임에서 자신과 마찬가지로 LGBT와 관련된 사안을 드러내고, 보다 관용적인 사회를 만드는 데 관심 있는 또래 학생들을 만났다. 하지만 레베카의 인터뷰 내용을 들어보면 교내 모든 공간이 자신의 정체성을 표현하는 데 안전하지는 않다는 것을 알 수 있다.

> 나와 내 여자 친구는 음악에 관심이 많습니다. 함께 음악 활동을 하는 사람들은 나와 여자 친구의 관계를 알고 있지요. 우리의 관계에 대해 크게 신경 쓰지도 않고 쓴다고 해도 표현은 하지 않습니다. 그렇다고 해도 이 티셔츠를 복도에서나 화장실에서, 그리고 혼자 있을 때 입는 건 조금 꺼려집니다. 그런 장소에서는 티셔츠 위에 스웨터를 입고 다닙니다. 선생님들은 나에게 위해를 가하지 않을 겁니다. 하지만 남들이 나에게 뭔가를 하려고 마음을 먹었을 때 그들을 막는 것은 어려운 일이지요. 만약 선생님이 근처에 없고 내가 다른 아이와 복도에 있는데 그 남자애가 나를 때리려고 마음을 먹는다면 저를 때릴 수도 있어요. 그게 남자애가 아니라 여자애라 해도요.

레베카의 이야기를 들어보면, 옷차림은 그녀의 정체성을 나타내는 중요한 표식임을 알 수 있다. 그녀는 '다이크' 티셔츠를 입고 다님으로써 교내에 레즈비언이 있다는 사실을 드러내고자 한다. 하지만 동시에 그녀는 다른 사람들의 반응이나 자신에게 가해질 수 있는 신체적 폭력을 걱정한다. 다른 학교에서는 타인에게 불쾌감을 주거나 학업에 방해가 되는 메시지를 담은 티셔츠를 입는 것은 금지된다. 레베카가 그런 학교에 다닌다면 복장을 규제하는 교사나 행정직원들과도 마찰이 있었을 것이다. 여기서 이해해야 할 점은 청소년, 특히나 레베카 같은 청소년에게 표현의 자유가 정체성을 확립하는 데 굉장히 의미 있는 역할을 한다는 것이다. 언제 어디에서 티셔츠를 입을지 결정하는 것은 레베카가 커밍아웃을 한 레즈비언으로서의 정체성을 표현하는 데 중요한 기능을 수행한다.

인터뷰가 진행되는 동안 레베카가 자신의 안전을 걱정한다는 것을 알 수 있었다. 또한 레베카는 교사가 표현을 자유롭게 하는 데 중요한 역할을 하고 있다고 믿고 있었다.

> 같은 수업을 듣는 여학생 하나가 저보고 "이 게이 새끼(faggot)야"라고 말했어요. 선생님이 그 말을 들었는지는 모르겠지만, 학생들은 '게이 새끼'라는 표현을 종종 쓰지요. 나는 그 표현을 들을 때마다 얼마나 화가 나는지 몰라요. 그런 말을 한다고 해서 어떻게 할 도리는 없어요. 선생님 한 분이 첫 수업에서 "내 수업 중에는 욕을 하거나 '게이 새끼'처럼 남을 비하하는 말을 하면 용서하지 않을 거야"라는 말을 했는데, 그 말을 듣고 얼마나 안심했는지 몰라요. 고등학교에 다니는 4년 동안 그런 말을 한 선생님은 두 분밖에 없었어요. 수업 중에 그런 모욕적인 말을 하지 않는 것이 조금 도움이 되는 것 같아요.
>
> 복도에 나가면 완전히 다른 세상이에요. 교실이랑은 분위기가 딴판이죠. 남과 다르지 않다면 상관이 없지만 생긴 것이 다르다거나 튀는 행동을 한다면 입 닥치라는 소리를 듣거나 심하면 사물함에 갇히기도 해요. 우리가 선생님들께 바라는 것은 이런 문제에 대해 조금 더 알았으면 하는 거예요. 중학생들은 호모포비아(homophobia: 동성애 혐오증) 때문에 복도에서 맞기도 해요. 하지만 선생님들은 이에 대해 아무런 제재도 가하지 않죠.

교사들이 수업시간에 서로를 존중할 것을 지시한다고 해도 레베카가 말하는 것처럼 수업 중 학생들의 태도와 수업시간 외에 복도, 식당, 도서관 혹은 화장실 같은 공동 구역에서의 태도에는 많은 차이가 있다. 이러한 차이는 학생들이 자신의 정체성이 학교에서의 경험을 통해 형성된다는 것을 깨닫고 자신의 행동을 통제하는 법을 배워야 할 필요가 있음을 보여준다. 청소년이 정체성을 확립하는 방법 중 하나는 어른들이 정해놓은 규범에 저항하는 것이다. 만약 교사들이 비속어나 남을 비하하는 표현에 대해 표면적으로만 '정치적으로 정당한' 규제를 만든다면, 학생들은 교사가 눈에 보이지 않거나 교사의 목소리가 들리지 않으면 이러한 규범에 저항할 것이다.

이와 관련해서 학생들이 학교 수업에서 배우는 교육내용에 관해 레베카가 말한 내용은 주목할 만한 가치가 있다.

> 고등학교 보건수업에서 동성애에 관한 내용은 대개 경멸적으로 다루어집니다. 예를 들면 "여기 레즈비언들이 있습니다. 우리는 그들을 받아들여야 합니다"라는 식이죠. "게이의 좋은 점을 보세요"라는 내용은 없습니다. 대부분 "동성애자들에게는 이런 일들이 있고 동성애자를 보는 사람들의 시각은 이렇다"는 것이 태반입니다. 내가 볼 때 동성애를 받아들이자는 취지와 별 관계가 없어 보입니다. 교육과정 내용은 "동성연애자가 있더라"는 것이 전부죠. "성 소수자들은 덴탈 댐(구강성교를 할 때 성병을 막기 위해 쓰는 물건)을 꼭 하도록!"이라는 말로 수업을 마치고, 학생들은 이 말에 웃고 수업이 끝납니다. 학생들을 잘 가르치고 싶다면 동성애자, 성전환자 등 성 소수자들에 대해 더 잘 구성된 교육과정을 제시하는 보건교사를 뽑아야 합니다. 보건수업이 성 소수자들을 긍정적으로 보도록 하는 것이 아니라 부정적으로 묘사하고 있으니까요.

레베카는 레즈비언에 대해 언급은 하지만 실제 레즈비언의 생활이나 게이와 관련된 건강 문제에 대한 논란이 될 수 있는 정보는 학생들에게 제공하지 않는, 소위 포괄적 보건수업의 한계에 대해 설명하고 있다. 안전한 성생활을 위해 '덴탈 댐'을 하라는 발언은 학생들에게 건강에 대한 관심을 높이기보다는 비웃음거리가 될 뿐이다. 교사는 적합한 자료를 수집하고 자신의 방식으로 이슈를 제기하는 방법을 준비하는 데 도움이 필요하다. 이러한 이슈는 학부모나 행정직원들은 말할 것도 없고 교사나 학생을 불편하게 만든다. 레베카가 말하는 것처럼 LGBT에 관련된 사안을 대충 훑어보고 넘기거나 단순화시키는 것은 교사들이 LGBT 학생의 삶을 제한하는 데 일조하는 꼬리표 붙이기를 강화하는 것이다.

레베카는 자신이 다니는 학교의 교사들이 레즈비언으로서 자신의 정체성을 어떤 식으로 지지해주는지를 다음과 같이 요약했다.

우리 학교에 레즈비언 딸을 둔 영어 선생님이 있습니다. 그래서 그 선생님은 LGBT에 관련된 이야기를 하곤 합니다. 현재 그 선생님은 이틀에 한 번꼴로 게이 이슈에 대해 말합니다. 딸에 대한 얘기는 하지 않지만, 학생들에게 진보적이고 동성애자 친화적인 책들을 읽도록 지도하죠. 그런 선생님들일수록 동성애자 자녀가 있거나 자신이 동성애자이거나 아니면 "저는 레즈비언이고 선생님의 수업에서는 저나 저와 비슷한 친구들이 종종 모욕감을 느낍니다"라고 말하는 학생들을 가르친 경험이 있는 선생님일 가능성이 높아요. 그렇지 않으면 대부분 자발적으로 동성애자 친화적인 일들을 하지 않습니다.

레즈비언도 다른 사람과 같습니다. 모든 사람은 남들과 다른 점이 하나씩 있기 마련입니다. 내 경우 다른 점은 성적 취향밖에 없어요. 나는 자기소개를 할 때 "안녕, 나는 레베카이고 레즈비언이야"라고 하지 않습니다. 보통은 "나는 이런 사람이고 나는 이런 성적 취향을 가지고 있어"라고 말하죠. 그 이상은 하지 않습니다. 왜냐하면 잘못된 메시지를 줄 수 있거든요. 물론 나는 내 정체성에 자긍심을 가지고 이런 티셔츠를 입는 게 꺼려지지 않습니다. 이런 티셔츠를 착용함으로써 내가 말하고 싶은 것은 결국 "여기에 행복한 아이가 있다. 나는 괜찮다. 그러든지 말든지" 등입니다.

교사는 모든 사람을 포용하는 열린 마음을 가져야 한다고 생각해요. 물론 모든 행동이나 말을 차별 없이 정치적으로 옳게 하는 것은 어려운 일입니다. 하지만 학생들이 타인을 이해할 시도조차 하지 않는 교사에게 접근하는 것은 힘들어요.

교실에서 교사의 역할을 과대 해석할 수는 없다. 교사가 아무리 자신의 수업시간 동안 학생들과 소통하고 민주적으로 수업을 한다고 해도 학생들의 눈에는 어른이 주도하는 교사 중심의 수업으로 보일 수도 있다. 레베카는 자신이 느끼는 책임감만큼 교사들도 이 문제에 관해 책임감을 느끼기를 바란다. 예를 들어, 레베카는 성차별을 피하기 위한 남녀 포괄 용어(inclusive language)를 사용하도록 유도하는 교사, 차이점을 인정하고 관용을 베푸는 환경을 조성하는 교사, 게이와 관련된 내용을 소개하는 교사들에게 감사하는 마음을 가지고 있다. 또한 레베카는 자신이 아무런 행동도 취하지 않는다면 세상은 바뀌지 않는다고 생각한다. 레베카는 있는 그대로의 자신을 받아들임으로써 한 사람이 사회 전체에 변화를 일으킬 수 있다는 사실을 보여주는 고무적인 예라고 할 수 있다.

복잡한 정체성이 교육적 실천에 가져다준 영향

정체성의 구성은 지극히 개인적인 문제로 보일 수도 있지만 사회적 영역에서 자아의식이 발달하는 만큼 이는 사회적이고 정치적인 사안이라고도 볼 수 있다. 정체성은 단순히 개인적인 문제가 아니다. 정체성은 학교에서 형성되는 사회적 · 문화적 환경뿐만 아니라 교육적 실천에도 영향을 미친다. 정체성의 문제는 학교의 정책이나 실무와 함께 교사의 전문성 개발에도 영향을 준다. 학교 내에서 청소년의 정체성을 탐구하기 위한 안전 공간을 구축하고자 하는 교사에게는 앞서 거론한 학생의 경험담이 몇 가지 교훈을 줄 수 있다.

선택과 융통성은 청소년에게 대단히 중요하다. 청소년기의 정체성은 유동적이고 사회에서 분류하는 범주보다 더 복잡하기 때문에 앞서 거론된 청소년들은 변하지 않는 한 범주로 분류되는 것을 바라지 않을 것이다. 예를 들어, 레베카는 단순히 레즈비언으로 분류되고 싶어 하지 않는다. 그녀는 부치 레즈비언이며 펨 레즈비언이 아니다. 더 나아가 그녀는 레즈비언의 정체성을 가지고 있는 사람들이 다른 정체성을 갖고 있는 사람들과 동등한 위치에 서기를 원한다. 그 때문에 자신을 이탈리아 사람이며 음악가라고 소개하는 것과 같이, 자신의 정체성이 단순히 레즈비언으로만 정의될 수 없다고 주장한다. 닉은 아프리카계 미국인이자 유럽계 미국인이고 미국 원주민이며 유대인인 동시에 기독교인이다. 또한 그는 자신이 '진짜 가족'으로 여기는 양가족과 친가족 모두에게 사랑받는 가족의 일원이다. 학교는 이와 같이 복잡한 사회에서 창조와 재창조를 반복하며 빠른 속도로 변화하는 학생들의 정체성을 따라잡아야 한다.

청소년에게는 학교에서뿐만 아니라 학교 밖에서도 자신의 또래와 어울릴 수 있는 기회를 갖는 것이 매우 중요하다. 닉과 레베카는 자신과 비슷한 처지에 있는 다른 청소년과 소통하는 것이 얼마나 도움이 되는지 잘 보여주고 있다. 예를 들어, 닉은 입양아 모임의 중요성을 말하고, 레베카는 교내 GSA 모임을 언급했다. 현재 레베카가 다니는 학교에는 없지만, 레베카는 이탈리아계 미국인 문화 클럽(cultural club)이 있다면 그 클럽에 가입할 의향도 가지고 있다. 닉 역시 다문화에 관심이 있는 교내 모임, 그중에서도 특히 다인종 학생을 위한 모임에 참여한다면 큰 도움이 될 것이다.

두 학생 모두 학교에서 당하는 괴롭힘에 대해 "선생님들은 아무것도 할 수 없다"고 말한다. 실제로 학교현장에서 괴롭힘이 없는 환경을 만드는 것은 교사의 의무다. 교사들은 학생들과 협력할 때 진심으로 다양성을 존중할 수 있는 학교 분위기를 조성할 수 있다. 특히, 학생들이 어른과 있을 때만 정치적으로 옳은, 소위 입바른 말을 하는 것이 아니라 어른이 없을 때도 서로를 존중할 수 있도록 협력해야 한다.

서로를 존중하는 교내 분위기를 조성할 수 있도록 교사들이 학생들의 참여를 유도하는 방법에는 무엇이 있을까? 레베카의 사례는 LGBT 사안을 심각하게 받아들이는 시도가 하나의 출발점이 될 수 있음을 보여준다. 앞에서 소개하지는 못했지만 인터뷰 도중 레베카는 신문에 나온 게이 문제를 언급하며 수업을 마쳤던 한 교사에 대한 이야기를 했다. 평소 레즈비언으로서 관심을 가지고 있던 사안에 대해 갑자기 교사가 말함으로써 그녀는 인정받는다는 느낌을 받았다고 한다. 다른 학생들이 있는 공적인 자리에서 이런 토론을 하는 것은 LGBT에 관련된 주제가 더 이상

터부시할 수 없는 주제라는 것을 공표하는 것과도 같다. 더 나아가 이러한 경험을 통해 학생들은 동성애자 관련 사안들이 더 이상 동성애자들에게만 중요한 것이 아니라 동성애자와 이성애자 모두가 관심을 가져야 할 사안이라는 것을 알게 된다.

교사들은 교원 양성 교육과 교사 직무 연수를 통해 정체성과 다양성이라는 주제에 더 많은 시간을 투자하고 관심을 가져야 한다. 중 · 고등학교와 대학교 교육과정이 정체성과 다양성에 점점 더 많은 관심을 가지는 추세라고는 하지만, 아직도 해야 할 일이 너무나도 많은 것이 현실이다. 예를 들어 가문의 유산, 유전학, 계보학에 관해 가르치는 교사들은 수업에 들어가기 전 학생 중에 입양되었거나 이중문화를 가지고 있거나, LGBT인 학생들과 같이 소외된 학생들이 받을 영향을 교육과정에서 고려함으로써 많은 도움을 줄 수 있다. 어머니만 두 명 있는 레즈비언 가족이나 입양으로 형성된 가족과 같이 비전통적인 가족의 형태를 반영한 교육과정을 활용하는 것은 열려 있고, 안전하고, 서로를 존중할 수 있는 환경에서 학생들이 특별한 정체성을 자유롭게 표현하게 한다. 마지막으로 인종과 민족, 성적 지향, 변화하는 가족의 의미에 대해 자신이 가지고 있는 생각을 정리하고 재정비할 수 있는 시간이 모든 교사에게 주어져야 한다. 이를 통해 학교는 현 시대를 살고 있는 복잡한 정체성을 가진 학생들에게 조금 더 안락한 공간이 될 수 있을 것이다.

호아킨 로자리오: 강한 자아의식을 가지고 성인기 시작하기

성인기로 들어서는 한 청년의 이야기로 청소년기의 정체성에 관한 우리의 연구를 마치고자 한다. 호아킨 로자리오(Joaquín Rosario)는 미국 내 최고수준의 인문대학에 다니는 22세의 남학생이다. 그는 대도시에서 빈곤하게 자랐으며, 공립학교를 다니는 동안 열심히 공부한 덕분에 전액 장학생으로 대학에 진학할 수 있었다. 호아킨은 고등학교에 다니는 동안 성적이 좋았을 뿐만 아니라, 스포츠에 뛰어났기 때문에 아무에게도 방해받지 않고 자유롭게 공부할 수 있었다고 했다. 친구들의 눈에는 이러한 호아킨의 정체성이 그에게 엄청난 신뢰감을 주는 것처럼 보였다. 하지만 호아킨은 자신을 도시의 빈곤가정에서 자라난 푸에르토리코 학생인 동시에 우등생으로 소개하는 것이 쉽지만은 않았다고 했다. 그는 하나의 정체성만 가치 있게 여기는 상황에서 어떻게 두 가지 정체성 모두를 받아들일 수 있었을까?

호아킨은 대학교 입학 오리엔테이션에서 라틴계 미국인은 자신을 포함해 단 두 명밖에 없다는 것을 알게 되었다. 이러한 상황에서도 호아킨은 자신의 문화유산에 대해 연구할 수 있는 기회를 제공받았다. 그가 푸에르토리코 사람임과 동시에 학자라는 두 가지 정체성을 주장하고 계속해서 자신을 정의내리는 훨씬 더 많은 방법을 얻게 된 것은 바로 이러한 경험 이후부터였다. 이를 통해 호아킨은 강한 자아의식을 가지고 자신의 복잡한 정체성도 편안하게 마주할 수 있게 되었다. 또한 그는 다른 사람들이 자신을 볼 때에는 '오직' 푸에르토리코인일 뿐이지만 자신의 정체성은 보이는 것보다 훨씬 복잡하다는 것을 알게 되었다. 호아킨은 자신의 정체성은 '제한'될 수도 없고 조상들의 고향인 푸에르토리코로 좁혀질 수도 없다고 말했다. 그는 자라면서 가족들에게 들은 푸에르토리코 섬 이야기나 푸에르토리코의 언어, 음악, 음식, 복장 등을 통해 푸에르토리코 섬을 친근하게 느끼고 있다는 것은 사실이지만, 자신의 정체성은 '단지 하나'에만 그치지 않는다고 말했다. 호아킨은 자신이 생각하는 자신의 정체성과 그 정체성을 확립하기까지 어떤 경험을 했는지에 관해 다음과 같이 말했다.

나는 나의 뿌리를 증조부모대까지만 찾을 수 있습니다. 나의 증조할머니는 아직까지 살아계세요. 그분은 연세가 98세이고, 아직까지 우물에서 물을 긷던 방법과 나무와 알루미늄으로 집을 만드는 방법도 기억하고 계시죠. 하지만 푸에르토리코인은 역사적으로 오랜 기간에 걸쳐 혈통과 문화가 합쳐지고 섞인 사람이라는 점을 알고 있습니다. 푸에르토리코인은 크게 다음과 같은 세 가지로 구분됩니다. 첫째로는 현재 푸에르토리코라고 알려진 그 섬에 살고 있던 토착민, 둘째로는 1800년대 후반에 푸에르토리코로 건너온 유럽 상인들과 스페인 정복자들과 노예 소유주, 셋째로는 노동과 거래를 위해 여러 민족이 뒤섞여 잡혀온 아프리카 노예입니다. 나에게는 이 모두가 섞여 있습니다.

나의 증조부모와 외증조부모 네 분이 모두 이 섬에서 태어났다고 해서 푸에르토리코가 내 정체성의 모든 것이 될 수는 없습니다. 나는 노스이스트 시의 중심가에서 나고 자랐기 때문에 내 삶과 정체성에는 푸에르토리코 이외에도 수많은 요소가 작용합니다. 나는 도시인이자 이중언어를 하는 사람이고, 이성애자이며, 천주교인이고, 푸에르토리코계 남자이자 살사 음악을 좋아하는 만큼 힙합 음악도 좋아하는, 또 플랜테인을 튀긴 토스토네스도 즐기지만 콜라드 같은 채소도 좋아하는 사람입니다. 나는 때와 장소에 맞게 헐렁한 청바지와 후드티, 팀버랜드 워커를 매치하기도 하고 말끔한 정장과 잘 손질된 구두를 착용하기도 하고 구아이아베라와 도커스 바지를 입기도 하지요.

내가 가진 다양한 문화적 배경은 내게 서로 다른 문화 간의 경계를 쉼 없이 경험하게 만들고 있습니다. 나는 푸에르토리코 억양이 거의 느껴지지 않는 정통 영어를 사용할 수도 있고, 이웃들이 거의 사용하지 않는 거친 말투도 쓸 수 있고, 스페인어와 스페인식 영어로 학문적인 대화를 할 수도 있어요. 내 정체성은 하나 또는 두 개의 범주로 분류될 수 없습니다. 지금까지처럼 앞으로도 나는 그저 '하나의 범주로 설명될 수 있는 사람'은 아닐 것입니다.

호아킨에게 경계를 넘나든다는 것은 단순한 언어적 비유가 아니라 그가 살고 있는 현실을 말한다. 호아킨은 자신이 사는 동네, 국가 그리고 사회적 맥락과 언어 공동체를 뛰어넘는 삶을 살고 있다. 이러한 유동성은 그에게 혼종성과 융통성 및 선택의 자유를 부여한다.

복잡한 정체성을 가진 청소년에게서 얻는 교훈

유감스럽게도 호아킨이 누리는 특권들이 모든 청소년에게 주어진 것은 아니다. 초등학교와 고등학교가 정체성 탐구과정에 있는 학생들을 어느 특정한 방향으로 확립시키는 경향으로 나아가면서 학생들은 자신들의 자아를 형성하는 데 필요한 침묵과 혼돈의 청소년기에 대해 고심해야 할 이유가 없어지고 있다. 하지만 모든 교육자는 학생의 인종과 젠더 및 그 밖의 차이가 어떻게 학교에서 문제가 되는지를 알아야 한다. 많은 교사들, 그중에서도 중 · 고등학교 교사들은 학생이 가지고 있는 사회적 · 정서적 관심보다는 자신의 수업 내용에만 집중하고 싶어 한다. 하지만 이 둘은 분리될 수 없다는 사실이 더욱 명백해지고 있다.

로리 올센(Laurie Olsen)은 매디슨고등학교에서의 연구를 통해 대부분의 교사들이 새로운 다양성에 별다른 대비가 필요하지 않다고 생각한다는 것을 발견했다. 대부분의 교사들은 '인종차별을 하지 않는 것으로' 충분하다고 생각했다. 그러나 올센의 연구에 따르면, 학생들은 심각한 갈등을 경험하고 있으며 분노를 느낄 뿐만 아니라 인종차별이나 다른 종류의 따돌림에 침묵하고 있다(Olsen, 1997). 이 연구는 교사들이 학생들의 학업과 학교 소속감의 고취에 정체성이 미치는 영향을 이해해야 할 필요가 있음을 시사한다.

주어진 정체성에 정확하게 들어맞지 않는 학생은 교사가 청소년의 정체성에 대해 관심을 가지고 이해하려고 노력하는 데서부터 소속감을 느낄 수 있다. 하루하루 자신의 복잡한 정체성과 협상하고 있는 학생들과의 인터뷰를 통해 학생들은 학교에 의해 보이지 않게 형성된 자신들의 정체성에 기반을 둔 인종적 편협성을 교사들이 인지해야 한다는 의견을 제시했다. 닉과 레베카는 복도에서 괴롭힘을 당하고 심지어 교실에서 따돌림을 당할 때 교사가 알면서도 제지하지 않았던 것에 대해 말했다.

닉과 레베카와 같이 복잡한 정체성을 갖고 있는 학생들을 지지하는 것은 어려운 일이다. 하지만 프레더릭 에릭슨(Frederick Erickson)이 말했듯이 "문화와 사회적 정체성을 유동적인 것으로 인정할 때 …… 우리는 변화하는 교육환경을 위한 토대를 발견할 수 있다(Erickson, 1990)." 교사나 교육가는 에릭슨이 제안한 변혁적 실천에 어떻게 참여할 수 있는가? 이를 위한 한 가지 방법은 인류학자인 게르트 바우만(Gerd Baumann, 1999)이 말한 바와 같이 다문화적 학교 공동체를 '약속의 문화(cultures of commitment)'로 상정하는 것이다. 이는 국가, 종교, 민족 등의 범주를 가로지르지만 비전을 공유하고 공통된 목표에 의해 결합된 다양한 개인들의 유대를 지칭한다.

만약 교사가 학생에게 많은 기대를 하고 모든 학생의 민주주의적인 참여를 목표로 학교 공동체를 단결시킨다면, 학교는 포용력 있고 서로를 존중하고 인정하고 서로에게 도움을 주는 환경이 될 것이다. 이러한 환경에서는 더 많은 학생들이 시대에 뒤떨어지고 특정한 꼬리표에 얽매인 정체성의 범주를 벗어나 자신들도 몰랐던 자신의 정체성을 발견하고 새로운 정체성을 확립할 수 있는 자유를 찾을 수 있다.

3부
비판적인 교사 되기

학생과 교사의 관계가 학생들의 학습에 있어 매우 중요하다는 것은 이제 분명한 사실이 되었다. 그러므로 교사가 다양한 범주의 학생들에게 유능하고 세심한 멘토가 되는 것은 영어가 아닌 언어를 사용하고 문화와 인종적 배경이 다른 학생들을 가르치는 데 있어 특정한 기술과 역량을 발전시키는 것을 의미한다. 그러나 이러한 역량은 갑자기 생기지 않는다. 이러한 역량은 개발되고 길러져야 한다. 교사와 예비교사, 특히 다양한 배경의 학생들을 폭넓게 경험해보지 못한 사람들은 모든 학생의 능력과 지성에 다가가기 위해 사람 간의 차이를 이해하는 법을 배워야 한다. 이것은 끝없는 여정이며, 전문성 개발은 이 여정의 핵심 구성요소다.

다음 두 장은 다양한 배경의 학생과 어떻게 효과적으로 소통하는지에 대해 다루고 있다. 이 두 장은 교사에게 그들이 자문해야 할 사람 간의 차이와 우리 사회의 정치적 현실 문제에 대한 무거운 주제를 제시하고 있다. 9장에서 나는 다양성에 대한 전통적인 반응 개념인 '다양성 기념하기' 혹은 '민감도 훈련' 같은 개념들이 학교현장에서 다양한 배경의 학생들이 직면하는 심각한 불평등 문제를 효과적으로 다루고 있는지에 대한 의문을 제기한다. 대신, 나는 교사들이 내가 '심오한 다문화적 질문'이라고 부르는 것을 학습하기를 제안한다. 이 질문은 접근방법의 핵심을 관통하는 것임과 동시에 궁극적으로는 학생의 학습과 학업성취 측면에서 훨씬 더 중요한 질문이다. 10장은 '연대, 용기 그리고 마음'의 전형을 보여주는 교사의 경험을 묘사하는 삽화를 포함하며, 나는 모든 교사들이 이것으로부터 무엇인가 배우기를 제안한다.

9장
다문화교육을 위한 중요한 질문

무엇이 '다문화교육을 위한 중요한 질문'인가? 내가 수년 전에 만든 이 용어는 많은 사람들이 다문화교육을 단순히 다양한 배경의 사람들과 잘 지내는 것을 가르쳐주는 수업이라고 생각하거나 특정 민족의 '기념일과 영웅'을 기념하는 것이라고 생각하는 데서 비롯되었다. 나는 기존의 교육과 차별되는 다문화교육은 단순히 기념비적 사건이나 민족적 사기를 높이는 것을 넘어서야 한다고 생각한다. 문화감응교육(culturally responsive pedagogy)과 보다 완벽하고 정직한 교육과정은 분명히 필요하지만, 이러한 것들만으로는 빈곤층 학생들의 삶의 기회를 변화시키지 못할 뿐 아니라 이들의 공정한 경쟁을 도울 수도 없다.

이 장에서 나는 '다문화교육을 위한 중요한 질문'을 보다 광범위하고 더욱 의미 있게 개념화하여 이를 다문화교육의 핵심으로 위치시킬 것이다.

나는 몇 년 전 도시의 특정한 학교에 다문화 프로그램을 도입하려는 계획을 설명했을 때 친구이자 교육자인 매디(Maddie)가 제기한 질문을 아직도 기억한다. 그녀는 다문화교육을 적극적으로 지지했지만, 많은 지역에서 다문화교육이 시행되는 방법에 좌절감을 느꼈다. 그녀는 특히 특정 지역의 많은 학생들이 학교에서 저조한 성적을 보이는 것에 관심을 가졌고, "그들이 수학은 좀 하니?"라고 묻기도 했다.

그녀의 질문은 내게 다문화적인 동시에 공평한 교육을 제공한다는 것이 무슨 의미인지를 오래도록 생각하게 했다(Nieto, 1999). 안타깝게도 공평성과 접근성에 관한 이슈가 항상 다문화교육과 관련되어 있는 것은 아니다. 다문화교육은 자존감을 높이는 것에 지나지 않거나 한 부류의 영웅을 다른 것으로 대체하는 단순한 교육과정으로 간주되곤 했다. 이는 청소년이 자신과 자신의 유산에 대해서는 좋은 감정을 가지게 하지만 자신의 삶을 준비하는 능력은 부족하게 하고, 수학과 과학, 읽기는 잘하지만 자신의 문화적 배경에 대해 거의 모르거나 심지어는 이를 수치스럽게 여기는 상태에 직면하게 할지도 모른다.

나는 다문화교육에 대한 강한 신념을 가지고 있다. 내가 약 30년 전에 수강했던 한 수업은 교사가 된 이후에 펼치고 싶은 다양한 아이디어를 제공했다. 또한 최근에는 '문화감응교육(culturally responsive pedagogy)'이라는 용어가 자주 사용되고 있고 설득력을 얻고 있다(Gay, 2000; Ladson-Billings, 1994). 문화감응교육은 다문화교육의 결과로서 학생들의 문화적 배경을 결핍이 아닌 그들의 교육적 환경에서 사용할 수 있고 사용해야 하는 자산으로 이해하며, 모든 배경의 교사들은 반드시 다양한 학생들을 효과적으로 가르칠 수 있는 기술을 발전시켜야 한다는 개념에 기반을 두고 있다.

나는 이러한 철학들을 강하게 지지하지만 다문화교육이 학교에 존재하는 수많은 불평등한 것들을 다루는 데 실패하고, 지나치게 단순화되어 사용될 수 있음을 우려한다. 예를 들어, 다문화교육의 기초 읽기 교재를 채택하는 것이 모든 어린이를 위한 읽기 교재를 선택하는 것보다 훨씬 쉽고, 민족 음악 프로그램을 계획하는 것이 모든 학생을 위한 음악수업을 제공하는 것보다 쉬우며, 교사들에게 문화적 의식이나 교육과정을 포함한 몇 가지 행동을 훈련시키는 것이 학습에 관심 없는 학생들을 독려하는 것보다 쉽다. 이러한 것들은 가치 있는 활동일 수 있지만, 학교에 존재하는 고질적인 불평등한 것들을 직시하지 못한다. 불평등한 것들은 때때로 패키지 프로그램이나 '모범사례'처럼 고립되어 있고 맥락을 벗어나 발생하기 때문에 다문화교육과 문화감응교육은 대대적인 개선을 요구하는 심각한 문제들에 대한 임시방편에 불과할 수 있다.

나는 다문화교육을 학생의 학습과 학교의 모든 영역에 스며들어 있는 반인종차별 교육이라고 정의한다(Nieto, 1994). 이것은 미국 학교에 광범위하고 견고하게 존재하는 불평등에 맞서는 희망적인 방법이다. 왜냐하면 다문화교육은 다양한 배경과 환경에서 온 학생들이 높은 수준의 학습과 성취를 할 수 있는 자격이 있으며 실제로 이러한 것들이 가능하다는 것을 전제로 하기 때문이다. 다문화교육은 자원의 평등한 분배와 사회 정의가 동반되어야 한다. 즉, 다문화교육은 민족의 흥미로운 이야기나 문화적 민감성 그 이상의 것을 요구한다.

예를 들어, 교육자들은 미국 학교의 교육과정이 점차 다문화적으로 변하고 있다는 사실에는 주목할지 모르지만 백인 학생과 유색인종 학생 간의 성취도 격차가 벌어지고 있다는 사실은 모르는 척하고 있을지도 모른다. 그 격차가 1970년과 1988년 사이에 절반으로 줄어들긴 했지만, 그 이후부터는 점차 커지고 있다. 이러한 역전현상은 모든 학교와 모든 사회경제적 집단에서 발생하고 있으며 학년, 시험성적, 중퇴자 비율, 그리고 다른 척도에서 분명하게 확인할 수 있다(D'Amico, 2001). 이것에 대한 일례를 살펴보자. 저소득층의 12학년 유색인종 학생들의 평균 읽기 실력은 8학년의 백인 중산층 학생들의 읽기 실력과 같았다(Kahlenberg, 2000). 또한 미국 백인 학생의 88%는 고등학교를 졸업했지만, 히스패닉의 경우에는 고등학교를 졸업한 비율이 56%에 불과했다(U. S. Census Bureau, 2000a). 이와 같은 통계자료 앞에서 교육이 모두에게 평등하게 적용된다는 주장은 허구에 불과하다. 다문화교육과 문화감응교육만으로는 이러한 문제들을 해결할 수 없다.

문화적 차이 이외에도 학생들의 학습에 영향을 미치는 두 가지 요인인 교육의 사회정치적 맥락과 학교의 정책 및 관행을 주의 깊게 살펴보아야 한다. 교육의 사회정치적 맥락은 사회적 이데올로기, 정부의 정책과 권한 그리고 학교 재정을 포함한다. 학교 정책과 관행, 특히 교육과정과 교육학, 진로, 시험, 훈육, 고용은 다른 배경을 지닌 학생의 학습을 촉진하거나 저해할 수 있다.

문화와 정체성에 초점을 맞추는 것 외에도 교육자들은 아무도 대답하지도, 묻지도 않는 다문화교육을 위한 중요한 질문을 제기해야 한다. 이 질문은 교육에서의 평등과 접근성, 사회 정의에 대한 것으로, 이에 대한 대답은 우리가 무엇을 가치 있게 여기는지를 말해준다. 우리가 만약 모든 배경의 학생에게 학습에 대한 평등한 기회를 주는 것을 심각하게 고려한다면, 우리는 다음과 같은 질문을 제기해야 한다.

누가 미적분 수업에 참여하는가?

나는 '미적분'을 높은 학업성취를 나타내는 또 다른 기준으로 사용한다. 더불어 이 과목은 학생들이 대학에 입학하거나 높은 수준의 학습을 받을 수 있도록 하는, 학업적으로 도전이 되는 수업이다. 12% 이상의 백인 학생이 미적분 수업을 듣는 한편, 흑인 학생은 6.6%, 라틴계 및 미국 원주민 학생은 6.2%만이 미적분 수업을 들었다. 물리 과목의 경우에도 백인 학생은 30.7%가 등록한 반면 흑인 학생은 21.4%, 히스패닉 학생은 18.9%, 미국 원주민 학생은 16.2%만이 등록했다(National Center for Education Statistics: NCES, 2002). 이러한 수치는 정책들이 융통성 없는 수준별 학습과 학업 일정, 상담 서비스로 변화되었다는 심각한 상황을 보여준다. 학생들이 높은 수준이나 어려운 수업에 접근하는 것은 대학 입학과 삶의 질적 측면에서 장기적이고 큰 영향을 미친다. 예를 들어, 2000년 미국인구조사국은 대학 졸업자의 매년 평균 소득이 고등학교만 졸업한 사람보다 거의 두 배(4만 5,678달러 vs. 2만 4,572달러)가 높다고 보고했다(U. S. Census Bureau, 2000b).

어떤 학급이 지하실에서 수업을 할 것인가?

학생을 인종과 민족에 따라 분리하여 수업해온 관행은 과거 20년 동안 지속되어왔다. 개리 오필드(Gary Orfield, 2001)에 따르면 1988년 이전에 20년간 지향해온 차별 없는 학교의 결과는 과거 15년간 오히려 후퇴했다. 아프리카계 미국인에게는 브라운 대 교육위원회 판결(Brown v. Board of Education decision) 이후 1990년대는 인종차별에 대한 움직임이 가장 크게 후퇴한 시기였다. 라틴계 사람들은 현재 인종과 민족성뿐만 아니라 가난을 포함해서 어떤 민족집단보다 가장 심한 차별을 경험하고 있다. 미국 학교들은 이전보다 훨씬 인종차별적이고 불평등해졌다.

언어적 소수 학생들과 특별한 도움이 필요한 학생들은 종종 지하실, 밀실 혹은 4층의 물이 새는 교실 등 학교와 분리된 협소한 공간에서 수업을 받는다. 관리자들은 이러한 학생들을 위와 같은 장소에 배치하면서 건물에 마땅한 장소가 없고, 이러한 학생들은 학교에 가장 늦게 등교하는 학생들이며, 그들이 ESL 교사들과 친해져야 하기 때문에 이러한 장소에서 수업을 받아야 한다고 말한다. 그러나 소수의 학생들을 위한 프로그램을 바람직하지 않은 장소에서 실시하는 것은 그들이 낮은 지위에 있고 관심을 적게 받는다는 것을 나타내는 강력한 은유다. 또한 이는 많은 경우에 이러한 학생들을 소위 영어를 사용하는 '정상적인' 또는 특별한 도움이 필요 없는 '평범한' 학생들로부터 분리시키는 데 사용된다. 이러한 방법은 그들과 나머지 학교 구성원 사이에 더욱 깊은 격차를 발생시킨다.

누가 아이들을 가르치는가?

누가 아이들을 가르치느냐의 문제는 교육의 사회 정의 문제와 밀접하게 연결되어 있다. 가난한 도시의 학교에서 일하는 교사들은 백인이나 중산층 학생이 있는 학교의 교사들보다 경험이 적거나 수업준비를 철저히 하지 않는 경향이 있다(Editorial Project in Education, 1998). 또한, 이들 학교는 교외나 중산층 지역의 학교보다 전문적이지 않은 교사를 고용하는 경향이 있다(David & Shield, 2001). 이러한 경향들은 비교적 부유한 지역에서는 있을 수 없다.

교사들의 인종과 민족에 관한 이슈는 교사들의 경험과 교육 경력과도 연관이 있다. 교사, 행정가, 교육과정 코디네이터 등 모든 교육자는 점점 더 다양해지는 학생 인구에 효과적으로 대응할 수 있는 태도나 기술을 발전시켜야 하지만, 보다 다양한 배경의 교사를 채용하기 위해 노력해야 한다. 현재, 미국 학급에서 유색인종 학생의 숫자는 급속하게 증가하고 있는 반면 유색인종 교사의 숫자는 줄어들고 있다. 1972년에는 공립학교에서 단지 22%의 학생만이 '소수'라고 인식되었으나, 1998년에는 37%의 학생들이 소수로 인식되었다(NCES, 2000a). 반대로, 교사의 경우는 약 87%가 백인이다. 이러한 경향은 변화가 거의 없다는 것을 보여준다(U. S. Census Bureau, 2001).

이와 같이 점점 더 커지는 격차는 심각한 문제를 야기한다. 왜냐하면 학교에 유색인종 교사들이 많을수록 흑인 및 히스패닉 학생의 성취도가 높아질 수 있다는 증거들이 늘어나고 있기 때문이다(Clewell, Puma & McKay, 2001; Dee, 2000). 한 연구는 높은 비율의 유색인종 교사가 백인 학생의 학업성취에도 긍정적인 영향을 미친다는 것을 발견했다(Meier, Wrinkle & Polinard, 1999). 또 다른 연구는 같은 인종과 젠더의 롤모델이 학교에 존재하는 것이 일부 학생들의 "높은 학업성취를 예견하는 중요하고 지속적인 투자"라는 것을 밝혀냈다(Zirkel, 2002: 371).

교사의 질은 학생에 대한 교사의 영향력과 관련이 있다. 인종과 민족, 젠더와 관계없이 학생들을 지도하고 가르치며 돌보는 모든 교사는 학생들의 미래에 영향을 끼치는데, 심지어 이러한 학생들이 가난이나 인종차별 그리고 사회 병폐 같은 엄청난 장애에 부딪혔을 때도 영향을 미친다(Flores-Gonzalez, 2002; Noddings, 1992; Valenzuela, 1999). 예를 들어, 스탠턴 살라자르(Stanton Salazar, 1997: 4)는 교사의 지지와 멘토링이 가난한 유색인종 학생에게 일반적으로 허용되지 않았던 '특권과 권력의 통로로 기능'

하는 네트워크를 구축하고 학생이 성공하는 데 필요한 사회자본을 제공할 수 있다고 주장했다.

아동은 얼마나 가치 있는가?

우리는 교육을 위해 무엇을 지불하는가? 그리고 이에 대한 대답은 학생의 인종, 민족, 사회계층, 특히 거주지역에 따라 어떻게 다른가? 학교 재정은 대단히 불평등하고, 부유한 부모를 둔 학생들은 운 좋게도 그들의 교육에 더 많은 투자를 할 수 있는 도시에 사는 반면 경제적으로 빈곤한 도시나 시골 지역에 사는 학생들은 그렇지 않다는 것은 이미 잘 알려진 사실이다(Kozol, 1991). 안타깝게도 가장 많은 도움이 필요한 아동에게 가장 적은 기금과 자원이 지원된다(NCES, 2000b).

또한 우리는 관심과 돌봄의 측면에서 가장 취약한 학생들이 무엇을 제일 가치 있게 여기는지에 대해 물어보아야 한다. 2002년 뉴욕에서 벌어진 소송사건은 가난한 도시 학교에 다니는 학생들에게 낮은 가치가 부여된다는 것을 보여주는 좋은 예다. 2002년 6월, 뉴욕의 항소법원은 뉴욕 시 학교의 8학년을 중퇴한 학생들에게 '기초교육(A sound basic education)'을 받게 하는 법안을 제정했다(González, 2002). 이는 사람들이 교외지역의 학교를 선호하기 때문에 공립학교의 재정은 불공평하게 배분된다고 결정한 2001년의 판결을 뒤집는 결과였다. 2002년 앨프레드 러너(Alfred Lerner) 판사는 8학년과 9학년 교육을 통해 사회에서 직업을 얻고 투표를 하며 배심원의 역할을 하기 위한 기술을 얻을 수 있다고 판결했다(González, 2002). 러너 판사는 빈약한 교육이 학생들에게 낮은 보수를 받는 직업을 갖게 한다는 것을 인정하면서 "사회는 모든 수준의 근로자들을 필요로 하며, 대다수의 노동자는 아마 임금이 낮은 수준의 노동자일 것이다"라고 덧붙였다(cited in González, 2002). 나는 러너 판사가 이러한 수준의 교육을 자신의 자녀들에게도 시킬 것인지, 혹은 이것이 공평하고 정의롭다고 생각하는지 궁금했다.

나는 이와 같은 다문화교육을 위한 중요한 질문에 대해 자문하기를 제안한다. 이러한 질문들만이 우리가 제기할 수 있는 내용은 아니지만, 이 질문들은 우리에게 미국 공립학교에서 지속적으로 존재하는 엄청난 불평등을 짐작하게 해준다. 이러한 질문은 문화감응교육이나 교육과정을 통해 학생들의 역사와 문화를 정확히 대변하기 위해 학생들의 관심을 얻으려 매일 고군분투하는 교육자들의 숭고한 노력을 약화시키는 것이 아니다. 우리는 이러한 접근법에 초점을 맞추어 평등, 접근성, 공정한 게임 등에 관한 곤란한 문제들을 질문해야 한다. 우리가 이렇게 광범위한 이슈들에 대해 관심을 가지지 않는다면, 교육은 모든 청소년이 자신의 미래에 적극적으로 도전할 수 있는 데 크게 기여할 수 없을 것이다.

10장
연대, 용기 그리고 마음
새로운 세대의 교사에게 배움

교사가 인종, 민족, 젠더, 언어, 사회계층, 능력 등 다양한 배경을 가진 학생들에게 좋은 교사가 되기 위해 배우는 것은 많은 시간과 관심, 노력을 요구하는 일이다. 이는 교사가 학생에 대해 학습하고 최대한 학생들의 실제 삶과 그들의 세상 속에 들어가는 것을 의미한다. 파울루 프레이리(Paulo Freire, 1998: 72-73)는 다음과 같이 말한다.

> 교사들은 아이들이 꿈꾸는 세계와 아이들이 세상의 공격으로부터 자신을 슬기롭게 방어하기 위한 언어 그리고 그들이 학교와 밖에서 배운것이 무엇이며, 그것을 어떻게 아는지에 대해 알 필요가 있다.

학생에 대해 학습하는 것은 교수학습과 지능에 대한 사회적 통념을 거부하는 것을 의미한다. 예를 들어, 다양한 배경의 학생들에게 효과적인 교사는 지능을 선천적인 능력이라고 믿기보다 학습되며 길러지는 것이라고 믿는다. 이러한 믿음은 훌륭한 교사의 가치관과 신념, 마음가짐의 근원이 된다. 이 장에서 나는 이러한 가치관, 신념, 마음가짐이 체화된 교사들을 소개했다. 그리고 그런 교사들을 선발하고 고용하기 위해 필요했던 변화를 제시했다.

파울루 프레이리(1998).
『프레이리의 교사론: 기꺼이 가르치려는 이들에게 보내는 편지(Teachers as cultural workers: Letters to those who dare teach)』

이 장에서는 사회정치적으로 세계화되고 있는 현재 상황에서 교사 양성을 위해 반드시 해야 할 질문에 대해 살펴보고, 이를 통해 교사들이 교실의 다양성을 지원하기 위한 준비가 얼마나 되어 있는지에 관한 문제를 제기한다. 그 질문은 다음과 같다.

- 현직 교사와 예비교사는 인종, 민족, 국적, 사회계층, 언어 및 그 밖의 차이의 다양성에 대해 어떻게 적절하게 대비할 수 있는가?
- 다양한 배경을 가진 교실에서 가르치기 위해 교사에게는 어떠한 종류의 자질과 능력이 필요한가? 그리고 이러한 자질과 능력을 어떻게 발전시킬 것인가?
- 연대, 용기, 마음을 가지고 가르친다는 것은 무엇을 의미하는가? 그리고 현재 교사 교육 프로그램의 관행은 이러한 이상을 반영하여 어떻게 변화될 수 있는가?
- 가장 중요한 질문으로, 이러한 물음들은 왜 미국을 넘어선 전 세계의 교사 교육가, 교사, 학생, 넓게는 일반인 모두에게 해당되는가?

나는 이러한 질문에 대한 답이 결국 우리가 누구이고, 우리의 가치와 믿음은 무엇이며, 아이들을 어떻게 교육할 것인지에 대해 많은 이야기를 해준다고 말하고 싶다. 또한 여기에서 제안한 질문들은 교사와 학생이 매일 가르치고 배운다는 사회정치적 맥락으로 인해 이전보다 더 시의성을 갖는다고 믿는다. 비록 내가 제시하는 대부분의 사례가 미국의 상황과 그러한 맥락을 반영한 나의 연구를 기초로 하고 있지만, 이는 세계의 다른 곳에서도 비슷하게 적용된다. 왜냐하면 세계화는 그 어느 때보다 우리의 세상을 작게 그리고 더욱 연계되도록 만들기 때문이다. 매사추세츠, 보스턴, 스페인의 카디스 같은 대도시의 학교에 있든, 베이징 주변의 시골 학교에 있든, 파리 변두리의 고층아파트 지역 혹은 세계의 수많은 다른 어떤 장소에 있든 간에 관계없이 우리는 이민과 세계경제 문제로 인해 생겨나는 동일한 도전과 문제에 직면한다. 사회정치적인 맥락의 특정요소에 대해 논의한 것처럼 나는 이러한 요소들이 여러분의 맥락 속에서 어떻게 드러나고 그것이 어떻게 다른지를 고려했으면 한다.

미국의 이러한 사회정치적인 맥락은 신임 교사의 빠른 이직을 포함한다. 미국에서는 약 20%의 신임 교사가 3년 이내에 학교를 떠나며, 그 비율은 점점 높아지고 있다. 이러한 상황은 상처받기 쉬운 아이들에게 가장 큰 영향을 미치는데, 도시의 공립학교에 근무하는 거의 절반에 가까운 신임 교사들이 5년 이내에 학교를 떠나기 때문이다. 게다가 더욱 심각한 문제는 신임 교사의 40%가 10년 이내에 이직할 것으로 예상되며, 이는 1990년 이후 가장 높은 비율이라는 점이다(Haycock, 1998).

또한 이러한 사회정치적 맥락은 미국사회 전반, 특히 교실 내에서 일어나는 인구통계상의 극적인 변화를 의미한다. 작은 시골에 살든지 큰 도심에 살든지, 유럽, 미국, 아시아에서 왔든지, 혹은 아프리카에서 왔든지, 우리의 세계는 변화하고 있다. 과거에는 상당히 동질적이었던 사람들이 현재는 인종, 민족, 언어 등의 측면에서 굉장히 다양해졌다. 미국에서 다양성은 항상 수용되거나 적절하게 다루어지지는 못했지만 언제나 현실에서 삶의 본질이었다. 다른 국가에서도 인구통계학적인 대격변이 발생하고 있으며, 이는 상당히 간단하고 안정적으로 보였던 기존의 국가 정체성과 공동체 의식을 저해하고 있다. 이러한 모든 맥락 속에서 기아에 시달리는 아이들, 주류와 다른 배경의 아이들, 영어 외에 자신의 모국어를 사용하는 아이들이 지금 도심과 도시화된 교외지역, 시골에서 다수가 되어가고 있다.

또한 미국에는 일반적으로 백인 학생과 유색인종 학생, 중산층과 빈곤계층의 학생, 모국어가 영어인 학생들과 모국어가 영어가 아닌 학생들 사이에 '성취 격차'가 존재한다. '성취 격차'는 라틴계 미국인, 아프리카계 미국인, 미국 원주민, 일부 아시아계 미국인 학생들이 영어를 모국어로 하는 백인에 비해 실질적으로 낮은 성취를 보인다는 사실을 나타낸다.

그러나 나는 성취 격차를 '자원 격차'라고 부르는 것이 정당하다고 말하고 싶다. 이 격차는 종종 그들이 어디에 살며, 누구인지를 바탕으로 상당히 다른 자원이 제공된 결과이기 때문이다. 미국에 기반을 둔 단체인 에듀케이션 트러스트(Education Trust)는 다음과 같이 말했다.

> 우리는 상황을 더 나쁘게 만드는 방향으로 공교육 시스템을 조직한다. 이러한 한 가지 단적인 예는 경제적으로 어려운 비주류 학생들보다 부유한 백인 학생들에게 더 많은 자원을 제공한다는 것이다(Education Trust, 2005: 1).

예를 들어, 에듀케이션 트러스트는 가장 부유한 지역의 아이들에 비해 극빈층 지역의 아이들에게 907달러의 지원금이 적게 사용되고 있다고 밝혔다. 우리는 '성취 격차'라는 용어를 사용하기 전에 충분히 숙고해야 한다. 왜냐하면 이러한 격차를 만드는 원인이 교육체계라고 생각하기에 앞서 아이들에게 책임을 전가할 수 있기 때문이다.

교육의 표준화 · 관료화 · 민영화의 증가 역시 국제적인 사회정치적 맥락의 일부다. 이것은 다른 무엇보다 미국의 낙오학생방지법의 영향을 받아 교사에게 '시험을 위한 가르침'의 압박이 증가했음을 의미한다. 사실 이 법안은 소외받고 있는 많은 아이들을 돕기 위해 만들어졌지만 실제로는 이러한 아이들을 방치하고 있다. 예를 들면, '높은 성취 기준' 요구에 대한 직접적인 결과인 시험 위주의 수업은 교육과정의 축소 운영뿐만 아니라 교사가 사용하는 교육학적 접근을 제한하고 있으며, 이는 특히 교육적으로 혜택을 받지 못하는 학생이 대다수인 교실에서 더욱 심각하게 나타나고 있다. 최근의 연구는 고부담 시험이 학생의 학습을 신장시키기보다 실제로는 자퇴학생의 비율을 증가시키고 학교와 학생 사이를 멀어지게 한다는 것을 밝혀냈다. 암레인과 베를리너(Amrein & Berliner, 2002)가 미국의 18개 주에서 실시한 이 연구에서는 고부담 시험 정책이 시행되었을 때 학생들의 성취도는 높아지지 않았고 심지어 하락했다고 밝혔다.

사회정치적 맥락의 또 하나의 요소는 쇠락해가는 지역 내에 있는 공립학교의 물리적 · 정서적 요소를 포함한다. 미국에서 가장 상처받기 쉬운 아동, 특히 경제적으로 빈곤한 상태에 놓여 있는 아동이 다니는 많은 학교가 축소되거나 방치되고 있으며 이들은 경제적인 지원과 정서적 지지를 거의 받지 못하고 있다. 교육 이슈를 다루는 한 미국 주간 신문의 최근 기사는 학교의 물리적 실태에 관한 충격적인 통계를 발표했다. 가장 부유한 나라라고 하는 미국에서 4개 학교 중 1개 학교에 학생들이 과도하게 몰려 있으며 350만 명의 학생이 매우 가난하거나 열악한 환경의 공립학교에 다닌다. 기자는 다음과 같이 덧붙였다.

> 정책입안자들이 교육성과의 격차를 줄이고 평등을 신장시키고자 할지라도 교육시설의 차이는 소외된 학생들에게 사람들이 부유한 학생들에 비해 자신의 교육에 신경을 덜 쓰고 있다는 분명한 메시지를 전달한다(Mead, 2005).

다수의 국가에서 학교가 다양해지고 있지만, 이러한 현실과는 반대로 학교는 인종적 · 민족적 · 경제적으로 더욱 분리되고 있다. 이 또한 교육의 사회정치적 맥락의 한 부분을 차지한다. 오필드(Orfiel, 2001)는 학교에서 인종차별을 철폐하려고 했던 1954년 브라운 대 교육위원회(Brown v. Board of Education)의 역사적인 판결 이후 그 어느 때보다도 현재 학교는 인종적 · 민족적 · 경제적으로 분리되어 있고, 그 분리된 학교에는 가난한 학생들이 다니고 있다고 주장한다. 특히 영어가 제2 언어인 가난한 라틴계나 아프리카계 미국인 학생들은 가장 심하게 분리된 채 열악한 시설의 학교에 다닌다. 더욱이 멕시코계 미국인, 푸에르토리코인, 도미니카인, 쿠바인 그리고 그 외의 라틴계 미국인 같은 라틴계 학생들은 민족성과 사회계층으로 인해 가장 많은 차별을 받고 있다.

내가 언급하고 싶은 사회정치적 맥락의 마지막 요소는 일상에서 많은 사람들이 겪고 있는 희망이 없는 상태, 종업원에 대한 인종차별, 부족한 의료 서비스, 실직, 빈곤 같은 부정적인 영향과 관련 있는 것으로, 우리가 살고 있는 이 땅에서 오랫동안 존재해왔고 증가하고 있는 구조적이고 사회적인 불평등을 의미한다. 애니원(Anyone, 2005), 베를리너(Berliner, 2005), 로스스타인(Rothstein, 2004)은 미국에서 빈곤하게 살고 있는 사람들에게 심각한 영향을 미치는 거시적인 정책이 학교 실패의 주요 원인이 되었다고 주장한다. 교육 정책은 이러한 최저 임금, 고용 가능성, 세금, 의료시설, 적당한 가격의 거주시설 등과 같은 거시적인 정책을 초월하여 존재할 수 없기 때문이다. 로스스타인, 애니원, 베를리너는 학교 개혁의 중요성과 필요성을 부정하지 않고 이러한 거시적인 정책이 바뀌지 않는다면, 학교가 성취할 수 있는 것은 제한될 수밖에 없다고 명백하게 밝히고 있다.

요약하면, 양질의 교육은 전 세계적으로 학생들의 인종, 사회계층, 언어 그리고 그 밖의 차이에 따른 심각한 불평등에 의해 좌우된다.

좋은 가르침의 역할

위에서 언급한 암울한 상황에도 불구하고 우리는 학교에 다니는 많은 학생들을 위한 좋은 가르침이 비록 완전하지는 않더라도 이러한 암울한 상황을 완화시킬 수 있다는 것을 알고 있다. 예컨대 학생의 성취를 촉진하거나 저해할 수 있는 상황에서 가장 중요한 차이를 만드는 것이 좋은 교사라는 것과 관련된 연구가 활발히 진행되고 있다. 교육과 미국의 미래를 위한 국가위원회(National Commission on Teaching and America's Future: NCTAF)의 1996년 보고서에 따르면, "교사가 알고 행하는 것은 학생들의 학습에 큰 영향을 미치는 요소 중 하나"다. 또한 한 연구에서는 좋은 교사에게 배운 학생들은 그렇지 않은 경우에 비해 눈에 띄게 높은 성취를 보였으며, 개별 교사는 학생들의 장래에도 영향을 미쳤음을 보여주었다(Sanders & Rivers, 1996). 린다, 달링-해먼드, 베벌리 포크(Linda, Darling-Hammond, Beverly Falk, 1997)는 1990년대 후반의 많은 연구들을 조사하면서 학생들이 좋은 교사를 만날 수 있는 기회의 불평을 해결하지 않고서는 어떠한 교육 개혁도 학생의 성취에 거의 영향을 미치지 못할 것이라고 주장했다.

학생에게 관심을 기울이는 좋은 교사는 학생의 삶을 변화시킬 수 있기 때문에 국가는 교사를 소중한 인재로 생각해야 한다. 하지만 전 세계에 있는 공립학교가 어려움을 겪고 있는 이 시대의 교사는 종종 전문성을 의심받고, 창의성을 억압받고, 교사로서의 만족감을 느끼지 못한다. 하지만 나는 교사들의 교직생활을 유지시키는 동기가 무엇인지 이해하고 공교육을 통해 평등과 사회 정의라는 목표를 성취하려고 시도했다. 이것이 바로 이 책을 집필한 동기이며, 다음의 프로젝트를 진행하게 된 배경이다.

'우리는 왜 가르치는가' 프로젝트

2004년에 나는 '우리는 왜 가르치는가' 프로젝트를 수행했다. 나는 미국 내에서 배려심이 깊고 열정적이며 자신의 일에 헌신적인 교사들을 선정해서 이들이 왜 가르치는지에 대해 글을 쓰도록 했다. 특히, 나는 다양한 배경을 가진 학생들을 가르치는 교사들을 중심으로 프로젝트 참여자를 선정하고자 했는데, 그 이유는 그것이 다양한 배경의 학생들이 있는 교실에서 교사들을 잘 준비시키기 위해 고심하는 교사 교육가에게 도움이 될 것이라고 생각했기 때문이다. 다양성을 가르쳐야 하는 교사들에게 필요한 교수법을 제공할 수 있을 것이고, 기대하며, 교사들의 통찰력과 그들의 글에 대한 분석을 제공한다.

'우리는 왜 가르치는가' 프로젝트에 대한 연구 결과물로 미국의 공립 초 · 중 · 고등학교에서 일하고 있는 21명의 교사에 의해 한 권의 책이 발행되었다(Nieto,

2005). 이 프로젝트에 참여한 교사들은 신임 교사부터 30년 넘는 경력을 가지고 있는 베테랑 교사까지 다양했다. 대부분의 교사들은 다양한 민족, 인종, 언어, 사회계층의 배경을 가진 학생들을 가르치고 있으며, 이들의 배경 역시 민족, 인종, 사회계층, 성적 지향이나 그 밖의 다양한 차이를 가지고 있다. 나는 이들 중 몇몇 교사들과 오랫동안 알고 지냈고 함께 일하고 있다. 그 외의 교사들은 내가 이들에게 글을 요청하기 위해 연락하기 전까지 면대면으로 만난 적은 없다. 나의 동료들이 이들 중 일부를 나에게 추천해주었으며, 이들이 프로젝트와 관련된 흥미로운 이야기를 가지고 있다고 말해주었다. 나는 지방 신문에서 이들 중 한 교사에 대한 이야기를 읽었고, 다른 한 명은 우연히 회의에서 만났다. 참여 교사 선정의 중요한 기준은 가르침에 대한 열정을 가지고 있어야 한다는 것이었다. 나는 사람들에게 잘 알려져 있거나 수상 경력이 있는 '스타' 교사를 찾지 않았지만, 그들 중 일부는 이미 수상 경력이 있는 유명한 교사였다. 나는 미국에서 수십 년 동안 수많은 교사와 함께 일해왔기 때문에 이러한 교사들이 세계 어디에나 존재한다고 믿고 있었다. 이러한 교사들은 학생들을 성심껏 보살피고, 자신들의 직업을 좋아하며, 다시 이 직업을 갖기를 원한다는 특징이 있다. 또한 일부 교사들은 오늘날의 공교육에 대해 좌절하고 분노하고 안타까워했다. 이런 방식으로 이들은 미국뿐 아니라 다른 국가 내의 많은 교사들에게 자신의 감정을 표현했다.

경고의 말

우리는 많은 사람이 지지하는 최근의 '임시방편'적 교육 정책을 선호하는 경향이 있다. 그 결과 새로운 아이디어는 읽기 자료, 프로그램, 교수용 자료 세트, 수업용 체크리스트, 대학 학위과정, 현장 직무 연수를 통해 교사와 관리자에게 전달된다. 그리고 이러한 임시방편적 정책을 마치 우리가 오랫동안 기다려온 해답인 것처럼 생각한다. 이러한 정책의 일부는 시도해볼 만한 가치가 있고 실제로 장점이 있을지도 모르지만, 이러한 미봉책은 절대 실효를 거두지 못한다. 나는 이 책에서 제안한 아이디어가 '좋은 교사의 자질' 목록에 올라가 있다는 사실이 못마땅하다. 왜냐하면 이 체크리스트가 마치 훌륭하고, 배려심이 있으며, 헌신적인 교사가 되기 위한 기준을 결정하는 것처럼 보이기 때문이다. 내가 제안하는 가치는 학생과 연대감을 갖는 것, 가르치는 것을 사명으로 생각하는 것 등으로 단순하게 측정될 수 없다.

더욱이 우리는 '감정적'이거나 '비과학적'인 것처럼 보이는 이러한 아이디어가 로맨틱하고 비현실적이라고 비난받기 쉽다는 사실을 명심해야 한다. 이 책의 도입부에서 언급한 것처럼 미국을 비롯한 다른 나라에서도 현재 보수적인 정치 분위기가 감돌고 있기 때문이다. 예를 들어, "학교에서의 재교육(Schools of Reeducation?)"[Hess, 2006: B07]이라는 기사에서 American Enterprise Institute의 교육정책연구 부서장이자 보수적인 성향을 띤 프레더릭 헤스(Frederick Hess)는 '교실에서 가르치는 사람의 믿음과 기질을 제한하는' 미국 학교의 문제적 경향을 기술했다. 헤스는 교육이 역동적이고 손에 잡히는 것이 아니기 때문에 미리 가공된 프로그램이나 무용지물인 목록을 통해 무엇인가를 가르치는 것은 불가능하다고 말했다. 하지만 객관적인 논쟁을 제안하는 이러한 비평들은 종종 근본적으로 자유롭거나 급진적인 어떠한 아이디어에 반하는 정치적인 논쟁을 감추기 위해 사용된다. 이러한 이유로 헤스는 정치적으로 중립 상태를 유지하려고 하면서 "좋은 교사가 되기 위한 기질들을 표현하는 것은 전문적인 요구를 표방하는 학계의 편견을 숨기기 위해 용이하게 사용된다"고 주장한다.

나는 교사의 자질이 상당히 포괄적이어서 모든 상황과 시기에 적합한 자질은 없다는 사실을 다시 인식했다. 하지만 만약 내가 제안한 특성과 자질을 가진 교사를 찾으려고 한다면, 모든 학생을 위한 공교육의 전제를 실현시켜야 하는 아주 긴 여정을 거쳐야 한다는 것을 알고 있다. 비록 내가 이러한 자질에 대해 미심쩍은 마음을 갖지만, 나는 교사들과 함께한 '우리는 왜 가르치는가' 프로젝트에서 공통적으로 발견된 자질에 대한 토론 결과가 우리 모두에게 도움을 줄 것이라고 믿는다.

여러 연구들(Garcia, 1999; Haberman, 1988; Gordon, 1999; Irvine, 2003; Knapp, 1995; Ladson-Billings, 1994; Lucas, 1990; Rose, 1995; Villegas & Lucas, 2002)은 좋은 교사들은 다음과 같은 공통점을 공유하고 있다고 밝혔다.

- 탄탄한 정규 교육 이수
- 교과목에 대한 깊은 지식
- 다양한 교육학적 접근에 익숙함
- 효과적인 의사소통 기술
- 효율적인 조직 기술

우리는 이러한 능력이 좋은 가르침을 위해 필요하다는 데 동의한다. 하지만 나는 '우리는 왜 가르치는가' 프로젝트의 에세이를 분석하여 이러한 능력과는 다른 자질, 기질, 가치, 감수성을 제안한다. 나는 좋은 교사의 자질을 다음과 같이 확장해보았다.

- 사명감
- 학생들과의 연대와 공감
- 주류 지식에 도전할 수 있는 용기
- 즉흥성
- 사회 정의에 대한 열정

나는 위에서 제시한 좋은 교사의 자질을 교사의 에세이에서 발췌한 사례를 통해 설명했다.

▎사명감

모든 교사들은 학생들을 가르치는 이유로 '사명감'을 가장 중요하게 꼽았다. 이 사명감이 바로 밥 아메스가 17년 동안 영화제작자의 삶을 살다가 교사로 직업을 바꾼, '말로 표현하기 어려운' 이유다. 밥은 다음과 같이 기술했다. "가르침을 통해 나는 규정하기 힘든 무언가를 발견했으며 비록 너무 늦었지만 가르침은 나를 지적으로, 철학적으로, 정서적으로, 신체적 · 재정적으로 도전하게 한다."

비록 교사들이 자신의 일을 사명이라고 묘사했을지라도 교육 활동이 선교 활동으로 나타나는 것에 대해서는 부끄러워했다. 그리고 이들은 자신들이 공익을 제공한다고 여겼지만 자신들을 구세주로 여기지는 않았으며, 좋은 의도를 파멸로 이끄는 독선적인 면모를 가지고 있지도 않았다. 25년 경력의 베테랑 교사인 니나 태퍼는 다음과 같이 말했다.

> 나는 청소년과 미래를 위해 가르칩니다. 내가 처음 학교에 들어왔을 때 믿었던, 내가 "세상을 바꿀 수 있다. 공립학교를 변화시킬 수 있다"는 믿음은 이미 버렸습니다. 대신 교사로서 현재 믿는 것은 내가 미래에 영향을 줄 수 있고 최소한 한 명의 학생에게는 영향을 미친다는 것입니다.

2004년 매사추세츠에서 올해의 교사로 선정된 멜린다 펠러린-덕은 "학생들에게서 발견하는 범상치 않은 가능성이 내가 가르치는 이유입니다"라고 기술했다.

그럼에도 사명감을 갖는 것은 교사들이 완전히 이타적이라는 것을 의미하지 않는다. 교사는 자신 역시 가르침을 통해 이득을 얻을 수 있다는 것을 깨닫는데, 이것은 자신이 몇몇 아이들의 인생을 통째로 바꿀 수 있고 이러한 사실에 기쁨을 느끼기 때문이다.

중학교 미술교사인 케리 워필드는 교사를 "일생에 걸쳐 영향을 주는 사람"이라고 묘사하며, "교사를 제외한 그 어떤 다른 직업이 미래를 발전시키며 지식을 나누고 일상을 배울 수 있는 일을 할 수 있을까?"라고 기술했다. 또 다른 젊은 교사인 야하이라 마르케스는 다음과 같이 밝혔다.

교사로서 나는 다른 사람들의 삶이 더 나아지도록 도울 수 있으며, 내가 관심 있는 주제 중 하나를 공유하여 다른 주제에 관해 말하거나 서로의 의견을 교환할 수 있어요. 또한 여러 관계들의 다른 종류를 정립하고 나 자신을 더 단단하게 만들면서 더 배울 수 있죠. 이 모든 것들은 교사라는 직업을 통해 얻을 수 있어요. 이 모든 것들이 겨우 23세인 내가 교사라는 직업을 통해 얻은 것들이에요.

또한 교사가 사명감을 갖는다는 것은 공교육을 신뢰한다는 것을 의미한다. 중학교 과학교사인 제니퍼 웰번은 다음과 같이 기술했다.

나는 공립학교 교사예요. 왜냐하면 나는 여전히 공교육을 신뢰하기 때문이죠. 나는 공교육의 목적이 전달되든 안 되든 학교에 오는 모든 아이들에게 양질의 교육을 제공한다고 믿어요. 나는 이 고귀한 사명감의 일부가 되고 싶어요. 내가 너무 순진한 건지도 몰라요. 그러나 내가 매일 하는 일이 분명히 차이를 만들 것이라고 믿어요. 교사가 하는 일은 삶을 영원히 바꿀 수 있어요.

메리 긴리는 처음엔 홀리요크에서, 그 후에는 매사추세츠의 롱메도우에서 근무한 32년차 유치원, 초등학교 1, 2학년 교사다. 홀리요크는 학교 인구의 75%가 푸에르토리코인으로 구성된 낙후된 기반시설을 가지고 있는 가난한 지역이며, 롱메도우는 백인 인구가 다수 거주하는 부유한 교외 지역이다. 그녀는 처음 4년 동안은 롱메도우에서, 지금은 템파에서 5학년 교사로 근무하고 있다. 템파에서는 노동계층 커뮤니티에서 가르친다. 그녀는 홀리요크에서 근무할 때 스티븐이라는 잊을 수 없는 학생을 만났다. 그 학생은 메리 긴리라는 교사가 자신의 삶을 어떻게 구했는지에 대해 편지를 썼다. 몇 년 전 스티븐이 그녀에게 쓴 편지를 소개한다. 그는 약

10년 후 이 편지를 그녀에게 보냈으며, 그녀는 후에 이 편지에 관해 기술했다.

친애하는 긴리 선생님께

선생님께서 저를 기억할지 모르겠습니다. 저는 선생님께서 계셨던 유치원에 다녔고, 홀리요크의 유아교육센터(Early Childhood Center)에서 1년을 보냈습니다. 저는 그 유치원에 대해 많은 것을 기억하지 못하지만, 당시 제가 겁에 질렸고 선생님께서 제게 잘해주셨다는 사실은 기억해요.

최근에 템파에 있는 특수학교로부터 입학 허가를 받아서 엄마와 저는 기뻤어요. 저희 엄마를 아시나요? 저희 엄마는 알코올 중독을 치료하는 중이었고, 그 당시 그렇게 좋은 모습이 아니었어요. 어쨌든 엄마는 제가 선생님께 모든 것을 빚졌다고 말씀하셨어요. 선생님께서 제가 옳은 방향으로 갈 수 있게 만들어주신 분이라고 하시면서요. 엄마는 선생님을 꼭 찾아뵙고 감사의 말을 전해야 한다고 말씀하셨어요. 그리고 드디어 선생님을 찾았어요. 선생님께서 제게 해주신 모든 것들에 대해 감사드립니다.

저를 기억하지 못하실 경우를 대비해서 제가 유치원에 다닌 당시의 사진에 화살표를 그려 넣어서 보내 드립니다. 그리고 몇 주 전 열렸던 8학년 댄스파티의 사진도 동봉합니다.

하시는 모든 일이 잘되길 바랍니다. 선생님께서 제게 해주셨던 모든 것에 진심으로 감사드립니다.

선생님의 제자, 스티븐 잭슨

긴리는 이 편지를 읽어준 후 다음과 같이 말했다.

보내준 사진 앞줄에 겁에 질려 있는 작은 남자아이를 봤어요. 그리고 8학년 댄스파티에서 잘 차려 입은 스티븐의 모습도 봤어요. 제가 어떻게 스티븐을 잊겠어요.

10월 중순에 스티븐이 학교로 왔어요. 나는 당시 새로 단장한 주니어 대학 건물의 2층 작은 교실에서 20여 명 정도 되는 유치원생들을 가르치고 있었죠. 당시 스티븐은 유치원에 온 첫날이었기 때문에 꽤 힘든 시간을 보내고 있었어요. 스티븐의 엄마가 입학에 필요한 문서를 작성하고, 교장선생님과 이야기를 하는 동안 스티븐은 앞문으로 도망쳐버렸어요. 스티븐은 덤불 사이에 숨어 있다가 직원이 체리 사탕을 주면서 꾀어냈을 때야 비로소 나왔죠. 이렇게 9시 30분에 교장선생님과 엄마와 함께 눈물 자국과 끈적거리는 손을 가진 작은 아이가 나타났어요.

스티븐에게 말을 걸기 위해 무릎을 꿇었는데, 아이가 내게 침을 뱉었어요. 그래서 나는 교장선생님을 바라보며 속으로 이렇게 물었죠. '대체 왜 내가 이 아이를 돌봐야 하죠? 난 이미 많은 아이들을 데리고 있기 때문에 이번엔 나 아닌 다른 교사가 이 아이를 맡아야 할 것 같아요.' 나는 입 밖으로 이 말을 꺼내고 싶었지만, 아이의 엄마도 함께 계셨기 때문에 말하지 못했어요. 대신에 아이의 엄마에게 미소를 보이며, 아이를 데려가서 카펫 위에 앉힌 후 아이의 의사를 물어보자고 요청했죠. 마침내 스티븐이 카펫 위에 앉았어요. 나는 아이의 엄마에게 이제는 떠나시는 게 좋을 것 같다고 말했고, 엄마는 망설였지만 스티븐에게 키스하고 나서 유치원을 떠났어요.

엄마가 떠나자마자 스티븐은 "싫어!"라고 소리를 질렀고, 나는 문을 닫았어요. 아이는 나를 발로 차고 내 머리 위로 사탕을 집어 던지며 소리 지르고 울었어요. 나는 스티븐을 재빨리 들어 올려 달랬죠. 동시에 나는 방의 앞쪽에서 흔들의자에 앉아 있는 다섯 살짜리 아이들을 지켜보았어요. 스티븐이 내 교실로 온 이유는 그에게 내가 필요했기 때문이라고 말한 교장을 욕하면서 말이에요.

스티븐은 힘든 1년을 보냈어요. 아이는 어떠한 조짐도 없이 갑자기 분노에 휩싸이거나 화를 냈고, 블록을 던졌으며, 벽지를 찢었어요. 스티븐은 이렇게 제멋대로 행동하지 않을 때는 뿌루퉁한 표정으로 앉아서 AA미팅(Alcoholics Anonymous Meeting)이 무엇이고 왜 자신의 엄마가 그런 미팅에 가야 하는지 물었어요. 스티븐은 아이들과 어울리거나 자신의 이름 쓰기를 거부하고, 친구들과 장난감을 함께 갖고 놀기를 거부했어요. 아이가 유일하게 차분하게 보였던 순간은 안아주거나 구석에서 그림책을 보고 있을 때였지요. 그해에 스티븐은 스스로 글을 읽는 법은 터득했지만, 친구를 어떻게 사귀어야 하는지는 전혀 배우지 못했어요.

나는 그다음 해에도 스티븐을 우리 반에 남겨두었어요. 나는 이 일을 교장선생님과 상의했던 것으로 기억해요. 교장선생님은 이미 내가 스티븐 때문에 얼마나 힘든지 알고 계셨어요. 내가 매일 교실에 들어갈 때마다 "신이시여, 부디 제가 스티븐을 매일 조금씩 더 사랑할 수 있도록 힘을 주세요"라고 혼잣말을 하는 것도 알고 계셨지요.

교장선생님은 "스티븐을 다른 반으로 보낼 수도 있어요"라고 말했지만, 나는 "그러지 마세요. 아이는 누구보다 안정이 필요하고, 내가 자신을 원하지 않는다고 생각하게 하고 싶지 않아요"라고 대답했어요. 첫해가 그렇게 흘러갔고, 방학이 지난 후 스티븐은 씩 웃으면서 돌아왔지요.

스티븐은 여전히 제멋대로였지만, 좀 더 부드러워졌어요. 학교나 집에서 안전하다고 느끼기 시작했을 때 스티븐이 완전히 달라져 있는 것을 보았어요. 그해 말에 스티븐은 이사를 갔고, 편지를 받기 전까지는 그의 소식을 들을 수 없었죠.

내가 그 아이를 기억하지 못할 수도 있다고 생각했다니 바보 같군요.

내가 35년이 지난 후에도 여전히 아이들을 가르치고 있는 이유는 해마다 스티븐 같이 내 도움이 필요한 학생이 있기 때문이에요. 이들은 대부분 내게 편지를 쓰지 않고 나를 기억하지 못할 수도 있지만, 난 그들을 위해 이곳에 있고 싶어요. 학교는 놀라운 평등을 이룰 수 있는 곳이에요. 이게 아마 아메리칸 드림일지도 모르지만, 학교는 모든 아이들에게 양질의 교육을 위한 평등한 기회를 제공해주는 정책이 존재하고, 모든 아이들이 환영받고 존중받으며 가치 있게 다뤄지며 안전하게 있을 수 있는 장소여야 해요. 하지만 내가 스티븐을 가르칠 때를 제외하고는 이러한 학교에 있었던 적은 없어요. 한 아이가 유치원의 문을 열고 들어오는 그 순간에도, 부유한 사람들은 더 부유해지고 가난한 사람은 더 가난해지며 똑똑한 사람들은 더 똑똑해져요. 학교는 마치 모든 사람들이 가치 있다고 말하는 것 같지만, 자세히 들여다본다면 그렇지 않다는 것을 의미해요.

❙ 학생과의 연대와 공감

'우리는 왜 가르치는가' 프로젝트에 참여한 교사들이 공유하는 좋은 교사의 또 다른 자질은 학생과의 연대와 학생에 대한 공감이다. 지금까지 교사와 학생의 관계가 교육의 본질이라는 것은 당연하게 받아들여져왔다(Noddings, 1992; Valenzueala, 1999). 학생들의 학업성취 격차를 일으키는 원인을 불평등, 인종차별로 인한 구조적인 장벽, 그리고 또 다른 편견에 대한 이슈, 자원의 부족, 부족한 인프라, 공정하지 않은 교육 정책 등이 아니라 전적으로 교사에게 책임을 돌리는 관점에는 문제가 있다. 그럼에도 학생과 교사 사이의 관계를 유지하는 것이 차이를 만들 수 있다는 생각에 주목하는 것은 중요하다.

학생과의 연대와 학생에 대한 공감은 단순히 정서적으로 나타나는 감정이 아니다. 자신들의 직업에 대해 고심하는 교사에게 있어 연대와 공감은 학생들이 사용하는 언어와 문화를 포함한 그들의 정체성을 진심으로 존중하고 이들에게 높은 기대와 많은 칭찬을 하는 것을 의미한다. 초등학교 교사인 일레인 스틴슨은 교사와 학생 간의 밀접한 관계를 묘사하며, 연대와 공감에 관해 다음과 같이 기술했다. "나는 의미 있는 가르침이 의미 있는 상호작용을 통해 일어난다는 것을 발견했어요. 이러한 상호작용은 또래, 교사, 작가 혹은 시인, 음악, 심지어 자연 속에서도 일어나죠." 30년이 넘게 뉴욕 할렘가의 고등학교 교사로 근무한 산드라 제놀은 교사가 연대와 공감을 가장 필요로 하는 학생들에 대한 부정적인 담론을 어떻게 피해야 하는지에 대해 기술했다. "학교에서 의자에 기대 앉아 있으면 지나가는 교사들이 학생들에 대한 험담하는 것을 쉽게 들을 수 있어요. '이 아이들은 가능성이 없어' 같은 것들이죠. 물론 진실은 이들도 할 수 있다는 것이에요. 우리는 눈으로 직접 보고 믿어야 합니다."

보스턴에 있는 공립고등학교에 근무하는 젊은 영어교사 세스 피터슨은 학생들을 신뢰함으로써 자신의 연대를 보여줄 수 있다고 하며 다음과 같이 설명했다.

나는 지각한 학생이 10시 23분에 멋쩍은 듯이 씩 웃으며 들어올 때 학생에 대한 나의 신뢰가 회복되는 것을 느꼈어요. 그 학생의 손에는 병원에서 밤을 새며 작성해 온 노트 한 권이 들려 있었죠. 그 학생은 나에게 노트를 건네며 이렇게 말했어요. "저는 오늘 우리 모둠 발표에서 빠지고 싶지 않았어요." 내 말을 듣지 않고 무시했던 조렌느의 경우처럼 때때로 신뢰는 극단적인 편견이나 긍정적인 편애를 의미해요. 복도에서 싸우고 있는 조렌느에게 이렇게 말했죠. "조렌느! 선생님을 좀 봐. 선생님이랑 잠시 걸을까?"

2년 동안 서로 연락 없이 지내온 라울이 감옥으로부터 법정에서 자신의 평판이나 인품을 증언해주길 요청하는 편지를 보냈을 때, 내가 라울에게 신뢰와 인정을 받고 있다는 것을 확인했어요. 라울은 내가 자신의 재능과 다른 사람을 걱정하는 마음을 가지고 있다고 편지에 쓸 것이라고 확신하고 있었죠. 또한 아샨티가 툴툴대면서 "선생님, 숙제를 하지 않으면 대체 왜 이렇게 죄책감이 느껴지는 거죠?"라고 물었을 때도 신뢰를 느낄 수 있었어요. 그 순간 우리가 가르치는 것과 그녀가 할 수 있는 것 사이에 연결점이 만들어지고 있다는 것을 알게 되었죠. 언젠가는 교사와 학생 간의 신뢰를 나타내는 표식들을 어디에서도 찾아보기 어렵게 되겠죠. 요즘은 지루하게 반복되는 등하교, 무거운 눈꺼풀, 수업시간이 귀가 먹먹한 침묵들로 채워져 있죠. 하지만 이러한 것들은 신뢰를 얻고 진정한 교육을 위한 또 다른 기회가 될 거예요.

주류 지식에 대해 의문을 제기할 수 있는 용기

왜 교사들은 주류 지식과 관습적인 지혜에 관해 의문을 제기해야 하는가? 그린(Greene, 2001)은 이러한 물음에 대해 다음과 같이 기술했다. "교육과정은 아이들이 탐구하고 질문하고 정해진 답안이 존재하지 않는다고 믿게 하기 위해 많은 질문을 할 수 있도록 구성되어야 한다. 왜냐하면 아이들은 정해진 답이 없다는 것을 알아차렸을 때 탐구를 시작하기 때문이다."

일레인 스틴슨에 따르면, 교사가 관습적인 지식에 의문을 제기하는 것은 "교과서를 벗어나 그 밖의 세상을 가르치는 것이다." 교사들의 이러한 도전은 문제를 해결할 수 있는 용기로 발전하며, 학생들이 푸코(Foucault, 2002)가 말한 '진리체제(regime of truth)'에 도달할 수 있도록 도와준다. 진리는 각각의 사회에서 촉진되고 대학이나 군대, 미디어의 권력체계로 인해 생산되고 전달되며 유지된다. 이러한 '진리체제'의 결과 공식적으로 승인된 관점과 현실에 위배되는 담론은 여전히 보이지 않는 상태로 남는다. 교사 교육가로서 우리는 예비교사들이 다양한 관점에 직면하고 학습하며 복잡한 이슈의 미묘한 차이를 이해할 수 있도록 돕는 학습환경을 창조할 필요가 있다.

하나의 좋은 예로 더 좋은 교사가 되기 위해 가능한 한 많은 다른 관점을 배우려고 하는 1, 2학년 교사인 마리 코헤이를 들 수 있다. 몇 년 전 어느 날, 나는 코헤이와 그녀의 가족을 올드 디어필드에서 만났다. 그곳은 서부 매사추세츠에 위치한 재건된 식민 도시였다. 당시 여행 중이던 코헤이는 미국 원주민에 대해 많은 관심을 기울이고 있었는데, 특히 이들이 미술관에서 어떻게 묘사되고 있는지 관심을 가지고 있었다. 가이드는 그녀가 쏟아내는 질문에 "당신 정말 질문이 많네요!"라고 말했다. 그러자 그녀는 "전 그래야만 해요! 1학년 학생을 가르치는 교사니까요"라고 대답했다. 코헤이는 단순히 어떻게 질문하는지를 아는 것보다 질문의 답을 읽어내고, 계속해서 질문하는 것이 더 중요하다고 말했다.

현재는 두 아이를 기르기 위해 교직을 떠났지만, 과거에 중학교 사회교사로 근무했던 베스 월렙 아델은 극장에서 한 여성과 함께 있을 때 학생과 마주쳤던 일에 대해 말했다. 그 학생은 자신과 함께 있는 여성을 아델의 남자친구라고 생각했고, 아델은 의도하지 않았지만 그 학생에게 그 사람은 남자친구가 아닌 여자친구라고 말했다. 아델은 절대 이런 방식으로 학생들에게 '커밍아웃'을 하고 싶지 않았지만, 차마 거짓말을 할 수는 없었다. 이 사건 후에 긍정적인 변화가 일어났는데, 이 사건이 그녀가 학생들과 자기 자신에게 정직해질 수 있도록 만들었기 때문이다. 결과적으로 그녀의 가르침과 학생들과의 관계는 서로에게 이득이 되었다. 그녀는 이렇게 기술한다. "나는 가르치는 것이 스스로 가장 용감한 사람이 되게 하기 때문에 학생들을 가르쳐요. 그리고 나 같은 사람을 포함하여 모든 사람들과 어울릴 수 있는 힘을 배우는 학생들에게 계속적으로 영감을 받아요."

중학교 과학교사인 제니퍼 웰번은 주류 지식과 관습적인 지혜에 의문을 가지는 사례를 제시했다. 제이 굴드(Jay Gould, 1981)가 쓴 『인간에 대한 오해(The Mismeasure of Man)』는 웰번이 과학을 보는 방식을 바꾸는 데 도움을 주었다. 이 책은 과거 10년 동안 과학적 인종차별주의와 인종의 사회구조를 가르쳐온 그녀에게 자극을 주었다. 그녀는 자신의 글에서 다음과 같이 기술했다.

> 통상적으로 과학은 객관적인 지식을 추구한다고 말하지만, 실제로는 그렇지 않다는 것을 나의 학생들이 깨닫기를 바란다. 나는 학생들이 데이터가 유효하지 않는 가설을 지지할 수 있다는 것과 상관관계가 인과관계를 의미하지 않는다는 것을 이해하길 원한다. 나는 학생들이 실험에 영향을 미칠 수 있는 숨겨진 변수가 있다는 것을 알기 바라며, 학생들이 연구자의 편향된 사고에 대해 알기 바란다. 또한 나는 학생들이 모든 것을 알기 바라며, 학생들이 "소수민족의 SAT 점수가 낮다"는 신문기사를 읽을 때, 그 데이터가 우리 사회의 사회적 · 경제적 · 정치적 불평등으로 인한 결과임을 알기 바란다. 즉, 그들의 낮은 점수가 유전적인 열등함에서 비롯된 것이 아니라는 점을 학생들이 알아야 한다.

또한 웰번은 자신의 학생들이 '의심 많은 사람이 되는 법을 배우기' 원하며, '좋은 과학과 나쁜 과학 그리고 사이비 과학을 구분할 수 있는' 사람이 되기를 바란다. 그녀는 관습적으로 인종이 개인과 집단을 규정하는 것에 대한 장점과 단점을 학생들이 생각해보기 바란다. 웰번에 따르면, "이러한 것들은 학생들이 미국의 인종차별의 복잡성을 이해할 수 있는 지식과 대화를 통해 가능하다."

즉흥성

교육자이자 아티스트이며 행위예술가인 테리사 제노어(Theresa Jenoure, 2000)에게 재즈를 즉흥적으로 연주하는 것은 작곡의 한 방식이지만, 이것은 음악 그 자체보다 더 많은 것을 의미한다. 제노어에 따르면, 즉흥적으로 한다는 것은 '생각하고 행동하는 하나의 방식'이다. 가르침에서 재즈를 즉흥적으로 연주하는 것은 구조 내에서 창의성을 신장시키기 위한 은유로 활용된다. 즉흥적으로 한다는 것은 불확실함 그리고 불확실함에 대한 기쁨과 절망에 대해 준비하는 것을 의미하며, 많은 유연성을 요구한다.

또한 좋은 교사는 오늘날의 교육을 점차적으로 정형화된 패턴으로 만들고 있는 구조, 교육 지침, 모형, 템플릿 등을 그 이상으로 활용하기 위해 즉흥성을 사용한다. 베테랑 교사인 주디스 베이커에 따르면, 많은 학교는 '템플릿 천국'이고 이러한 템플릿이 효과적인 교육을 위한 도구로 사용되기보다는 교육 자체를 대신하고 있다. 그러나 교육은 절대로 정적이지 않다. 초등교사인 에일 가빈스는 자신의 에세이에서 다음과 같이 말했다. 교사는 "움직이는 기차 안에 있는 것과 같다." 왜냐하면 "매 시간마다 교사는 공정함과 균등함을 유지하기 위해 수백 혹은 수천 가지의 결정"을 하기 때문이다. 또한 "나는 세계적 · 국가적 · 지역적으로 무엇인가의 일부분이다. 이것이 나에게 동기를 부여하고, 내가 어디에서 변화를 시도할지에 대한 선택을 하게 한다." 모든 교사가 자신을 이러한 관점으로 생각하는 것은 아니다. 일반적으로 교사는 변화를 두려워하면서 같은 일을 매년 반복한다. 25년 넘게 도시의 학교에서 교사로 재직 중인 니나 테퍼는 처음 교직생활을 시작했을 때, 다른 교사가 매년 같은 내용의 수업을 되풀이하는 것을 자랑스럽게 말하는 것을 듣고 굉장히 놀랐다.

멜린다 펠러린-덕은 자신과 자신의 가족에게 소중한 문화적 상징인 켄트 옷과 가르침을 비교하며, 가르침이란 색깔과 실 같다고 비유했다. 즉흥적으로 한다는 것은 계획된 수업을 잠시 멈추고 수업 중 바로 그 순간을 기회로 활용하는 것을 의미한다. 위에서 소개한 교사들이 입증했듯이 즉흥성을 이용하는 것은 템플릿을 넘어서 배우고, 더 나아가 템플릿 그 자체에 의문을 제기하는 것과 같다.

사회 정의에 대한 열정

'우리는 왜 가르치는가' 프로젝트에 참여한 교사들은 사회 정의가 교직생활을 유지하게 하는 큰 이유 중 하나라고 말했다. 상당한 혜택을 받는 아이들과 심한 빈곤에 시달리는 아이들을 가르치는 메리 긴리는 다음과 같이 말한다. "만약 아이들에게 이 불평등한 사회에서 어떻게 살아남을지 또는 어떻게 다른 사람과 어울릴지에 대해서만 가르친다면 아이들에게 큰 피해를 줄 것이다." 또한 아프리카 카보베르데에서 학생들을 가르치는 앰브리제스 리마는 다음과 같이 기술했다. "가르치는 것은 언제나 권력과 관련되어 있다. 이는 교육이 왜 사회 정의에 관해 말해야 하는지에 대한 이유가 된다. [……] 아동은 자신의 정체성과 언어에 대한 권리를 가지고 있다. 그리고 긴리는 "교사가 학생들이 처한 부당함을 목격하고 정의에 침묵하는 것이 도덕적으로 올바른가?"라고 되물었다.

매사추세츠 스프링필드의 도시 지역에서 고등학교 교사로 재직 중인 멜린다 펠러린-덕은 그녀의 학생들이 리더십 역할을 배웠던 지역사회 활동 프로그램에 관해 다음과 같이 기술했다.

> 스프링필드의 듀건(Duggan)중학교에 근무할 때, 나의 법 교육(Law Related Education) 수업에 등록한 학생들은 지역 공공도서관 분관의 재개관을 위한 캠페인에 적극적으로 참여했어요. 예산 삭감으로 인해 시는 지역 도서관의 폐관을 결정했죠. 학생들은 이러한 결정이 학습의 중요한 장을 잃게 하고, 지역 공동체가 중심적으로 모이는 장소와 자원을 잃게 했다고 믿었습니다. 우리는 사회운동단체와 함께 지역 도서관의 중요성을 지역사회의 리더와 공유하기 위해 방과 후와 주말을 가리지 않고 캠페인을 벌였

습니다. 학생들은 우리의 삶에서 도서관이 하는 역할에 대해 다양한 내용을 담은 미디어를 만들었어요. 이들은 비폭력적인 방식을 통한 시민권 전략에 대해 배웠고, 집회와 다양한 모임에서 연설하며 시위에 참여했어요. 학생들은 시장과 시의회에 편지를 보냈고, 교육감과 학부모회에 자신들의 생각을 알렸어요. 우리의 노력과 학생들의 참여는 새로운 도서관 시스템과 분관 운영시간의 연장이라는 결과를 낳았어요. 더 중요한 것은 이러한 협동의 경험을 통해 학생들이 평생 지속되는 관계와 행동주의에 대한 생각을 구축했다는 것이에요.

도시에 위치한 직업고등학교에서 영어와 사회 과목을 담당하는 베테랑 교사인 빌 던은 푸에르토리코인을 포함한 많은 빈곤층 학생을 가르친다. 빌은 매사추세츠의 고부담 시험 형식인 MCAS의 불공평함과 자신이 가르치는 학생들이 가진 잠재적인 가능성에 대해 설명했다. 아이들은 이중언어를 사용하고, 이중문화를 향유할 가능성을 가지고 있다. 그는 자신의 에세이인 "제 기량을 발휘하지 못하는 교사의 고백"에서 다음과 같이 기술했다.

오늘날 학교에서 시험으로 인해 교사와 학생들이 받는 스트레스는 대중에게 동정과 감탄을 받아 마땅하다. 하지만 불행하게도 정반대의 상황이 일어나는데, 이것이 나를 힘들게 한다. [……] 시험 결과가 공개되면 도심지역의 학생들과 교사들은 신문의 헤드라인에서 웃음거리로 전락한다. 내가 좋아하는 꼬리표는 '제 기량을 발휘하지 못하는'이다. 나는 진심으로 학교와 학교 구성원들에게 붙여지는 꼬리표로 이보다 더 형편없는 것을 생각할 수 없었다.

던은 다음과 같은 말로 자신의 에세이를 마무리했다.

그런데도 왜 가르치냐고요? 왜냐하면 학생들에게 자신들이 바보가 아니라는 사실을 말해줄 누군가가 필요하기 때문이에요. 시험은 쓸모가 없으며, 사람들이 단순히 자기가 똑똑하다는 것을 증명하려고 만든 우스꽝스러운 것에 불과해요. 나는 내 학생들에게 빈곤이 곧 멍청함을 의미하지 않는다고 알려주기 위해 가르칩니다. 또한 절망에서 살아남는 것과 음울한 어린 시절이 아이들을 강하고 냉엄하게 만들어준다고 알려주기 위해, 그리고 아이들과 비슷한 환경에서 성장한 사람을 잘 알아보고 이해할 수 있는 아름다운 사람으로 만들어주기 위해 가르칩니다. 그리고 나는 학생들에게 제2 언어를 배우는 것이 인간이 만든 가장 어려운 일에 도전하는 것임을 알려주기 위해 가르칩니다. 또한 나는 학생들이 '고부담' 시험환경에서 일주일에 4일은 제2 언어로 읽기를 해야 한다는 사실이 심지어 아인슈타인에게도 버거운 일이라는 것을 알았으면 좋겠습니다. 나는 옳고 그름은 문화에 따라 상대적인 것이라서 그에 대한 정의는 시간이 지나면 웃음거리가 될 것임을 학생들에게 알려주기 위해 가르칩니다. 나는 이러한 시험을 만든 사람들이 위에서 말한 내용들을 모르거나 더 최악의 상황으로 만들고 있기 때문에 가르칩니다. 사실 그 사람들은 이미 이런 사실을 알고 있을 겁니다.

빌 던은 영어를 제2 언어로 사용하고 있는 학생이나 이 학생을 가르치는 교사, 그리고 가난한 학생과 백인이 아닌 학생을 전혀 고려하지 않은 정책 풍조가 만들어지고 있다고 설명했다.

'우리는 왜 가르치는가' 프로젝트에 참여한 교사들이 주는 교훈

전문성 신장을 위해 '우리는 왜 가르치는가' 프로젝트에 참여한 교사들에게서 많은 교훈을 얻을 수 있다. 이러한 교훈 중 하나는 자격증 시험, 늘어가는 교사들의 교과 지식, 교실에서 좋은 점수를 얻기 위해 더 많은 '비결'에만 초점을 맞추는 문제점을 지닌 현재의 교육체계를 개혁할 필요가 있다는 것이다. 현재의 교육체계 중 일부는 중요하고 필요할지도 모르지만, 단순히 이것만으로는 충분하지 않다.

물론 교과 지식은 중요하다. 하지만 만약 교사들이 이러한 교과 지식에 대해 질문하는 법을 배우지 않는다면 교사는 관습적인 지식을 재생산하거나 학생들에게 똑같은 행동을 하도록 하는 데 그칠 것이다. 교육학을 아는 것 역시 중요하다. 하지만 만약 교사들이 자신의 문화적 배경과 상관없이 다양한 배경을 가진 학생들과 의미 있는 관계를 형성하지 못한다면, 학생들은 학교에서 학업성취를 이루지 못할 것이다. 또한 교사가 학생을 가르치는 일이 학생들에게는 생사가 걸려 있는 중요한 일이라는 것을 이해하지 못한다면, 아무리 자격 요건을 갖추고 시험 점수를 올리기 위한 비결을 가지고 있다 하더라도 소용 없을 것이다.

복잡한 문제들을 관료적인 방법으로 해결하려는 대신에 교사 교육 프로그램을 국가의 교육적 요구에 부응할 수 있도록 개혁해야 한다. 예를 들어, 교사 교육 프로그램으로 인해 교사들이 가르치게 될 학생과 자신들이 살고 있는 문화에 대해 더 잘 배울 수 있고, 이들의 가족과 지역사회를 존중할 수 있도록 해야 한다. 우리는 수업이나 현장 체험, 교과 시간 외의 활동을 통해 교사들이 다양한 관점을 기르고, 다른 언어와 문화를 배우도록 장려해야 한다. 우리는 혁신적인 과정과 과제를 통해 예비교사와 현역 교사가 비판적 사고가가 될 수 있는 분위기를 만들 수 있다. 또한 우리는 이들이 수업과 세미나, 다른 훌륭한 교사들과의 상호작용, 비판적인 읽기, 그리고 저널과 에세이의 리뷰를 통해 가르치는 것이 선교활동을 넘어서는 직업 이상의 의미가 있다고 이해하도록 도울 수 있다.

우리가 대학과 교육대학의 분위기를 개혁한다면 변화는 가능하다. 다소 시간이 필요하지만, 이러한 변화를 이루어내기 위해 대학과 교육대학이 반드시 실천해야 할 몇 가지 사항은 다음과 같다.

- 우리는 학생들의 사고를 확장하고 이들의 경험을 풍부하게 할 수 있는 교양 과목과 교육학 과목을 개설해야 한다.
- 우리는 소외된 지역의 다양한 배경을 가지고 있는 학생들을 가르치기 위한 열정과 기질을 가지고 있으면서 실제로 학생을 잘 가르치는 예비교사들을 적극적으

로 찾아야 한다.

- 우리는 대부분의 예비교사가 실제로 가르치게 될 학생들이 있는 학교를 교육실습 장소로 연결해주어야 한다. 대학이나 대학원에 다니는 많은 예비교사들은 도심 학교에서 다양한 배경을 가진 학생들을 가르칠 준비가 전혀 되어 있지 않다. 만약 우리가 멘토로서 우수한 교사들이 있는 도심의 학교로 교육실습을 보내지 않는다면, 대부분의 예비교사들은 백인이 다수인 교외의 학교에서 교육실습을 할 것이다. 그 결과 다양한 배경을 가진 학생들이 있는 도심의 학교에 대한 경험과 지식은 거의 갖추지 못할 것이다.
- 교사 교육을 담당할 교수진을 다양하게 고용해야 할 필요가 있다. 맬컴 엑스에게서 영감을 받아 연구를 시작한 하워드(Howard, 1999)는 백인 교사와 다문화 학교에 대해 저술한 책에서 "당신은 자신이 모르는 것에 대해서는 가르칠 수 없다"고 기술했다. 이는 교사뿐 아니라 교사 교육을 담당하는 교수진에게도 해당한다. 나는 백인 교수진이 다양성에 초점을 맞춘 다문화교육이나 수업을 할 수 없다고 말하는 것이 아니다. 물론 이들이 교육받고 열심히 하려는 열정으로 노력한다면 가능하다. 이것은 유색인종 교수진을 고용하는 것이 반드시 이들이 교육받고, 경력이 있으며, 다양성에 대한 수업을 하려는 의지를 가지고 있다는 것을 의미하는 것도 아니다. 이러한 사실은 많은 교육대학이 저지르는 실수 중의 하나다. 하지만 만약 당신이 더 다양한 교사 교육을 담당할 교수진을 확보하고 있다면 다양한 경험, 관점, 전문 지식을 가진 교수진을 확보하고 있는 것이다. 이것이 모두를 위한 더 나은 환경을 조성할 것이다.
- 더욱 다양한 학생을 선발해야 한다. 우리는 학생들의 다양성을 어떻게 확보할지 창의적으로 생각해야 한다. 이는 전통적인 기준을 넘어서는 것을 의미한다. 많은 교육대학은 도시에 위치해 있을지라도 백인 학생이 대부분을 차지하고 있다. 우리는 학문적으로 우수한 예비교사들이 필요하다. 뿐만 아니라 우리는 미래에 가르칠 학생들의 교육적 성과와 동료 교사의 교수법을 향상시킬 수 있는 다양한 경험을 가진 학생들이 필요하다. 이것은 전도유망한 학생들에게 장학금 같은 인

센티브를 제공하는 것을 의미하며, 18~22세의 유망한 학생들이 분포한 지역사회에 기반을 둔 단체와 관계를 맺는 것을 의미한다. 또한 학생들을 다양화시킬 수 있는 혁신적인 방법을 찾는 것을 의미한다.

- 변화는 사회적 수준에서 교사에게 더 많은 보수를 지급하고, 그들이 어려운 직업을 수행하는 것에 대해 받아 마땅한 존경을 보임으로써 가능하다. 이것은 교사의 처우에 국가의 경제적 · 도덕적 자원이 충분히 제공되는 것을 의미한다. 또한 이는 모든 학생, 특히 그중에서도 가장 혜택받지 못하는 아이들을 위한 교육을 발전시키겠다는 강력한 의지를 의미한다. 특히 '우리는 왜 가르치는가'의 에세이는 가르치는 것이 단순히 읽기나 수학, 예술이 아니라는 것을 말해준다. 가르치는 것이란 누가 들을 수 있고, 누가 읽을 수 있는지, 누가 셈할 수 있는지, 누가 그림을 그릴 수 있는지에 관한 것이다. 최근의 담론인 '낙오학생방지법'에 따르면, 가르치는 것은 누가 앞으로 나아가고 누가 뒤에 남겨지는지에 관한 이야기다. 주변의 상황을 변화시키는 데 필요한 많은 정책과 관행들은 어떠한 추가적인 자원도 요구하지 않는다. 하지만 어떠한 정책과 관행은 학교 차원뿐만 아니라 사회적 차원의 자원을 요구한다. 이것은 학교 차원이 아닌 사회적 차원이다. 즉, 모든 학교에 동등한 기금을 지원하는 것뿐만 아니라 합리적인 가격의 주택, 모두를 위한 적절한 직업, 모든 사람들이 존엄하게 살 수 있는 의료 시스템 역시 필요하다.

미국은 국가 차원에서 공교육에 투자할 가치가 있는지 없는지를 결정해야 한다. 이러한 영향들은 유럽, 아시아, 아프리카, 라틴아메리카에 시사하는 바가 있다. 낙오된 학생뿐만 아니라 모든 학생들에게 최고의 교사와 윤리적 · 물질적 자원을 제공하는 것이 과연 가치 있는지를 생각해보아야 한다. 우리가 교사, 교사 교육가, 학부모, 후견인, 관심 있는 시민이든 아니든 간에 이 생각에 대한 우리의 결론은 공교육의 미래를 결정지을 것이다.

4부
교실에서의 프락시스

4부는 교육과 학습에 사회문화적 · 사회정치적 렌즈를 구체적으로 적용한 세 개의 장으로 구성되었다. 11장에서는 다섯 학교의 이야기를 통해 언어와 문화에 관련된 학교 정책과 학교현장에서 다문화교육에 대한 관용을 넘어서는 것이 무엇인지를 정의한다. 12장에서는 유색인종 학생들을 가르치는 실제 교실현장을 위한 제언을 한다. 13장에서는 페다고지와 학습지도, 그리고 기타 교실 기반의 정책 및 현장과 관련된 비판적인 시각에 많은 의견을 제시함으로써 "미국의 학교에서 다양성을 인정한다는 것은 어떤 의미인가?"라는 질문에 대답한다.

11장
인정, 연대 그리고 비평
다문화교육에서 관용을 넘어서기

'관용'은 차이를 설명할 수 있는 적절한 대답에서 주로 사용되는 단어다. 많은 교육자들은 '관용'의 실천을 서로 존중하는 시민사회를 가장 잘 드러내는 지표라고 보고 있다. 이 장에서 나는 이러한 믿음에 도전하면서 실제로는 관용이 차이에 대한 낮은 수준의 지지를 나타낸다고 주장한다. 나는 관용이 진정한 다양성을 증진하거나 학교가 다문화적 관점을 가지도록 돕는 데 거의 도움을 주지 않는다고 생각한다. 만약 우리가 학생들에게 바라는 것이 단지 관용이라면, 그들은 결국 차이를 이해하고 존중하며 인정하는 지점에 도달할 수 있을까? 이것이 이 장에서 답을 제공하고자 하는 질문이다.

이 장에서는 학교의 다양성을 지지하는 여러 수준의 시나리오를 통해 관용을 넘어서는 다문화교육의 개념과 구체적인 실천에 대해 논의한다. 관용을 넘어서는 다문화교육의 실천은 교실 내에서만 이루어지는 것이 아니라, 교사들과 다른 교육자들이 종합적인 학교 개혁을 지지하는 것과 같이 학교 전체에서 이루어져야 한다.

관용: 다른 사람의 신념이나 행동에 대해 인정하고 존중하는 능력이나 실천

— The American Heritage Dictionary, 관용을 가르치는 것에서 인용

1993년 봄

어떤 교사에게 다문화교육이 어떤 의미를 가지는지 묻자, 그는 "우리는 학생들이 타인에 대한 관용을 베풀기를 원한다"고 대답했다. "교사가 학생들에게 줄 수 있는 최고의 선물은 차이에 대한 관용이다"라는 말은 다문화교육이 얼마나 중요한지를 설명하는 말이다. "제퍼슨학교의 학생들은 비판적 사고, 창의성과 위기관리 능력, 타인에 대한 관용을 길러야 한다" 같은 학교의 운영 방침에서 다문화교육은 더욱 분명하게 진술될 것이다. 우리가 학교생활 지침서나 학교 이사회의 공표 또는 교무실의 대화를 듣게 된다면, 아마 언급된 모든 곳에서 다문화교육은 다른 어떤 것보다 관용과 연관되어 있다는 것을 발견할 수 있을 것이다.

이 글의 목적은 독자들과 함께 다문화교육이 학교에서 보편적으로 실천되는 방식에 도전하고, 다문화교육의 개념과 실천적 측면에서 관용을 뛰어넘는 것이다. 나는 만약 다문화교육이 학교 교육과정에 부과된 '임시방편'이나 '기분 좋은 것' 이상이 되기 위해서는 관용을 넘어서는 움직임이 반드시 필요하다고 믿고 있다. 관용은 사실상 낮은 단계의 다문화적 지지로, 차이에 대해서는 단지 미미한 정도만 수용한 채 전체적으로는 현재의 상황을 유지하는 입장을 견지하고 있다. 나는 학교의 정책과 관행에서 다문화교육이 어떻게 적용되는지 탐색하기 위해 내가 개발한 다문화교육 모델에 대해 검토하고, 이에 대해 좀 더 상세히 설명할 것이다 (Nieto, 1992 참조).

다문화교육을 지지하는 수준

다문화교육은 단일한 개념이 아니다. 다문화교육은 이중언어와 이중문화 프로그램, 민족학 연구과정, 아프리카 중심주의 교육과정, 혹은 단순히 표준 교육과정에 약간의 '기념일과 영웅'을 추가하는 것과 같은 다양한 전략들을 포함하는 폭넓은 영역에서 여러 가지를 선택하는 것으로 간주될 수 있다(Banks, 1991 참조).* 이 모든 것은 다문화교육의 중요한 부분이 될 수 있지만, 복잡한 교육혁신운동의 불완전한 개념화와 조직화로 비치기도 한다. 그러나 불행히도 다문화교육은 정해진 대본이 있는 것처럼 구성되어 있다.

다문화교육은 일반적으로 교육 내용과 과정의 구조적인 변화보다는 단지 내용만 추가하는 것으로 재구성된다. 올해에는 다문화교육을 '하고' 있다고 말하거나 올봄에는 해야 할 다른 일들이 너무 많기 때문에 다문화교육을 '할' 수 없다고 말하는 교사들을 만나는 것은 어려운 일이 아니다. 다문화교육 학자들과 연구자들은

수년 동안 다문화교육의 복잡성을 지속적으로 말해왔다(Christine E. Sleeter & Carl A. Grant, 1987 참조).** 그럼에도 다문화교육은 종종 지나치게 단순화되거나 획일적으로 해석되었다. 이러한 상황 때문에 나는 다문화교육의 지지가 실제로 학교에서 얼마나 다양한 수준으로 나타나는지 명확히 하는 모델을 개발하려고 시도해왔다.

범주나 모델을 개발하는 것은 문제의 소지가 많은 모험이기 때문에 나는 다음의 모델을 공개하는 것을 망설였다. 현실을 분류하고 범주화할 때 우리가 알고 있는 것보다 더 고정적이고 임의적인 것으로 보이게 할 수도 있다는 위험을 감수해야 한다. 이론적 모델은 분명히 가치가 있지만, 마치 고정되어 있고 절대적인 것처럼 정보를 제공하는 경향이 있다. 우리는 모델과 차트에서 묘사되는 것과 같은 일은 잘 일어나지 않는다는 것을 너무나 잘 알고 있다. 더구나 학교 같은 환경에서 사람들 사이의 사회적 상호작용 역시 거의 이루어지지 않고 있다. 그럼에도 모델이나 범주는 구체적인 상황들을 이해하고 관리하는 데 유용하게 활용될 수도 있다. 이에 나는 모델이 현실을 고정된 관점으로 여기게 하여 적절하지 않을 수 있다는 점에 주저하면서도 교사와 행정 직원, 교육자들이 자신들의 학교에서 다문화적 관점을 발전시키는 것이 어떤 의미인지를 다시 생각해볼 수 있는 기회를 제공할 수도 있다

* James A. Banks, Teaching Strategies for Ethnic Studies, Allyn & Bacon, 1991을 참조하라.

** 특히 Christine E. Sleeter & Carl A. Grant의 분석인 "An Analysis of Multicultural Education in the United States, *Havard Education Review, November*, 1987을 보기 바란다.

는 희망을 가지고 다음의 모델을 제시한다.

이 모델의 수준은 경계를 가로지르고 경계를 정확하게 구분하지 않는 매우 동적인 것으로 간주되어야 한다. 페기 매킨토시(Peggy McIntosh, 1983)에 따르면 이 모델의 수준은 반드시 '상호작용적'으로 이해되어야 한다. 비록 이러한 수준은 한결같이 '이상적'인 범주이지만, 이는 학교 현실이 정말 그러하다는 것을 보여주는 것은 아니다. 모델의 각 범주하에 언급된 특징들을 고려해볼 때 아마도 순수하게 '단일문화적'이거나 '관용적'인 학교는 없을 것이다. 그러나 이러한 범주는 다양성에 대한 지지가 어떻게 각 학교에서 다양한 방법으로 나타나는지를 기술하는 데 사용된다. 다문화교육은 프로그램이나 고정된 내용이 아닌 신념이나 철학이기에 이 모델은 우리가 학생들과 그들 사회의 다양성을 포용하기 위해 특정한 학교 정책이나 관행들이 어떻게 변화해야 하는지를 결정하는 데 도움을 줄 것이다.

우리는 다음의 네 가지 수준을 고려해야 한다. 이는 바로 관용, 수용, 존중 그리고 인정, 연대, 비평이다. 이러한 철학적인 경향을 주장하는 다문화교육이 어떻게 학교에서 드러나는지를 고려하기 전에 단일문화교육에 대한 연구 없이는 단일문화교육과 다문화교육을 비교하여 살펴볼 수 없기 때문에 단일문화교육에 대해 먼저 살펴보아야 한다.

지금부터 우리는 전형적으로 다른 수준의 다문화교육을 보여주는 다섯 학교를 방문할 것이다. 교육과정과 페다고지뿐만 아니라 교직원의 배경, 태도, 준비과정에서의 차이를 포함한 문화적 다양성이 모든 학교의 학생 구성에서 나날이 증가하고 있다. 우리는 학교 방문을 통해 학생과 교사, 학부모, 그 외의 사람들과의 상호작용이 잘 나타나거나 그렇지 않은 교육과정을 확인할 수 있다. 또한 우리는 출신 배경이 다른 학생들이 그들을 둘러싼 정책과 관행에 반응하는 방법을 볼 수 있다. 보스턴의 라틴계 정책 개발을 위해 게스턴 연구소에서 발행된 "Creating Possibilities: Educating Latino Student in Massachusetts, in The Education of Latino Students in Massachusetts: Policy and Research Implications"라는 제목의 논문에서 나는 리베라(R. Rivera)와 공동으로 라틴계 학생들을 위한 다른 수준의 지지를 제공할 수 있는 학교의 시나리오를 개발했다.

단일 문화교육

단일문화교육은 오직 주류문화만을 대표하는 학교구조, 정책, 교육과정, 교육자료, 페다고지 전략으로 설명된다. 대부분의 미국 학교에서 단일문화교육은 '어떤 것이 존재하는 모습'으로 정의되곤 한다.

지금부터 우리는 '단일문화 학교'를 방문할 것이다. 우리는 이 학교를 조지 워싱턴 중학교라 부를 것이다. 우리는 학교에 들어가면서 "공인되지 않은 사람은 이 학교에 들어올 수 없다. 모든 방문자들은 반드시 교장실에 즉시 보고해야 한다"라고 쓰인 안내문을 보게 된다. 학교의 구성원은 다수의 아프리카계 미국인, 푸에르토리코인, 아랍계 미국인, 중앙아시아인, 한국인, 베트남인 등 매우 다양하지만 학교의 교장과 교감, 상담가는 모두 유럽계 미국인 남성이다. 우리는 복도를 지나면서 여러 개의 게시판을 보게 된다. 그중 하나는 다가오는 크리스마스를 기념하는 것이고, 다른 하나는 P.T.O 베이커리에 관한 내용이다. 그리고 세 번째 게시물에는 일반적으로 '미국인'이 주로 먹는 음식을 근거로 한 네 가지 기초식품군이 나열되어 있다.

이 학교는 미국 역사, 영어, 수학, 과학, 음악 감상, 미술 그리고 체육수업이 각각 45분으로 운영된다. 미국 역사수업 시간에 학생들은 주로 유럽계 미국인 남성들이 전쟁과 정복을 통해 얻은 자랑스러운 업적에 대해 배운다. 학생들은 기부, 균형적 관점, 여성의 재능, 주류문화 이외의 것에 대해 배우지 못한다. 미국의 노예제도는 남북전쟁과 관련하여 잠깐 언급되고, 아프리카계 미국인은 뒷전에 있다. 영어 수업시간에는 '고전'에 몰두하고, 최근의 문집에 아주 적은 수의 여성이나 아프리카계 미국인 작가들이 포함되긴 했지만 전적으로 유럽인이나 유럽계 미국 남자에 의해 쓰인 책을 읽는다. 그러나 아시아계, 라틴계, 미국 원주민 작가들은 아직도 문집에 포함되어 있지 않다. 음악 감상 시간에 학생들은 '고전음악'이라 불리는 것에 노출되는데, 이는 유럽의 고전음악으로 아시아, 아프리카 그리고 라틴아메리카 사회의 '고전'음악은 찾아볼 수 없다. 미술수업에서 학생들은 유명한 유럽인이나 유럽계 미국인 작가에 대해 배우고 아주 가끔 제3 세계의 문화나 사회의 '공예'와 '공예품'에 대해 배울 것이다. 조지 워싱턴 중학교의 교사들은 주로 유럽계 미국인 여성으로서 다문화적 접근이나 관점에 대한 정식 교육을 거의 받지 않았다. 교사들은 자신들이 '인종색맹(color-blind)인 것'에 대해 자랑스러워하는데, 그것은 교사들이 학생들의 차이를 보지 않고 학생들을 모두 똑같이 대한다는 것을 의미한다. 하지만 이는 수준별 반 편성으로는 확대되지 않는데, 이는 교사들이 보편적으로 모든 학생들을 자신의 능력이 미치는 최대치까지 가르쳐야 한다고 생각하기 때문이다. 조지 워싱턴 중학교는 관행적으로 수준별 반 편성을 실시하고 있다. 수준별 반 편성은 '영재'에서부터 '보충'까지 네 가지 수준으로 구별된다. IQ 테스트는 학생의 위치를 측정하는 데 사용되며 우수한 학생들은 '영재' 프로그램에 배치되어 고급 수준의 수학, 과학, 영어, 사회학 수업에 참여한다. 오직 상위권 학생들만 외국어 수업에 참여할 수 있는 기회를 갖는다. 상위권 학생들의 대부분은 유럽계 미국인과 아시아계 미국인으로 구성되는데, 학교는 이 학생들의 선천적인 지적 수준 때문이거나 학생들이 가정에서 훨씬 많은 지적 자극이나 격려를 받았기 때문이라고 합리화한다. 교사들은 상위권 학생들에게 최상의 결과를 기대하고, 게으르고 방해가 되는 것처럼 보이는 하위권 학생들에게는 낮은 기대를 하도록 학습되었다.

모국어로 영어 이외의 다른 언어를 말하는 학생들은 '죽기 아니면 살기'를 배울 수 있는 정규수업에 배치되거나, 하루 종일 영어를 배우고 정규 수업을 충분히 잘 습득할 수 있는 수준이 될 때까지 'NE(non English)' 수업에 배치된다. 게다가 이들의 부모는 학생들에게 가정에서 영어만 사용할 것을 요구한다. 스페인어든 베트남어든 한국어든 학생들의 모국어는 이들의 학습에 약점으로 작용한다. 학생들은 모국어를 빨리 잊을수록 실제적인 학습 기회를 얻을 수 있다.

조지 워싱턴 중학교에서 인종차별 사건이 일어났지만, 학교는 그것을 조용히 그리고 은밀하게 처리했다. 예를 들어 인종차별적인 욕이 사용되었을 때, 학생들은 그런 욕을 하지 말라는 충고를 들었을 뿐이다. 다른 민족 학생 간에 싸움이 일어났을 때, 교감은 인종이나 민족은 그 싸움과 아무런 상관이 없다고 주장했다. 교감은 "애들이니까요. …… 싸울 수도 있지요"라는 식으로 이 사건을 설명했다.

조지 워싱턴 중학교는 하위문화적 집단에 속하는 다른 사람에 대한 경험이 거의 언급되지 않는 단일문화적 환경이다. 학생의 다양성에 대해서는 약간의 관심만 가지고 있어 학교의 교육과정은 일반적으로 그들이 자리 잡고 있는 사회로부터 동떨어져 있는 것처럼 보인다. 게다가 인종차별주의, 성차별주의, 동성애혐오주의 같은 '위험한' 주제들은 거의 다루어지지 않으며 현실은 마치 모든 것이 해결되었고 고정된 것처럼 묘사된다. 요약하자면 조지 워싱턴 중학교는 미국사회 대부분의 학교에서 발생하는 일들을 반영하는, 우울하지만 친근한 이야기가 있는 곳이다.

관용

'관용'이 특징인 학교는 단일문화 학교와 어떻게 다를까? 이를 알아보기 위해 관용의 명시적 의미와 함축적 의미 간의 차이를 언급하는 것은 중요하다. 이 장의 시작 부분에 제시한 사전적 정의에 따르면, 관용은 반박하기 어려운 가치다. '다른 사람의 신념이나 실천을 인정하고 존중하는 것'이 무슨 문제가 있는가? 이것은 다문화적 관점을 발전시키는 본질적인 부분이다. 남부 반빈곤법 프로젝트(Southern Anti-Poverty Law Project)에 의해 발행된 잡지인 「관용 가르치기(Teaching Tolerance)」는 이러한 관점을 염두에 두고 개발되었다. 관용에 대한 나의 견해가 좋은 교실 및 교사 자원에 대해 비판하고자 하는 의도는 전혀 없다.

그러나 관용의 함축적 의미는 명시적 의미와는 전적으로 다르다. 교육현장에서의 관용이 무엇을 의미하는지를 생각해보면, 마음이 내키지는 않지만 다소 불쾌한 심정으로 관용을 받아들이는 우리의 모습을 떠올릴 수 있다. 이는 차이에 대한 관용은 참는 것이지 받아들일 필요는 없다는 뜻이다. 이러한 오늘의 관용은 내일이 되면 쉽게 거부될 수 있기 때문에 다문화교육을 지지하는 수준은 불안한 상황에 놓이게 된다. 몇 가지 예시들은 이를 설명하는 데 도움을 줄 것이다.

우리의 '관용'적 학교는 브라더후드중학교다. 이곳에서 차이는 문화다원주의 사회에서 피할 수 없는 짐이라고 여겨진다. 단일문화적 학교에서 한 단계 진화했다고 볼 수 있는 관용적 학교의 구성원들은 '인종차별이 없는' 차이를 받아들인다. 차이를 받아들이기는 하지만, 이들의 궁극적인 목표는 동화이기 때문에 언어와 문화의 차이는 가능한 한 빨리 대체된다. 이와 같은 이데올로기는 물리적 환경과 교직원들의 태도, 학생들의 교육과정에 반영되어 있다.

(비록 증가하는 캄보디아 학생들의 가족과 소통할 수 있는 교직원은 없지만) 브라더후드중학교 입구에는 영어로 방문자들을 환영하는 큰 문구가 쓰여 있다. 눈에 쉽게 띄는 자리에 위치한 게시판은 올해 "내가 미국인인 것이 왜 자랑스러운가"라는 주제로 열린 글쓰기대회 우승자를 게시하고 있다. 우승자인 유럽계 미국인 6학년과 베트남계 미국인 7학년 학생 두 명은 미국에서 인종과 민족, 성별에 상관없이 모든 사람에게 열려 있는 많은 기회에 대한 글을 썼다. 다른 게시판에는 미국 남부지역에 살고 있는 아프리카계 미국인 로자 파크(Rosa Parks)에 대한 이야기가 게시되어 있다. 이 게시물에는 1995년 어느 날, 너무 피곤한 나머지 버스에서 백인에게 자리를 양보하지 않은 그녀의 행동이 현대 시민권리운동의 촉매제가 되었다고 쓰여 있다.

「다문화교육(Multicultural Education)」 1993년 가을호는 사람들이 로자 파크 같은 인물들을 내세워 연대 투쟁보다 미국의 주류 개념인 개인에게 잘 맞도록 탈맥락화시켜 학생들이 사회의 제도적 차별을 이해하지 못하게 한다는 사례를 제시했다. 허버트 콜(Herbert Kohl)은 대부분의 미국 학교에서 로자 파크를 설명하기 위해 사용되는 이야기들을 단순히 "로자 파크의 피곤에 관한 신화"이라고 주장했다.

브라더후드중학교에서는 중요한 구조적인 변화가 일어나고 있다. 최근에는 6,

7학년 학생들을 '가족'이라는 집단으로 구성하고 이들을 존 가족, 스미스 가족, 포터 가족 등으로 부르는 실험이 시작되었다. 학생들은 영어, 사회, 수학, 과학 등 주요 과목에서 가족이라는 구성원들과 참여한다. 그리고 이러한 수업들은 수준별 반편성으로 구성되지 않는다. 교사들은 학생들과 매일 만나고 함께 계획을 짜면서 쉽게 통합적인 교육과정을 발전시킬 수 있었다. 사실 이따금 그들은 팀 티칭이 가능하도록 수업을 결합하여 학생들은 45분이 아닌 90분 동안 한 가지 일에 집중할 수 있다. 학생들은 이러한 방식을 좋아하는 듯했고, 워싱턴 D.C.에 관해 공부할 때에는 흥미 있는 작업도 했다. 그들은 기하학을 활용하여 도시가 어떻게 설계되었는지를 배웠고, 의회의 대표들에게 어떻게 법안들이 만들어졌는지 질문하는 글을 쓰기도 했다. 학생들은 워싱턴에서 지역 입법자들을 인터뷰하기 위한 계획을 세웠고, 부모들은 학생들이 계획하는 워싱턴 여행을 위한 기금을 모금했다.

브라더후드중학교의 교육과정은 다문화사회가 요구하는 변화를 반영하기 시작했다. 학교는 학생들이 외국어를 배우는 것을 장려했다. 또한 다수의 수업에서는 여성, 아프리카계 미국인, 미국 원주민에 관한 활동을 추가했다. 예를 들어, 지난해의 마틴 루터 킹 기념일에는 모든 학생들이 '나는 꿈이 있어요(I Have a Dream)' 연설 비디오를 시청하는 것으로 이날을 축하했다.

교육과정의 중요한 변화는 사회와 영어수업에서 이루어졌다. 음악교사 역시 보다 국제적인 내용을 수업목록에 추가했고, 미술교사도 최근에 작가이자 재즈 뮤지션이며 작곡가인 아프리카계 미국인 로메어 비어든(Romare Bearden)의 작품을 전시하기 시작했다. 그리고 올해는 '다문화 교사'가 교직원으로 채용되었다. 다문화 교사는 학교의 모든 학생들과 각 집단을 일주일에 한 번씩 만난다. 다문화 교사는 학생들에게 중국의 춘절, 콴자(Kwanzaa: 미국에서 일부 아프리카계 미국인이 12월 26일부터 1월 1일 사이에 여는 문화 축제), 라마단(Ramadan) 그리고 동방박사의 날(Dia de los Reyes)에 대해 가르쳤다. 다문화 교사는 현재 큰 다문화 행사인 '흑인 역사의 달(Black History Month)'을 준비하고 있다. 그녀는 초청 연사를 섭외하고, 시민권리운동에 대한 영상을 보여주며, 만약 마틴 루터 킹 목사가 꿈꾼 평등이 현실화되면 세상이 어떻게 바뀔지를 상상하는 그림 그리기 대회를 개최하는 등의 계획을 다른 교사들과 함께 준비하길 바라고 있다.

브라더후드중학교에서 영어가 아닌 다른 언어를 사용하는 학생들은 특별한 ESL 수업에 배치되는데, 여기에서 그들은 최대한 빨리, 그러나 꼼꼼하게 영어를 배운다. 예를 들어 학생들이 서로 영어로 말하도록 독려받을 때, 그들은 모국어를 쓸 수 있도록 허락받지만 이는 오직 최후의 수단으로만 허용된다. 학생들이 모국어를 너무 자주 사용하다 보면 그것은 결국 부정적인 의미의 '목발'이 되어버릴 것이다. 아무튼 ESL 교사들은 영어 이외의 그 어떤 언어도 사용할 수 없다. 사실 ESL 교사가 이중언어를 사용하는 것은 학생들이 그들에게 영어 이외의 다른 언어를 사용하기를 기대하기 때문에 핸디캡으로 간주된다.

브라더후드 학교장은 인종차별주의는 이곳에서 용납되지 못할 것이라고 분명히 말한다. 욕설이 나오거나 노골적으로 인종차별과 성차별적인 교과서와 기타 자료들은 학교에서 사용이 금지된다. 최근 몇몇 교사들은 교실에서 일어나는 차별 문제를 처리하기 위한 전략 워크숍에 참여했다. 이 워크숍에 참여한 교사 중 일부는 다른 문화적 배경에서 온 학생들을 대하는 방법에 약간의 변화가 생기기를 기대했다.

브라더후드중학교의 대부분 교사들은 증가하고 있는 학생들의 다양성에 대처할 전문적인 준비가 거의 되어 있지 않다. 그들은 진심으로 학생들을 돕고 싶어 하지만, 교육적 실천이나 교육과정에는 약간의 변화만 있을 뿐이다. 교육과정의 점검이 아니라 교사들이 학생들을 '세심한 관심을 가지고 돌보는' 것이야말로 다문화교육이 지향하는 바다. 교사들은 학생들의 언어, 인종, 젠더, 사회계층에서의 차이를 인정하지만, 여전히 일부 학생들이 다른 학생들보다 더 성공하는 이유는 알지 못한다. 교사들은 유전이나 가난한 부모의 태도가 교육과 어떤 연관이 있는지 궁금해한다. 만약 그렇지 않다면, 무엇이 이처럼 큰 차이를 설명할 수 있을까?

수용

수용은 다양성을 지지하는 그다음 단계다. 이는 차이가 인정되고 차이의 중요성이 무시되지도 경시되지도 않음을 의미한다. 우리는 이 수준에서 다문화교육의 중요한 움직임을 보게 된다. 학교 정책과 일부 현장이 어떻게 변하게 될지 살펴보면 이러한 움직임을 알 수 있다.

우리 학교의 이름은 레인보우중학교다. 학교 안에 들어섰을 때 우리는 영어 안내문과 영어 이외의 언어를 사용하는 학생들과 그의 가족들이 사용하는 주요 언어인 스페인어와 아이티 크레올어로 적힌 안내문을 보았다. 레인보우중학교의 교장은 아프리카계 미국인으로서 처음 임명된 벨린다 클레이턴(Belinda Clayton) 박사다.

교장은 학교를 '다문화 건물'로 지정했고 다양한 학습 유형에 관한 세미나, 편견 없는 평가 그리고 이중언어교육 등 다양성에 초점을 맞춘 다수의 교사 연수를 장려했다. 또한 교장은 이중언어 학급을 위해 스페인어를 하는 교사와 아이티 크레올어를 하는 교사를 고용했고, 그 교사들을 '정규' 프로그램에 다양하게 배치했다.

교장실 밖의 게시판에는 '이달의 학생' 사진을 전시해놓았다. 이달의 학생은 미술을 잘하는 6학년 학생인 로드니 토머스, 이중언어 프로그램 반의 7학년 넬레이다 코르테스, 그리고 특별교육 프로그램 반의 8학년 학생인 멜리사 뉴턴이었다. 세 학생 모두 담임교사 그리고 교장과 함께 특별한 오찬을 가졌다. 다른 게시판은 '빛의 축제'와 함께 멕시코의 라스 포사다스(Las Posadas: 12월 16~24일까지 열리는 9일간의 크리스마스 행사)와 스웨덴의 세인트루시아(Saint Lucia)의 날(12월 13일, 성자 루시아를 기념하는 날)의 사례와 함께 하누카(Chanukah: 유대교 축제), 콴자(Kwanzaa) 그리고 크리스마스에 대한 특별한 정보에 초점을 맞춘 내용이 게시되고 있었다.

레인보우중학교는 날로 증가하는 다양성을 반영하기 위해 교육과정을 약간 수정했다. 영어수업은 아프리카계 미국인, 아일랜드인, 유대인 그리고 영어로 쓰인 라틴계 문학에 대한 선택권을 넓혔고, 일부 과학교사와 수학교사는 다양한 배경의 과학자와 수학자에 대해 언급하기 시작했다. 한 취업 준비 수업에서는 다수의 학부모들이 초대되어 학부모들의 직업과 현재 자신의 직책에 오르기 위해 받은 트레이닝에 대해 발표했다. 모든 학생들은 외국어를 배우도록 독려받았으며, 외국어에 대한 선택권은 스페인어, 프랑스어, 독일어, 중국어로 확대되었다.

수준별 학습은 레인보우중학교의 최상위권 학생들을 제외하고는 사라졌다. 모든 학생들이 대수학을 배울 수 있는 기회를 가지고 있지만, 교사들이 보기에 대수학이 너무 어려울 것 같은 학생들에게는 대수학을 배울 기회를 제공하지 않는다. 수준별 학습을 따르지 않는 교실은 학생들에게 호평을 받았으며, 이러한 시도는 학생들의 학습 활동을 다소 개선시켰다. 또한 일주일 중 하루 정도는 학생들에게 특정 프로젝트에 대해 학습하는 '러닝 블록(learning block)'에 전념하도록 하는 내용의 탄력학습시간제를 운영하려고 시도했다. 한 그룹은 지역사회의 노인에 대한 심층 연구를 시작했다. 그들은 노인에게 제공할 수 있는 서비스에 대해 배웠고, 많은 미국 노인들의 빈곤과 부족한 의료 서비스에 대해 간단히 다루었다. 이 그룹은 지역사회에 대한 서비스 구성요소를 학습활동에 추가했는데, 이는 주간 '러닝 블록'을 이용하여 지역 주민센터에서 노인들과 책을 보며 학습을 도와주는 활동으로 이루어지고 있다.

아이티어와 스페인어를 말하는 학생들은 시험을 통해 모국어에 숙달했다고 생각되면 과도기적인 이중언어교육 프로그램에 배치된다. 학교의 공간 부족으로 인해 이중언어 프로그램은 보일러실에서 가까운 지하층에 위치해 있다. 여기에서 학생들은 ESL 전문가와 함께 하루 중 일정 시간은 영어를 제2 외국어로 하고 학생들의 모국어로 기본적인 교육과정을 배운다. 대부분의 ESL 교사들은 영어 이외의 다른 외국어에도 능숙해서 학생들이 제2 외국어를 습득하는 과정을 이해할 수 있도록 돕는다. 이러한 이중언어 프로그램은 3년이라는 제한시간 동안 학생들이 가능한 한 빨리 '정규수업'에 배치되는 '주류'가 되기를 바란다.

이 과정에서 학생들은 하루 중 대부분을 자신의 친구들과 떨어져 지낸다. 그러나 체육, 미술, 음악 등 몇몇 수업은 영어를 말하는 학생들과 함께 듣는다. 학생들이 이 프로그램을 통해 영어에 유창해지면, 수학과 사회수업을 시작으로 몇몇 수업에서는 정규수업에 참여하게 된다. 이중언어 프로그램에서 학생들의 모국 문화는 때때로 교육과정의 기초로 사용되고, 학생들은 조상들의 역사에 대해 배운다. 예를 들어, 카리브 해 지역의 역사수업은 두 그룹 모두에게 그들의 모국어로 진행된다. 그렇지만 이중언어 프로그램에 참여하지 않는 아이티계와 라틴계 학생들, 다른 지역 출신 학생들도 모두 이 수업에 참여할 수 있다.

언젠가 레인보우중학교에서 인종차별뿐만 아니라 다른 형태의 차별적인 사건이 일어났다. 클레이턴 교장은 가해 학생과 학생의 부모를 호출하는 등 이 문제를 신중하게 다루었으며, 이로써 학생들이 욕설을 하거나 다른 사람을 희생양으로 삼으면 심각한 결과를 초래한다는 것을 이해할 수 있게 했다. 지난해 어느 날에는 '다양성' 교육을 하는 데 하루를 할애했다. 이 시간에는 학생들이 차별, 그리고 다른 사람을 세심히 배려하는 것의 중요성과 미국 역사에서 다양한 이민자들의 역사에 초점을 맞춘 워크숍을 듣도록 하기 위해 정규수업을 취소했다. 또한 '다문화축제'를 개최하고 다양한 문화적 배경의 학부모들로부터 기부받은 레시피로 요리책을 출판했다.

레인보우중학교는 학생들의 다양성을 수용하기 위해 지속적으로 노력하고 있다. 그들은 동화가 목적이 되지 않아야 한다고 생각했고, '용광로'라는 낡은 생각을 배제하기로 했다. 대신에 그들은 모든 학생들이 특별히 재구성될 필요가 없다는 의미에서 '샐러드 볼'이라는 은유를 사용했다.

존중

존중은 다문화교육을 지지하는 그다음 단계다. 이는 다양성을 존중하고 높게 평가하는 것을 의미한다. 개인의 차이를 존중하는 것은 학교교육의 기본이 된다. 다음의 이야기는 존중을 실천하는 학교에 대한 것이다.

소저너 트루스 중학교는 인구군이 변하고 있는 중소도시에 위치해 있다. 이곳에는 많은 수의 아프리카계 미국인과 더불어 아프리카 카보베르데와 베트남 학생들의 숫자가 증가하고 있으며 이러한 변화를 반영해 학교 교직원에는 다양한 지역 출신의 교사, 상담가, 특수교육 교사가 포함되어 있다. 예를 들어, 베트남 언어치료 전문가의 존재는 베트남 학생들의 특수한 요구가 해결되지 않고 있다는 교사들의 우려를 완화하는 데 도움을 주었다. 베트남 언어치료 전문가는 교사들이 베트남어에 익숙하지 않아 베트남 학생들의 문제를 파악하지 못한다는 사실을 발견했다.

우리가 소저너 트루스 중학교를 방문했을 때 학부모 자원봉사자들의 환영을 받았다. 그들은 모든 언어로 표시된 학교를 소개하는 자료를 나눠주었고, 학부모 라운지로 안내해 커피와 차 그리고 빵을 주었다. 학부모 자원봉사자들은 우리에게 학교를 돌아볼 것을 제안했다. 학교 게시판에는 지역에서 수행되는 스페인어 철자경시대회와 더불어 아프리카계 미국인 역사를 다룬 'W. E. B. Du Bios' 클럽을 소개하고 있었다. 게시판에 걸린 학생들의 사진은 많은 학생들이 이 모든 활동에 폭넓게 참여하고 있다는 사실을 분명하게 보여주었다. 대부분의 학생들은 학교에서 열정적이고 신나 보였고, 복도는 학생들이 이 교실에서 저 교실로 옮겨 다니는 소리로 떠들썩했다.

교사 연수를 받는 것은 소저너 트루스 중학교의 중요한 원칙이다. 교사들과 상담가들 그리고 교직원들은 지역의 대학에서 수업을 듣고 학교현장의 흐름을 잘 따라가기를 요구받는다. 이것을 더욱 실현 가능하게 하기 위해 교직원들은 매주 함께 모여 교육을 위한 시간을 가진다. 이로 인해 교육과정은 크게 변화하고 있다. 교사들은 교육과정을 발전시키기 위한 위원회를 구성했다. 영어과에서는 익숙하지 않은 새로운 다문화적 문학작품을 읽고 토론하는 데 시간을 할애하기로 결정했다. 그 결과 세대, 이민, 변화와 지속, 개인과 집단책임 등의 핵심 주제로 교육과정이 재구성되었다. 교사들은 이러한 주제를 반영하는 문학작품을 고르는 것이 쉽다는 것을 알게 되었는데 이러한 문학작품들이 바로 다문화적 특성을 지닌 작품이다. 예를 들어, 개인과 집단책임에 대한 주제에서 교사들은 『안네의 일기』, 『비밀의 숲 테라비시아(Bridge to Terabithia, Katherine Paterson 저)』, 『사랑으로 깨어나는 이야기(morning girl, Michael Dorris 저)』, 『Let the Circle be Unbroken(Mildred D. Taylor 저)』을 포함한 다양한 차이에 대한 이야기를 선택했다. 영어교사들은 차례로 역사, 미술, 과학교과에서 이러한 주제들에 대한 통합적인 구성을 발전시키는 데 참여했다. 미술교과와 음악교과 교사들은 그들과 함께 작업하겠다고 동의했고, 베트남 춤, 과테말라 위빙(weaving), 유대인 클래츠머 음악, 그리고 미국 원주민에 대한 수업에 참여하여 다른 공동체에서 개인과 집단의 책임에 관한 예시로 사용했다.

교육과정에서 볼 수 있는 또 다른 변화들은 인종차별적이지 않고 더욱 정직해졌다. 제2차 세계대전에 대해 공부할 때, 학생들은 미국의 영웅적인 역할에 대해 배우는 동시에 600만 명의 유대인, 집시, 게이, 레즈비언, 다른 다양한 배경에서 온 반대자를 포함하는 수백만 명이 학살당한 홀로코스트에 대해서도 공부했고 이 내용들로 시험을 보았다. 또한 학생들은 첫 시간에 수십만 명의 일본인과 일본계 미국인이 미국 땅에 억류되어 있었다는 것을 배웠다.

그리고 미국 역사에서 노동의 중요한 역할과 속박에서 스스로 해방된 아프리카계 미국인의 역할 같은 이슈들에 대해 말하는 것이 '안전'해졌다. 이 두 주제는 이전에는 너무 '민감'하다고 생각되었다. 이는 학교가 진실성과 용기의 대명사로 알려진 여성인 소저너 트루스(Sojourner Truth)의 이름으로 개명된 이유다. 소저너 트루스는 미국의 흑인 전도사이자 사회개혁가로, 종교적 열정을 바탕으로 노예제 폐지와 여권운동에 힘쓴 여성이다.

소저너 트루스 중학교는 수준별 반 편성을 모두 폐지했다. 우리에게는 교실에서 관찰한 교육 수준이 어려운 것처럼 보였기 때문에 모든 수준의 학생들이 함께 공부하고 있다는 사실을 믿기 어려웠다. 연구를 통해 학교가 모든 학생들에게 높은 기대치를 가지고 있다는 것이 드러났다. 어떤 학생에게는 다른 학생들보다 더 많은 시간을 들이고, 어떤 학생에게는 역할과 책임을 변화시키는 협력적 그룹을 제공하는 등 학교는 모든 학생과의 대화를 통해 학생들 간에 차이가 나는 능력을 받아들였다.

영어 이외의 언어를 구사하는 학생들은 단 3년이 아닌, 학창시절 내내 자신들의 모국어를 사용하는 프로그램인 '이중언어 프로그램 유지'에 대한 선택사항이 주어졌다. 영어를 구사하지 못하는 학생들만 이중언어 프로그램에 참여하도록 하는 정책을 변경하여 이 학교에서는 영어와 그들의 모국어를 사용하는 학생들도 프로그램에 참여할 수 있게 했다. 이러한 언어를 구사하는 학부모와 다른 공동체 구성원들은 학급에 정기적으로 초대되어 그들의 삶과 직업, 가족 이야기 혹은 다른 경험들에 대한 이야기를 나누었다. 이중언어 프로그램에 참여하고 있는 학생들은 하루 종일 그들의 친구들과 떨어져 있는 것이 아니라, 대부분의 수업에는 함께 참여했다.

이 학교의 교사들과 다른 구성원들은 개정된 교육과정이 실행된 이후에 욕설과 민족 간의 적대행위가 눈에 띄게 줄어들었다는 것에 주목했다. 이는 어쩌면 더욱 많은 학생들이 교육과정을 통해 자신을 돌아보고 그들의 눈에 보이지 않는 것들에 대해 덜 분노하게 되거나, 많은 교사들이 학생들의 다양성에 대해 인지하고 공감하게 되거나, 교직원들이 다양하게 구성되거나, 지역사회의 분위기가 학교에 더욱 호의적이어서 그럴지도 모른다. 그것이 무엇이든 간에 소저너 트루스 중학교는 교직원과 학생 모두 세상을 보는 방식을 확장하는 환경을 조성했다.

긍정, 연대 그리고 비평

긍정, 연대 그리고 비평은 비록 어렵고 도전적인 문제일지라도 학생들이 서로 논쟁하고 협력할 때 가장 효과적인 학습 결과를 얻게 된다는 전제에 기초하고 있다. 긍정, 연대, 비평은 학생들과 가족의 많은 차이가 학습을 위한 수단으로 받아들여지고 인정되며, 이러한 차이가 확대된다는 가정하에 시작된다. 이러한 교육 수준이 다른 단계들과 구별되는 것 중 하나는 갈등을 피하지 않으며, 이것을 오히려 학습의 불가피한 한 부분으로 받아들인다는 것이다. 왜냐하면 이 단계의 다문화교육은 평등 그리고 사회 정의와 함께 고려되며, 다른 집단들에 대한 기본 가치와 종종 상반되기 때문에 갈등은 반드시 일어나게 된다.

긍정, 연대 그리고 비평은 문화라는 것이 고정된 것이나 불변하는 인공물이 아니라는 이해에 기초하며 언제든지 비평의 대상이 될 수 있음을 의미한다. 어떤 문화이든 현실을 수동적으로 받아들이는 것은 이 수준의 다문화교육과 일치하지 않는다. 단지 또 다른 신화를 하나의 신화로 대체하는 것은 어떤 집단도 다른 집단보다 우수하거나 더 영웅적이지 않기 때문에 신화의 기본 가정과 모순된다. 메리 칼란티스와 빌 코프(Mary Kalantzis & Bill Cope)가 1990년 그들의 작품인 「오스트리아에서 다문화교육에 대한 경험: 6개의 사례 연구」에서 강력하게 표현했듯이, "다문화교육이 더욱 효과적이기 위해서는 훨씬 더 활동적이어야 한다. 다문화교육은 다양성의 즐거움과 함께 공동체를 뛰어넘는 다른 집단들의 근본적인 주제와 더불어 같은 공간에서 물질적 생활에 대한 기본 주제를 다루어야 한다. 갈등과 고통을 만들어낼 수 있는 공평한 과정들 말이다."

비평을 제외한 다문화교육은 로맨틱하거나 이국적인 단계에 머무르는 문화로 귀결될 수 있다. 만약 학생들이 다른 사람들의 차이를 이해하기 위해 그들의 문화적 경험을 초월한다면, 반성 과정과 함께 다른 사람들의 문화에 대한 비평을 경험해야 한다. 비평 과정은 핵심적인 부분에서 다른 사람들과의 연대를 통해 시작된다. 진정한 존중을 기초로 할 경우 비평은 필요할 뿐만 아니라 건전한 것이다.

아르투로 스콤버그 중학교는 푸에르토리코인, 살바도르인, 미국 원주민, 폴란드계 미국인, 아일랜드계 미국인, 중국계 미국인, 필리핀인 그리고 아프리카계 미국인 등 다양한 인구분포를 갖는 중소도시에 위치해 있다. 이 학교는 아프리카 사람들에게는 "문화가 없다"라는 신화에 이의를 제기하며, 미국에서 흑인의 역할을 탐색하는 데 자신의 일생을 바친 푸에르토리코 흑인 학자의 이름을 따서 지어졌다.

학교 현관 위에 보이는 학교의 로고는 학생들에 의해 만들어진 거대한 태피스트리였는데, 이는 '용광로'나 '샐러드 볼'이 아닌 다른 모델의 다문화교육을 상징한다. 주 교육위원회(State Boards of Education)의 「The American Tapestry: Educating a Nation」에 따르면, "태피스트리는 손으로 짠 직물이다. 그것을 뒤에서 살펴보면 여러 실들이 잡다하게 마구 섞인 것처럼 보인다. 그러나 반대로 돌려봤을 때 이 실들은 함께 모여 아름다운 그림을 그려내고 있다."(p. 1) 애들레이드 샌퍼드(Adelaide Sanford)에 따르면 이 잡지에 기고한 스터디그룹의 한 구성원은 태피스트리는 매듭과 끊어진 실, 그리고 검은색 바탕 위에 뒤죽박죽 섞인 것처럼 보이는 색들과 패턴들을 통해 사회가 해결해야 할 긴장, 갈등 그리고 딜레마를 상징한다고 했다. 협동과 투쟁의 두 가지 정신은 이 학교에서 분명하게 드러난다.

우리가 아르투로 스콤버그 중학교를 방문했을 때, "배우고, 생각하고, 질문하고, 세상을 더 나은 곳으로 만들기 위해 노력하라"라는 학교의 교훈을 보았다. 이것은 학교 전체에 울려 퍼지는 메시지다. 참여는 분명히 다른 주제다. 본관에는 교실과 지역사회 봉사, 그리고 수업 외 활동과 관련된 다양한 사진들이 걸려 있다. 비록 외형은 전형적인 학교이지만, 모든 학생이 안전하게 느끼고 학습의 가장 높은 수준을 배울 수 있는 장소로 변모하고 있다. 학교에는 전형적인 교실과 함께 특정한 학습 영역에 초점을 맞춘 센터도 있다. 그곳에는 학생들이 유럽의 발레, 전통적인 필리핀 춤, 현대의 미국 춤을 연습할 수 있는 스튜디오가 있다. 또한 건물 밖에는 학생들과 교직원들이 가꾸는 큰 정원이 있다. 여기서 가꿔진 채소들은 교내 식당 직원들이 식사를 준비하는 데 이용되는데 더욱 건강하고 민족적 다양성을 반영하는 메뉴로 바뀌면서 학생들의 식습관이 크게 개선되었다.

우리는 학교 직원들에 의해 다양한 교실과 학습센터를 방문할 수 있었다. 그곳에서 우리는 낮에 시간을 낼 수 있는 학부모들이 교실에서 교육을 도와주거나, 그림 프로젝트나 컴퓨터 수업이 열리는 학부모실에 있거나, 다른 학부모들이나 교사들이 자녀 양육에서 ESL까지 다양한 문화를 아우르는 주제를 다루는 워크숍에 참가하는 모습을 볼 수 있었다. 게시판은 화려한 색과 다양한 언어로 뒤덮여 있었고, '미국인이 되는 것이 어떤 의미인가'에 대한 학생들의 비판적 글쓰기에서부터 미술 프로젝트까지 많은 학생들의 재능을 기념하는 것들이 전시되어 있었다. 학습은 교실이나 강당의 소그룹 협동 프로젝트 등 모든 곳에서 이루어지고 있었다.

이 학교의 교실은 어떤 모습일까? 그중 하나는 교실들이 수많은 다양성으로 특징화되어 있다는 것이다. 수준별 반 편성과 특수교육은 아르투로 스콤버그 중학교에서 사라졌다. 특수교육이 필요한 학생들은 가끔 특수교육이 필요 없는 학생들과 구분되어 소그룹 지도를 받기도 하지만, 보통은 다른 학생들과 함께 교육을 받는다. 모든 학생들은 '재능이 있다'고 간주되며 특별 수업은 가끔 춤, 수학, 시 혹은 과학에 뛰어난 학생들을 위해 편성된다. 관심이 없는 학생들도 이러한 수업에서 배제되지는 않는다. 또한 모든 학생들은 대수학과 기하학 수업에 참여하며, 수업 전후나 다른 수업 시간에 특별 코칭 시간을 가지기도 한다.

수업은 유연하게 이루어진다. 수업은 여러 교과 분야가 연계된 교육과정과 팀티칭으로 이루어지기 때문에 가끔 수업시간이 3시간 정도까지 길어질 때가 있다. 교실의 물리적 환경도 다양하다. 어떤 학생들은 둥근 테이블에 앉고, 어떤 학생들은 전통적인 책상에 앉으며, 어떤 학생들은 더욱 활발하게 움직이기 위해 책상에 앉지 않기도 한다. 학급의 규모 역시 그날의 수업 주제에 따라 작은 그룹에서 큰 그룹에 이르기까지 다양하게 구성된다. 학교의 일정관리는 계속되는 도전이지만, 교직원과 학생은 보다 유연한 계획을 따르고 있고, 이것이 초래할 수 있는 일상의 문제들을 감안하고 있다.

아르투로 스콤버그 중학교에는 '외국어'가 없으며, 엄격히 말해 이중언어 프로그램도 없다. 그 대신 학교에서는 다국적 언어를 사용하며, 모든 학생은 최소한 자신의 모국어를 제외한 하나의 제2 언어를 공부해야 한다. 학생들은 언어에 의해 분리되지 않는 대신에 교육을 위해 두 가지 언어가 사용되는 이중언어 환경에서 공부한다. 현재 학교에서 사용되는 주 언어는 학교 구성원들이 가장 많이 사용하는 언어인 영어, 스페인어 그리고 타갈로그어다. 학생들이 교실이나 복도, 놀이터, 심지어 영어가 모국어인 학생들 사이에서도 이러한 언어들을 사용하는 것을 보는 것은 드문 일이 아니다.

아르투로 스콤버그 중학교의 학생들은 학습에 몰두하고 흥미를 가지고 있다.

그들은 학제적 교육과정에서 비롯된 다수의 혁신적이고 폭넓은 프로젝트에 참여하고 있다. 예를 들어 학생들은 학교에 소속된 중국계 미국인 예술가와 함께 작업하면서 1882년 중국인 추방법을 만든 '미국의 토착주의(know-nothing)' 운동에 초점을 맞춘 희곡을 쓰고 감독하여 작품을 만들어냈다. 학생들은 이 극을 준비하면서 많은 양의 작품을 읽었고 광범위한 조사를 했다. 또한 기초 정보를 얻기 위해 국회도서관의 도움을 받았고, 이민배척주의를 야기한 그때의 분위기를 알기 위해 당시의 뉴스나 잡지를 읽었다. 학생들은 또한 모든 의상과 세트를 직접 디자인하고 만들었다. 게다가 그들은 최근에 미국에 건너온 다양한 배경의 많은 이민자들을 인터뷰하여 이민자들이 부정적인 것부터 긍정적인 것까지 새로운 나라에 대한 다양한 범위의 경험을 갖고 있다는 것을 발견했다. 연극이 공연되는 날, 수백 명의 학부모와 여러 지역사회 사람들이 관람했다. 학생들은 지속적인 이민에 대해 찬반 논쟁을 벌였고, 의회 대표로부터 이민법에 관한 최신 정보를 받았다.

아르투로 스콤버그 중학교의 교육과정은 우리가 처음 방문한 조지 워싱턴 학교와 매우 다르다. 교사들은 다양성을 가르치는 자신들의 책임을 진지하게 받아들인다. 학생들은 모든 이야기에는 다양한 측면이 있다는 것을 학습했다. 이 때문에 학생들은 정보에 입각한 결정을 내리기 위해 자신들이 얻을 수 있는 최대한 많은 양의 정보를 필요로 하고 있다. 영어수업이든, 과학수업이든, 미술수업이든, 어떤 수업이든 상관없이 학생들에게 "이 책의 저자는 누구인가요?" 같은 질문을 함으로써 책, 신문, 교육과정 혹은 정보에 대한 비판적인 시각을 갖게 한다. 이러한 질문을 통해 학생들은 모든 이야기에는 관점이 있으며, 그렇기 때문에 모든 관점은 부분적으로 왜곡될 수 있다는 것을 배운다. 또한 학생들은 자신이 부유하든지 그렇지 않은지에 상관없이 자신의 배경이 편협한 인식을 만들 수 있다는 한계를 가지고 있다는 것도 알고 있다. 어린 나이임에도 대부분의 학생들은 모든 주제가 어렵다는 것을 배우며 노숙자, 지구 온난화, 다른 문화권에서는 성별에 따른 문화가 어떻게 여성의 기회를 제한하는지 등의 다양한 주제를 해결하기 위해 애쓰고 있다. 이곳에서는 존중과 배려를 갖고 접근한다면, 어떠한 주제도 논의의 금기 대상이 되지 않는다.

이것은 교사가 학생들과 함께 배우는 사람이 되어야 한다는 의미다. 교사는 각각의 주제에 호기심과 열린 마음으로 접근하고, 학교에 근무하는 동안 공부할 시간, 동료와 만나는 시간, 그리고 교육과정에 따라 계획하는 시간을 갖는다. 교사 연수는 가까운 대학교에서 수업을 듣고 스터디 그룹의 동료들과 어디서든 반나절에서 몇 개월 동안 공동으로 연구하는 것을 의미한다. 이러한 것들은 교사들이 관련 주제나 어려운 문제에 대해 신중하게 연구할 수 있는 포럼을 제공한다. 이러한 스터디 그룹의 일부는 남북전쟁 후 재건시대와 필리핀 사람들의 역사 같은 주제나 협동 학습, 다양한 인지 양식 같은 교육적 주제에 초점을 맞추었다.

특별히 이 학교에서 주목할 만한 점은 다문화교육이 일반교육과 분리되어 있지 않다는 것이다. 이는 "모든 교육은 그 자체로 다문화적이다"라는 의미다. 영어수업에서는 영어가 사용되는 나라의 다양한 사람들에 의해 저술된 문학작품을 활용한다. 이는 영어수업을 다문화적일 뿐 아니라 국제적인 것이 될 수 있도록 한다. 과학수업은 특정한 민족집단 사람들에 의해 이루어진 성과에만 집중하지 않고, 어떻게 과학 그 자체가 개념화되었고, 가치 있게 되었으며, 전통적으로 과학의 비주류에 있었던 사람들에 의해 어떻게 시행되었는지에 대해 고려하는 방향으로 변화되었다. 에이즈 교육이나 각기 다른 문화권에서의 의료, 과학적 인종차별주의 같은 주제들도 모두 연구 대상이다.

이 학교와 우리가 방문했던 다른 학교들과의 가장 큰 차이점 중 하나는 경영구조다. 이 학교에는 학생, 교사, 학부모, 그리고 다른 공동체 사람들로 구성된 아르투로 스콤버그 학교 의회가 있다. 이 의회는 교장을 초빙하는 것에서부터 합리적이고 평등한 징계 정책과 실천을 결정하기까지 폭넓은 의사 결정권을 갖고 있다. 학생 대표는 반 친구들에 의해 선출되는데, 처음에는 인기투표 같았지만 최근 들어 학생들이 이 책임을 진지하게 받아들이기 시작했다. 이는 아마도 어른들이 이를 진지하고 중요하게 받아들였기 때문일 것이다. 예를 들어, 학급의 한 학생이 유독성 폐기물과 환경에 대한 연구와 관련해 이웃 도시로 체험학습을 가기로 결정했을 때,

학생들은 "이 여행의 교육 목적은 무엇인가? 시간이 얼마나 걸릴 것인가? 비용은 얼마가 들 것인가?"와 관련된 기본 계획을 짜야 한다. 조사와 계획이 끝난 후, 학생들은 자신들의 아이디어를 의회에 제출하고, 학생과 학부모, 지역사회 단체가 포함된 기금 조성 계획이 시작된다.

아르투로 스콤버그 학교는 매일 중요한 변화를 겪고 있는 학습센터다. 교사들은 학생들이 학교에서 보여주는 풍부한 재능을 발견하면서 모든 학생들에게 큰 기대를 갖는다. 이 학교는 가능성의 분위기를 가지고 있는데, 이는 학생들의 경험이 학습과 학생들의 지평을 넓히는 데 사용되기 때문이다. 결국 학생들은 자신들의 경험이 중요하고, 특별함과 동시에 수많은 경험 중 하나일 뿐이라는 사실을 깨닫는다. 모든 사람을 포함하는 '미국인'에 대한 새로운 정의가 이 학교에서 형성되고 있다. 무엇보다 이곳에서의 학습은 재미있고 몰입되며 포괄적이고 발전적이다.

결론

누군가는 어떻게 이런 이야기, 특히 마지막에 소개한 아르투로 스콤버그 학교 같은 사례가 현실적이냐고 물을 수 있다. 이런 학교가 정말 존재할 수 있을까? 그저 희망사항이 아닐까? 교사들이 교실에서의 다양성을 다루기 위한 준비가 전혀 되어 있지 않은 현실은 어떻게 다루어야 할까? 대학이 진부한 수업과정을 개설하는 현실은 어떠한가? 연필도 종이도 분필도 없고, 비디오와 컴퓨터가 거의 없는 학교의 현실은 어떠한가? 거리와 집, 학교에서 폭력이 만연하는 현실은 어떠한가? 마약과 범죄의 현실은 어떠한가? 자신의 가족과 거의 함께 있지 않고, 약간의 시간만을 학교에서 봉사하려는 부모들의 현실은 어떠한가?

이는 우리 사회가 직면한 수많은 문제들로 우리에게 학교가 그들의 사회정치적 맥락을 이해해야 한다는 사실을 상기시킨다. 이는 우리의 학교가 존재하고 있다는 것을 의미한다. 사회적 · 경제적 계층화가 삶의 현실이고, 경쟁이 돌봄보다 강조되며, 처음 받은 교육이 평생 지속되는 사회에서 다문화적 관점으로 학교를 발전시키는 것은 쉽지 않다. 다양성, 평등, 높은 수준의 학습에 진정으로 동의한 학교가 되기는 어렵다. 이는 학교가 직면하는 문제들이 만연하고 해결하기 어렵기 때문이다. 현재의 학교는 이러한 도전을 감당할 수 있게 체계화되어 있지 않다. 만약 우리가 모든 학생이 최고 수준에서 배울 자격이 있다고 믿는다면, 이러한 목적을 달성하는 데 도움이 되는 교육 비전이 필요하다.

그러나 위에서 제시한 이야기가 단순히 상상의 산물만은 아니다. 이 이야기를 통해 아마도 학교 곳곳의 이런저런 것들에 주목했을 것이다. 하지만 '단일문화 학교'가 우리에게 가장 친숙하고, 불행하게도 가장 편안한 형태의 학교이기에 다른 시나리오들이 비현실적으로 보일 수도 있다. 비록 이것들이 특정 학교의 실제적 모습이 아니라는 점에서 이상적이지만, 이러한 이야기들은 학교에 어느 정도 존재하기 때문에 가능성을 가지고 있다. 이는 이룰 수 없는 비전이 아니라 매일매일 우리의 학교에서 일어나고 있는 모습이다. 그것들은 우리가 학교를 변화시킬 수 있는 방법에 대한 기초를 제공한다. 사실 우리 사회가 항상 옹호해온 생각에 기반을 두고 학교를 설계한다면, 그 학교는 의심의 여지없이 마지막 사례와 매우 가까울 것이다.

하지만 그것은 단일구조의 모델이거나 하루 만에 완성할 수 있는 것이 아니다. 각 학교의 참여는 자신들의 관점을 발전시켜 점점 변화되는 것을 필요로 한다. 학교는 더욱 다문화적이고 포괄적이고 흥미 있는 학습의 장으로 변해갈 것이다. 만약 학생들이 매우 다양하고 복잡해진 사회에서 윤리적이고 생산적인 삶을 사는 방법을 터득해야 한다고 믿는다면, 우리는 학교를 변화시켜 단순히 '기초'라고 불리는 것을 가르치는 것이 아니라 민주주의와 사회 정의에 대한 견습기간을 제공해야 한다. 민주주의를 경험하지 못한 학생들이 민주주의를 알고 존중하기를 기대하는 것은 불가능한 일이다. 이와 마찬가지로, 그들에게 단일문화적 미래에 대한 지식밖에 주지 않았다면 그들이 다원적 사회에서 잘 기능하도록 기대하는 것 또한 비현실적이다. 이는 변화로부터 오는 두려움을 극복하고, 모든 학교의 학생들을 위해 어떻게 우리가 흥미진진한 가능성을 만들 수 있을지를 생각하는 것이다. 이것이 향후 우리의 도전이다.

12장
친절한 것만으로는 부족하다
유색인종 학생을 위한 돌봄 정의하기

유색인종 학생을 돌보는 것은 그들에게 '친절한 것' 이상이어야 한다. 불평등과 억압의 구조 내에서 '돌봄'은 유색인종 학생을 친절하고 동정심 있게 대하는 것만으로 충분하지 않다. 때때로 친절한 것을 넘어서는 것은 사람들이 '친절하다'고 정의하는 것과 반대의 의미를 지니기도 한다. 즉 높은 기대와 엄격한 기준을 가지는 것, 학생 자신이 할 수 있다고 믿는 것보다 더 나아가도록 학생들을 이끄는 것, 학생이 자신의 목표를 성취하기 위해 노력하고 있을 때 그들을 지지하는 것을 의미한다. 교사가 친절함을 넘어선다는 것은 학생에 대한 깊은 확신을 가지고, 이들의 재능과 힘을 인정하며, 학생들의 정체성과 공동체를 존중하는 교실과 학교환경을 만드는 것을 의미한다.

친절한 것만으로는 부족하다: 유색인종 학생을 위한 돌봄 정의하기

내 건너편에 앉은 젊은 남성이 애처로운 표정으로 말했다. "그렇지만 나는 좋은 사람이에요." 그는 나의 강의에서 이루어지는 인종차별에 대한 모든 대화가 왜 자신을 그토록 불안하게 하는지를 설명했다. 그는 머지않아 도심의 학교에서 교사생활을 시작할 예정이었다. 그는 '친절한 것'이 지금까지 자신이 별로 경험하지 못했거나 인연이 닿지 않았던 학생을 가르치는 데 있어 어려움을 넘길 수 있게 해줄 것이라고 믿었다.

15년 전에 한 학생이 백인이라는 사실에서 오는 죄책감을 떨치고 유색인종 학생을 도우려고 애쓰는 사람이 친절한 사람이라는 자신의 생각을 재확신하기 위해 내 연구실로 들어왔다. 하지만 이러한 의도를 지닌 학생의 방문은 처음 있는 일이 아니었고 마지막도 아니었다. 현직 교사와 예비교사를 가르쳐온 지난 30년 동안 이러한 장면은 셀 수 없이 반복되었다. 어떤 이는 이러한 내용을 글로 써주었고, 어떤 이는 눈물을 보이며 토로하기도 했으며, 가끔은 절망과 양심의 가책을 털어놓기도 했다. 학생들이 묘사하는 감정은 보통 다문화교육에 관한 나의 강의에서 이루어지는 독서와 토론으로부터 시작된다. 나의 강의는 일부 학생들에게는 어려운 메시지를 담고 있다. 이는 우리 모두는 이따금 개인의 인간성을 떠나 무의식적으로 영속되는 불공평한 인종적 구조 속에 위치해 있다는 것이다. 많은 백인 학생들은 자신이 전혀 생각해본 적이 없거나 알아보려고 한 적이 없는 적나라한 현실과 마주하게 될 때, 고통과 혼란스러운 불균형을 명확하게 경험하게 된다.

교사를 가르치는 교육자로서 나에게 가장 큰 도전은 백인 학생과 유색인종 학생에게 인종차별이 단순히 개인의 태도 혹은 기질이 아니라는 것, 그리고 인종차별과 싸우기 위해서는 죄책감을 느끼거나 '친절해지는 것'만으로는 충분하지 않다는 것을 이해시키는 것이다. 인종차별은 사람들과 유색인종 학생들을 지속적으로 돌보기 위한 제도의 구조적인 실패에서 이루어진다. 불공평한 돌봄 구조 내에서 자신들의 역할에 대해 죄책감과 절망을 경험한 나의 학생들 대부분은 백인이었음에도 나는 이 연구에 유색인종 예비교사를 포함했다. 설령 자신이 유색인종이라고 해도 자신의 배경과 다른 사람들에 대한 편협한 인식과 행동으로부터 자유롭지 않다. 라틴계 학생들은 아프리카계 학생에 대해 편견을 품을 수 있고, 아프리카계 학생들은 캄보디아 학생들에게 편견을 가질 수도 있다. 심지어 자신과 같은 집단의 사람에게 편견을 가지는 경우도 있다.

돌봄은 불평등이 만연한 구조 내에서 다양한 형태를 취한다. 실제로 우리가 유색인종 학생들을 돌보고 있다고 생각하는 순간에도 그들을 해롭게 한다. 이는 우리가 그들을 불공평하게 대하는 사회적 구조를 마주하는 데 실패하고 있기 때문이다. 유능한 백인 교사인 메리 긴리는 내가 지도했던 한 강의에 제출한 글의 도입부에서 그러한 생각을 다음과 같이 서술했다.

> 대부분의 학생들에게 학교라는 공간은 외국과 같다. 사실 이 학생들이 세계 그 어디에서 정답에 동그라미를 치고 빈칸에 무언가를 쓰며 시간을 보내는 일을 경험하겠는가? 학교의 언어와 문화가 학생의 그것들과 멀어지면 멀어질수록 이는 학생에게 더 큰 위험 요소로 작용한다. 교사가 따뜻하고 다정하게 도움을 주고 친절하더라도 그것만으로는 충분하지 않다. 우리는 학생의 모국어인 스페인어를 잊도록 친절하게 말하고 학부모에게 학생들이 집에서 영어로 말하게 해달라고 부탁하는, 따뜻하고 다정한 교사를 많이 알고 있다. 이들은 과제가 어려워서 낙담하지 않도록 학생들에게 보다 쉬운 과제를 제시하고, 가정에서의 학생의 삶 혹은 그들이 먹는 음식, 좋아하는 음악, 그들이 들어온 이야기, 그들의 역사에 대해 전혀 배우려고 하지 않는다. 대신 우리는 웃으면서 그들을 안아주고, 우리의 음식을 먹게 하고, 우리의 이야기를 듣도록 하며, 우리의 음악에 맞춰 춤을 추라고 말한다. 우리는 그들에게 우리의 단어를 읽도록 가르치는데, 이것이 그들에게 왜 그렇게 어려운 것인지를 의아해한다. 우리는 그들에게 조용히 앉아 있으라고 요구하며 '다음 학년으로 올라갈 준비를 하기 위해' 중요한 것이 무엇이고 반드시 알아야 할 것이 무엇인지에 대해 말한다. 하지만 우리

는 그들이 누구이고 어디로 가고 싶어 하는지에 대해 절대 묻지 않는다.

교사들은 자기 자신이 개인적으로 '친절하다'고 생각함에도 인종차별을 할 수 있다. 이는 유색인종 학생이 인종적 구분에 따라 동등한 기회를 갖는 것이 거부되는 것을 의미한다. 긴리의 사례에서 볼 수 있듯이, '친절한' 교육자는 때때로, 심지어는 무의식적으로 학생 가정의 문화적 가치가 학교에서 아무런 위치를 차지하지 못하고 있음을 넌지시 비추면서 이들을 심하게 무시하고 이들에게 무례한 태도를 취하기도 한다. 나는 '친절한' 교사들이 자신이 가르치는 백인 학생들에게 거는 높은 기대를 유색인종 학생들에게는 하지 않는 사례들을 많이 보아왔다. 교사들이 학생들에게 낮은 기대를 갖는 것은 어려운 가정생활, 가난, 부족한 영어 실력으로부터 교사에게 안식처를 제공한다. 이러한 '안식처'는 의도치 않게 교사들이 유색인종 학생들이 학습 능력이 없다고 믿고 있음을 학생들에게 전달하기도 한다.

우리는 모든 학생들을 평등하게 돌보자고 주장하면서도 종종 유색인종 학생들, 특히 영어가 제2 언어인 학생들과 가난한 학생들에게 해가 되는 학교 정책과 지역 정책을 용인한다. 불평등한 자원, 체벌적인 고부담 시험, 엄격한 수준별 반 편성이 이러한 사례에 해당한다. 이러한 형태의 인종차별에는 학생을 돌보는 제도들의 실패도 포함된다. 학교에서의 인종분리 철폐를 연구한 역사가 마이어 와인버그(Meyer Weinberg, 1982)는 인종차별을 특혜와 처벌에 대한 구조라고 정의했다. 이 정의에 따르면 학생은 그 자신의 장점이나 잘못이 아니라 특정 인종집단에 속한다는 단순한 사실에 의해 주거, 고용, 건강 등에서와 마찬가지로 교육에서도 보상을 받거나 처벌을 받는다. 이와 같은 불평등한 시스템에서는 '친절한' 사람들조차 불평등한 보상과 처벌을 인정하고 그것을 분배할 수도 있다. 많은 사람들은 이러한 견해를 받아들이는 것을 어렵고 고통스럽게 여긴다.

나는 예비교사들이 좋은 의도를 가지고 있음에도 학생들을 돌보지 않는 다양한 제도적 실천에 어떻게 참여해왔는지에 대해 고민하고 논쟁하는 다양한 전략을 활용해왔다. 제도가 학생들을 돌보고 있다는 것을 확실히 하기 위해 교육가들은 '돌봄'이 학생들에게 어떠한 의미를 지니는지에 대해 질문하면서 시작할 수 있다. 참여자들은 돌봄에 대한 논의를 안전하게 만들어야 하지만, 이것이 개인적인 편안함을 의미하지는 않는다. 즉, 참여자들은 자기 자신과 제도에 대해 굳어진 생각을 상대로 투쟁해야 한다.

불공평한 구조 내에서 고군분투하는 유색인종 학생들에게 어떤 종류의 돌봄을 지원해주어야 하는가에 대해 교사들이 비판적으로 탐색하게 하기 위해 그들에게 한 학생에 대한 심층 사례 연구를 지시했다. 한 집단에 속한 한 명의 개인을 유심히 살펴보는 것은 특정 배경을 가지고 있는 사람에 대한 고정관념에서 탈피하게 하면서 학생들의 삶의 맥락에 집단 소속감이 어떤 영향을 미치는지에 대해 교사가 더욱 완전하게 이해할 수 있도록 한다.

니에토와 보드(Nieto & Bode, 2008)가 제시한 바와 같이, 교사들에게 다양한 배경을 가진 청소년의 '성인이 되어가는 과정'에 관한 이야기를 읽도록 하여 교사들이 인종차별에 직면하는 데 대한 구체적인 어려움을 이해하고 유색인종 학생들이 그들의 교사에게 어떤 도움을 필요로 하는지에 대해 생각해보게 했다. 이러한 활동 뒤에 이어지는 대화, 성찰, 분석은 교사가 그들 자신과 학생들이 어떻게 구조적으로 위치 지어진 집단의 구성원이 되는가에 대해 논의하게 한다. 이를 통해 교사들은 불공평한 구조 내에서 학생을 돌보는 것은 제도적 불평등에 도전하는 '친절함'을 넘어서는 것이 필요하다는 것을 이해하기 시작한다.

그리고 나는 교사들에게 교실에서 돌봄을 행한다는 것이 어떤 의미인지에 대해 깊게 생각하고 토론하도록 요청한다. 교사들은 돌봄이란 무조건적인 칭찬 혹은 교육과정에 재빠르게 문화적 요소를 포함시키는 것, 심지어는 수준의 저하라고 생각할 수도 있다. 반대로, 다른 사람들은 '돌봄의 윤리'란 존중과 동경, 엄격한 기준의 조합이라고 주장한다. 연구자 로잘리 롤론-도(Rosalie Rolón-Dow)가 기술했듯이, 필요한 것은 학생들의 실제 개인적 삶과 인종집단의 구성원으로서 직면하는 제도적 장벽에 대응하는 비판적 돌봄이다. 교사들은 학생들의 구체적인 사회 · 정치적 맥락 내에서 개별 학생들을 이해해야 하며, 이러한 맥락에서 방향을 효과적으로 잡기 위해 교육학과 교육과정 상의 구체적인 전략을 고안해야 한다. 이러한 작업은 '돌봄'이 어떤 의미인지 물을 때 시작된다.

13장
학교에서 다양성을 지지한다는 것의 의미

이 책을 통해 알게 되었듯이, 다양성을 지지하는 것은 단순히 특별한 기념일 행사를 하는 것에 대한 의문을 제기하거나 교육과정에 약간의 변화를 주는 것이 아니다. 다양성을 지지하는 것은 사회 정의에 대한 우리 사회의 책무, 모든 학생에게 평등한 기회를 제공해야 한다는 학교의 의무, 자신이 가르치는 학생들의 정체성과 능력을 고려하는 교사들의 지식, 태도, 가치, 신념에 관한 것이다. 그렇다면 '학교에서 다양성을 지지한다는 것은 어떠한 의미인가?'에 대한 답을 성급하게 내놓기보다 좀 더 확장된 시야에서 찾을 필요가 있다. 즉, 다양성을 지지하기 위해 우리는 개인적 · 집단적 · 제도적으로 변화할 필요가 있다.

이 장에서 나는 모든 학생에게 효과적인 학교를 창조하기 위해 교육자들이 이해해야 하는 현실을 제안하고자 한다. 이 장을 읽으면서 그동안 다양성을 지지하기 위해 해온 노력들을 생각해보자.

15년 전, 나는 다문화 교사 교육 프로그램 입학 면접에서 한 젊은 여성에게 왜 이 프로그램에 지원했는지를 질문했다. 당시 우리 학교에는 학생들이 선택할 수 있는 교사 준비를 위한 프로그램이 많이 있었다.

낸시라는 젊은 여성은 매사추세츠교육대학의 부속학교인 마크스 메도 학교

(Marks Meadow School)에서 교육실습 중이라고 말했다. 마크스 메도 학교는 여러 언어와 다양한 사회적 · 경제적인 배경을 가진, 전 세계 곳곳에서 온 아동들이 모인 다양성을 지닌 공간이다.

낸시가 1학년 교실에서 초상화 그리기 수업을 하고 있을 때, 학생 중 한 명이 그녀에게 갈색 크레파스를 달라고 했다. 학생의 요청에 그녀는 왜 갈색인지를 생각하며 잠시 당황했다. 그녀가 그동안 가르쳐온 학생들은 사람을 그릴 때 하얀 종이 색깔이 그대로 드러나게 할 뿐 얼굴에 아무 색도 칠하지 않았다. 그녀는 "그 순간 저에게 이 프로그램이 필요하다고 깨달았어요"라고 고백했다.

그녀의 반응은 순진한 것이었고, 그것은 다양성에 눈을 뜨게 되는 계기가 되었다. 또한 그녀 자신의 무지함에 대한 용기 있는 폭로이기도 했다.

다양성에 대한 준비 부족

미국의 공립학교에도 인구적 다양성의 증가가 반영되어 학교에 극적인 변화를 가져오고 있다는 것은 자명한 사실이다. 그러나 많은 교육자들과 그들이 근무하는 학교는 15년 전의 낸시보다 이러한 변화에 준비되어 있는 것 같지 않다. 미국 전역의 교육자들은 낸시와 매우 유사하다. 다시 말해, 이들은 문화적, 민족적, 언어적 혹은 다른 종류의 다양성을 직접적으로 거의 경험하지 못했을 뿐만 아니라 영어를 단일 언어로 구사하는 중산층 백인 여성과 남성이라고 할 수 있다. 그러나 이들은 많은 측면에서 매우 다양한 학생들을 가르치고 있다.

이러한 시나리오의 틀에서 교사로부터 보조교사, 교육과정 개발자, 교장, 관리자, 학교 운영위원회 임원들을 포괄하는 교육자들이 다양한 배경의 학생들에게 효과적인 학교를 만들기 위해 무엇을 알아야 하며, 그것들을 어떻게 배울 수 있는가? 이러한 상황에서 교육자들이 제대로 인식하고 이해할 필요가 있는 현실은 다음과 같다.

▎다양성을 지지하는 것은 결국 사회 정의에 관한 것이다

다문화교육을 반대하는 전문가가 말하는 것과는 달리 다문화교육은 정치적 확정성, 감수성 훈련 혹은 윤리적 지지에 관한 것이 아니다. 근본적으로 다문화교육은 사회 정의에 관한 것이다. 다양한 배경의 학생들 간에 존재하는 엄청나게 불공평한 교육적 결과를 상기할 때, 학생의 학습을 위한 상태를 공평하게 만드는 것은 다양성을 향한 관심의 핵심이 되어야 한다.

이러한 점에서 학교에 존재하는 구조적인 불평등을 직면하지 않은 채 특별 행사 프로그램, 다양한 문화적 음식 만찬, 민족 기념일을 통해 단지 '다양성을 기념하는 것'은 속이 빈 활동에 불과하다.

사회 정의에 대한 관점은 학교가 왜, 어떻게 일부 학생에게 불공평한지를 비판적으로 살펴보는 것을 의미한다. 이것은 일부 학생의 정체성을 과대평가하는 반면, 일부 학생의 정체성은 평가절하하는 학교 정책과 관행을 분석할 필요가 있다는 뜻이다. 즉 교육과정, 평가, 교과서와 학습자료, 수업 전략, 대학 입학을 위한 계열화, 학교 직원의 모집과 채용, 학부모 참여 유도 전략 등에 대해 분석해야 한다. 또한 우리는 영어를 사용하는 중산층 백인 학생뿐만 아니라 모든 학생들에게 보다 공평한 학교를 제공해줄 수 있도록 이것들을 바라보아야 한다.

▎유색인종 학생과 가난한 학생은 구조적 불평등으로 가장 큰 타격을 받는다

학교는 필연적으로 사회를 반영한다. 학교에 반영되는 미국사회는 날이 갈수록 불평등이 심화되고 있다. 미국은 세계에서 소득 불평등이 가장 심한 나라 중 하나이며, 소득 수준의 상위 1%의 부를 합치면 하위 80%를 합한 것과 같다는 신문기사도 있다.

사회적 불평등의 심화는 학교에도 많은 방식으로 반영된다. 이러한 사례는 부유한 지역과 가난한 지역에 위치한 학교가 보유한 재정에 상당한 차이가 있다는 것, 흑인과 황인종 학생들보다 백인에게 유리한 대학 입학을 위한 계열화 제도, 그리고 지능 혹은 능력보다는 소득과 완벽하게 상관관계를 나타내는 SAT점수에 이르기까지 다양하다. 평등은 가치 있는 목표이지만, 이것은 대부분의 학교 현실과는 동떨어져 있다. 그리고 불평등의 짐을 견뎌야 하는 이들은 우리의 아이들, 특히 가난한 아이들과 라틴계, 미국인 원주민, 아시아계, 아프리카계 미국인의 배경을 가진 많은 아동들이다. 의도와 상관없이 적어도 결과를 놓고 보면, 학교가 인종차별주의와 계급차별주의를 재생산했다.

많은 교육자들은 불평등이라는 피할 수 없는 현실을 인정하지 않는다. 교육자들은 학생들과 그들의 가족, 그들의 문화적 · 언어적 배경, 게으름 혹은 유전적인 열등을 탓한다. 하지만 불평등이 학교에 존재하며 점점 심화되고 있다는 사실을 인정한다면, 불평등을 극복하기 위한 무언가를 할 수 있다. 교사들이 행동하지 않는다면, 불평등한 현실은 거의 변화될 수 없을 것이다. 다음의 사례들은 교육자들이 좀 더 긍정적인 방식으로 다양성에 대해 고심할 수 있는 방법에 관한 것이다.

긍정적인 문화 변용

❙ 다양성은 귀중한 자원이다

나는 1950년대에 뉴욕 시 브룩클린의 한 초등학교에 다녔다. 같은 반 친구들은 민족, 인종, 언어, 사회계층, 가족구조에 있어서 매우 다양했다. 그러나 그때 우리는 주류문화 중심의 교육을 받았다. 어머니들은 우리에게 집에서 영어로 말하도록 설득했다. 그러나 다행히도 나의 어머니는 그러지 않았고, 이것이 내가 오늘날 스페인어를 유창하게 하는 이유다. 우리는 학교에서 우리의 가정문화와 관련된 그 어떤 것도 환영받지 못한다는 분명한 메시지를 받았다. 학교에서 성공하기 위해 우리는 모국어를 잊고 영어를 배우는 것을 강요받았고, 우리가 읽은 영어책 속의 주인공들처럼 행동해야 했다.

물론, 영어를 배우는 것은 학업적 성공과 미래의 성공에 절대적으로 필요하다. 그렇지만 자신의 정체성을 폐기해야 한다는 가정에 대해서는 이의를 제기할 필요가 있다. 영어 외의 다른 언어를 안다는 것은 결코 부끄러운 일이 아니다. 사실, 이중언어를 구사하는 것은 그 자신과 국가에게 이익이 되는 일이다.

교육가로서 우리는 더 이상 다양성이 마치 불순한 단어인 것처럼 행동할 수 없다. 시간이 갈수록 점점 많은 연구들은 문화적이고 언어적인 다양성이 학생의 학습에 긍정적인 영향을 끼친다고 강조한다. 문화 변용과정에서 긍정적인 민족 정체성을 유지하고 유창한 이중언어를 구사하게 되는 이주 학생들은 완전히 주류문화에 동화되는 학생들보다 정신적으로 건강하며, 학업적으로 우수하고 우수한 성적으로 고등학교를 졸업한다. 그러나 우리는 문화적이고 언어적인 차이를 자산이기보다는 짐으로 생각하며, 그것을 제거하기를 주장하고 있다.

▎모든 배경의 학생들을 효과적으로 가르치는 것은 그들 자체를 존중하고 지지하는 것을 의미한다

모든 학생들에게 효과적인 교사가 되기 위해 교육자는 자신이 가진 차이에 대한 신념, 태도, 가치에 있어서 큰 변화를 경험해야 한다. 미국의 많은 교실에서 문화와 언어 등의 차이는 학습에 대한 일시적인 장벽으로 여겨진다. 결과적으로 다양한 배경 출신의 학생들은 마치 교육적 성공에 아무것도 기여하지 못하는 걸어 다니는 결핍 덩어리로 대우받는다.

교실에 들어가 본 적이 있는 사람은 교수-학습의 관계가 무엇보다 중요하다는 것을 안다. 그리고 이러한 관계는 학생들의 미래에 엄청난 영향을 끼칠 수 있다. 그러나 교사들이 학생들의 가족과 지역사회를 이해하지 못한다면 학생과 의미 있는 관계를 발전시키기 어렵다. 학교와 교사는 종종 비주류 학생들의 정체성을 학업성취에 중요하지 않은 것으로 여기고 묵살한다.

만일 그렇다면 학생들은 가르치는 교사와 긍정적인 관계를 형성하지 못하고, 그 결과 제대로 배우지 못할 것이다. 교육자와 학교는 학생들이 누구인지 알고, 그들이 알고 있는 것을 인정하고 존중할 때에만 학생들과 긍정적인 관계를 맺을 수 있다.

▎다양성을 인정하는 것은 다문화적인 사람이 되는 것을 의미한다

여러 해 동안 나는 교육자들이 다양성을 인정한다고 말하는 것만으로 스스로 다양성을 인정하고 있다고 단순하게 믿고 있다는 것을 발견했다. 그러나 그러한 단어들을 말하는 것만으로는 충분하지 않다. 학생들은 다양성을 위한 지지가 단지 표면적이라는 것을 즉각적으로 알아차린다.

미국 내 대부분의 교육자들이 다양성으로 인한 혜택을 직접 체험해보지 않았기 때문에 다양성은 많은 교육자들에게 두려운 개념이다. 우리가 교육을 개인적 변혁에 대한 삶의 여정으로 생각한다면, 다문화적인 사람이 되는 것은 그러한 삶의 여정의 일부분이다. 이러한 삶의 여정은 개개인마다 다르다.

낸시에게 있어 다양성을 인정하는 것은 자신이 가진 무지에 대해 인식하는 계기가 되었다. 다른 이들에게 그것은 모든 학생들이 목표에 도달하는 데 좀 더 효과적인 전략을 설계하기 위해 제2 언어를 배우거나 동료 교사와 협동하여 연구하는 것을 의미한다. 그러나 다양성을 인정하기 위한 첫발을 머뭇거리며 내딛기 전까지 다양성을 위해 하는 우리의 행동은 단지 '말하는 것'에 국한되어 있다.

차이에 대해 편안해지기

앞서 서술한 현실들을 받아들이는 것은 일부 학생들이 관습적 이미지에 부합되지 않더라도 존엄성과 가치를 가지고 있다고 생각하는 것이다. 모든 배경 출신의 학생들은 배울 수 있는 재능과 힘을 갖고 있으며, 교육자로서 우리는 그것을 발휘할 방법을 찾을 필요가 있다.

다양성을 인정하고 지지하는 것은 중산계층의 백인 학생들을 포함한 모든 이들의 관심 속에 있어야 한다. 다른 배경의 사람을 이해하는 것, 영어 외의 언어를 구사하는 것, 차이를 존중하고 가치 있게 여기는 것을 학습하는 것은 학생뿐만 아니라 국가에 이익이 된다. 학생들을 더 이상 존재하지 않을 사회에 살아가도록 준비시키는 것은 학생들에게 결코 이롭지 않다.

우리 사회 내의 많은 다양성을 고려할 때 우리의 모든 학생들이 차이를 편안하게 여기도록 교육하는 것은 지극히 마땅하다.

참고문헌

Abi-Nader, J. (1993). Meeting the needs of multicultral classrooms; Family values and the motivation of minority students. In M. J. O'Hair & Odell (Eds.), *Diversity and teaching; Teacher education yearbook 1* (pp. 212-236). Fort Worth, TX: Harcourt Brace Jovanovich.

Adams, D., Astone, B., Nuñez-Wormack, E. & Smodlaka, I. (1994). Predicting the academic achievement of Puerto Rican and Mexican-American ninth-grade students. The Urban Review, 26(1), 1-14.

Allman, W. F. (1990, November 5). The mother tongue. *U. S. News and World Report.*

Alvarez, R. R., Jr. (1986). The Lemon Grove incident: The nation's first successful desegregation court case. *Journal of San Diego History*, 32, 116-135.

Amrein, A. I. & Berliner, D. C. (2002). High-stakes testing, uncertainty and student learning. Educational *Policy Analysis Archives*, 10(18).

Anderson, J. D. (1988). *The education of Blacks in the south*, 1869-1935. Chapel Hill: University of North Carolina Press.

Anyon, J. (1981). Social class and school knowledge. *Curriculum Inquiry*, 11(1), 3-41.

Anyon, J. (2005). Radical possibilities: *Public policy, urban education and a new social movement.* New York: Routledge.

Apple, M. W. (1986). Teachers and texts: *A political economy of class and gender relations in education.* Boston: Routledge-Kegan Paul.

Archuleta, M. L., Child, B. J. & Lomawaima, K. T. (2000). *Away form home: American Indian Boarding school experiences*, 1879-2000. Phoenix: Heard Museum.

Arvizu, S. F. (1994). Building bridges for the future: Anthropological contributions to diversity and classroom practice. In R. A. DeVillar, C. J. Faltis & J. Cummins (Eds.). *Cultural diversity in schools: From rhetoric to reality* (pp. 75-97). Albany: State University of New York Press.

Ashton-Warner, S. (1963). T*eacher: The testament of an inspired teacher.* London: Vertigo.

Asimov, N. (1998, July 7). *Bilingual surprise in state testing.* San Francisco Chronicle, Al.

Au, K. H. (1980). Participant structures in a reading lesson with Hawaiian children. Anthropology and *Education Quarterly*, 11(2), 91-115.

August, D. & Hakuta, K. (Eds.). (1998). *Educating language-minority children.* Commission on Behavioral and Social Sciences and Education, National Research Council, Institute of Medicine. Washington, DC: National Academy Press.

Ayres, I. & Brown, J. G. (2005). *Straightforward.* Princeton, NI: Princeton University Press.

Baker, C. & Jones, S. P. (1998). *Encyclopedia of bilingualism and bilingual education.* Clevedon, England: Multilingual Matters.

Ballentine, D. & Hill, L. (2000). Teaching Beyond Once Upon a Time. *Language Arts*, 78(1) 11-20.

Bank, J. A. (1991a). *Teaching strategies for ethnic studies* (6th ed.). Boston: Allyn & Bacon.

Banks, C. A. M. (2004). *Improving multicultural education: Lessons from the intergroup education movement.* New York: Teachers College Press.

Banks, J. A. (1991b). The dimensions of multicultural education. *Multicultural Leader*, 4, 5-6.

Banks, J. A. (2004). Multicultural education: Historical development, dimensions and practice. In J. A. Banks & C. A. Banks (Eds.), *Handbook of research on multicultural education* (2nd ed.) (pp. 3-29). San Francisco: Jossey-Bass.

Banks, J. A. & Banks, C. A. M. (Eds.). (1995). *Handbook of research on multicultural education.* New York: Macmillan.

Banks, J. A. & Banks, C. A. M. (Eds.). (2004). *Handbook of research on multicultural education.* (2nd ed.). San Francisco: Jossey-Bass.

Baratz, S. S. & Baratz, J. C. (1970). Early childhood intervention: The social science bas of institutional racism. *Harvard Educational Review*, 40, 29-50.

Bartolome, L. (1994). Beyond the methods fetish: Toward a humanizing pedagogy. *Harvard Educational Review*, 64(2), 173-195.

Baumann, G. (1999). *The multicultural riddle: Rethinking national, ethnic and religious identities.* New York: Routledge.

Bempechat, J. (1992). *Fostering high achievement in African American children: Home, school and public policy influences.* New York: ERIC Clearinghouse on Urban Education, Teachers College, Columbia University.

Bereiter, C. & Englemann, S. (1966). T*eaching disadvantaged children in the preschool.* Englewood Cliffs, NJ: Prentice-Hall.

Berliner, D. C. (2005, August 2). *Our impoverished view of education reform.* Teachers College Record.

Bigelow, B., Christensen, L., Karp, S., Miner, B. & Peterson, B. (Eds.). (1994). *Rethinking our classrooms: Teaching for equity and justice* (vol. 1). Milwaukee: Rethinking Schools.

Bigelow, B., Harvey, B., Karp, S. & Miller, L., (Eds.). (2001). *Rethinking our classrooms: Teaching for equity and justice* (vol. 2). Milwaukee: Rethinking Schools.

Bigler, E. (1999). *American conversations: Puerto Ricans, White ethnics and multicultural education.* Philadelphia: Temple University Press.

Boser, U. (2000). A picture of the teacher pipeline: Baccalaureate and beyond. *Education Week: Quality Counts*, 13 January.

Bourdieu, P. (1986). The forms of capital. In J. G. Richardson (Ed.). H*andbook of theory and research for the sociology of education* (pp. 241-248). Westport, CT: Greenwood Press.

Bowles, S. & Gintis, H. (1976). *Schooling in capitalist America: Economic reform and the contradictions of economic life.* New York: Basic Books.

Brown v. Board of Educ., 347 U. S. 483 (1954).

Cazabon, M., Lambert, W. E. & Hall, G. (1993). *Two-way bilingual education: A progress report on the Amigos Program*. Santa Cruz, CA: National Center for Research in Cultural Diversity and Second Language Learning.

Center on Education Policy. (2006). *From the Capital to the Classroom: Year 4 of the No Child Left Behind Act*. Washington, DC: Author.

Children's Museum. (2002). *Many Thanksgivings: Teaching Thanksgiving-Including the Wampanoag Perspective*. Boston: The Children's Museum.

Chomsky, N. (1965). *Aspects of the theory of syntax*. Cambridge, MA: MIT Press.

Christian, D. (1994). *Two-way bilingual education: Students learning through two languages*. Santa Cruz, CA: National Center for Research on Cultural Diversity and Second Language Learning.

Christian, D., Montone, C., Lindholm, K. J. & Carranza, I. (1997). *Profiles in two-way immersion education*. McHenry, IL: Delta Systems.

Churchill, W. (1992). *Fantasies of the master race: Literature, cinema and the colonization of American Indians*. Monroe, ME: Common Courage Press.

Clark, R. M. (1983). *Family life and school achievement: Why poor Black children succeed or fail*. Chicago: University of Chicago Press.

Clewell, B. C., Puma, M. & McKay, S. A. (2001). *Does it matter if my teacher looks like me? The impact of teacher race and ethnicity on student academic achievement*. Report to the Ford Foundation. New York: Ford Foundation.

Cochran-Smith, M. (2000). Blind vision: Unlearning racism in teacher education. *Harvard Educational Review*, 70(2), 157-190.

Cochran-Smith, M. (2002). Editorial: Reporting on teacher quality: The politics of politics. Journal of Teacher Education, 53(5).

Cochran-Smith, M. & Zeichner, K. M. (2005). *Studying teacher education: The report of the AERA panel on research and teacher education*. Washington, DC: American Educational Research Association and Mahwah, NJ, Lawrence Erlbaum Associates.

Collier, V. P. (1995). P*romoting academic success for ESL students: Understanding second language acquisition at school*. Elizabeth, NJ: New Jersey Teachers of English to Speakers of Other Languages-Bilingual Educators.

Comber, B. (2001). Critical Literacies and Local Action: Teacher Knowledge and a 'New' Research Agenda. In B. Comber & A. Simpson (Eds.), *Negotiating Critical Literacies in Classrooms* (p. 271). Mahwah, NJ: Lawrence Erlbaum.

Comenius, J. A. (1968). T*he great didactic, quoted in The leaning society*. New York: Mentor.

Commins, N. L. (1989). Language and affect: Bilingual students at home and at school. *Language Arts*, 66, 29-43.

Compton-Lilly, C. (2002). *Confronting racism, poverty and power: Classroom Strategies to Change the World*. Portsmouth, NH: Heinemann.

Cordasco, F. (1998). *America and the quest for equal educational opportunity: The schools and the children of the poor*. Selected documents in social policy. New York: edna Vaughn.

Corson, D. (1993). *Language, minority education and gender: Linking social justice and power*. Clevedon, England: Multilingual Matters.

Cowhey, M. (2006). *Black Ants and Buddhists: Thinking Critically and Teaching Differently in the Primary Grades.* Portland, ME: Stenhouse.

Crawford, J. (1992). *Hold your tongue: Bilingualism and the politics of "English only." Reading.* MA: Addison-Wesley.

Crawford, J. (2000). *At war with diversity: U. S. language policy in an age of anxiety.* Clevedon, England: Multilingual Matters.

Crawford, J. (2004). *Educating English learners: Language diversity in the classroom.* Los Angeles: Bilingual Education Services.

Cummins, J (1981). The role of primary language development in promoting educational success for language minority students. In Office of Bilingual Bicultural Education, *Schooling and language minority students: A theoretical framework. Sacramento*, CA: Evaluation, Dissemination and Assessment Center, California State University, Los Angeles.

Cummins, J. (1984). *Bilingualism and special education.* Clevedon, England: Multilingual Matters.

Cummins, J. (1994). From coercive to collaborative relations of power in the teaching of literacy. In B. M. Ferdman, R-M. Weber & A. G. Ramirez (Eds.), *Literacy across languages and cultures* (pp. 295-331). Albany: State University of New York Press.

Cummins, J. (1996). *Negotiating identities: Education for empowerment in a diverse society.* Ontario: California Association for Bilingual Education.

Cummins, J. (2000). *Language, power and pedagogy: Bilingual children in the crossfire.* Clevedon, England: Multilingual Matters.

D'Amico, J. J. (2001). A closer look at the minority achievement gap. *ERS Spectrum*, 19(2), 4-10.

Darling-Hammond, L. (2001). *The right to learn: A blueprint for creating schools that work.* San Francisco: Jossey-Bass.

Darling-Hammond, L. & Falk, B. (1997). Using standards and assessments to support student leaning. *Phi Delta Kappan*, 79(3), 190-199.

David, J. L. & Shields, P. M. (2001). *When theory hits reality: Standards-based reform in urban districts, final narrative report.* Menlo Park, CA: SRI International.

De La Luz Reyes, M. (1992). Challengeing vernerable assumption: Literacy instruction for linguistically different students. *Harvard Educational Review*, 62, 427-446.

Dee, T. S. (2000). *Teachers, race and student achievement in a randomized experiment.* Cambridge, MA: National Bureau of Economic Research.

Del Rio Independent School District v. Salvatierra, 33 S. W. 2d 790 (Texas 1930).

Delpit, L. D. (1988). The silenced dialogue: Power and pedagogy in educating other people's children. *Harvard Educational Review*, 58, 280-298.

Delpit, L. D. (1992). The politics of teaching literate discourse. *Theory into Practice*, 31, 285-295.

Derman-Sparks, L. & the A.B.C. Task Force. (1989). *Anti-Bias Curriculum: Tools for Empowering Young Children.* Washington, DC: National Association for the Education of Young Children.

Derman-Sparks, L., Ramsey, P. G., Edwards, T. O. & Day, C. B. (2006). *What If All The Kids Are White? Anti-Bias Multicultural Education With Young Children and Families.* New York: Teachers College Press.

Dewey, J. (1916). *Democracy and education.* New York: Free Press.

Deyhle, D. & Swisher, K. (1997). Research in American Indian and Alaska Native Education: From assimilation to self-determination. In M. W. Apple (Ed.), *Review of research in education* (v. 22, pp. 113-194). Washington, DC: American Educational Research Association.

Diaz, E., Flores, B., Cousin, P. T. & Soo Hoo, S. (1992, April). *Teacher as sociocultural mediator.* Paper presented at the Annual Meeting of the AERA, San Francisco.

Donaldson, K. (1994). Through student's eyes. *Multicultural Education*, 2(2), 26-28.

Donaldson, K. (2001). *Shattering the Denials Protocol for the Classrooms and Beyond.* Westport, CT: Bergin and Garvey.

Donato, R. (1997). *The other struggle for equal schools: Mexican americans during the civil rights movement.* Albany: State University of New York Press.

Du Bois, W. B. (1935). Does the Negro need separate schools?. *Journal of Negro Education*, 4(3), 328-335.

Du Bois, W. E. B. & Aptheker, H. (2001). *The education of Black people: Ten critiques 1906-1960.* New York: Monthly Review Press.

Editorial Projects in Education. (1998). *Education Week: Quality counts 1998.* Bethesda, MD: Author.

Education Trust. (2005). *The funding gap 2005: Low-income and minority students shortchanged by most states.* Washington, DC: Education Trust.

Erickson, F. (1990). Culture, politics and educational practice. *Educational Foundations*, 4(2), 21-45.

Erickson, F. (1993). Transformation and school success: The politics and culture of educational achievement. In E. Jacob & C. Jordan (Eds.), *Minority education: Anthropological perspectives* (pp. 27-51). Norwood, NJ: Ablex.

Erickson, F. (1997). Culture in society and in educational practices. In J. A. Banks & C. A. M. Banks (Eds.), *Multicultural education: Issues and perspectives*, 3rd ed. (pp. 32-60).

Fairclough, N. (1989). *Language and power.* New York: Longman.

Fine, M. (1991). *Framing dropouts: Notes on the politics of an urban public high school.* Albany : State University of New York Press.

Fine, M. (1993). "You can't just say that the only ones who can speak are those who agree with your position": Political discourse in the classroom. *Harvard Educational Review*, 63, 412-433.

Flores-Gonzalesz, N. (2002). *School kids, street kids: Identity and high school completion among Latinos.* New York: Teachers College Press.

Fordham, S. & Ogbu, J. U. (1986). Black students' school success: Coping with the "burden of acting White." *Urban Review*, 18, 176-206.

Forray, K. R. & Hegedüs, A. T. (1989). Differences in the upbringing and behavior of Romani boys and girls, as seen by teachers. *Journal of Multilingual and Multicultural Development*, 10(6), 515-528.

Foucault, M. (1980). Truth and power. In C. Gorden (Ed.), P*ower/knowledge: Selected interviews and other writings*, 1972-1977 (pp. 107-133). Brighton, UK: Harvester Press.

Fránquiz, M. E. & de la luz Reyes, M. (1998). Creating inclusive learning communities through English language arts: From chanclas to canicas. *Language Arts*, 75(3), 211-220.

Frau-Ramos, M. & Nieto, S. (1993). "I was an outsider": Dropping out among Puerto Rican youths in Holyoke, Massachusetts. In R. Rivera & S. Nieto (Eds.), T*he education of Latino students in Massachusetts: Research and policy considerations* (pp. 143-166). Boston: Gaston Institute.

Freire, P. (1970). *Pedagogy of the oppressed.* New York: Seabury Press.

Freire, P. (1985). *The politics of Education: culture, Power and Liberation.* South Hadley MA: Bergen and Garvey.

Gándara, P. (1995). *Over the ivy walls: The educational mobility of low-income Chicanos.* Albany: State University of New York Press.

Garcia, E. E. (1999). *Student cultural diversity: Understanding and meeting the challenge.* Boston: Houghton Mifflin.

Garcia, E. E. (2001). *Hispanic education in the United States: Raices y alas.* New York: Teachers College Press.

Gay, G. (1996). "Mirror Images on Common Issues: Parallels Between Multicultural Education and Critical pedagogy." In Sleeter, C. E. & McLaren, P. L. (Eds.), *Multicultural Education, Critical Pedagogy and the Politics of Difference* (pp. 155-189). Albany: State University of New York Press.

Gay, G. (2000). Culturally responsive teaching: Theory, research and practice. New York: Teachers College Press.

Gibson, M. A. (1991). Minorities and schooling: Some implications. In M. A. Gibson & J. U. Ogbu (Eds.), *Minority status and schooling: A comparative study of immigrant and involuntary minorities* (pp. 357-381). New York Garland.

Gibson, M. A. (1995). Perspectives on acculturation and school performance: Focus on Diversity. *Newsletter of the National Center for Research on Cultural Diversity and Second Language Learning*, 5(3), 8-10.

Ginley, M. (1999). "Being nice in not enough." In S. Nieto, *The light in their eyes* (pp. 85-86). New York: Teachers College Press.

Ginsburg, H. (1986). The myth of deprived child: New thoughts on poor children. In U. Neisser (Ed.), T*he school achievement of minority children: New perspectives.* Hillsdale, NJ: Lawrence Erlbaum.

Giroux, H. A. (1983). *Theory and resistance in education: A pedagogy for the opposition.* South Hadley, MA: Bergin & Garvey.

Giroux, H. A. (1992). Educational leadership and the crisis of democratic government. *Educational Researcher*, 21(4), 4-11.

Giroux, H. A. (1997). Rewriting the Discourse of Racial Identity: Towards a Pedagogy and Politics of Whiteness. *Harvard Educational Review*, 67(2), 285-32.

Giroux, H. A. (2002). Democracy Freedom and Justice After September 11th: Rethinking the Role of Educators and the Politics of Schooling. *Teachers College Record*, 104(6), 1138-1162.

González, J. (2002, June 27). Schools ruling defies logic. *New York Daily News*, p. 24.

Goodlad, J. I. (1984). *A place called school.* New York: McGraw-Hill.

Gorden, G. (1999). Teacher talent and urban schools. *Phi Delta Kappan*, 81(5), 304-306.

Gordon, M. (1964). *Assimilation in American life: The role of race, religion and national origins.* New York: Oxford University Press.

Gould, S. J. (1981). *The mismeasure of man.* New York: Norton.

Greene, M. (2001). *Reflections: Implications of September 11th for curriculum.* Division B: Curriculum Studies Newsletter. Washington, DC: American Educational Research Association.

Greenfield, P. M. & Cocking, R. R. (Eds.). (1994). *Cross-cultural roots of minority child development.*

Hillsdale, NJ: Lawrence Erlbaum.

Greenfield, P. M. (1994). Independence and interdependence as developmental scripts: Implications for theory, research and practice. In P. M. Greenfield & P. R. Cocking (Eds.), *Cross-cultural roots of minority child development* (pp. 1-37). Hillsdale, NJ: Lawrence Erlbaum.

Gutmann, A. (2004). Unity and diversity in democratic multicultural education: Creative and destructive tensions. In J. A. Banks (Ed.), *Diversity and citizenship education* (pp. 71-96). San Francisco: Jossey-Bass.

Haberman, M. (1988). *Preparing teachers for urban schools.* Bloomington, IN: Phi Delta Kappa Educational Foundation.

Haberman, M. (1991). The pedagogy of poverty versus good teaching. *Phi Delta Kappan*, 73, 290-294.

Haberman, M. (1995). Selecting "star" teachers for children and youth in urban poverty. *Phi Delta Kappan*, 76(10), 777-781.

Hall, W. S., Reder, S. & Cole, M. (1979). Story recall in young black and white children: Effects of racial group membership, race of experimenter and dialect. In A. W. Boykin, A. J. Franklin & Y. F. Yates (Eds.), *Research directions of black psychologists* (pp. 253-265). New York: Russell Sage Foundation.

Hallinan, M. & Texeira, R. (1987). Opportunities and constraints: Black-White Differences in the formation of interracial friendships. *Child Development*, 58, 1358-1371.

Haycock, K. (1998). No more settling for less. *Thinking* 6-16, 4(1), 3-12.

Health, S. B. (1995). Race, Ethnicity and the Defiance of Categories. In Willis D. H. & Anthony W. J. (Eds.), *Toward a common destiny: Improving rae and ethnic relations in America* (p. 45). San Francisco: Jossey-Bass.

Health, S. B. & Mclaughlin, M. (Eds.) (1993). *Identity and inner-city youth: Beyond ethnicity and gender.* New York: Teachers College Press.

Heath, S. B. (1983). *Ways with words.* New York Cambridge University Press.

Herrnstein, R. J. & Murray, C. (1994). *The bell curve: Intelligence and class structure in American life.* New York: Free Press.

Hess, F. M. (2006). Schools of re-education? *Washington Post*, 5 February, p.B07.

Hidalgo, N. M. (1991). *"Free time, School is like a free time": Social relations in City High School classes.* Unpublished doctoral dissertation. Harvard University Press.

Hilliard, A. (1989). Teachers and cultural style in a pluralistic society. *NEA Today*, 7(6), 65-69.

Hirsch, E. D. (1987). *Cultural literacy: What every American needs to know.* Boston: Houghton Mifflin.

Hollins, E. R., King, J. E. & Hayman, W. C. (Eds.). (1994). *Teaching diverse populations: Formulating a knowledge base.* Albany: State University of New York Press.

Howard, G. R. (1999). *"We can't teach what we don't know": White teachers, multiracial schools.* New York: Teachers College Press.

Howe, I. (1983). *World of Our Father.* New York: Simon & Schuster.

Igoa, C. (1995). *The inner world of the immigrant child.* New York: St. Martin's.

Irvine, J. J. & York, D. E. (1995). Learning styles and culturally diverse students: A literature review. In J. A. Banks & C. A. M. Banks (Eds.), *Handbook of research on multicultural education* (pp. 484-479). New York: Macmillan.

Irvine, J. J. (2003). *Educating teachers for diversity: Seeing with a cultural eye.* New York: Teachers College Press.

Jenoure, T. (2000). *Navigators: African American musicians, dancers and visual artists in academe.* Albany: State University of New York Press.

Jensen, A. R. (1969). How much can we boost I.Q. and scholastic achievement? *Harvard Educational Review*, 39, 1-123.

Kahlenberg, R. D. (2000). *Economics school integration* (Idea Brief no. 2). Washington, DC: The Century Foundation.

Kalantzis, M., Cope, B. & Slade, D. (1989). *Minority languages.* London: Falmer Press.

Katz, M. B. (1975). *Class, bureaucracy and the schools: The illusion of educational change in America.* New York: Praeger.

Kelly, R. (1994, January 11) Class searches for solstice. *Union News*, p. 12.

Kiang, P. N. & Lee, V. W-E (1993). Exclusion or contirbution? Education is K-12 policy In *The State of asian pacific America: Policy Issues to the Year 2020* (pp. 25-48). Los Angeles: LEAP Asian Pacific American Public Policy institute and UCLA Asian American Studies center.

Kindler, A. L. (2002). *Survey of the states' limited English proficient students and available educational programs and services, 1999-2000 summary report.* Washington DC: U. S. Department of Education, Office of English Language Acquisition, Language Enhancement and Academic Achievement for Limited English Proficient Students.

Kleinfeld, J. & Nelson, P. (1991). Adapting instruction to Native Americans' learning styles: An iconoclastic view. *Journal of Cross-Cultural Psychology*, 22, 273-282.

Knapp, M. S., Shields, P. M. & Turnbull, B. J. (1995). Academic challenge in high-poverty classroom. *Phi Delta Kappan*, 76(10), 770-776.

Kohl, H. (1993). The myth of "Rosa, Parks, the tired". *Multicultural Education*, 1(2), 6-10.

Kohl, H. (1994). *"I won't learn from you" and other thoughts on creative maladjustment.* New York: New Press.

Kozol, J. (1967). *Death at an early age: The destruction of the hearts and minds of Negro children in the Boston Public Schools.* New York: Houghton Mifflin.

Kozol, J. (1975). Great Men and Women (Tailored for School Use). *Earwig Magazine*, 16-20.

Kozol, J. (1978). *Children of the revolution: A Yankee teacher in the Cuban schools.* New York: Delacorte Press.

Kozol, J. (1991). *Savage inequalities: Children in America's schools.* New York: Crown.

Krashen, S. (1981). *Second language acquisition and second language learning.* New York: Pergamon.

Kugler, E. G. (2002). *Debunking the Middle-Class Myth: Why Diverse Schools are Good for All Kids.* Lanham, MD: Scarecrow Press.

Labov, W. (1972). *Language in the inner city: Studies in the black English vernacular.* Philadelphia: University of Pennsylvania Press.

Ladson-Billings, G. (1992). Culturally relevant teaching: The key to making multicultural education wor. In C. A. Grant (Ed.), *Research and multicultural education: From the margins to the mainstream* (pp. 106-121). Bristol, PA: Falmer Press.

Ladson-Billings, G. (1994). *The dreamkeepers: Successful teachers of African American children.* San

Francisco: Jossey-Bass.

Ladson-Billings, G. (2004). Landing on the wrong note: The price we paid for Brown. *Educational Researcher*, 33(7), 3-13.

Lambert, W. E. (1975). Culture and language as factors in learning and education. In A. Wolfgang (Ed.), *Education of immigrant students* (pp. 55-83). Toronto: Ontario Institute for Studies in Education.

Lau v. Nichols, 414 U. S. 563 (1974).

Lee, C. D. & Slaughter-Defoe, D. T. (1995). Historical and sociocultural influences on African American education. In J. A. Banks & C. A. M. Banks (Eds.), H*andbook of research on multicultural education* (pp. 348-371). New York: Macmillan.

Lee, E. (2004). *Equity and Equality.* From a keynote speech at the annual Connecticut National Association for Multicultural Education (NAME) Conference.

Lee, E., Menkart, D. & Okazawa-Rey, M. (1997). *Beyond Heroes and Holidays: A Practical Guide to K-12 Anti-Racist, Multicultural Education and Staff Development.* Washington, DC: Network of Educators on the American.

Lee, E., Menkart, D. & Okazawa-Rey, M. (1998). *Beyond "heros and holidays": A practical guide to K-12 anti-racist, multicultural education and staff development.* Washington, DC: Teaching for Change.

Lee, J. (2006). *Tracking Achievement Gaps and Assessing the Impact of NCLB on the Gaps: An In-Depth Look into National and State Reading and Math Outcome Trends.* Cambridge, MA: The Civil Rights Project.

Lee, V. E., Winfield, L. F. & Wilson, T. C. (1991). Academic behaviors among high-achieving African-American students. *Education and Urban Society*, 24(1), 65-86

Lewis, O. (1965). L*a vida: A Puerto Rican family in the culture of poverty-San Juan and New York.* New York: Random House.

Loewen, J. W. (2005). *Lies My Teacher Told Me: Everything Your American History Textbook Got Wrong.* New York: New Press.

Lucas, T., Henze, R. & Donato, R. (1990). Promoting the success of Latino language minority students: An exploratory study of six high schools. *Harvard Educational Review,* 60(3), 315-340.

Macedo, D. & Bartolomé, L. I. (1999). *Dancing with bigotry: Beyond the politics of difference.* New York: St. Martin's.

Macías, R. R., et al. (1998). *Summary report of the survey of the states' limited English proficient students and available educational programs and services, 1996-97.* Washington, DC: National Clearinghouse of Bilingual Education.

Mann, M. (1868). Twelfth annual report to the Massachusetts State Board of Education, 1848. In M. Mann (Ed.), *Life and works of Horace Mann* (Vol. 3, p. 669). Boston: Walker, Fuller.

McBeth, S. (1983). *Ethnic identity and the boarding school experience of west-central Oklahoma American Indians.* Washington DC: University Pres of America.

McDermott, R. P. (1977). Social relations as contexts for learning in school. *Harvard Educational Review,* 47(2), 198-213.

McGoldrick, M., Pearce, J. K. & Giordano, J. (1982). *Ethnicity and family therapy.* New York: Guilford Press.

McIntosh, P. (1983). Interactive Phases of Curricular Re-Vision: A Feminist Perspective. *Working Paper*

No. 124.

McNeil, L, M. (1986). *Contradictions of control: School structure and school knowledge.* New York: Routledge & Kegan Paul.

Mead, S. (2005). Schooling's crumbling infrastructure: Addressing a serious and unappreciated problem. *Education Week.*

Mehan, H. & Villanueva, I. (1993). Untracking low achieving students: Academic and social consequences. In Focus on Diversity. T*he National Center for Research on Cultural Diversity and Second Language Learning.* Santa Cruz, CA: University of California.

Meier, D. (1995). *The powerful of their ideas: Lessons from a small school in Harlem.* Boston: Beacon Press.

Meier, D. (2004). Many children left behind: How the No Child Left Behind Act is damaging our children and our schools. Beacon Press.

Meier, K. J., Wrinkle, R. D. & Polinard, J. L. (1999). Representative bureaucracy and distributional equity: Addressing the hard question. *Journal of Politic*s, 61, 1025–1039.

Minicucci, C., Berman, P., McLaughlin, B., McLeod, B., Nelson, B. and Woodworth, K. (1995). School reform and student diversity. *Phi Delta Kappan*, 77(1), 77–80.

Moll, L. C. (1992). Bilingual classroom studies and community analysis: Some recent trends. E*ducational Researcher*, 21(1), 20–24.

Moll, I. & Diaz, S. (1993). Change as the goal of educational research. In E. Jacob & C. Jordan (Eds.), *Minority education: Anthropological perspectives* (pp. 67–79). Norwood, NJ: Ablex.

Montgomery, J. (1999). A Different Mirror: A Conversation with Ronald Takaki. *Educational Leadership 56*(7), 9–13.

National Association for Bilingual Education (1998). Findings of the Effectiveness of Bilingual Education. *NABE News*, 5.

National Center for Children in Poverty. *Basic Facts About Low-Income Children: Birth to Age*

National Center for Education Statistics. (1999). *Digest of education statistics, 1999.* Washington, DC: National Center for Education Statistics.

National Center for Education Statistics. (2000a). *Editorial project in education, 1998.* Washington DC: U. S. Department of Education, Office of Educational Research and Improvement.

National Center for Education Statistics. (2000b). *Trends in disparities in school district level expenditures per pupil.* Washington DC: U. S. Department of Education, Office of Educational Research and Improvement.

National Center for Education Statistics. (2002a). *Digest of education statistics, 2001.* Washington DC: U. S. Department of Education, Office of Educational Research and Improvement.

National Center for Education Statistics. (2002b). *State nonfiscal survey of public elementary/secondary education, 2000–2001.* Common Core of Data (CCD).

National Coalition of Advocates for Students. (1988). *New voices: Immigrant students in U. S. public schools.* Boston: Author.

National Collaborative on Diversity in the Teaching Force. (2004). *Assessment of Diversity in America's Teaching Force: A Call to Action.* Washington, DC: Author.

National Commission on Exellence in Education. (1983). *A National at Risk: The Imperative for Education*

Reform. Washington, DC: U. S. Government Printing Office.

National Commission on Teaching and America's Future. (1996). *What matters most: Teaching for America's future.* New York: Teachers College Press.

National Council of Churches. (2006). *The Moral Concerns in the Implementation of the No Child Left Behind Act: A Statement of the National Council of Churches Committee on Public Education and Literacy.*

Neil, M. (1997). *Testing our children: A report card on state assessment systems.* Cambridge. MA: FairTest.

Neill, M., Guisbond, L., Schaeffer, M., Maddon, J. & Legoros, L. (2004). *Failing our children: How "no child left behind" undermines quality and equity in education and an accountability model that supports school improvement.* Cambridge, MA: The National Center for Fair and Open Testing.

Newmann, F.M. (1993). Beyond common sense in educational restructuring: The issues of content and linkage. *Educational Researcher,* 22(2), 4–13, 22.

Nieto, S. & Bode, P. (2008). *Affirming diversity: The sociopolitical context of multicultural education.* Boston: Allyn & Bacon.

Nieto, S. (1992). *Affirming diversity: The sociopolitical context of multicultural education.* White Plains, NY: Longman.

Nieto, S. (1994a). *Affirmation, solidarity and critique: Moving beyond tolerance in multicultural education.* Multicultural Education, 1(4), 9–12, 35–38.

Nieto, S. (1994b). Lessons from Students on Creating a Chance to Dream. *Harvard Educational Review,* 64(4), 392–426.

Nieto, S. (1995). From Brown heroes and holidays to assimilationist agendas: Reconsiderating the critiques of multicultural education. In C. E. Sleeter & P. L. McLaren (Eds.), *Multicultural education, critical pedagogy and the politics of difference* (pp. 191–220). Albany: State University of New York Press.

Nieto, S. (1999a). Critical multicultural education and students' perspectives. In S. May (Eds.), *Rethinking multicultural and antiracist education: Towards critical multiculturalism* (pp. 191–215). London: Falmer Press.

Nieto, S. (1999b). *The light in their eyes: Creating multicultural learning communities.* New York: Teachers College Press.

Nieto, S. (2000a). *Affirming diversity: The sociopolitical context of multicultural education* (3rd ed.). New York: Longman.

Nieto, S. (2000b). Bringing bilingual education out of the basement and other imperatives for teacher education. In Z. Beykont (Ed.), *Lifting every voice: Pedagogy and politics of bilingual education* (pp. 187–207). Cambridge, MA: Harvard Education Publishing Group.

Nieto, S. (2001). We speak in many tongues: Linguistic diversity and multicultural education. In C. P. Diaz (Ed.), *Multicultural education for the twenty-first century* (pp. 152–170). New York: Longman.

Nieto, S. (2003). *What keeps teachers going?* New York: Teachers College Press.

Nieto, S. (2004). *Affirming diversity: The sociopolitical context of multicultural education* (4th ed.). Boston: Allyn & Bacon.

Nieto, S. (Ed.). (2005). *Why we teach.* New York: Teachers College Press.

Noddings, N. (1992). *The challenge to care in schools: An alternative approach to education.* New York: Teachers College Press.

Oakes, J. (1985). *Keeping track: How schools structure inequality.* New Haven, CT: Yale University Press.

Oakes, J. (1992). Cam tracking research inform practice? *Educational Researcher,* 21(4), 12–21.

Ogbu, J. U. (1987). Variability in minority school performance: A problem in search of an explanation. *Anthropology and Education Quarterly,* 18, 312–334.

Olsen, L. (1988). *Crossing the schoolhouse border: Immigrant students and the California public schools.* San Francisco: California Tomorrow.

Olsen, L. (1997). *Made in America: Immigrant students in our public schools.* New York: New Press.

Orfield, G. (2001). *Schools more separate: Consequences of a decade of resegregation.* Cambridge, MA: Civil Rights Project at Harvard University.

Orfield, G. & Yun, J. T. (1999). *Resegregation in American schools.* Cambridge, MA: Civil Rights Project at Harvard University.

Ovando, C. J. & Collier, V. P. (1998). *Bilingual and ESL classrooms: Teaching in multicultural contexts* (2nd ed.). New York: McGraw–Hill.

Pang, V. O., Kiang, P. N. & Pak, Y. K. (2004). Asian Pacific American students. In J. A. Banks & C. A. M. Banks (Eds.), *Handbook of research on multicultural education* (2nd ed., pp. 542–563). San Francisco: Jossey–Bass.

Peterson, R. (1991). Teaching: How to Read the World and Change it: Critical Pedagogy in the Intermediate Grades.

Phelan, P., Davidson, A. L. & Cao, H. T. (1992). Speaking up: Students' perspectives on school. *Phi Delta Kappan,* 73, 695–704.

Phillipson, R. (1992). *Linguistic imperialism.* Oxford, England: Oxford University Press.

Poplin, M. & Weeres, J. (1992). *Voices from the inside: A report on schooling from inside the classroom.* Claremont, CA: Claremont Graduate School, Institute for Education in Transformation.

Portes, A. & Rumbaut, R. G. (1996). *Immigrant America: A portrait* (2nd ed.). Berkeley: University of California Press.

Portes, A. & Rumbaut, R. G. (2001). *Legacies: The story of the immigrant second generation.* Berkeley: University of California Press.

Portes, A. & Rumbaut, R. G. (2006). *Immigrant America: A portrait.* (3rd ed). Berkeley: University of California Press.

Provenzo, E. F., Jr. (2005). *Critical literacy: What every Americans ought to know.* Boulder, CO: Paradigm Press.

Public Education Network and Education Week. (2011). *Action for All: The Public's Responsibility for Public Education.* Washington, DC: Author.

Raible, J. (2002). R*e/Constructing Race: An Ethnography of Transracial Adoption.* paper presented at the conference of Ethnography and Qualitative Research in Education.

Ramirez, M. & Castañeda, A. (1974). *Cultural democracy, bicognitive development and education.* New York: Academic Press.

Ramirez, R. (1974). Culture of liberation and the liberation of culture. In Centro de Estudios Puertorriqueños, *Taller de cultura: Cuaderno 6, Conferencia de historiografia* (pp. 81–99). New

York: Puerto Rican Studies Research Center, City University of New York.

Ramsey, P. G. & Williams, L. R. (2003). *Multicultural education: A source book* (2nd ed.) New York: Routledge Falmer.

Reissman, F. (1962). *The culturally deprived child.* New York: Harper & Row.

Ribadeneira, D. (1990, October 18). Study says teenagers' racism rampant. Boston Globe, p. 31.

Robert P. Moses, R. P. (2002). Quality Education is a Civil Rights Issue. In Gordon, D. T. (Eds), *Minority Achievement* (pp. 26–27). Cambridge, MA: Harvard Education letter Focus Series 7.

Rolón-Dow, R. (2005). Critical care: A color(ful) analysis of care narratives in the schooling experiences of Puerto Rican girls. *American Educational Research Journal*, 42(1), 77–111.

Romberg, R. (1996). Saints in the Barrio: Shifting, Hybrid and Bicultural Practices in a Puerto Rican Community. Multicultural Review, 5(2), 16–25.

Rose, M. (1995). *Possible lives: The promise of public education in America.* New York: Penguin Books.

Rothstein, R. (2004). *Class and schools: Using social, economic and educational reform to close the black/white achievement gap.* Washington, DC: Economic Policy Institute and New York: Teachers College Press.

Roughgarden, J. (2005). Evolution's Rainbow: Diversity, Gender and Sexuality in Nature and People. Berkeley: University of California Press.

Ruiz, V. L. (2001). South by southwest: Mexican Americans and segregated schooling: 1900–1950. *Magazine of History*, 15(2), 23–27.

Rumbaut, R. G. & Ima, K. (1987), *The adaptation of Southeast Asian refugee youth: A comparative study.* San Diego: Office of Refugee Resettlement.

Ryan, W. (1972). *Blaming the victim.* New York: Vintage Books.

Sacchetti, M. & Jan, T. (2005). High School Dropout Rate Reaches Highest in 14 Years. *The Boston Globe*, October 22.

San Miguel, G., Jr. (2001). *Brown, not White: School integration and the Chicano movement in the Huston.* College Station: Texas A & M University Press.

Sanchez, G. I. (1940). *Forgotten people: A study of New Mexicans.* Albuquerque: University of New Mexico Press.

Sanders, W. L. & Rivers, J. C. (1996). *Cumulative and residual effects of teachers on future student academic achievement.* Knoxville, TN: University of Tennessee Value-Added Research and Assessment Center.

Santos Riveira, I. (1983–1984, October–January). Liberating education for little children. In Alternatives (Freirian newsletter from Rio Piedras, Puerto Rico, no longer published).

Saravia-Shore, M. & Martinez, H. (1992). An ethnographic study of home/school role conflicts of second generation Puerto Rican adolescents. In M. Saravia-Shore & S. F. Arvizu (Eds.), *Cross-cultural literacy; Ethnographies of communication in multiethnic classrooms* (pp. 227–251). New York: Garland.

Shin, H. B. (2005). *School Enrollment: Social and Economic Characteristics of Students- October 2003.* Washington, DC: U. S. Census Bureau.

Shor, I. & Freire, P. (1987). *A pedagogy for liberation: Dialogues on transforming education.* New York: Bergin & Garvey.

Shor, I. (1992). *Empowering education: Critical teaching for social change.* Chicago: University of Chicago Press.

Shor, I. (1997). *When Students Have Power: Negotiating Authority in a Critical Pedagogy.* Chicago: University of Chicago Press.

Shorten, I. (1996). *Students Have Power: Negotiating Authority in a Critical Pedagogy.* Chicago: University of Chicago Press.

Siddle Walker, V. (1996). *Their highest potential: An African American community school in the segregated south.* Chapel Hill: University of North Carolina Press.

Singham, M. (2003). The Achievement Gap: Myths and Realities. *Phi Delta Kappan*, 84(8), 586-591.

Skutnabb-Kangas, T. (1988a). Multilingualism and the education of minority children. In T. Skutnabb-Kangas and J. Cummins (Eds.)., *Minority language: Fro shame to struggle* (pp. 9-44). Clevedon, England: Multilingual Matters.

Skutnabb-Kangas, T. (1988b). Resource power and autonomy through discourse in conflict: A finnish migrant school strike in Sweden. In T. Skutnabb-Kangas & J. Cummins (Eds.), *Minority education: From shame to struggle* (pp. 251-277). Clevedon, England: Multilingual Matters.

Skutnabb-Kangas, T. & Cummins, J. (Eds.). (1998). *Minority education: From shame to struggle.* Clevedon, England: Multilingual Matters.

Sleeter C. E. (1994). White racism. *Multicultural Education*, 1(4), 5-8, 39.

Sleeter C. E. & Grant, C. A. (1991). Mapping terrains of power: Student cutural knowledge vs. classroom knowledge. In C. E. Sleeter (Ed.), *Empowerment through multicultural education* (pp. 49-67). Albany: State University of New York Press.

Sleeter, C. E. (1991). *Empowerment through multicultural education*, Albany: State University of New York Press.

Sleeter, C. E. (1995). An analysis of the critiques of multicultural education. In J. A. Banks & C. A. M. Banks (Eds.), *Handbook of research on multicultural education* (pp. 81-94). New York: Macmillan.

Sleeter, C. E. (1996). *Multicultural Education and Social Activism.* Albany, NY: State University of New York Press.

Sleeter, C. E. (2005). U*n-Standardizing Curriculum: Multicultural Teaching in the Standards-Based Classroom.* New York: Teachers College Press.

Sleeter, C. E. & Grant, C. A. (1987). An analysis of multicultural education in the United States. *Harvard Educational Review*, 57, 421-444.

Smitherman, G. (1977). *Taking and testifying: The language of black America.* Boston: Houghton Mifflin.

Smitherman, G. (1994). The blacker the berry, the sweeter the juice: African American student writers. In A. H. Dyson & C. Genishi (Eds.), T*he need for story: Cultural diversity in classroom and community* (pp. 89-101). Urbana, IL: National Council of Teachers of English.

Snow, C. (1997). The myths around bilingual education. *NABE News*, 21(2), 29.

Soo Hoo, S. (1993). Students as partners in research and restructuring schools. *Educational Forum*, 57, 386-393.

Soto, L. D. (1997). *Language, culture and power: Bilingual families and the struggle for quality education.* Albany: State University of New York Press.

Spring, J. (1972). *The rise and fall of the corporate state.* Boston: Beacon Press.

Spring, J. (1997). *Deculturalization and the struggle for equality: A brief history of the education of dominated cultures in the United States* (2nd ed.). New York: McGraw-Hill.

Spring, J. (2004). *Deculturalization and the struggle for equality: A brief history of the education of dominated cultures in the United States* (4th ed.). New York: McGraw-Hill.

Stanton-Salazar, R. D. (1997). A social capital framework for understanding the socialization of racial minority children and youth. *Harvard Educational Review*, 67(1), 1-40.

Steele, C. M. (2004). A threat in the air: How stereotypes shape intellectual identity and performance. In J. A. Banks & C. A. M. Banks (Eds.), *Handbook of research on multicultural education* (pp. 682-698). San Francisco: Jossey-Bass.

Stein, A. (1971). Strategies for failure. *Harvard Educational Review*, 41, 133-179.

Suarez-Orozco, C. & Suarez-Orozco, M. (2001). *Children of immigration*. Cambridge, MA: Harvard University Press.

Tatum, B. D. (1992). Talking about race, learning about racism: The application of racial factors for African-American children. *Education and Urban Society*, 24(1), 15-26.

Tatum, B. D. (1997). *Why Are All the Black Kids Sitting Together in the Cafeteria?" and Other Conversations About Race*. New York: HarperCollins.

Taylor, D. & Dorsey-Gaines, C. (1988). *Growing up literate: Learning from inner-city families*. Portsmouth, NH: Heinesmann.

The Education Trust. (2005). *The Funding gap 2005*. Washington, DC: Author.

Thiessen, D. & Cook-Sather, A. (2007). *International handbook of student experience in elementary and secondary school*. Dordrecht, The Netherlands: Springer.

Thomas, W. P. and Collier, V. P. (1997). *School effectiveness for language minority students*. Washington, DC: National Clearinghouse for Bilingual Education.

Torres-Guzman, M. (1992). Stories of hope in midst of despair: Culturally responsive education for Latino students in an alternative high school in New York City. In M. Saravia-Shore & S. F. Arvizu (Eds.), *Cross-cultural literacy: Ethnographies of communication in multiethnic classrooms* (pp. 477-490). New York: Garland.

Trueba, H. T. (1989). *Raising silent voices: Educating the linguistic minorities for the twenty-first century*. Cambridge, MA: Newbury House.

Tyack, D. (1995). Schooling and social diversity: Historical reflections. In W. D. Hawley & A. W. Jackson (Eds.), *Toward a common identity: Improving race and ethnic relations in America* (pp. 3-38). San Francisco: Jossey-Bass.

U.S. Census Bureau. (1994). *Statistical abstract of the United States* (114th ed.). Washington, DC: U. S. Government Printing Office.

U. S. Census Bureau. (2000a). *Educational attainment in the United States*. Washington DC: U. S. Department of Commerce.

U. S. Census Bureau. (2000b). *USA Statistics in brief: Population and vital statistics*. Washington, DC: U. S. Department of Commerce.

U. S. Census Bureau. (2000c). *Educational attainment in the United States: March 1999*. Washington DC: U. S. Department of Commerce.

U. S. Census Bureau. (2000d). *Poverty in the United States: 2000*. Washington, DC: U. S. Government

Printing Office.

U. S. Census Bureau. (2001). *Statistical abstract of the United States: Education.*

U. S. Census Bureau. (2002). *Profile of the foreign-born population in the United States: 2000.* Washington, DC: U.S Department of Commerce.

U. S. Census Bureau. (2005). Income, Poverty and Health Insurance Coverage in the United States. In Current Population Survey (2005), *2003 to 2005 Annual Social and Economic Supplements.* Washington, DC: Author.

U. S. Immigration and Naturalization Service. (1995). *Statistical yearbook of the immigration and naturalization service.* Washington, DC: Us. Government Printing Office.

Valenzuela, A. (1999). *Subtractive schooling: U. S.-Mexican youth and the politics of caring.* New York: State University of New York Press.

Vasquez, V. (2004). Negotiating Critical Literacies with Young Children. Mahwah, NJ: Lawrence Erlbaum.

Villegas, A. M. & Lucas, T. (2002). Preparing culturally responsive teachers: Rethinking the curriculum. *Journal of Teacher Education*, 53(1), 20-32.

Walsh, C. E. (Ed.). (1991). *Literacy as praxis: Culture, language and pedagogy.* New Jersey: Ablex Pub.

Weinberg, M. A. (1977). *A chance to learn: A history of race and education.* Cambridge, England: Cambridge University Press.

Weinberg, M. A. (1982). Coyotes from the Editor. *A Chronicle of Equal Education*, 4(3), 7.

Westminster School District of Orange County v. Mendez, 161 F. 2d 774 (9th Cir. 1947).

Wheelock, A. (1992). *Crossing the tracks: How "untracking" can save America's schools.* New York; New Press.

Williams, S. W. (1991). Classroom use of African American Language: Educational tool or social weapon? In C. E. Sleeter (Ed.), *Empowerment through multicultural education* (pp. 199-215). Albany: State University of New York Press.

Willis, J. S., Lintz, A. & Mehan, H. (2004). Ethnographic studies of multicultural education in U. S. classrooms and schools In J. A. Banks & C. A. M. Banks (Eds.), *Handbook of research on multicultural education* (2nd ed., pp. 163-183). San Francisco: Jossey-Bass.

Winerip, M. (2005). One secret to better test scores: Make state reading tests easier. T*he New York Times B*, 11.

Witkin, H. A. (1962). *Psychological differentiation.* New York: Wiley.

Wong Fillmore, L. (1991). When learning a second language means losing the first. Early Childhood *Research Quarterly*, 6, 323-346.

Woodson, C. G. (1990). *The Mis-education of the Negro.* 1933. Trenton, NJ: Africa World P.

Woodson, C. G. (1933). *The mis-education of the Negro.* Washington, DC: Associated Publishers.

Yon, D. A. (2000). Urban Portraits of Identity: On the Problem of Knowing Culture and Identity in Intercultural Studies. *Journal of Intercultural Studies*, 21(2), 143.

Zanger, V. V. (1993). Academic costs of social marginalization: An analysis of Latino students' perceptions at a Boston high school. *The education of Latino students in Massachusetts: Issues, research and policy implications*, 170-190.

Zentella, A. C. (1997). *Growing up bilingual: Puerto Rican children in New York.* Malden, MA: Blackwell.

Zinn, H. (1980). *A People's History of the united States, 1492–Present*. New York: Harper Perennial.

Zirkel, S. (2002). "Is there a place for me?": Role models and academic identity among white students and students of color. *Teachers College Record*, 104(2). 357–376.

찾아보기

ㅈ

ㅊ

ㅋ

ㅌ

ㅍ

ㅎ

ABC